高等院校网络教育法学专业核心课程规划教材

U0669008

INTELLECTUAL PROPERTY LAW

知识产权法

蒋言斌 编著

中南大学出版社
www.csupress.com.cn

图书在版编目（ＣＩＰ）数据

知识产权法 / 蒋言斌编著. --长沙：中南大学出版社，2016.10
ISBN 978 - 7 - 5487 - 2518 - 3

Ⅰ. ①知… Ⅱ. ①蒋… Ⅲ. ①知识产权法－教材 Ⅳ. ①D913.4

中国版本图书馆 CIP 数据核字(2016)第 259985 号

知识产权法
ZHISHI CHANQUANFA

蒋言斌　编著

□责任编辑　沈常阳
□责任印制　易红卫
□出版发行　中南大学出版社
　　　　　　社址：长沙市麓山南路　　　　邮编：410083
　　　　　　发行科电话：0731 - 88876770　　传真：0731 - 88710482
□印　　装　长沙鸿和印务有限公司

□开　　本　720 × 1000　1/16　□印张 20.75　□字数 417 千字
□版　　次　2016 年 10 月第 1 版　□印次　2016 年 10 月第 1 次印刷
□书　　号　ISBN 978 - 7 - 5487 - 2518 - 3
□定　　价　42.00 元

高等院校网络教育法学专业核心课程规划教材
编委会

蒋言斌教授简介

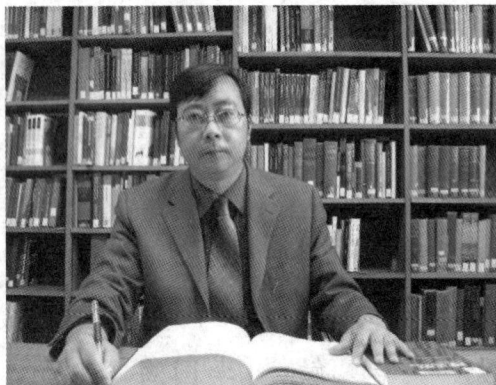

蒋言斌博士，中南大学法学院教授，湖南省知识产权研究院、中南大学知识产权研究院研究员，英国班戈大学法学院高级访问学者，商务部海外企业知识产权援助中心专家，民商法、知识产权法硕士研究生导师，长沙市政协常委，立法协商专家组副组长，中国民主建国会中央法制委员会委员，民建湖南省经济与法律委员会主任，湖南省人民检察院特约检察员，长沙市中级人民法院司法监督员，湖南省知识产权研究会常务理事，中国知识产权研究会会员，上海协力(长沙)律师事务所知识产权部高级顾问，长沙岳麓高校科技成果转化研究中心主任。一直从事中南大学法学院、商学院(JM、MBA、EMBA、法学硕士、工程硕士)的知识产权法、知识产权概论、知识产权法专题、国际知识产权法、罗马法、外国民商法等课程的教学研究，在湖南省工商局、湖南省知识产权局、湖南省版权局、湖南省商贸厅、湖南省公安厅、湖南省科技厅等部门以及湖南、云南、广西、河南、新疆等开展了多场主题讲座。主持完成多个国家社会科学规划课题、自然科学基金课题、教育部十五规划课题，10多个国家知识产权局、司法部、湖南省社会科学规划办等省部级课题；有《知识产权法》《知识产权制度反思与法律调适》等专著3部，主编《知识产权法》教材3部，在《知识产权》《法学研究》《法律科学》等发表论文50多篇，参与《国家知识产权战略》(科技篇)、《湖南省专利条例》等省市多部法规的起草、讨论、制定工作，对国内外民商法比较研究、知识产权权利配置与法律救济、企业知识产权战略、现代企业法律制度、企业法律风险诊断与预警、企业知识产权诊断与预警、知识产权侵权审判与抗辩等有深入的研究。

序 言

在互联网时代，拥有知识产权的企业才不会轻易消亡。综观当今世界科技和经济的发展，无一不遵循一条共同的规律：科技和经济发达的国家，也是知识产权大国。如美国、日本、德国、英国、法国等，其知识产权拥有量和它们的科技与经济发达程度同样处于领先地位。事实上这些国家正是成功实施了知识产权制度，才得以先后步入世界科技和经济强国的行列。专利制度对技术创新的巨大推动作用已是毋庸置疑的事实，而在当今国际市场以专利为主要内容的知识产权制度则已成为国外跨国公司垄断我国技术领域的法律武器，"the patent system adds the fuel of interest to the fire of genius"①（专利为智慧之火添加利益之油）。中国加入 WTO，世界经济一体化已成为必然趋势，而与此密切相关的知识产权的竞争将愈演愈烈。中国要强国发展，实施国家知识产权战略是必然的选择。有鉴于此，为转变知识产权价值观念，掌握知识产权规则，提高知识产权应用能力，增强知识产权自我诊断与预警能力，降低法律风险，提升科技竞争优势，实施国家知识产权战略和强国战略具有深远的理论意义和实践价值。

知识产权是"企业命运之系、立足之本、发展之根、创新之源"，这是对知识产权地位的高度概括，浓缩了在 WTO 背景下企业的发展目标和途径。只有知识产权才能使企业具有最强的竞争优势。专利权是技术的法权凝固，商标是企业文化的高度浓缩和企业追求的价值载体，而商标专用权就是商标载体的法权凝固；作品是作者人格的延伸，具有拟态人格，因而神圣不可侵犯，而著作权以及著作权邻接权使作品具有了拟态的法律人格。专利权人、商标权人、著作权人因成为知识产权法律关系的主体而享有相应的权利，即知识产权权利人有为或不为一定行为，或要求他人为或不为一定行为的资格。"人们在生产产品的同时也生产了自己"（见马克思《资本论》），由于该产品凝结了技术、商业秘密、职工的价值追求，因此，产品本身就是生产的物化，因此，提高产品质量、精度、品质，就是生产者自身的完善，而知识产权使生产者的追求能够法权化，且能流传于后世。"我的注册商标比我的命还要长"（宁乡一个农民的话），朴素的语言却说出了知识产权法的本质。因此，要大力加强企业知识产权工作，推动企业建立以专利为主的知识产权制度。引导企业开展专利战略研究，充分利用文献，将专利工作贯

---

① 第 16 任美国总统林肯（1809—1965）名言，成为美国专利商标局的精神灵魂，被镌刻在大楼上。

穿于产品开发、生产、经营、出口全过程，发展具有自主知识产权的名牌产品，增强市场竞争力，这是时代的现实要求。"知己知彼，百战不殆，不知己而知彼，一胜一负，不知己不知彼，每战必殆"，孙子在很久以前就预示了这种战争法则。在市场不同情弱者、市场不相信眼泪的竞争规则下，知识产权就是拯救企业的法宝。因此，以建立和完善专利制度为基础，全面推进知识产权制度建设所必需的社会、政策、法律和舆论体系环境建设，积极探索知识产权工作的新方法、新经验，开拓知识产权工作的新领域，把知识产权工作纳入技术创新的全过程，大力推进专利技术成果的产业化、商品化、国际化，促进我国经济增长方式的根本转变，为实现科教兴国的总体目标积极努力。

也许，本书后记的一句话"天下没有不沉的船"，道出了本书所要表达的那种忧思和担心。本课程是一种导学，导学的"导"字一字千钧，它是本书的落脚点，导的是观念和价值，导的是原则与规则，导是走出困境之路和模式选择，导向未来健康发展之道。

目　录

第一章　知识产权法概论

【本章要点】

1. 知识产权法的学习价值与意义
2. 知识产权法的概念和体系
3. 知识产权制度的内容
4. 知识产权制度的历史

【案例导入】

【案例1】输入法专利侵权案

搜狗诉百度输入法专利侵权，索赔2.6亿元。2015年10月，搜狗公司以17件输入法专利被侵权为由，将百度公司诉至法院，提出总计2.6亿元的专利索赔。2006年，搜狐公司正式发布搜狗输入法产品。2010年，搜狗公司从搜狐公司分拆出来独立运营，搜狗输入法也成为搜狗公司的一张"王牌"。2010年，百度公司推出百度输入法。2015年10月，搜狗公司以百度公司的百度输入法产品侵犯了其8件专利权为由，向北京知识产权法院提起8起专利侵权诉讼，索赔8000万元。同年11月，搜狗公司又针对9件专利分别向北京知识产权法院、上海知识产权法院及上海市高级人民法院提起专利侵权诉讼，指控百度公司侵犯其专利权，并索赔1.8亿元①。

【案例2】《非诚勿扰》商标侵权案

江苏卫视《非诚勿扰》被判商标侵权②。2015年12月11日，广东省深圳市中级人民法院对"非诚勿扰"商标侵权纠纷案作出终审判决：撤销一审判决，认定江

---

① 最高人民法院发布的2015年十大知识产权典型案件。
② 最高人民法院发布的2015年十大知识产权典型案件。

苏省广播电视总台(下称江苏卫视)、深圳市珍爱网信息技术有限公司(下称珍爱网)侵犯金阿欢第7199523号"非诚勿扰"商标权。2009年,金阿欢向国家工商行政管理总局商标局提出申请注册"非诚勿扰"商标。2010年9月,金阿欢的"非诚勿扰"商标被正式核准注册,注册号为7199523号,核定使用类别为第45类的交友服务和婚姻介绍所等。江苏卫视于2010年初推出大型婚恋交友类节目《非诚勿扰》,凭借精良的节目制作和全新的婚恋交友模式,迅速得到观众的广泛认可,屡屡创下省级卫视的收视纪录。金阿欢以侵犯商标权为由,将江苏卫视诉至深圳市南山区人民法院。南山区人民法院一审认为,江苏卫视使用"非诚勿扰"为商标性使用,但其为电视节目,与金阿欢拥有的"非诚勿扰"商标核定服务类别不同,属于不同类商品(服务),不构成侵权,南山区人民法院驳回了金阿欢的起诉。金阿欢不服一审判决,提起上诉。深圳中院二审认定,江苏卫视的《非诚勿扰》节目,从服务目的、内容、方式、对象等判定,均是提供征婚、相亲、交友的服务,与金阿欢拥有的第7199523号"非诚勿扰"商标核定的服务项目相同。二审法院认为,金阿欢的"非诚勿扰"商标已投入商业使用,但由于江苏卫视的知名度及其对节目的宣传,使得公众造成反向混淆。同时,江苏卫视通过播出《非诚勿扰》,收取了大量广告费用,足以证明其是以营利为目的对该商标进行商业使用的,构成商标侵权。最终,深圳中院判令江苏卫视立即停止使用"非诚勿扰"栏目名称。江苏卫视已针对该案提起再审申请。

【案例3】美国高通公司垄断处罚案

2015年2月10日,美国高通公司因垄断行为被国家发展和改革委员会(以下简称国家发改委)罚款人民币60.88亿元,并被责令整改①。美国高通公司成立于1985年7月,是一家无线电通信技术研发公司,也是全球最大的专利许可收费公司和最大的无线通信芯片制造商,以在CDMA技术方面处于领先地位而闻名。美国高通公司拥有数千件CDMA及其他无线通信领域相关专利及专利申请,其中相当一部分专利已经被全球标准制定机构普遍采纳或建议采纳。2013年7月,国家发改委收到针对美国高通公司的举报,称美国高通公司在中国涉嫌滥用其在无线专利标准、必要专利市场、手机芯片市场的支配地位,实施价格垄断行为,主要包括不公平的高额定价、歧视性定价、附加不合理交易条件等。2015年2月10日,国家发改委裁决美国高通公司构成滥用市场支配地位实施排除、限制竞争的垄断行为,责令其进行整改,并依法对美国高通公司处以其2013年度在中国市场销售额8%的罚款,计人民币60.88亿元。该处罚决定作出后,美国高通公司对此未提出异议。美国高通公司表示,接受该处罚决定,并将如期缴纳罚款,不再寻求进一步的法律程序进行抗辩。

---

① 最高人民法院发布的2015年十大知识产权典型案件。

第一节　知识产权法学习的三个问题

19 世纪法国启蒙思想家卢梭说过：法律是人类的理性。作为历史与文化的产物，每一个国家和民族都在漫长的发展过程中探寻着符合自身发展的法律制度，由此孕育出了形态各异、内容丰富的法律观念和法律文化。我国也不例外，在向市场经济转轨的过程中，也形成了自身的法律观念和法律文化，知识产权法便是其中之一。经济的落后，往往伴随着观念的落后；观念的落后又会导致经济的落后，在落后之根的推究中就有着对中国法律文化和法律观念的审视。对观念的审视和考察，就是本节要回答的三个大问题：为什么要学知识产权法？知识产权和知识产权法是什么？知识产权法在中国怎样实践？

一、为什么要学知识产权法

知识产权制度是保证知识的生产、分配、利用和收益，推动科技进步和产业发展的最直接、最有效的制度，是鼓励创新、变知识为生产力并最终促进经济发展的法律保障。对知识产权实施保护不仅与实施创新体系战略密切相关，也是实现国民经济持续、稳定、健康发展的关键。经济贸易一体化和知识经济的联系日趋紧密，淡化了国与国、地区与地区之间的距离，国家间的竞争已演变为综合国力的竞争，知识和技术的创新成为竞争成败的关键，人类的命运、国家的繁荣比以往任何时候都更加依赖于创造和应用知识的能力和效率。因此，比较知识产权的差距，才能在差距中知己知彼，厚积薄发，寻求生存之道。

（一）知识产权强国建设和知识产权战略推进计划的需要

1. 知识产权强国建设基本方略

知识产权强国的建设正在逐步加快。为了实施国家知识产权战略，提高我国知识产权的创造和运用水平，应深化知识产权领域改革，改善知识产权的保护状况，增强全社会的知识产权意识，促进知识产权工作的进步，发挥其对经济社会发展的重要作用，保障知识产权制度激励创新的基本作用，加快我国经济发展方式的转变，解决知识产权大而不强、多而不优、保护不够严格、侵权易发多发、影响创新创业热情等问题。当全球处于新一轮科技革命和产业变革，创新引领发展的趋势时，为了能深入实施创新驱动发展战略，加快知识产权强国建设，国务院从总体要求、机制改革、强化程序与实体保护、拓展海外渠道、完善保障机制等七个方面提出了三十二项建议措施①。

2. 国家知识产权战略计划内容

为推动国家知识产权战略深入实施，按照《深入实施国家知识产权战略行动计划(2014—2020年)》部署，我国明确了2015年战略实施重点任务和工作措施，制定了国家知识产权战略实施推进计划。计划包括强化保护、鼓励运用、加强服务、拓展合作、加大支持五部分，共八十项措施。计划加强完善了顶层设计，为知识产权学习提供了必要的社会背景②。

（二）知识产权法导致四个观念的转变

1. 核心竞争力观念的转变

国际间的竞争实质是国家科技实力、经济实力和文化实力的竞争。科技实力的客观指标就是技术权利化程度，经济实力的客观指标就是产品和服务的市场化程度，文化实力的客观指标就是作品权利化程度、物质性和非物质性文化遗产权利化程度，而这些客观指标都依赖于国家的知识产权制度和国际知识产权协议。权利化程度高，国家的核心竞争力就强。在世界贸易组织（WTO）的努力下，关税和非关税壁垒的作用日益削弱。改革开放前，我国平均关税高达40%，1996年降到23%，2000年降到15%，在我国加入世界贸易组织以后，依照权利、义务平衡原则，关税水平降到发展中国家的水平。贸易全球化和贸易自由化的进程正在加快，世界贸易组织和亚太经济合作会议曾号召发达国家于2010年、发展中国家于2020年，将关税和非关税壁垒降到零水平③。在这种情况下，发展中国家靠关税和非关税壁垒来保护民族工业的余地越来越小。要立足世界民族之林，在国内、国际两个市场上争得应有的地位，就必须发展具有自己知识产权的产业，知识产权成为重要的战略性资源。

（1）知识产权是企业命运之系。知识产权的法定性和授予性特征，使得企业具有垄断的法权地位。在关税壁垒、技术壁垒逐步让位于法律壁垒后，知识产权作为一种法律壁垒的主要形式，成为知识产权的权利人维护自己权利的最后屏障。拥有知识产权，就拥有竞争力和市场，企业才能得以存在与发展，所以，知

---

① 国务院2015年12月18日下发《国务院关于新形势下加快知识产权强国建设的若干意见》（国发〔2015〕71号）。

② 该计划具体包括：推进修订《专利代理条例》，研究制定《职务发明条例》；推进《专利法》第四次修改；推动《生物遗传资源获取管理条例》和《人类遗传资源管理条例》立法进程。实施《加强生物遗传资源管理国家工作方案(2014—2020年)》；制定工业和信息化领域落实《深入实施国家知识产权战略行动计划(2014—2020年)》的实施意见；发布国防科技工业落实《深入实施国家知识产权战略行动计划(2014—2020年)》的若干意见，建立国防科技工业知识产权平台。出台《关于加强文化系统知识产权工作的指导意见》；发布《关于进一步加强卫生和计划生育领域知识产权工作指导意见》；积极推进《中华人民共和国知识产权海关保护条例》及相关规章修订工作等。

③ 中韩、中澳在2016年就已经达到零关税和5%低关税。

识产权是企业命运所系。没有知识产权的企业，就没有垄断地位和核心竞争力，就难以在市场上立足，从而终将走向衰落。

（2）知识产权是企业立足之本。知识产权是一道遮风挡雨的墙，是一块自己生存的土地，是一片发展的蓝天。知识产权成为当今人力、资金、自然资源以外最重要的战略资源，是一种带有创造性的用之不尽、取之不竭的知识资源。各国的经济竞争实际上是科技和人才的竞争，是知识产权的竞争。谁掌握了某一领域的知识产权，谁就掌握了该领域的控制权，知识产权决定了企业和国家的命运，知识产权成为企业生存之本。

（3）知识产权是企业发展之根。我们曾自豪地说："在知识产权领域，我们在不到十几年的时间走过了发达国家几百年的历程。"从1447年威尼斯颁布第一部专利法开始起算，知识产权的发展已历时500多年，但千百年形成的观念的刚性和惰性，仍然是横亘在前进路上的一道障碍，凝结为连顽石也要长叹的硬性垒块，这便构成人们的一种心态——害怕否定自我。在知识产权领域更是如此，这种心态使企业陷入一种难以自拔的泥坑——发展的困境。知识产权确立了人的价值和尊严，使创造者的利益得以保障，社会地位得以提高。强化知识产权，必然能借助知识产权的垄断地位而提高企业的市场竞争力，使企业得以立足市场，站稳脚跟。知识产权成为自己立足的一块土地，知识产权为企业支撑了一片蓝天。知识产权是企业发展之根，企业通过知识产权发展战略，掌握世界科技发展水平，积极引进国外先进技术，在此基础上消化、吸收、创造，才能做到在巨人的肩上不断攀登。

（4）知识产权是企业创新之源。创新是一个民族的灵魂，创新则活，不创新则死。知识产权是一种战略性资源，是创新的源头和保障。知识产权专利数据库是全人类的共同财富。世界上现有专利2350多万件，有效专利300多万件，这意味着我们拥有2000多万个发明创造的火花，2000多万个创造灵感。知识产权公开制度，使得企业有用之不竭的创造灵感源泉，能迅速从创新源头上与国际接轨。

2. 创造主体观念的转变

（1）创造主体和创造者个人价值得到法律肯定。专利法所称发明人或者设计人，是指对发明创造的实质性特点作出创造性贡献的人。在完成发明创造的过程中，只负责组织工作的人、为物质技术条件的利用提供方便的人或者从事其他辅助工作的人，不是发明人或者设计人。著作权法所称创作，是指直接产生文学、艺术和科学作品的智力活动①。为他人创作进行组织工作，提供咨询意见、物质条件，或者进行其他辅助工作，均不视为创作。由此，知识产权创造的原动力和

---

① 《中华人民共和国著作权法实施条例》第3条。

创造者的激情得到调动和确认，劳动者的价值、利益得以用法权凝固，这种产权激励使得创造主体的观念得以转变，个人创造得到社会认同。

（2）创造者个性得到张扬。中国公民、法人或其他组织的作品，不论是否发表，依法享有著作权①。而对发明人或者设计人的发明创造申请专利，任何单位或个人不得压制②。被授予专利权的单位未与发明人、设计人约定，也未在其依法制定的规章制度中规定《中华人民共和国专利法》（简称《专利法》）第 16 条规定的奖励方式和数额的，应当自专利权公告之日起 3 个月内发给发明人或者设计人奖金。一项发明专利的奖金最低不少于 3000 元；一项实用新型专利或者外观设计专利的奖金最低不少于 1000 元。由于发明人或者设计人的建议被其所属单位采纳而完成的发明创造，被授予专利权的单位应当从优发给奖金。被授予专利权的单位未与发明人、设计人约定，也未在其依法制定的规章制度中规定《专利法》第 16 条规定的报酬方式和数额的，在专利权有效期限内，实施发明创造专利后，每年应当从实施该项发明或者实用新型专利的营业利润中提取不低于 2% 或者从实施该项外观设计专利的营业利润中提取不低于 0.2%，作为报酬给予发明人或者设计人，或者参照上述比例，给予发明人或者设计人一次性报酬；被授予专利权的单位许可其他单位或者个人实施其专利的，应当从收取的使用费中提取不低于 10%，作为报酬给予发明人或者设计人。各地方的法规对此最低数额的规定有所提升。《湖南省专利条例》将奖金标准提升到 5000 元和 3000 元，报酬标准是 5%、2%、20%③。"公民为完成法人或者其他组织工作任务所创作的作品是职务作品，除本条第二款的规定以外，著作权由作者享有，但法人或者其他组织有权在其业务范围内优先使用。作品完成两年内，未经单位同意，作者不得许可第三人以与单位使用的相同方式使用该作品"④。

3. 地域观念的转变

（1）国内知识产权的国际化保护。根据我国参加并作为成员方的《与贸易有关的知识产权协议》（简称 TRIPS 协议）、《保护工业产权巴黎公约》（简称《巴黎公约》）、《保护文学艺术作品伯尔尼公约》（简称《伯尔尼公约》）、《世界版权公约》（简称 1952 年公约）、《专利合作条约》（PTC）、《商标国际注册马德里协定》（简称《马德里协定》）等国际公约或条约，按照国民待遇原则、最惠国待遇原则，国内知识产权同样可以享受国际保护和地域的延伸保护，这是知识产权保护的范围和地域的延伸，也使得国内知识产权享有国际化的保护。

---

① 《中华人民共和国著作权法》第 2 条。
② 《中华人民共和国专利法》（2008 年 12 月第三次修订版）第 7 条。
③ 《湖南省专利条例》（2011 年 11 月通过）第 13 条。
④ 《中华人民共和国著作权法》（2010 年 2 月第二次修订版）第 16 条。

（2）国外知识产权的国内保护。按照国际法的通则，国外知识产权也会享受国内法的保护，享有国民待遇①：第一，除《巴黎公约》1967 年文本、《伯尔尼公约》1971 年文本、《保护表演者、音像制品制作者和广播组织罗马公约》（简称《罗马公约》）及《集成电路知识产权条约》已规定的以外，各成员在知识产权保护上，对其他成员之国民提供的待遇，不得低于其本国国民。就表演者、录音制品制作者及广播组织而言，该义务仅适用于本协议所提供的权利。任何成员如果可能适用《伯尔尼公约》第 6 条或《罗马公约》第 16 条第 1 款（b）项者，应依照规定通知"与贸易有关的知识产权理事会"。第二，在司法与行政程序方面，包括在某成员司法管辖范围内，服务地址的确定或代理人的指定，成员均可自行适用本条第 1 款允许之列，只要其为确保不违背本协议之法律及条例的实施所必需，只要其未以构成潜在性贸易限制的方式去应用。

4. 保护观念的转变

（1）知识产权保护的国际化。知识产权保护的国际化主要指知识产权内涵的国际化。根据世界知识产权组织（WIPO）对知识产权的定义，知识产权主要只指著作权、邻接权、发明专利权、发现权、外观设计专利权、商标权、商号权、反不正当竞争权，以及一切在工业、科学、文学或艺术领域由于智力活动产生的权利。而根据 TRIPS 协议（1994 年）对知识产权的定义，知识产权包括版权与邻接权、商标权、地理标记权、工业品外观设计权、专利权、集成电路布图设计权、未披露的信息专用权（商业秘密权）等，从而将知识产权的范围进一步扩大，并成为了国际共识。国民待遇原则、最惠国待遇原则，使得知识产权不断走向国际化。

（2）知识产权保护手段的制度化。知识产权保护手段的制度化主要体现在三个方面：第一，国内的知识产权法律法规。为了调整知识产权在取得、使用、保护等过程中所产生的各种社会关系，在知识产权国内立法中，规定了若干制度，形成了完整的知识产权保护制度，这些具体内容，将在后面详细讲述。第二，国际知识产权保护公约。为了延伸地域保护，克服知识产权在地域上的限制，在国家层面采用了共同加入国际公约或协议的方式，形成了专利权、商标专用权、版权的国际知识产权保护制度。第三，知识产权保护的双边协议。各国基于本国的利益和发达国家、发展中国家的利益、战略、政治等，在共同的国际条约以外，还有知识产权保护的双边协议，以期通过双边协议使具有共同利益的国家，以制度的方式来保证国家双方互利互惠。

---

① TRIPS 协议（1994 年）第 3 条第 1 款中，专门提到了《伯尔尼公约》第 6 条和《罗马公约》第 16 条第 1 款（b）项。

（三）知识产权是工业化进程的基础和动力

1. 知识产权与工业化的融合

（1）社会经济发展与知识产权零距离融合。知识产权与工业化血肉相连。2001 年 12 月，我国正式加入 WTO，这标志着我国经济发展已经纳入全球经济一体化的轨道。在 20 世纪 80 年代后期，知识产权贸易的增加幅度超过了实物贸易和服务贸易，知识产权成为重要的贸易形式。随着世界经济全球化和关税壁垒的逐步拆除，知识产权贸易及其保护正日趋国际化，知识产权已融入到我国的经济生活中。国外企业在我国知识产权领域攻城掠地，逐渐形成技术垄断和市场垄断，在专利领域，外商来华申请专利的数量呈直线上升趋势。在一些技术含量高、经济效益大的重要领域，如医药、电子、通信、化工等八大部类中，外商来华申请的专利在我国专利申请总量中所占比例高达 90%，这意味着我国将要对这些高科技领域内的外国技术无偿奉献 20 年的法权垄断，这也使本来市场竞争力就弱的国内、省内企业雪上加霜。在商标领域，国内知名但未注册的品牌被国外企业抢注：如"竹叶青"和"三鞭酒"在韩国被抢注；"阿诗玛香烟"在菲律宾被抢注；"凤凰""蝴蝶"在印度尼西亚被抢注；"五星"啤酒、"杏花村"汾酒在日本被抢注，使我国永久地失去了这些市场份额。

（2）工业化——并非只是"工业化"，实质是产业化。21 世纪的工业化是现代的工业化，它与农业产业化、城镇化、信息化和生态化紧密相关。《巴黎公约》第一条对工业（industry）作了明确的界定：此处的工业不仅应适用于工业和商业本身，而且应同样适用于农业和采掘业，适用于一切制成品或天然产品，例如：酒类、谷物、烟叶、水果、牲畜、矿产品、矿泉水、啤酒、花卉和谷类的粉，由此而言，工业化实质上是产业化。以湖南省为例，推动该省工业化进程，实质上就是推动该省产业化进程。按照湖南省省长 2003 年 2 月所作的《政府工作报告》，湖南省产业化进程主要包括两个方面：培养优势产业和骨干企业，放手发展中小企业。首先是通过加快高新技术产业化的步伐，运用高新技术和先进实用技术改造传统产业，以信息化带动工业化，以"引大靠大"、强强联合等途径予以政策、资金支持来培育优势产业和骨干企业。其次是通过金融企业和民间投资等方式促进中小企业技术创新，扩大规模，引导它们向"专、精、特、新"的方向发展。由此可见，湖南省的工业化进程，实质上是一次以市场为导向，以开发和运用高新技术为切入点的一次"抓大促小"的产业调整，该省企业正走在技术产业化发展的道路上。

2. 知识产权是工业化进程的基石[①]

（1）专利权是工业化进程中技术的权利化。专利权是一种垄断排他的法权，

---

① 2000 年国家知识产权局课题调查报告：《湖南省专利实施的现状、问题与对策》。

包含制造权、使用权、许可权和转让权、进口权、标记权等一系列的权利。专利权制度使具有专利性的技术拥有凝固的法权地位，使该专利技术所有人享有20年(发明专利)或10年(实用新型和外观设计)的垄断保护期，从而使技术优势变成产品优势、商品优势、市场优势及竞争优势。专利权人在垄断保护期可内获得利益回报，鼓励更多的发明创造者创造更多的新技术，这可以大大推进工业化进程，因此，知识产权制度是推进工业化进程的基础。

(2)商标专用权是工业化进程中商品化权。商标(trademark)是指一种商品、服务区别于另一种商品或服务的显著标记。这些标记包括文字、图形、数字、三维标志和颜色的组合，以及上述要素的组合。依法注册的商标叫注册商标，注册商标享有商标专用权或称商标权。商标制度凝固了产品商品化的权利，它使产品优势转化为商品优势，并由商标权升华为市场优势。垄断排他的商标专用权，张扬了商品的个性，它以显著的识别性，使消费者能迅速识别商品，并认同由商标建构的企业文化。商标权是关系到企业生存和发展的知识产权，是一个重要的产权资源，是企业参与市场竞争的重要无形资本。作为具有识别功能的视觉符号系统和具有听觉功能的呼叫符号系统，商标是商品生产者的身份、地位、品质、价格、稳定性、经济和技术实力等的标志。它具有至少七项功能：①创造差别，降低"消费希望成本"；②有"姓"有"名"，降低商品准入市场成本；③便于识别商品，降低消费者的搜寻成本；④指明商标的出处；⑤成为商品或服务的信息载体；⑥刺激或抑制购买欲望；⑦象征担保。商标是生产者实现商品价值的途径。它具有经济价值。作为一种财富，它可以投资、转让。它具有信誉价值，可以作担保。有人形象地说，如果可口可乐公司一夜被烧成灰烬，第二天一早，将会有很多银行上门为该公司贷款。

(3)反不正当竞争权是工业化进程的市场化权。不正当竞争(unfair competition)，亦称不公平竞争、不公平(正)交易。世界知识产权组织在《关于反不正当竞争保护的示范规定》中规定：凡在工商业活动中违反诚实信用的行为或做法均构成不正当竞争行为。知识产权领域典型的不正当竞争行为有如下几种：①假冒行为；②引人误解，虚假宣传行为；③侵犯商业秘密行为；④商业诋毁行为。反不正当竞争法是调整经营者之间、经营者与消费者之间因不正当竞争行为而产生的社会关系的法律规范的总称，它的作用是维护市场竞争秩序，规范经营者的竞争行为。在西方国家，人们把由反不正当竞争法和反垄断法或反限制竞争法组成的竞争法称为"经济宪法"或"自由企业的大宪章"。竞争制度是实行市场经济的国家规范本国经济运行的基本制度。反不正当竞争制度对于各国市场经济的健康发展，鼓励和保护公平竞争，制止不正当竞争行为，以及保护信誉和消费者的合法权益都具有重要作用。反不正当竞争法维护了市场的有序性、规范性，使市场能在诚实信用、公平竞争的基础上良性运作，任何不正当的竞争行为均被禁止，是市场经济的制度保障。

3. 知识产权是推进工业化进程的动力

(1)知识产权为工业化进程提供了有序的良性环境。在知识产权保护日趋国际化，关税壁垒逐渐拆除，世界经济全球化的今天，仅仅研制出了高新技术成果，还不足以拥有市场竞争优势，只有将其取得专利保护才能最终形成自己的独特的市场竞争优势。这也就是世界上一些经济强国，例如德国、日本、美国，同时也是专利大国的缘由。市场竞争的优势，在很大程度上是从专利保护中获得的。高新技术开发区内的项目，有知识产权就可以生存并有很好的发展，没有自主知识产权，最终难以站稳脚跟。拥有知识产权，专利权人可以按照市场需求和专利法的规定，通过合同发放专利技术许可证，从而防止相互仿制、一哄而上的混乱局面。如海尔公司发明的小神童洗衣机很符合市场需要，现在年产近 20 万台，它几乎没有被仿制的麻烦。1999 年上半年，在国内洗衣机的出口量全面下降的情况下，海尔小神童洗衣机的出口量却继续大幅上升，因为海尔不仅申请了十几件国内专利，而且还申请了韩国、泰国等外国专利，保护了国内外市场。北大方正的激光照排机行销世界也基本无人仿制，同样也是因为其有了专利保护。

(2)知识产权为工业化进程提供了新的发展理念。我国已加入 WTO，因而我们必须全面履行自己在知识产权领域中应承担的权利与义务。也就是说，我们的企业要生存和发展，就必须要在技术进步、技术创新上下功夫。技术的创新与进步，在市场经济条件下，必须要更多地依靠和运用知识产权制度来激励和保护。海尔、联想、中联重科、三一重工、远大空调等都是通过取得国际专利取得了国际上的承认。我国的企业要更多地开发自主知识产权，运用知识产权制度，建立起自己的"市场保护圈"。

4. 知识产权为工业化进程确立了激励机制

加入 WTO 后，我国面临的一个重要问题就是要尽快地、最大限度地提高技术创新的能力和水平，知识产权为工业化进程确立了激励机制。

(1)知识产权可激励技术创新。21 世纪将是知识经济的时代，而知识经济的核心则是高技术。在这种背景下，企业只有具备一定的技术创新能力，才能在激烈的市场竞争中争得一席之地，否则就难以生存。我国的一些企业，尤其是国有企业之所以陷入困境，固然有多方面的原因，但一个重要的原因就是技术创新的能力低，推不出有市场竞争能力的产品。专利制度通过给发明创造人以一定时期的垄断排他独占权，使专利权人可以独占市场，不仅能收回发明创造所产生的成本，而且还能取得比其投入大得多的回报，从而继续新的发明创造，因而成为激发人们发明创造积极性的一个重要机制。

(2)知识产权能有效配置技术创新资源。世界知识产权组织的研究结果表明，全世界最新的发明创造信息，90% 以上首先是通过专利文献反映出来的。在研发的各个环节中注意运用专利文献，发挥专利制度的作用，不仅能提高研发的起点，而且能节约40%的科研开发经费和60%的研究开发时间。世界上许多大公司、大企业在新技术、新产品的开发过程中，毫无例外地都注意充分利用专利文献。

（3）知识产权能促进新技术商品化和产业化。知识产权制度是市场经济的产物，其规则是按市场经济规则和市场机制运作的，自其产生之日起，就把保护和鼓励技术发明的商品化和产业化作为根本出发点。按专利法的规定，对发明人的奖励和回报，重点不在技术发明完成后，而是移至技术发明产业化以后，从其创造的效益里提取。这是专利制度区别于现行科技奖励政策的一大特点。专利制度的这一特点在极大程度上促使技术创新活动形成了良性循环。

5. 知识产权法是工业化进程的保障

（1）知识产权法明确了工业化进程中参与主体的权利、义务。知识产权制度是一种新理念，调整的是知识产权法律关系中基于知识产权的取得、使用、保护等过程中所产生的以权利义务为内容的社会关系，是国家利益本位、权利本位、义务本位、社会本位的综合体现，凸显了发明创造主体的权利本位。例如，专利法中对发明人的规定是：发明人是对发明创造的实质性特点作出了创造性贡献的人，在发明创造中负责组织工作的人（领导）、辅助工作的人（群众），都不是发明人。由此体现了发明人在创造中的价值和意义。

（2）知识产权法为工业化进程提供了一种争端解决机制。国内的知识产权法，例如，《中华人民共和国专利法》（简称《专利法》）、《中华人民共和国商标法》（简称《商标法》）、《中华人民共和国著作权法》（简称《著作权法》）、《中华人民共和国反不正当竞争法》（简称《反不正当竞争法》）等，为国内知识产权贸易与纠纷制定了统一的尺度。国际的知识产权法，例如，《巴黎公约》《建立世界知识产权组织公约》《马德里协定》《专利合作条约》《集成电路布图设计公约》《伯尔尼公约》《与贸易有关的知识产权协议》《商标注册用商品和服务国际分类尼斯协定》《微生物保存布达佩斯条约》等一系列我国参加的国际条约或公约，我国作为缔约国必须承担相应义务，但同时也享有相应的权利。这些条约或公约为工业化进程提供了一种国际知识产权争端解决机制。如果受到国内的侵害，就依国内法追究侵权者的责任。如果受到国际侵害，受害方可依TRIPS协议第64条规定，《关税和贸易总协定》（1994年）第32条和第23条的规定及《关于争端解决规则与程序的谅解》规定的解决贸易争端的规范程序，直接引入知识产权争端解决机制，受害方可以利用贸易手段按照协议所确定的争端解决程序中的交叉报复规则，对侵权方进行交叉报复，以确保知识产权保护得以实现。

（3）知识产权制度为工业化进程保驾护航。我国是 WTO 的正式成员①，因而当我们与其他缔约方在知识产权方面发生纠纷和争端时，可以适用 WTO 统一的争端解决机制。运用这一机制，可以减少甚至在一定程度上扼制过去极少数发达国家动辄使用的肆无忌惮的单边报复行为，使我国企业在可能与发达国家发生知识产权争端时，能够在协议的框架下，通过多边谈判解决争端，从而为推进我国工业化进程保驾护航。

二、知识产权法的基本内容

（一）现行知识产权法的内容体系

1. 知识产权法是三大贸易的共同游戏规则

实物贸易、服务贸易、知识产权贸易规则是 WTO 成员方共同的游戏规则。掌握这种游戏规则是我们学习的主要目的。加入 WTO 对我国社会和法律的三大冲击是降低关税、开放市场、加强知识产权保护。《关税与贸易总协定》（GATT）和 WTO 导致关税壁垒的消解，《专利合作公约》导致技术壁垒的退位，《与贸易有关的知识产权协议》（TRIPS 协议）、世界知识产权组织（WIPO）、《巴黎公约》、《伯尔尼公约》、《马德里协定》营造了新的法律壁垒。

2. 知识产权法是公权和私权博弈的衡平

知识产权制度作为公权和私权协调的结果，打破了传统民商法的三大基本原则——契约自由、私权神圣不可侵犯、贸易自由，是权利本位、义务本位向社会本位的转化，因此，知识产权是一种法定权利，赋予了发明创造者、标示性成果拥有者一定时期的垄断权利，这种权利具有专有性、地域性、时效性特征。专有性即垄断排他性，表现出对特定的发明创造和标示性成果具有专有的主体、专有的对象、专有的权利内容、专有的地域、专有的时间。掌握了自主的知识产权就有了一道自我保护的法律屏障，就有了进可以攻、退可以守的阵地，就有了可以在市场游刃有余的空间，同时也为自己支撑了一片生存的蓝天。

3. 加强知识产权保护是国际国内的重要义务

强化知识产权保护是《建立世界知识产权组织公约》《巴黎公约》《伯尔尼公

① 1993 年底，持续了 8 年的关贸总协定乌拉圭回合谈判结束。《与贸易有关的知识产权协议》是谈判中的一项。我国政府全程参与了关贸总协定乌拉圭回合的谈判，并在该回合的最后协议上签字。1994 年世界各国外交会议通过《马拉喀什宣言》宣布要成立一个世界贸易组织来代替"关贸总协定"，于是 WTO 于 1995 年 1 月 1 日成立。1999 年 11 月 15 日，中美双方签署了《中美关于中国加入世界贸易组织的双边协议》。在《建立世界贸易组织协定》中除规定了 WTO 的 5 项主要工作外，在该协定之下共有 6 大"附件"，其中"货物贸易多边协议"的附件 c 即为《与贸易有关的知识产权协议》。所有 WTO 成员，必须参加《与贸易有关的知识产权协议》，所以中国作为 WTO 成员，在知识产权方面，应义不容辞执行 TRIPS 协议的义务。

约》《与贸易有关的知识产权协议》的成员方的重要的国际义务。这种义务要求我们要遵循共同的国际国内统一尺度的规则,这是一把双刃的剑,既可以打击敌人,也可能伤害自己。

(二)知识产权法是一种权利配置、产权激励法律制度

知识产权作为国家的一种重要战略资源,是全民族长期积累的精神财富,是由特定的国家机关依据特定的法律,由特定主体的符合特定条件的特定对象,经过特定的程序后,在特定的时间和地域内,享有的特定保护的特定权利。知识产权法就是调整这些特定内容并按照主体、客体、权利为主线而产生特定激励效果的特定制度,其逻辑关系如图1-1所示:

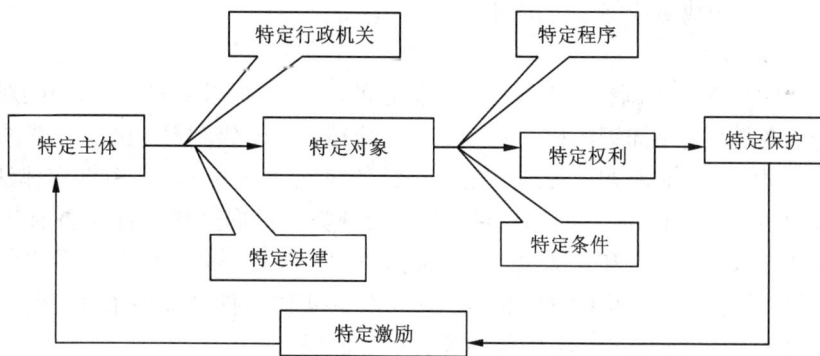

图1-1　知识产权逻辑关系

1. 特定的国家机关

特定的国家机关是指代表国家意志具体管理知识产权的国家行政机关。国家为了对知识产权进行宏观调控,体现国家意志,往往对某些知识产权(如发明创造、商标、作品)进行了限制。限制的方式一是由特定的国家机关审核、注册,二是直接颁布相关法律法规限制、禁止某些知识产品的产生、传播,体现着国家权利本位、个人权利本位向社会权利本位转变。传统民商法的三大基本原则——自愿原则、私有权神圣不可侵犯原则、契约自由原则在知识产权领域受到限制。国家机关的介入,使知识产权关系中的主体地位发生了变化,平等关系变成了行政隶属关系。为防止知识产权权利人滥用权利,国家对知识产权采取了权利限制措施,如专利的强制许可、计划实施、征用,著作权中的合理使用等自愿原则,使私有权神圣不可侵犯原则受到限制。转让协议和许可合同登记、公告、备案制度,对契约自由进行了限制。由于知识产权的内容不同、管理对象不同、管理职责不同,各国设置的知识产权管理机关也不同。

2. 特定法律制度

现行的调整知识产权法律关系的法律依据有两类，即国内知识产权法律法规和国际知识产权公约、条约、协定，基本上形成了调整基于知识产权的取得、使用和保护所产生的各种社会关系的法律规范的综合的法律体系，其调控的法规要素根据其产生的法律依据的不同而不同。如基本法与特别法、国内法与国际法、综合法与部门法等，本书以地域的不同为划分标准，研究国内法和国际法两个方面的知识产权调控体系。自加入 WIPO 和 WTO 后，我国在知识产权方面与国际融合的步伐和节奏加快，逐步形成了有我国参加并履行国际知识产权保护义务的国际知识产权法律调控体系。本书国际调控体系中的知识产权法律主要是指我国已参加的国际公约和协议，后文中条约或公约备注的年份是指其在我国的生效日期，即我国成为成员或缔约方的时间。

3. 特定的条件

特定的条件是指调整知识产权法律关系的国内法和国际条约所保护的对象必须符合的条件，它是知识产权立法理念、法律精神、民族利益、民族习惯的综合体现，不同的国家对所要保护的对象要求具备的条件也不一样。根据实体法、程序法等的不同划分标准，这种条件有不同的分类。根据这种条件是否有法律规定，可以分为法定条件和非法定条件；根据条件的表现形式可以分为形式条件和实质条件；根据条件产生的法律依据，又可分为实体条件和程序条件；根据申请的形式要求，有书面条件、实用条件等。

4. 特定的主体

特定的主体是指在知识产权法律关系中享有权利、承担义务的人。根据划分的标准不同，可以分为不同的主体。根据权利产生的次序，可以分为原始主体和继受主体；根据主体身份的不同，可以分为一般主体和特殊主体；根据权利类型的不同，可以分为专利主体、商标主体、版权主体；根据法律关系的不同，又可分为民事主体、行政主体、刑事主体等。本书的讨论以原始主体为基础，将其从总体上分为两大类，即原始主体中的一般主体和原始主体中的特殊主体。

5. 特定的对象

特定的对象是指知识产权法保护的对象，由于不同国家法律依据的不同，保护的对象也不同。由国际法确定的对象，例如，WIPO（1980 年）对知识产权的定义，知识产权主要只指著作权、邻接权、发明专利权、发现权、外观设计专利权、商标权、商号权、反不正当竞争权，以及一切在工业、科学文学或艺术领域由于智力活动产生的权利；也有由国内法确定的对象，例如，《中华人民共和国民法通则》（简称《民法通则》）规定的知识产权对象包括著作权（或版权）（第 94 条）、专利权（第 95 条）、商标专用权（第 96 条）、发现权、发明权和其他科技成果权（第 97 条），但传统的对象就是发明创造（如专利、作品）或识别性标记（如商标）等。

6. 特定的程序

特定的程序是指取得知识产权专用权时，各国都规定了相应的行政程序。根据程序要求的不同，可分为一般程序、特殊程序；根据程序是否必须履行，分为必经程序和辅助程序；根据程序履行的地域要求，可分为国内程序和国际程序；根据知识产权权利种类，可分为专利程序、商标程序、发明专利程序、实用新型和外观设计程序等。本书以知识产权种类、地域要求为划分依据，探讨国内和国际的相应程序。

7. 特定的权利

特定的权利是指依法享有法定权利，即指权利主体依法享有为或不为，或要求他人为或者不为一定行为的资格。特定的权利可以根据不同的标准分为不同的权利类型。根据知识产权的内容，分为广义的知识产权和狭义的知识产权；根据权利产生的原因，分为主权利、从权利；根据权利中有无财产内容，分为人身权、财产权和其他权利；根据权利产生的法律依据，可分为法定权利和推定权利；根据权利的类型，可分为专利权、商标权、版权；根据权利的渊源，可以分为民事权利、行政权利、刑事权利。

8. 特定的保护

特定的保护是指对于知识产权的保护有别于民法、行政法、刑法的保护，对于知识产权的侵权认定、法律责任、审判机构等有特殊的规定和设置，形成了特定的保护，例如形成了特定的审判机构——知识产权庭，要求中级以上人民法院才有资格受理专利纠纷案件等。

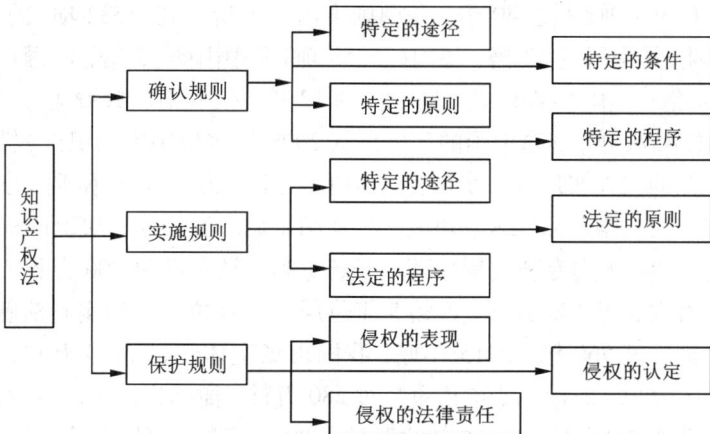

图1-2　知识产权法规则体系

9. 特定的激励

特定的激励是指享有特定权利的特定的保护，促进特定主体的创造激情，从而创造出更多的特定对象，由产权激励形成良性循环(图1-2)。

总之，知识产权法是调整基于知识产权的取得、使用和保护等过程中产生的各种社会关系的法律规范的总和，为此，形成了取得、使用、保护三个层面的途径、原则、条件、程序的系统框架，而每一个途径、原则、条件、程序又根据其内容的不同而有所不同。如取得知识产权条件，就包括形式条件、实质条件。形式条件又包括专利形式条件、注册商标形式条件、作品形式条件等；实质条件包括禁止条件、限制条件、构成条件等，它们一同形成了系统的理论和实践操作体系。

三、怎样运用知识产权法规则

在国际市场竞争中，WTO制定了成员之间的同一游戏规则，即以工业产权和版权为主要内容的知识产权成为国际竞争的利器，是保护自己之盾，也是进攻他人之矛。知识产权的拥有数量和质量、能力与水平，既体现了各国的综合实力，也成了发达国家在全球化中"抢蛋糕"的武器，"入世"敲响了我国知识产权保护的警钟。

(一)跑马圈地，编制捕鱼之网

跑马圈地就是通过在他国申请专利权、商标专用权，获得在他国的法定垄断权，形成保护自己的法律屏障，并编织成一张捕捉侵权之鱼的网。根据1997年的国际局统计数据，日本通过国际申请获得的专利授权量(129937项)，是中国获得专利授权量(3494项)的近40倍，是中国本国人申请专利(1532项)的85倍；美国(111984项)是中国的32倍；德国(55053项)是中国的15倍；法国(50448项)是中国的14倍；英国(44754项)是中国的12倍；俄罗斯(29692项)是中国的8倍；连韩国(24579项)都是中国的7倍！从2008年实施国家知识产权战略开始，我国知识产权的国外布局进一步调整，国内的知识产权竞争力不断提升。2015年是国家知识产权战略不断深入、知识产权强国基础不断充实、知识产权顶层制度不断完善的一年：国内专利数量显著增长，专利申请量超过200万件，发明专利申请受理量首次超过100万件，连续5年位居世界首位！专利实施活跃，专利权质押融资金额突破560亿。2015年底，我国市场主体超过7700万户，每天新增注册企业1.1万户，商标注册申请量超过280万件，商标累计申请量超过1800万件，累计注册量1200余万件，有效注册量1000余万件，市场商誉机制明显建立。专利代理市场职能明显转变，2015年专利代理机构约为1256家，执业专利代理人12626人，他们活跃在知识产权服务市场，中介机制不断完善。商标侵权假冒市场乱象得到有效遏制，北上广三大知识产权法院有效运行，三家知识产权法院受理各类知识产权案件总计 10795 件，审结各类案件 4160 件，专利案件所占比重较大，占一审案件总量的 90.99%，占案件总量的 53.24%，审理效率明显提高。行政案件比重大，专利商标授权确权行政案件占全部案件的 3/4 以上。涉外案件较多，占一审案件总量的 39.4%。著作权案件所占比重较大，超过案件总量的二分之一，北京、广州知识产权法院主审法官人均结案数超过 100 件。

　　发达国家的企业正以咄咄逼人的态势向我国申请专利，实施专利"圈地战略"，我国的企业别无选择，只有拿起专利保护武器，一方面及早在国内申请专利，另一方面积极申请国际专利，这样才能在国内外市场竞争中，既发挥专利克敌的"长矛"之利，又用好专利防身的"坚盾"之术，使企业在拓展外贸经营中得以生存和发展。传统知识产权制度的"地域性"原则受到一定程度的冲击，我们已经感受到了巨大压力。运用知识产权保护自身权益已日益成为跨国公司争得国际市场份额和市场优势、挤压竞争对手的重要战略和策略。对跨国公司在国际投资与贸易中正在或将要使出的这把"杀手锏"，我们必须要高度重视，应当在尊重他人知识产权的基础上，磨亮我们自己的知识产权"利器"。

（二）漫天撒网，捕捉池中之鱼

　　在由国务院体改办国际合作中心举办的一场记者招待会上，美国知识产权权威评估公司 M－CM 的老板马丁对中国记者说了一句"耸人听闻"的话："我们在这里探讨中国知识产权保护的这段时间里，中国又有数以千万计由产权转化的利润落入了别人的口袋。"思科诉华为、丰田诉吉利、本田诉重庆力帆等，都是例证！不少国家已将知识产权上升到国家战略高度。日本知识产权战略本部于 2003 年 7 月 8 日公布了《有关知识产权创造、保护及其利用的推进计划》（日本知识产权界称之为"知识产权战略推进计划"）。该推进计划是根据 2002 年 7 月出台的《知识产权战略大纲》和同年 11 月出台的《知识产权基本法》制定的，由知识产权创造、保护、利用，及发展多媒体素材产业（原文为コンテンツビジネス，即英文 contents business）、人才培养和提高国民意识等部分组成，其中包括 270 项措施。日本在国外撒网的具体策略是：支援企业在国外获得权利和行使权利；加强日本贸易振兴会等团体驻外事务所及驻外使领馆的活动，构筑有关假冒产品、盗版产品的信息网；政府与民间团结一致，加强反对假冒产品和盗版产品，政府将继续要求侵权发生国取缔侵犯知识产权的行为，将组织横跨政府、民间、各行业的联合代表团以及分行业代表团向侵权国做工作；利用两国间谈判和各种层次的官方会谈，要求侵权发生国政府加强打击侵权；继续加强与美欧的合作，以使其与美欧间的措施能有效运行；2004 年以后，在亚洲地区使领馆派驻负责知识产权的官员，加强做所在驻地区政府、当局的工作；积极利用 WTO 争端解决机制来解决问题；要继续积极采取措施，争取将针对假冒产品、盗版产品的执法问题作为 WIPO 的主要议题。2015 年以来，我国国家知识产权战略有序推进、知识产权强国基础不断增强，建设步伐加快。按照《深入实施国家知识产权战略行动计划（2014—2020年）》部署，明确2015年战略实施重点任务和工作措施，制定国家知识产权战略实施推进计划，计划包括5部分，共80项措施。知识产权制度体系不断完善，顶层设计更加深入、更具有操作性：启动《中华人民共和国专利法》第四次修改，启动《职务发明条例》起草，修改并实施《专利行政执法办法》，第二次修订《最高人民法院关于审理专利纠纷案件适用法律问题的若干规定》，颁布实施《专利代理管理办法》。知识产权司法体系对经济社会发展更具有保障性，时代特征更加鲜明。①

（三）欲擒故纵，坐收渔翁之利

一些跨国公司采取"放长线，钓大鱼"的策略，先等待我国的企业发展到一定规模，再运用知识产权这个工具来收取许可使用费或索取赔偿。微软总裁比尔·盖茨就曾公开宣称，就是要使中国用户习惯于使用其盗版软件，等待时机成熟再向我国企业索取赔偿。微软诉亚都就是其最开始的尝试。近年来，微软又在全国各地委托代理人向使用其盗版软件的企业进行诉讼威胁，而大多数企业只能选择私下和解，代价就是乖乖支付一笔"补偿金"。6C、9C联盟向中国DVD生产厂商索要巨额使用费与微软的做法如出一辙。到2002年，我国企业因知识产权引发的诉讼赔偿金额已有10多亿美元。其中，在最具影响力的DVD事件中，专利侵权致使我国的生产厂商每生产1台DVD就要付"6C联盟"4.5美元的专利许可费，2003年已赔付30亿元人民币，今后还将陆续赔付200亿元人民币。当我们的企业在同IT巨头签订"私有协议"时，当我们的网络用户在使用公开"标准"时，当在生产线上组装DVD时，没有人意识到这些都是预埋在我们身边的"定时炸弹"。在美国，仅2000年一年出售专利许可证一项的收入就达到了1800亿美元，而我国却只能达到它的10%，即180亿美元。

知识产权保护已经成为国际贸易的前沿问题，成为了各国尤其是少数发达国家处理国际经济、科技、贸易问题的一种重要手段。对于企业来说，无形资产是一笔巨大财富，它具有信息、信誉作用，从某种程度上说也是一种生产力。一个企业的专利拥有量和产品技术含量，代表了它的国内外市场竞争力。有专利就有市场，丢专利就丢市场。在经历了DVD事件风波后，北京大学法学院副教授张平展开了详实的调查与研究。张平发现，在"6C联盟"拿来的一系列要价单子里，我们的DVD企业根本就没弄清楚，这些专利到底是谁的；专利权人是谁；专利分布的地域；专利要求的保护范围有多大；专利的保护范围有什么用，在这些技术领域里是否有我们的专利；是否存在交叉许可的问题；芯片商付了费，组装商是

---

① 中国行为法学会，中南大学. 中国法治实施报告（2015）[M]. 北京：法律出版社，2016.

不是还要付费等问题。太多的疑问还没有展开研究和分析，还没有真正做到"知己知彼"，国内的企业就懵懂地掏了"腰包"。DVD 专利侵权案波及我国的 PC 品牌厂商，"6C 联盟"在 2002 年向 DVD 整机企业收取专利费后，再次兵临 PC 产业城下，张平把它视为 DVD 第二轮诉讼的开始。对某些企业来说，DVD"学费"交得不清不楚，PC 产业会不会照方抓药，这个谈判又该怎么谈呢？"交了钱没买到教训，也没补上知识产权这一课。对于中国产业、中国的企业来说，不能不说是一个极大的遗憾。"张平进一步预测，与 DVD 专利收费性质类似的战火将在汽车产业点燃。为此，张平建议：国内企业切勿重蹈 DVD 企业的覆辙，要未雨绸缪。政府的管理部门和企业要尽快制定知识产权战略，拿出行之有效的措施，做好应对国际知识产权纠纷的准备。①

（四）知己知彼，未雨绸缪，打赢知识产权之仗

知识产权既非"灵丹妙药"，亦非"洪水猛兽"，其作为一项法律制度而存在，是一种利益平衡机制。在本质上，知识产权制度调整的是知识生产者与社会公众之间对知识产权受益与使用的利益分配。发达国家知识产权的发展史表明：知识产权法始终在努力为两者寻求一个"阿基米德支点"，以达到一种"双赢"的妥协。然而，自 20 世纪 80 年代以来，知识产权国际化的步伐日益加快，我国的知识产权发展在很大程度上受到发达国家施加的压力，国家主权也受到威胁。在这种大环境下，我们就要及时调整战略布局，以适应新时期的需要。

知识产权法是特定的国家机关依据特定法律对特定主体的符合特定条件的特定对象，在遵循特定原则和履行特定程序后形成的特定权利享有的特定保护，并因此形成特定的产权激励效果的法律制度体系。因此这种特定法律制度，有别于一般的法律制度体系，在具有地域性、专有性、时效性特征之外，还具有主体多元性、程序复杂性、权利系统性、财产价值性等特征②。作为一种战略性科技资源和财富资源，知识产权成为企业、个人乃至国家都十分重视和关注的对象③，因此，在 2015 年知识产权法实施的过程中关于知识产权确认、使用和保护三个层

---

① 张小明. 入世敲响知识产权保护警钟［OL］. http://finance. sina. com. cn，2001 - 12 - 10；杨晖，马宁. 从思科诉华为谈起——对中国知识产权制度的重新审视［OL］. First published in electronics intellectual property，2003/7，2003 - 09 - 29，http://www. chinaip. com. cn/qywq/qyyj/t.

② 这种法权（intellectual property right，IPR）是一种为或不为，或要求他人为或不为一定行为的资格，一般表现为公开方式创新的垄断授权：技术性垄断法权（专利）为 10 年到 20 年，市场性垄断法权（商标专用权）理论上没有时间限制；作品垄断法权中人身权没有时限，财产权一般为 50 年。这是一种对世权。私下方式创设的法权，如商业秘密权，保护期理论上也没有时间限制，只要契约具有约束力，保护期就没有限制，但取决于契约的效力。

③ 世界知识产权组织截止到 2016 年 2 月，有 188 个成员。意味着世界范围内有 188 个国家和地区认同知识产权这种权利形式，因此，在当今全世界 200 多国家和地区来看，知识产权应该是普及程度和认可程度最高的制度之一，知识产权也就成为国际间展示实力和海外扩张力的客观尺度。

面以及特定法律、特定机关、特定主体、特定客体、特定条件、特定程序、特定权利、特定保护、特定激励九个环节的修改与完善，及时回应 2014 年知识产权执法大检查所展现的问题和"十二五"期间表现出的若干问题，以及十三五规划发展所需要解决的知识产权实体与程序的问题，成为 2015 年关注的重点，也是 2016 年发展年的基础。

第二节　知识产权及知识产权法概述

一、知识产权的概念及分类

(一)知识产权的概念

1. 知识产权的词义

知识产权一词是 20 世纪后半期以来在国际上广泛使用的一个法律概念，它最早源于 17 世纪的法国，倡导者是卡普佐夫，英文为"intellectual property"，在牛津大辞典中 intellectual 至少包括三种含义：①of the intellect(智力的、智能的、智慧的)；②having or showing good reasoning power(有理解力的)；③interested in things of the mind (the arts, ideas for their own sake) (对需要有智力之事，显示智力)。"property"具有如下五种含义：①(collectively)things owned；possessions (财产、资产、拥有之物)；②estate：area of land or land and buildings (地产、房地产)；③ownership：the fact of owning or being owned(所有权、所有)；④ special quality that belongs to something(特性、性质、属性)；⑤(theatre)article of dress(道具)。两者组合，"intellectual property"，至少包括如下称呼：知识财产权、精神产权、智慧产权、智慧成果权，英国一些学者又将知识称为"人的产权"。我国民法学界受苏联的影响，主张称之为"智力成果权"，直到 1980 年中国成为世界知识产权组织的成员之后，民法学界才转变观点，用"知识产权"逐渐取代"智力成果权"。

2. 知识产权的学科定义

目前知识产权的学科定义有许多种。例如，知识产权(intellectual property)是人们对于自己的智力活动创造的成果和经营活动中的标记、信誉依法享有的权利①。知识产权是基于创造性智力成果和工商业标记依法产生的权利的统称。②还有的则通过对研究对象的范围及其本质特征的分析，进而概括出知识产权的定义③，即知识产权是民事主体所享有的支配创造性智力成果、商业标志以及其他具有商业价值的信息并排斥他人干涉的权利。这一定义的特点是：①突出知识产权的主体是民事主体，昭示知识产权的私权性质；②指出知识产权的保护对象是智力成果、商业标志和其他具有商业价值的信息；③明确揭示出知识产权的支配权属性，表明其具有支配权的一般属性和特点，以便与请求权相区别；④表明这种支配权既包括权利的原始取得人对保护对象的全面支配权，也包括通过转让、许可使用或其他方式继受取得权利的人对保护对象的全面或受限制的支配权，从而解决了被许可人的权利性质问题。

下面重点介绍两种知识产权定义：

第一，知识产权是由特定的国家机关，依据特定的法律，对特定人的符合特定条件的特定的发明创造和可识别性标记，经过特定的程序而授予的受特定保护的有特定激励效果的特定权利。④

九个特定（特定国家机关、特定法律、特定人、特定条件、特定发明创造和可识别性标记、特定程序、特定保护、特定激励效果、特定权利）基本上涵盖了知识产权的所有内容，该定义具有如下几个特点。

（1）明确了知识产权权利主体、客体的要求。特定的人是指知识产品的原创主体和继受主体。特定的条件是指知识产品的"知识性"和"产品性"特征。特定的发明创造和可识别性标记是指具有"知识性"和"产品性"特征的最后客体。

（2）明确了知识产权产生的法律依据。知识产权最为显著的特征之一就是权利的法定性和授予性，即特定的国家机关依据特定的法律，经过特定的程序而授予的特定权利。知识产权机关就是认定、授予、管理和保护知识产权的国家机关。这类国家机关在中国就是指国家知识产权局、国家商标局、国家版权局，日本是特许厅，美国是专利商标局，英国是专利局。特定的法律就是保护和管理知识产权的国内法、国际法依据。特定的程序就是知识产权产生的过程，例如专利权产生的国内程序和国际程序，商标专用权产生的国内程序和国际程序。⑤

（3）明确了知识产权权利的特殊性和保护的特殊性。明确了知识产权权利与其他实体权利的区别和联系，知识产权是一个权利群或权利体系。例如，中国版权法中至少规定了18种权利，而在商标法中列举了13种行为侵权，由此可知，

① 吴汉东.知识产权法[M].北京：中国政法大学出版社，1999：1.
② 刘春田.知识产权法教程[M].北京：中国人民大学出版社，1995：1.
③ 张玉敏.知识产权法学[M].北京：法律出版社，2002：13.
④ 蒋言斌.知识产权权权利体系论纲[J].知识产权，1997(6)：34.
⑤ 蒋言斌.知识产权权权利体系论纲[J].知识产权，1997(6)：34.

知识产权保护也有别于其他权利，这类权利更为复杂，需要特定的审判机关和特定的保护。

第二，知识产权是公民、法人或非法人单位在科学技术和文学艺术等领域内所创造的知识产品依法所享有的权利。① 该定义是一般意义上的知识产权定义，明确了以下几个方面的内容：

(1)明确了知识产权的权利主体。知识产权的权利主体(包括原始主体和继受主体)是自然人、法人和非法人单位。这也是我国法条上通常采用的表述。在法条上多用公民，但鉴于公民(具有某国国籍的人)没有涵盖著作权法中的无国籍人，故本书定义采用自然人之表述。②

(2)明确了知识产权的权利对象。该定义采用了概述性的描述，即知识产权的权利对象是在科学技术、文学艺术以及除此以外的领域所创造的知识产品，该知识产品不同于一般的物质产品，具有自身的特点和规律。知识产品非实践认识和经验，而是指人的智力创造性劳动成果——智力成果。它的含义是特定的，如著作、发明创造、技术、商标标识、设计，只有通过法律才能赋予所有人以法律意义上的产权，所有人才能享有占有、使用、收益和处分其智力成果的专有权和排他权。

从上述两个定义中，可以得出知识产权具有如下特征：

(1)知识产权是基于人的智力创造性劳动而产生的权利，具有实用性、创造性、新颖性等特点，是一种非物质形态的财富。知识产权所有人对智力劳动成果享有的专有权利能得到法律上的确认和保护。

(2)知识产权是基于人的智力创造性劳动产生的结果而产生的权利，具有物质性特点。知识只是一种思想(idea)或观念(concept)，是人们对其客观事物内在规律性的认识，人们无法像对物质财富那样对其独占或垄断，而只有当知识凝结为智力成果，并以某种产品的形式表现出来时，才发生具体的法律上的专有权利。

(3)知识产权是基于法律调整而产生的权利。权利的法定性和授予性，体现了知识产权制度制定者的意志和立法目的。智力成果只有经过法律的确认，才得以产生知识产权，权利人才享有专有性或排他性权利(exclusive right)。所以，知识产权是法权，不是自然权利，违背社会公共利益、伦理道德、良好的公共秩序及法定情形的发明创造和标识性成果，不能受法律保护。

3. 知识产权的学科名称

目前，知识产权已成为一个通用的名称被写进国际公约内，但在我国台湾地

---

① 《著作权法》第3条载明，其保护的范围包括无国籍人，故本书中采用"自然人"。
② 蒋言斌. 知识产权法[M]. 长沙：中南工业大学出版社，1996：23.

区仍然称之为智慧产权。美国、英国、日本等 WIPO 成员都采用"知识产权"概念。

（二）知识产权的特征

1. 知识产权的专有性

知识产权具有专有性，也称为垄断性、排他性，即除非权利人同意或许可或法律规定，任何其他人都无权享有。这种专有性表现在：

（1）知识产权权利主体的专有性。知识产权的授予只有一次，知识产权的主体是特定的，权利人以外的任何人不能享有这项权利。知识产权的权利人垄断所有权，受法律保护。

（2）知识产权权利客体的专有性。从事智力创造活动的过程是艰苦的，一旦成果落入他人之手，便很快传播，被他人复制、利用，因此，对同一发明创造或可识别性标志，享有权利的客体只有一个。

（3）知识产权权利内容的专有性。权利人对自己的知识产权权利，可以本人行使，也可转让或许可他人行使，但这些权利具有稳定性和可授予性特征，具有特定的内容。

2. 知识产权的地域性

知识产权作为法律确认和保护的一种专有权利，在空间上的效力是有限的，受国家领土限制，具有严格的地域性。目前，随着全球经济的发展，国际间的合作与交流进一步加强，知识产权制度正逐步统一化、国际化。在自由资本主义向垄断资本主义过渡时期，没有地域性的限制有利于发达国家将不发达国家的智力成果拿过来进行复制、利用、经营，实现"我的就是我的，你的也是我的"的强盗信条，而发展中国家由于技术梯度的问题，无法消化或吸收发达国家的先进技术。垄断资本主义时期，地域性又危及发达国家的利益，发达国家便迅速抛出法律，强化地域性，保证其不丧失摄取高额利润的机会。《巴黎公约》(1883 年)、《伯尔尼公约》(1886 年)、《马德里协定》(1887 年)即是在此历史背景下由发达国家发起并签订的盟约，这有利于发达的工业国家而不利于发展中国家。90% 的具有国际经济技术垄断能力的智力成果都集中在工业国家，国际知识产权公约只能被看作是法律上的平等而非事实上的平等，这也是东西方矛盾、南北方症结的一个重要内容。

3. 知识产权的时效性

知识产权的时效性是指知识产权在时间上的效力限制。知识产权中财产性质的权利受法律保护，在时间上不是无限的、永恒的，而是有一定的期限的，这种期限称为保护期和有效期，即知识产权只在有效期内才受法律的保护，期限届满即进入公有领域，知识产权成为整个社会的财富。时效性制度是在保护时间短不利于激励发明创造，而永久占有对社会公众不利的两难境地下，均衡与协调的结果,即一定度的时间限制,有利于鼓励竞争①。时效性制度是世界各国普遍采用的制度。我国《专利法》规定,从申请之日起计算,发明专利权保护期为 20 年,实用新型专利和外观设计专利保护期为 10 年。我国《商标法》规定,注册商标保护期为 10 年,自核准注册之日起计算,期满可以续展。我国《著作权法》规定,自然人作者保护期为作者终生及死后 50 年,截止于 50 年后的 12 月 31 号,而作者的人身权保护(署名权、修改权、保护作品完整权等)却没有时间限制。②

4. 知识产权的无体性

有体是指有实体的存在,人们可用五官触觉去感知,如土地、房屋等。无体是指无实体,只是一种拟制的物体。广义的无体产权不仅只限于对知识产品所享有的权利,还包括因债券、商业票据、合同文件、股票等产生的权利。由作品、专利、商标、发明、发现等产生的权利只是无体财产权的一部分。人们对作品、专利、商标、发明等享有的独占权、专有权,称为知识产权。无体与有体相比有两个区别:①无体财产往往要通过特定的申请、审查、批准或登记手续而取得或确认,而有体财产权则依据法律事实而产生,例如购买、赠与等。②对有体财产的侵害行为通常表现为毁损或非法占有,而知识产权侵害行为往往表现为剽窃、仿冒等。

(三)知识产权的分类

知识产权有广义和狭义两种分类。广义的知识产权,可以包括一切的人类智力创造成果,即 WIPO 所划定的范围,但给予保护的内容却由国内法所确立。对广义的知识产权的划分,也可按 1992 年国际保护工业产权东京大会的标准,将知识产权分为"创造性成果权利"和"识别性标记权利"两大类。前者包括发明专利权、集成电路权、植物新品种权、Know-How 技术权、工业品外观设计权、版权、软件权等,后者包括商标权、商号权、其他与制止不正当竞争有关的识别性标志权。当然,识别性标志也渗透着智力创造,只不过其功能、表现形式的侧重点不同而已。狭义的知识产权指工业产权和版权。本书以产生权利的法律依据作为划分的标准对知识产权进行分类。

1. 广义的知识产权种类

广义的知识产权分类就是根据国际公约和条约进行的分类,主要的根据是WIPO 公约和 TRIPS 协议。根据 WIPO 公约第 2 条第 8 款规定,知识产权可以分为如下八类:①关于文学、艺术和科学作品的权利;②关于表演艺术家的演出、录音和广播的权利;③关于人们在一切领域中发明的权利;④关于科学发明的权

---

① 曾平,蒋言斌. 均衡与效率——知识产权制度的社会成本分析[J]. 中南大学学报(社科版),1999:34.

② 有形财产没有严格的地域限制,原则上有域外效力,即一项有形财产到了他国境内,权利人不会丧失财产,只要他国法律承认,也能得到他国冲突规范保护;而知识产权由国内法调整,一般不发生域外效力。

利；⑤关于工业品外观设计的权利；⑥关于商标、服务标志、厂商名称和标记的权利；⑦关于制止不正当竞争的权利；⑧在工业、科学、文学和艺术领域里一切其他来自智力活动的权利。由于发现本身不能在工农业生产中直接应用，即不具有财产性质，许多国家不把它作为知识产权的保护对象，只承认其是民事权利关系的调整对象，承认和保护其发现者的人身权和获得物质与精神奖励的权利。迄今为止，世界上所有国家、地区都不承认科学发现的知识产权客体的地位。①

在 TRIPS 协议第二部分，划出了有关知识产权的效力、范围及利用的标准，具体包括：

（1）版权。版权保护应延及表达，而不延及思想、工艺、操作方法或数学概念之类。以源代码或以目标代码表达的计算机程序，均应作为《伯尔尼公约》1971年文本所指的文字作品给予保护。数据或其他材料的汇编，无论采用机器可读形式还是其他形式，只要其内容的选择或安排构成智力创作，即应予以保护。这类不延及数据或材料本身的保护，不得损害数据或材料已有的版权。

（2）商标。任何能够将某一企业的商品或服务与其他企业的商品或服务区分开的标记或标记组合，均能构成商标。这类标记，尤其是文字（包括人名）、字母、数字、图形要素、色彩的组合，以及上述内容的任何组合，均能够作为商标获得注册。即使有的标记本来不能区分有关商品或服务，亦可依据其经过使用而获得的识别性，确认其可否注册。TRIPS 协议的成员可要求把"标记应系视觉可感知"作为注册条件。该"标记应系视觉可感知"包括了立体商标，但排斥了嗅觉识别的"气味商标"和听觉识别的"音响商标"。

（3）地理标志。地理标志，系指下列标志：其标示出某商品来源于某地域内，或来源于该地域中的某地区或某地方，该商品的特定质量、信誉或其他特征，主要与该地理来源相关联。

（4）工业品外观设计。对独立创作的、具有新颖性或原创性的工业品外观设计，全体成员均应提供保护。成员可以规定：非新颖或非原创，系指某外观设计与已知设计或已知设计特征之组合相比，无明显区别。成员还可以规定：外观设计之保护，不得延及主要由技术因素或功能因素构成的设计。

（5）专利。在符合 TRIPS 协议第 27 条第 2 款至第 3 款的前提下，一切技术领域中的任何发明，无论产品发明或方法发明，只要其新颖、含创造性并可付诸工业应用②，均应有可能获得专利。在符合第 65 条第 4 款、第 70 条第 8 款及本条第 3 款的前提下，获得专利及享有专利权，不得因发明地点不同、技术领域不同及产品之系进口或系本地制造之不同而给予歧视。

---

① 郑成思. 知识产权法[M]. 北京：法律出版社，1997：6.
② 本条所指的"创造性"及"可付诸工业应用"，与某些成员使用的"非显而易见性"和"实用性"系同义语。

(6)集成电路布图设计(拓扑图)。依照《集成电路知识产权条约》第2条至第7条(其中第6条第3款除外)、第12条及第16条第3款,为集成电路布图设计(即拓扑图,下称"布图设计")提供保护;在符合下文第37条第1款前提下,成员应将未经权利持有人①许可而从事的下列活动视为非法:为商业目的进口、销售或以其他方式发行受保护的布图设计;为商业目的进口、销售或以其他方式发行含有受保护布图设计的集成电路;或为商业目的进口、销售或以其他方式发行含有上述集成电路的物品(仅以其持续包含非法复制的布图设计为限)。

(7)未披露过的信息。在保证按照《巴黎公约》1967年文本第10条第2款的规定为反不正当竞争提供有效保护的过程中,成员应依照TRIPS协议第39条第2款,保护未披露过的信息;应依照本条第3款,保护向政府或政府的代理机构提交的数据。只要有关信息符合下列三个条件:第一,在一定意义上,其属于秘密,就是说,该信息作为整体或作为其中内容的确切组合,并非通常从事有关该信息工作之领域的人们所普遍了解或容易获得的。第二,因其属于秘密而具有商业价值。第三,合法控制该信息之人,为保密已经根据有关情况采取了合理措施;自然人及法人均应有可能防止他人未经许可而以违背诚实商业行为的方式,披露、获得或使用合法处于其控制下的该信息。当成员要求以提交未披露过的实验数据或其他数据,作为批准采用新化学成分的医药用或农用化工产品上市的条件时,如果该数据的原创活动包含了相当的努力,则该成员应保护该数据,以防不正当的商业使用。同时,除非出于保护公众的需要,或除非已采取措施保证对该数据的保护、防止不正当的商业使用,成员均应保护该数据以防其被泄露。

(8)协议许可证中对限制竞争行为的控制。与知识产权有关的某些妨碍竞争的许可证贸易活动或条件,可能对贸易具有消极影响,并可能阻碍技术的转让与传播。TRIPS协议的规定,不应阻止成员在其国内立法中具体说明在特定场合可能构成对知识产权的滥用,从而防止在有关市场对竞争有消极影响的许可证贸易活动或条件。成员可在与TRIPS协议的其他规定一致的前提下,顾及该成员的有关法律及条例,采取适当措施防止或控制这类活动。这类活动包括诸如独占性条件、禁止对有关知识产权的有效性提出异议的条件或强迫性的一揽子许可证。

2. 狭义的知识产权种类②

根据我国《民法通则》第94条至第97条的界定,知识产权包括:著作权(或版权)(第94条)、专利权(第95条)、商标专用权(第96条)、发明权和其他科技

---

① 本节中"权利持有人"一语,应理解为含义与"集成电路知识产权条约"之"权利的持有者"相同。

② 在本节中,"以违背诚实商业行为的方式",应至少包括诸如违约、泄密及诱使他人泄密的行为,还应包括通过第三方以获得未披露过的信息(无论该第三方已知或因严重过失而不知该信息的获得将构成违背诚实商业行为)。

成果权(第97条)。由于发现本身不能在工农业生产中直接应用，即不具有财产性质，许多国家不把它作为版权而赋予有关权利。我国传统意义上的知识产权分为工业产权和著作权。工业产权包括专利权、商标专用权、禁止不正当竞争权。工业(industry)应作广义的理解，它本身就包括农业、工业、采掘业、商业等所有的产业部门。著作权、专利权、商标专用权，又称为三大支柱产权。

二、知识产权法的概念及调整对象

(一)知识产权法的概念及其渊源

1. 知识产权法的概念

知识产权法即指国家制定或认可的，调整基于知识产权的取得、使用和保护等过程中所产生的各种社会关系的法律规范的总和。这些法律规范构成一个相对独立完整的体系，主要包括著作权法(版权法)、专利法和商标法(工业产权法)。就法律部门的归属来说，它们是几个相关联的法律。

2. 知识产权法的渊源

一种行为规则必须由特定的国家机关通过一定的形式把它表现出来，才能为人们所了解，也才具有法律上的效力，这种表现法的各种具体形式，法学上称为法的渊源或称法的形式。法的渊源一般有两类，即成文法(或制定法)、不成文法(或习惯法，判例也是一种不成文法)。我国知识产权法的渊源有：

(1)宪法。国家的根本大法，国家的总章程，具有最高的法律效力。宪法中有关知识产权的条款，是制定和实施具体知识产权法律制度的基本依据、基本原则和基本准绳。

(2)法律。这里主要是指由全国人大及其常委会制定的与知识产权有关的法律，包括《专利法》(1985年)、《商标法》(1983年)、《著作权法》(1990年)、《技术合同法》，还包括民法、刑法、民事诉讼法、行政诉讼法等基本法中有关知识产权方面的实体和程序条款，以及有关知识产权的司法解释。

(3)行政法规和规章。国务院与所属各部委制定和颁布的条例、命令、规章、细则、规定等规范性文件。

(二)知识产权法的调整对象

知识产权法作为一个部门法，它调整的是基于知识产权的确认、使用和保护所产生的各种法律关系，既有程序规定，也有实体要求，既调整国内法律关系，也调整涉外法律关系。因此，知识产权法本身具有综合性。

1. 调整知识产权确认所产生的各种法律关系

传统知识产权确认是指知识产权权利主体通过一定途径、遵循一定的原则、符合一定的条件、履行相应程序后才取得法定知识产权权利。因此，在知识产权的确认过程中，就会基于申请、代理而发生平等民事主体之间的民事法律关系；基于审查、驳回、授权等产生与特定国家行政部门(专利局、商标局、版权局等)的行政法律关系；基于涉外申请泄密而发生刑事法律关系。

2. 调整因行使知识产权而产生的法律关系

知识产权是一种法权，它的行使必须遵循法定途径、法定条件、法定程序。所谓法定途径是指知识产权的使用方式法定。知识产品的"知识性"和"产品性"特征，决定了知识产品的使用方式。我国知识产权使用的法定方式有两种，一是转让，二是许可。这两种方式也是国际上通行的知识产权贸易方式。所谓法定条件是指转让方、被转让方(或许可方、被许可方)的资格法定。为了维护消费者和使用者的合法权利，对于识别性、标识性智力成果的权利变更，通常对权利主体或继受主体作相应的资格要求。所谓法定程序是指对知识产权权利主体变更的形式要件和实质要件的法律要求。形式要件主要是对合同形式的要求，实质要件主要是对合同条款的要求。知识产权法调整的内容主要有基于知识产权的使用(转让、许可)所产生的民事法律关系，基于知识产权管理(缴纳年费、转让审查、登记备案、续展注册、行政处罚、没收等)产生的行政法律关系。

3. 调整因保护知识产权而产生的法律关系

由知识产权保护而产生的法律关系是指国家司法审判机关和国家知识产权管理机关依照知识产权法的规定，来确认知识产权侵权行为，并判定侵权行为者应该承担的法律责任，由此而产生的民事法律关系、行政法律关系和刑事法律关系。

三、知识产权法与其他部门法的关系

(一)知识产权法与民法的关系

知识产权法律关系发生后，产生完整的权利、义务内容，形成平等的民事主体之间的人身关系和财产流转关系，这些关系是民法调整的内容，因此，民法与知识产权法是母法与子法的关系。

(二)知识产权法与行政法的关系

知识产权是基于法律调整而产生的权利，其确认由国家直接干预，由国家专门机关对其进行审查、授权和管理，由此产生的行政法律关系属于行政法调控的范畴，所以行政法与知识产权法有着交叉、包容的关系。

(三)知识产权法与经济法的关系

工业产权的内容对工业生产和商业流通有着重要的作用，国家在实施国民经济管理职能时不能不涉及此内容，由此产生的经济法律关系属于经济法调控的范畴，经济法是宏观调控的手段，而知识产权法则属于微观调控。

（四）知识产权法与刑法的关系

知识产权是公民、法人、非法人单位基于法律调整产生的权利，既有财产权利内容，也有人身权利内容，当这种权利遭到严重侵害时，就归类到刑法所调整的范围中，发生与刑法的交叉。侵犯知识产权罪只是刑法调控的刑事法律关系中的一个小部分，知识产权的其他法律关系由其他法律交叉调控。

四、知识产权的其他使用

1. 知识产权担保

知识产权作为可以移转的财产权，可以用来作为债的担保。在担保关系中，可以用知识产权设立质权。质权以订立合同而产生，通过占有移转的财产而生效。质权分为动产质权与权利质权。用知识产权设定的质权，在我国担保法中属于一种权利质权，当事人不仅应该订立书面质押合同，而且还应向主管部门办理出质登记，质押合同自登记时生效。登记是知识产权质押的一般生效要件，为此国家版权局颁布了《著作权质押合同登记办法》，国家知识产权局颁布了《专利权质押合同登记办法》，国家工商行政管理总局颁布了《商标专用权质押合同登记办法》，上述办法成为知识产权担保的法律依据。

2. 知识产权信托

知识产权信托是指知识产权权利人将知识产权托付给受托人，并约定获取报酬的标准和办法，让受托人以自己的名义按照一定的目的对知识产权进行管理或作其他处分的行为。在信托关系中，著作财产权属于受托人，但受托人必须按照信托目的行使知识产权（专利权、商标权、著作权、商业秘密），以保障受托人在信托关系中向信托人承担的义务的实现。比如德国、美国、日本、英国等国的一些国际著名音乐家或文学家著作权集体管理机构，就是采用信托形式。我国《著作权法》第8条规定，著作权人与著作权有关的权利人可以授权著作权集体管理组织行使著作权或者与著作权相关的权利。著作权集体管理组织被授权后，可以以自己的名义为著作权人和与著作权有关的权利人主张权利，并可以作为当事人进行涉及著作权或者与著作权有关的权利的诉讼、仲裁活动。

3. 破产财团

知识产权是无形资产。债务人因资不抵债时，自己申请或者法院依法宣告其破产，经过清算组织清算以后，债权人从债务人方面获得的清偿债务的全部财产就是破产财团。如果债务人拥有知识产权，该项权利可以成为破产财团的组成部分。

4. 强制执行与财产分割、继承的对象

强制执行，即用强制方法实现确定的判决内容。如果被执行人享有知识产权,则该权利可以成为强制执行的对象。但是,基于对著作权人人身权的保护,未发表的著作权不得作为强制执行的对象。因此,相应作品的原件物权也属于禁止扣押的财产。

著作财产权属于离婚时夫妻财产分割的对象。按照我国的婚姻法,夫妻关系存续期间任何一方获得的财产,均为夫妻共同财产,双方另有约定的除外。依此规定,著作财产权也应当在夫妻共同财产之列。如果夫妻离婚,可否将著作财产权分割、如何分割,婚姻法对此也做出了明确的规定。

著作财产权的继承。关于著作财产权的继承,《著作权法》第 19 条规定,著作权属于公民的,公民死亡后,其作品的使用权和获得报酬权在本法规定的保护期内,依照继承法的规定转移。著作权属于法人或非法人单位的,法人或非法人单位变更、终止后,包括单位或企业合并、企业破产等情况,其作品的使用权和获得报酬权在著作权法规定的保护期内,由原法人或非法人单位权利及义务的继受单位或个人享有。终止后该法人或非法人单位没有继承人的,其著作权由国家享有。

第三节　知识产权制度的历史沿革

一、专利制度的历史沿革

(一)专利制度的起源

专利制度的目的在于确认和保护发明人对其发明创造的技术方案的专有权。专利制度的产生与技术的发展以及技术在生产力中的地位和作用有关。在工业革命以前,生产力和技术发展水平低下,人类赖以生存的技术主要是农业社会中的耕作技术。这些技术在构成上多以经验为主,极少被归纳、整理或系统化为理论。由于智力成果水平相对低下,在这样的社会里,很难产生利用法律保护发明创造的需求,也就不可能诞生专利制度。技术的发展对生产力的发展的推动作用越来越明显,人们开始意识到技术的重要性。在 14 世纪,英国开始以王室特许令的方式奖励那些在技术上有创新并且为社会带来利益的人。1331 年,英王爱德华三世曾授予佛兰德的工艺师约翰·卡姆比(John Kempe)在缝纫和染织技术方面"独专其利",即授予其对其技术在一定期限内的垄断权。这种钦赐特权制度便是专利制度的萌芽。1474 年,威尼斯颁布了世界上第一部最接近现代专利制度的法律。依照该法规定，权利人对其发明享有10年的垄断权，任何人未经同意不得仿造，否则将赔偿百枚金币并将销毁全部仿造的设施。这部法律已勾勒出现代专利法的轮廓，因而，有人称之为专利法的鼻祖。16世纪至17世纪，工业革命的浪潮席卷欧洲，尤其是英伦三岛。工业革命推动技术的发展，从而也推动了专利制度的发展。1602年，在达西诉威廉一案中，英国法院首次以判例形式保护了一项1598年被授予的专利权。17世纪初期，英国女王伊丽莎白一世又曾多次向发明者授予专利权，不过那时的授予仍是采取钦赐形式。她的继位者詹姆斯一世在位时期，议会中的新兴资产阶级代表开始尝试以立法来取代君主赐予特权的传统。这个目的终于在1624年英国实施的《垄断法案》(*The Statute of Monopolies*)中实现了。这个法规被认为是世界上第一部现代意义的专利法。它宣布了以往君主授予发明人的特权一律无效。它规定了发明专利权的主体、客体，以及可以取得专利的发明主题、取得专利的条件、专利有效期和在什么情况下专利权将判为无效等。这些规定为后来所有国家的专利立法划出了一个基本范围，其中的许多原则和定义一直沿用至今。之后，各国纷纷建立了各自的专利制度。美国在其独立后不久，就在宪法中确立了保护专利技术的原则，并于1790年颁布了专利法。法国在资产阶级大革命胜利后于1820年颁布了专利法，德国于1877年颁布了专利法。到目前为止，世界上大部分国家和地区已经建立了专利制度。

到了20世纪，特别是第二次世界大战结束以后，工业发达国家陆续修订了专利法，许多发展中国家也都制定了专利法。阿尔及利亚在1966年通过了新专利法，巴西在1969年至1971年，印度、秘鲁、尼日利亚和伊拉克在1970年，委内瑞拉、哥伦比亚在1971年，墨西哥在1976年，南斯拉夫在1981年，都重新修订或颁布了专利法。阿根廷、叙利亚等国也对专利法进行了重大修改。到20世纪80年代初期，约有150个国家和地区建立了专利制度。阿尔及利亚和保加利亚、捷克斯洛伐克、德国、苏联等国，除建立专利制度外，还采用发明人证书制度，取得发明人证书后，发明权归国家所有，发明人取得一定奖励，但不能拒绝经国家批准的其他人使用其发明。墨西哥则采用发明证书制度，发明人有权实施发明，但不能拒绝其他人使用，且可以取得国家批准的一定报酬[①]。

（二）我国专利制度的历史沿革

1. 清朝时期的专利制度

国际上一般承认英国1624年的《垄断法案》是近代专利保护制度的起点。在我国，从词源上说，"专利"一词虽然可以追溯到2000年前的《国语》，但法律案文上的专利保护是100多年前才提出的。1859年，太平天国领导人之一洪仁玕在

---

① 蒋言斌. 知识产权法学[M]. 长沙：湖南人民出版社，2003.

他著名的《资政新篇》中，首次提出了建立专利制度的建议。他认为：对发明实行专利保护，是赶上西方发达国家的必备条件。他甚至提出了在同一专利制度下，分别保护发明专利与"小专利"（即今天的"实用新型"）的设想，提议在专利保护期上有所区别，"器小者赏五年，大者赏十年，益民多者年数加多"。现今法国、澳大利亚等国家，实际上实行的正是这种大、小专利并行的制度。由于太平天国运动在1864年失败，洪仁玕的建议没有真正实现。尽管如此，这种思想在中国专利思想的发展历史上还是有意义的。因为这是"欧风"渐渐影响中国后，中国学者第一次用文字形式将专利制度的思想表述出来。1881年，我国早期民族资产阶级的代表人物郑观应，曾经就上海机器织布局采用的机器织布技术，向清朝皇帝申请专利。1882年，光绪皇帝批准了该局可享有10年专利。这是较有影响的我国历史上的"钦赐"专利，而它已经比西欧国家的类似进程迟了300年。1898年，在"戊戌变法"中，光绪皇帝签发了《振兴工艺给奖章程》，这是我国历史上的第一部专利法，但它并未付诸实施。由此看来，1898年的这部法律颁布后，我国的"专利"才由"特权"向作为财产权的某种现代民事权利演化了。

2. 民国时期的专利制度

在国民政府时期，1912年至1932年间，当时的执政者若干次地公布类似专利法的法规，如《奖励工艺品暂行章程》《奖励工业暂行条例》等，根据《奖励工艺品暂行章程》，有关发明或改良的制造品由工商部考验合格予以奖励，但是妨碍公序良俗的发明或者改良以及有相同制品申请在先者除外。凡获奖励者发给褒状，并在5年内享有专卖该制品的权利。仿造受奖励作品或伪称其产品为受奖励制品者将被处以刑事责任。1944年，国民政府正式公布专利法及其实施细则，这是中国有史以来第一部专利法，规定保护发明、新型、新式样三种专利。在内容上它继承了原章程或条例中的合理部分，比如先申请原则，同时还引进了一些当时国际上较为先进的做法和规定。但是，这部专利法并没有在中国实施。

3. 中华人民共和国的专利制度

中华人民共和国成立以后，政务院于1950年颁布了《保障发明权与专有权暂行条例》，实行的是双轨制。它规定任何个人或集体对其发明都可以自愿申请发明权或专利权。此后，该条例被1954年颁布的《生产产品发明、技术改进及合理化建议奖励暂行条例》所代替，新条例规定采取奖励办法，对发明人只发给奖金和发明证书，此时对发明制造的保护完全成了单轨制，与双轨制相比无疑是一种倒退。1978年，国家开始正式建立我国的专利制度。1979年初即成立专利法起草小组，着手起草专利法。1980年中国专利局成立。1984年3月12日，中华人民共和国第六次全国人民代表大会常务委员会第四次会议通过了《中华人民共和国专利法》。1985年3月，我国加入《保护工业产权巴黎公约》。1985年4月1日，《中华人民共和国专利法》开始实施，至此，中国专利制度便开始运转起来。

我国专利法在立法上吸收国际上专利立法上的最新经验，结合中国的技术发展水平，对有关技术发明给予较为充分的保护。《中华人民共和国专利法》是在中国大陆真正得到全面贯彻的第一部专利法。1992年，在积累了7年的实施经验的基础之上，国家对《中华人民共和国专利法》进行了第一次修订。2000年，国家又对它进行了第二次修订，在立法上已达到了世界上发达国家对专利的保护水平。2008年进行了第三次修订，2015年第四次修订草案颁布，正在进行修订。

二、商标制度的历史沿革

（一）商标制度的起源

将标记符号用于商业的历史已相当悠久，但法律并未给予相关生产经营者以商标权利，伪造冒充商标只能被认为是一种商业欺骗行为，或者是违反诚实交易的行为。如古代曾有把陶工的姓名标示在陶器上的强制性要求，但这是一种义务而不是权利。这种类型的标识，最早发现于已出土的公元前3500年的埃及古墓。这种标识并非商标，它更接近于明确产品质量责任的标记。又如，1226年英国曾颁布面包师强制标志法，规定面包师必须在自己制作和出售的面包上标上适当的标记，并应保证面包的质量与分量。早期商标保护多适用侵权法或刑法，不具备工业产权特征。

商标作为工业产权的保护对象，并成为一种专门的法律制度，始于19世纪中叶。一般认为，法国于1857年制定的《关于以使用原则和不审查原则为内容的制造标记和商标的法律》是世界上第一部具有现代意义的商标法，开辟了将商标纳入工业产权的保护范围之先河。此后，英国也制定了一些成文法，其中有1862年的《商品标记法》、1885年的《商标注册法》。1905年英国又通过了新的商标法。美国于1870年制定了《联邦商标条例》，同年8月又补充了对侵犯商标权的行为适用刑事制裁的规定。1881年美国又制定了新的商标法。德国于1874年公布了《商标保护法》，采用的是"不审查原则"，后又于1894年颁布了以"审查原则"为内容的《商标法》。日本受德、英商标法的影响，于1884年制定了以"注册原则"为基本方针的《商标条例》。到现在，商标法已成为各国通行的工业产权制度。自19世纪下半叶以来，随着国际贸易的发展，商标法律保护开始向国际化发展。《保护工业产权巴黎公约》与《关贸总协定知识产权协议》规定了缔约各方关于商标保护所应共同遵循的原则。此外，国际间还先后缔结了《马德里协定》《尼斯协定》《维也纳协定》等，就商标法律事务制定了一系列规定与办法。

（二）我国商标制度的沿革

东周时期，兵器中的"干将""莫邪"宝剑之类，已有了指示相同产品的不同来源及其稳定质量的功能，它们与后来的商标较为接近。在我国西汉宣帝五凤年间留下的瓷器上，就有以年号"五凤"作为标识的例子，不过，这很难与商标相提并论。将一定标识用在商品包装上，有目的地使消费者认明商标来源，不仅有文字记载，而且有实物流传至今的，要推宋代山东刘家"功夫针"铺使用的"白兔"商标，该白兔标识与提供商品的"刘家铺子"（商号）是分别存在的，可称为实实在在的商标。

在中国将商标制度上升为法律制度，则要上溯到近代半殖民地半封建社会时期。第一次鸦片战争以后，帝国主义列强强迫清政府在对外通商条约中订立了不少保护外国商标的条款，这在客观上推动了我国商标法律制度的发展。1904年，清政府颁布了我国历史上第一部商标法规《商标注册试办章程》。该章程实行注册原则和申请在先原则。1923年，北洋政府以上述章程为基础，公布了商标法及其实施细则。之后，国民党政府于1930年、1935年和1938年颁布了自己的商标法及其修改法，其法律条款大多是取材于外国商标法。中华人民共和国成立以后，我国先后制定了三部商标法规，即1950年政务院颁布的《商标注册暂行条例》、1963年国务院公布的《商标管理条例》、1982年第五届全国人民代表大会常务委员会通过的《中华人民共和国商标法》。在《商标暂行条例》中，彻底废除了帝国主义在我国的商标特权，实行权利平等；清理了带有封建迷信和殖民色彩的商标。1982年8月23日第五届全国人民代表大会常务委员会第二十四次会议通过的《中华人民共和国商标法》，是新中国第一部知识产权的专门法律，该法立足国内、兼顾国际惯例，在立法上赶上发达国家的商标保护水平。1993年2月22日第七届全国人民代表大会常务委员会第三十次会议通过《关于修改〈中华人民共和国商标法〉的决定》，2001年10月27日第九届全国人民代表大会常务委员会第二十四次会议通过《关于修改〈中华人民共和国商标法〉的决定》，2013年8月30日第十二届全国人民代表大会常务委员会第四次会议通过《关于修改〈中华人民共和国商标法〉的决定》，完成了商标法的三次修订，目前实施的就是2013年修改后的商标法，本书内容也是以该商标法为基础的。

三、著作权制度的历史沿革

（一）著作权制度的起源

著作权保护制度的产生，有赖于社会商品经济的发展和人类文化、艺术、科学技术的进步。东西方的知识产权法学者，都无一例外地认为版权是随着印刷术从雕版印刷发展到活字印刷而出现的。早在印刷术发明以前，我国劳动人民就创作了极为丰富的作品，但当时的文学作品，只靠手抄、雕刻或口头传播，不可能大规模地复制销售。因此，作品的传播极为艰难，利用他人作品谋利的可能性几乎不存在，著作权法律保护便无从谈起。如果版权确实是随着印刷术的发展而出现的，它就应当最早出现于中国。雕版印刷术，在中国最早可以追溯到隋唐时期。1907 年，英国人斯坦因从中国的敦煌千佛洞中盗走了一部在唐懿宗咸通九年（即公元 868 年）四月十五日印刷的汉字本《金刚经》，该书现存于伦敦大英博物馆。这部《金则经》一直被认为是世界上第一部雕版印刷书籍，比欧洲最早的雕版印刷品（1423 年的"圣克利斯道夫像"）要早 500 多年。到了宋代，随着印刷技术、造纸技术的发明与普及，优秀作品得以广为流传，价格也相对低廉。宋徽宗时期邵博著的《邵氏闻见后录》、孔平仲著的《珩璜新论》，以及元仁宗时期王桢著的《农书》，都记载了这样一段史实：五代后唐时期经宰相冯道、李愚等建议，朝廷命田敏在国子监主持校正《九经》（即《易》《诗》《书》《周礼》《仪礼》《礼记》《左传》《公羊传》），并且"刻板印卖"。可以认为当时的国子监是世界上第一个官办的、以出售为目的而大规模印制国书的"出版社"。根据宋元的史料记载，从田敏校正及印售《九经》开始，"天下书籍遂广"。"校正"的目的是防止作品中的遗漏和错误，校者在其中要费较多的智力劳动；印售则为了扩大作品的传播范围，收取成本费用并进而取得利润。这些因素，使版权保护在当时已有了客观上的需要。据宋代新安人罗壁所著《沿遗》记载，在北宋神宗继位（公元 1068 年）之前，为保护《九经》监本，朝廷曾下令禁止一般人随便刻印这部书，如想要刻印，必须先请求国子监批准同意。这实质上是保护国子监对《九经》监本刻印出版的一种专有权。因此，随着作品的商品化而形成的著作财产权观念和保护著作权的令状制度自宋代就已产生。然而，此时还未形成现代意义上的著作权法律制度，因为仅有的官方禁令只是针对著作物的翻版盗印行为，它所保护的对象只涉及出版商、印刷商，对作者权益的尊重和保护无从谈起。

（二）我国著作权制度的历史沿革

我国著作权立法始于清朝末年，1910 年清政府颁布了我国历史上第一部著作权法——《大清著作权律》。该法分为通例、权利期限、呈报义务、权利限制和附则五章，共五十五条，条文简约，内容完备。《大清著作权律》的立法取向反映了立法者对英美法系和大陆法系的著作权法的一些基本原则兼容并蓄的立场。这主要是因为鸦片战争以后，伴随着帝国主义的经济掠夺和文化侵略，西方国家的著作权观念和制度也在影响着中国。《大清著作权律》既保护著作人身权，也保护著作财产权；保护对象为文艺、图画、照片、雕刻、模型等；著作权内容限于对著作的专有重制之利益。次年清政府被推翻，这部著作权法没有被实施，但这部法律仍不失为一部成功的法律而被中华民国临时政府所沿用，并在我国的著作权立法历史上产生了深远的影响。《大清著作权律》奠定了我国著作权法的基础，此后，历次著作权立法，无不受到这部法律的影响。在其影响之下，1915 年，北洋政府曾颁布《著作权法》，1928 年国民党政府颁布了新的《著作权法》，1963 年，国民党当局在台湾地区又颁布一部"著作权法"。上述著作权法的基本内容并未超出

《大清著作权律》的范围。

中华人民共和国成立以后，很长时间都没有制定专门、系统的著作权法，但宪法和其他一些法规文件中仍然存在着一些关于公民的言论出版自由、劳动报酬权、国家支持和鼓励一切公民从事有益于国家和社会的创作活动以及保护著作权人合法权益方面的规定。1950 年，全国第一次出版工作会议在《关于改进和发展出版工作的决议》中指出，出版应尊重著作权及出版权，不得有翻版、抄袭、篡改等行为。还规定稿酬办法应在兼顾著作家、读者及出版家三方面利益的原则下与著作家协商决定。尊重著作家的利益，原则上不应采取卖绝著作权的办法。1953 年，国家出版总署公布了《关于纠正任意翻印图书现象的规定》，又指出，一切机关团体不得擅自翻印出版社出版的图书图片以尊重版权。这些文件说明了国家承认著作权的存在。但是，当时对著作权概念的认识和现在截然不同，当时并没有把它当作一项民事权利明确通过法律加以保护，只是在有关出版工作的行政性文件中提及作者的利益。在其后相继出现的政府政策性文件中，并没有把稿酬确定为作者所享有的、有权主张和放弃的、当受到侵犯时可以通过法律手段加以救济的财产权，而是作为政府对作者的生活补助和创作劳动的一种鼓励或奖励。在"文化大革命"中，稿酬制度索性被废除。在中华人民共和国成立后的 30 多年中，实际上，国家从来没有颁布过法律正式承认和保护著作权。中国共产党第十一届三中全会以后，我国著作权立法问题被提上了议事日程。但是，囿于知识产品不是私有的观念束缚，著作权仍然不被看作是民事权利。在政府的政策性文件中，作者对其作品所享有的利益，仍然限于"稿酬"，"稿酬"被错误地认为是一种劳动报酬，报酬制度被认为是按劳分配制度的组成部分。为了适应改革开放政策的需要，在制定著作权法之前，国务院有关部门颁布了许多单行条例，包括：1981 年 8 月 5 日经国务院批准的《加强对外合作出版管理的暂行规定》，1983 年 3 月 16 日文化部颁布的《关于处理中美双方目前互相翻印、翻译出版书刊版权问题的意见》，1984 年 1 月 1 日文化部颁发的《图书、期刊版权保护试行条例实施细则》《图书出版合同》和《图书约稿合同》等。20 世纪 80 年代初，我国相继颁布实施了《商标法》《专利法》，1986 年 4 月 12 日通过的《民法通则》中第一次把知识产权列为民事权利的重要组成部分，从立法的角度对知识支配权的商品化问题作了肯定回答，明确规定公民、法人的著作权受法律保护，从而为我国的著作权立法奠定了坚实的基础。1990 年 9 月 7 日终于通过了中华人民共和国的第一部《著作权法》，该法于 1991 年 6 月 1 日起实施，它是我国著作权法制建设的里程碑。1993 年颁布《反不正当竞争法》后，中国知识产权法体系才算正式确立。2001 年 10 月 27 日第九届全国人民代表大会常务委员会第二十四次会议通过了《关于修改〈中华人民共和国著作权法〉的决定》（第一次修正），2010 年 2 月 26 日第十一届全国人民代表大会常务委员会第十三次会议通过了《关于修改〈中华人民共和国著作权法〉的决定》(第二次修正)，自2010年4月1日起施行。《中华人民共和国著作权法实施条例》于2013年进行了修订。现行的《著作权法》以此为基础。

四、我国商业秘密保护制度的历史沿革

(一)我国商业秘密法律制度的产生

我国的商业秘密在民间自我保护的历史悠久，但法律保护却起步甚晚。民间商业秘密源于我国丰富的传统技艺。如景德镇的瓷器工艺、贵州茅台酒的配方、安徽宣纸的制造技术，都是具有较高经济价值，并在国际、国内市场上颇具竞争优势的商业秘密。但是，这些商业秘密在历史上却没有得到应有的法律保护。我国商业秘密涉及法律保护最早见于1898年光绪皇帝采纳维新派主张制定的《振兴工业给奖章程》。该章程对包括商业秘密在内的发明创造作了保护规定，却没有真正得到实施。中华人民共和国成立后，1951年6月，政务院颁布了《保守国家机密暂行条例》，明确规定"科学发明发现、文化教育、卫生医疗之机密事项"受法律保护。1985年9月，中共中央发布《关于科学技术秘密问题的规定》，规定我们应做好保密工作，不让资本主义国家得知我国技术秘密。1965年9月，中国保密委员会、国家科委、国防工办、国防科委、国家经委等单位联合制定《关于科学技术交流和保密工作的若干意见》，提出科技交流对外必须严格保密。1978年，中央保密委员会制定了《科学技术保密条例》，规定科学技术保密范围涉及我国独有的传统技术诀窍等商业秘密。以上包括商业秘密在内的科学技术保密政策，在我国商业秘密保护方面起了重要作用，为后来将政策转化为立法奠定了基础。

(二)我国商业秘密法律制度的发展

我国商业秘密法律制度从产生到发展经历了三个阶段，从保护国家秘密到保护技术秘密再到保护商业秘密，这一变化过程也体现了我国商业秘密法律意识的逐步增强。在这一过程中，商业秘密的法律保护体现在以下三个方面。

1. 商业秘密的公法保护

我国在很长一段时间内，将商业秘密作为国家秘密对待，因而对其用保密法、刑法等公法予以强有力保护，而对于技术秘密主要从行政法的角度予以保护。1979年的《刑法》第186条规定了泄露国家机密罪。1981年，国家科委发布《科学技术保密条例》，从第3条到第11条规定了严格的保密措施。1988年颁布了《保守国家秘密法》，第8条将科学技术中的秘密事项纳入国家秘密保护范围。1990年施行的《医药工作中国家秘密及其密级具体范围的规定》，将医药领域中的一些商业秘密纳入国家秘密的保护范围。1991年施行的《科学院科技工作中国家秘密及其密级具体范围的规定》，将中科院某些属于商业秘密的"科技事项"纳入国家秘密的保护之中。1997年修改的《刑法》第219条规定了侵犯商业秘密罪

及相关刑罚；第 220 条规定了单位侵犯商业秘密罪及相关刑罚。上述对商业秘密的保护，均为公法的保护，可归为我国商业秘密法律保护的一种类型，其重点是行政法、刑法的保护。

2. 技术秘密的法律保护

我国商业秘密法律制度在早期仅重视对技术秘密的保护，而忽视了对经营秘密或管理秘密的保护。1985 年，国务院发布了《关于技术转让的暂行规定》。这个规定虽然简单且不完善，但却是我国最早明文承认非专利技术是一种商品并且可以在当事人之间自由进行有偿转让的规定之一。它为后来把政策转化为有关法律奠定了基础。1985 年，国务院发布《技术引进合同管理条例》，对专有技术进一步做了专门规定。这时的专有技术，仅指工业技术，即狭义的商业秘密。1987 年实施的《技术合同法》，涉及"非专利技术成果""非专利技术转让"，这些概念尽管没有直接使用商业秘密的概念，但实际上包含了技术秘密。1991 年实施的《民事诉讼法》首次使用了商业秘密这一法律术语。该法第 66 条规定，"对涉及国家秘密、商业秘密和个人隐私的证据应当保密，需要在法庭出示的，不得在公开开庭时出示"；第 122 条规定，"……涉及商业秘密的案件，当事人申请不公开审理的，可以不公开审理"。上述有关法律法规主要限于对技术秘密的保护。

3. 多种法律的综合保护

对商业秘密的综合法律保护是以 1993 年《反不正当竞争法》的出台为标志的。1991 年 4 月 12 日，中美两国政府签订《关于延长和修改两国政府科技合作协定的协议》，该协议将商业秘密这一概念正式引入我国，对商业秘密的综合法律保护起到了推进作用。1992 年 1 月 17 日，中美两国政府签订《关于保护知识产权的谅解备忘录》，要求中国政府通过立法来保护商业秘密。该备忘录直接推动了中国反不正当竞争法的诞生。1993 年 9 月 2 日，我国颁布《反不正当竞争法》，在该法中规定了对商业秘密的概念、侵犯商业秘密的行为、侵犯商业秘密的法律责任。从此，商业秘密正式进入了中国法律的殿堂，受到各种相关法律的关注和保护。1994 年 4 月 15 日通过的《与贸易有关的知识产权协议》第 39 条规定了商业秘密的保护。我国政府在该文件上签了字，也应视为我国对商业秘密的保护。1994 年 7 月 5 日颁布的《劳动法》规定，劳动合同当事人可以在劳动合同中约定保守用人单位商业秘密的有关事项。1995 年 4 月 2 日最高人民法院发布《关于受理科技纠纷事件的若干问题的规定》，对涉及商业的技术合同法律保护进行了司法解释。1995 年 11 月 23 日国家工商局发布的《关于禁止侵犯商业秘密行为的若干规定》使我国对商业秘密的法律保护进一步具体化。1999 年 3 月 15 日颁布的《合同法》，对商业秘密的保护规定得更为细致。根据该法，当事人在缔约和履行合同过程中及合同终止后，均应遵循诚信原则，履行保密义务，不得侵犯对方当事人的商业秘密。

此外，我国《审计法》《对外贸易法》《商业银行法》等，也分别规定了各自领域里工作人员及相关部门，对其服务对象具有保守商业秘密的义务。上述有关保护商业秘密的法律规定，充分反映了我国已进入运用多种法律保护商业秘密的时期，多角度、全方位地进行商业秘密保护。

五、知识产权制度的国际比较

各国依据各自的基本国情，就市场经济运作都颁布了相应的专利法规，并已形成各自的专利保护体系。

经济发达的国家无一不是拥有利用专利制度的老牌大国。意大利的威尼斯是专利制度的故乡；英国则创立了世界上具有现代意义的第一部专利法。美国的专利制度与其国家同时成长——1787 年所制定的合众国宪法中明确规定了版权和专利权。曾任美国专利局首任局长后来又成为总统的杰佛逊说过："对新的发明授予专利权，结果促进了发明，这是我没想到的。"法国是世界上继英国和美国之后第三个建立专利制度的国家。德、日两国分别在 1877 年和 1885 年建立了各自的专利制度。这两个迟到的"兄弟"还对此颇有感慨。当初德国建立专利制度真可谓"逼上梁山"，然而，制定专利法以后的德国工业，尤其是化学工业，取得了飞跃式的发展。至于日本，其工业产权制度的创始人高桥是清（日本特许厅首任长官，后成为日本首相）在 19 世纪末考察美国后说："我们寻找最伟大的国家，我们将能像他们一样。我们问，究竟是什么使得美国成为如此强大的国家，并为此进行了调查和考察，发现那就是专利，所以我们将拥有专利。"回顾世界上经济强国的发展史，它们都有着"悠久的"专利制度历史，这种无可非议的事实，绝非是一种偶然。透过现象看本质，它揭示出市场经济的规律，即专利制度是市场经济的重要组成部分。如果说没有反垄断法是市场经济的缺陷，那么，没有专利制度也是不完整的市场经济。巴西前总统萨尔内曾经说过："知识必须属于整个世界，知识是人类历经艰辛给我们遗留下来的财富。"知识当中亦包括社会制度，制度更是国家无穷的财富。联系到国家的综合竞争力，在硬件条件不是主要内容的情况下，软件（制度）就显得格外重要了。我国的专利制度建设起步较晚。国内知识产权的保护延伸到国际间的知识产权保护，其保护地域由国内延伸到国外，这种知识产权国际保护主要是以缔结国际公约的方式进行的（表 1 – 1）。

表1-1 知识产权保护公约的缔结时间

知识产权国际保护公约或条约名称	缔结时间	我国参加时间
《保护工业产权巴黎公约》	1883 年	1985 年
《保护文学艺术作品伯尔尼公约》	1886 年	1992 年
《世界版权公约》	1952 年	1992 年
《商标国际注册马德里协定》	1891 年	1989 年
《专利合作公约》	1970 年	1994 年
《保护录音制品制作者防止未经许可复制其录音制品公约》	1971 年	1992 年
《建立世界知识产权组织公约》	1967 年	1980 年
《与贸易有关的知识产权协议》	1994 年	2001 年

外国大量发明专利申请的涌入并不可怕，从某种意义上讲，这是我们实行知识产权制度以后成功引进、吸纳外国先进技术的标志。而可怕的是，如果我们没有保护知识产权的意识，没有保护知识产权的危机感和紧迫感，将会导致原本属于我们的知识产权和市场被外方占领。面对现实和未来的世界，我们的态度应该是，看清我们的不足，研究知识产权保护对策，更多地引进、消化、吸收外国先进技术，实现我国技术的跨越式发展；弘扬我们的优势，使我们自己的高新技术及时取得国内外知识产权，牢牢掌握关键高新技术的自主知识产权，从而增强我国的综合国力，实现中华民族的伟大复兴。中国融入国际知识产权保护的步伐越来越快，正如《中国知识产权状况白皮书》中所说，中国在不到15年的时间走过了发达国家近百年的历程！

【案例分析】

【案例1分析】

搜狗公司与百度公司在输入法问题上的专利诉讼，是输入法软件巨大的市场之争。越来越多的互联网企业试图通过打进输入法市场，来增加用户黏性，争夺用户流量。互联网行业作为知识密集型行业的典型代表，知识产权也成为互联网企业在市场竞争中最为重要的"武器"之一。为争夺市场，互联网企业纷纷亮出自有专利在市场中"厮杀"。此次搜狗公司向百度公司索赔2.6亿元之巨，更是尽显专利之"利"。

【案例2分析】

法院在认定是否构成商标侵权时，对同类商品(服务)的认定不应机械地按照类似商品与服务区别表来判定，而更应当考虑两者的内容和性质等，客观判定两者服务类别是否相同或相似。值得注意的是，随着国内新兴业态的不断发展，某一商品或服务可能具有多种属性，建议企业加强商标保护意识，提前做好全面的商标检索工作，避免侵犯他人商标权。

【案例3分析】

标准必要专利堪称专利中的最具有竞争能力的垄断权利。因为与行业标准相结合，标准必要专利权人通常可以借此取得一定的市场优势地位。如果权利人凭借这种市场优势地位，在专利许可和授权时进行不公平的高额定价、歧视性定价，附加不合理交易条件等，就可能会阻碍创新，进而对社会公共利益造成损害。因此，标准必要专利权人在利用标准必要专利获益时，应当受到一定的限制，如遵守公平、合理、非歧视原则等。国家发改委对美国高通公司的这一处罚对通信行业影响巨大，也为标准必要专利权利人划出了一条"警戒线"。

【延伸思考】

（一）关于中美知识产权保护的理性思考

2009年的中美知识产权争端是在特定的背景下多个要素综合作用下的结果，其中，中美之间的三大差别是产生知识产权争端的源头。一是不同的法律文化深刻地影响了立法、司法系统，进而影响法律的实施。美国强化了知识产权私权（private right）保护的绝对性（absolutely），推销强国的单一（single）文化。中国认为知识产权作为一项基本人权（human right），确应保持文化多样性（variety），赞成知识产权私权保护的相对性（relativity）。二是经济发展状态不同的国家对知识产权保护的态度不同。美国是一个经济发达国家，有完善的知识产权法律制度体系和掌控社会的能力，对知识产权趋向于强保护。而中国是一个发展中国家，其法律制度受制于其科技经济发展水平，对知识产权趋向于弱保护。三是国家的立法司法体制不同。美国采用判例法（case law），其基本原理是"遵循先例"，即法院审理案件时，必须将先前法院的判例作为审理和裁决的法律依据。美国判例法具有司法造法功能，法律条文具有灵活性。而中国是制定法（positive law）国家，不采用判例法，法律条文具有一定的稳定性。中美两种知识产权法律制度是否能融合还是一个大问题，即使能够融合，仍然需要走很长的路。

（二）知识产权文化探讨

知识产权作为一种文化，伴随着我们生活的每一天，它需要人们的关注；作为一种文化认同，需要文化诠释；作为国家知识产权战略的一部分，需要普及。通过法律来保护知识产权，既是一种权利保护，也是一种文化保护。在实践中，应注重培育以下几种文化：①专利文化（通过专利延伸到发明创造、创造文化和创造性思维）；②商标文化（通过商标延伸到商标美学、商标的企业文化和人类文化走向，映衬商品世界中的文化现象）；③版权文化（通过版权作品延伸到人类的精神世界和精神需求）；④非物质遗产文化（人类的非物质文化遗产沉淀了世界演化的脚步，法权的固化凝练了人类发展的方向)；⑤地理标志文化(地里标志的历史含义和演化，传播了地域文化，加强了世界之间的沟通)。

（三）知识产权质押贷款问题

知识产权质押贷款是指以合法拥有的专利权、商标权、著作权中的财产权，经评估后向银行申请融资。由于知识产权实施与变现的特殊性，目前只有极少数银行对部分中小企业提供此项融资便利，而且一般需要由企业法定代表人提供担保。尽管国家近年来出台了很多推进知识产权的政策措施，但是实践中知识产权的质押贷款还是比较困难的。因此，知识产权评估制度、现代担保物权体系、贷款风险补偿基金等实践性问题都亟待研究和完善。

（四）专利实施的强制许可问题

专利实施的强制许可是指采用行政措施来限制专利权人滥用技术独占权。同时，被许可人也应当向专利权人支付合理的报酬。专利实施强制许可是法律对专利权人权利实行限制的制度，以体现"知识产权与公共利益平衡"的宗旨。从《巴黎公约》到 TRIPS 协议，都规定了强制许可的"非排他性"(non-exclusive) 原则，但是发展中国家一直希望把强制许可规定成"排他性"(exclusive)。世界各国(尤其是发展中国家)的公共健康问题对人类健康造成了严重的威胁，并在近年来受到国际社会越来越深切的关注。公共健康危机或许可以成为进一步强化专利强制许可制度的契机。

（五）标准中的知识产权问题

知识产权从一定意义上来说是一种法定的垄断权。由于这种独占性、专有性，知识产权也极易被滥用。知识产权问题一直是中美两国经济谈判的焦点，并且随着经贸交流的深入，两国在此问题上的冲突越来越明显，尤其是"标准中的知识产权"发展态势日益复杂。一方面，标准化为消费者带来的好处有目共睹，同时也可为生产企业带来巨大的好处，另外也有助于推动企业的创新活动，从而有助于市场竞争。但是在另一方面，标准化过程中也可能产生限制竞争的问题，妨碍技术创新。因此，我们应特别关注标准化过程中滥用知识产权的问题，防止权利人滥用知识产权限制竞争，以保护我国技术进口企业的合法权益。

第二章　专利法律制度

【本章要点】

1. 专利法律制度的内容
2. 发明和实用新型、外观设计的条件、程序
3. 国际专利(PCT)路径
4. 专利国际公约
5. 专利实施的种类、条件、程序
6. 专利侵权的认定及救济

【案例导入】

【案例1】外观设计专利侵权案

1999 年 11 月 23 日，原告伍某向国家知识产权局提出了"红与黑"玩具字牌的外观设计专利申请。2000 年 8 月 19 日取得外观设计专利证书。原告按年度缴纳了专利年费。原告取得了外观设计专利后，生产、销售此种专利产品(即"红与黑"字牌)，取得了良好的经济效益。被告王某 2000 年从其原工作单位农机站下岗后，开始筹划办厂，拟生产字牌。2001 年 9 月 3 日，被告向工商局提出申请，拟开办字号名称为"东荣牌业"的企业。专利权人伍某发现被告在 2000 年下半年生产销售的"赢老板"牌字牌与其外观设计专利技术相同，遂提起诉讼。经对原告的专利技术与被告的字牌进行比较，被告生产的字牌的字体与颜色同原告专利的字体、颜色一致。

原告伍某诉称：原告为"红与黑"玩具字牌的外观设计专利权人和商标注册权人，并同时生产、销售该外观设计专利产品——"红与黑"字牌。被告在未经原告许可的情况下，擅自使用原告"红与黑"字牌外观设计专利的字体，其生产并销售的"赢老板"牌字牌大量充斥市场，给原告造成了极大的经济损失。因此，诉请法

院依法判令被告立即停止侵权行为，赔偿经济损失。被告辩称：被告是于1999年8月至9月间，经过研制，将原告所称的侵权字牌推向市场，比原告的专利申请日早了3个月，故被告不是侵权人。原告外观设计的权利要求是"保护字体和颜色"，这些要求保护的内容体现在生产字牌的样纸上，而事实上，被告并不生产字牌纸，其是从益阳、常德等地的印刷店购进的，有合法来源的证明，故被告的行为不构成侵权。原告的外观设计是一种公知技术，原告申请专利的字体与先前的一些字牌字体没有本质区别，其专利没有新颖性和创造性。因而请求人民法院驳回原告的诉讼请求。

法院依法判决被告侵犯专利权成立，判令被告立即停止生产、销售与原告专利字体颜色相同的字牌，并赔偿原告的经济损失。

第一节　我国专利权法的基本内容

一、专利权主体的分类

专利权主体指享有专利权并承担相应义务的发明人、设计人或其他人。专利权主体包括专利申请权主体和专利所有权主体。专利申请只是专利确权程序上的一个环节，它是启动专利获权的前提。专利申请权只是申请专利的一种资格。在美国，只有发明创造本人才能申请专利权，而专利权所有人则多数不是发明人本人。在我国专利法和技术合同法中，都明确了专利申请权可以转让，因此专利申请人可能不是发明创造者本人。发明权主体与版权原始主体类似，即为发明者本人。而专利权主体中的发明人是指对发明创造的实质性特点做出了创造性贡献的人。专利权主体有原始主体和继受主体之分，只有原始主体才是发明人本人。

（一）发明人或设计人

1. 发明人或设计人的概念

发明人或设计人是指对发明创造的实质性特点做出创造性贡献的人。在完成发明创造过程中，只负责组织工作的人、为物质技术条件的利用提供方便的人或者从事其他辅助工作的人，不是发明人或者设计人。各国都规定了发明人或设计人对其发明创造有申请和获得专利的权利，但此发明可分为三类，即职务发明、非职务发明、共同发明三种。发明的种类不同，其申请和获得专利的资格也有所不同。非职务发明，发明人或设计人成为专利权的主体，有申请和获得专利的权利，关于哪些属于发明人或设计人，各国有严格的规定。日本专利法将发明定义为"利用自然法则的高度创造"，那么发明人就可以理解为利用自然法则进行高水平创造的人。苏联将发明定义为，"在国民经济和社会文化建设或国际的任何领域内，一项新的具有实质性特点并提供积极效果的解决课题的技术方案"。由此可见，发明人就是指上述方案的提出人，设计人也是如此。所谓的发明人或设计人，他们最本质的属性是他们对发明创造的实质性特征做出了创造性贡献。而没有这种创造性贡献的人，如组织管理者、情报提供者、后勤保证者、实验创作者等均不能视为发明人或设计人。正确地确定专利权主体及其权利归属具有重要意义。由于传统思维惯性、大锅饭意识与公平心理，对发明人或设计人的理解不同，产生了许多产权纠纷。

2. 发明人或设计人的认定

我国专利法对发明人或设计人有明确的界定。《中华人民共和国专利法实施细则》规定："发明人或设计人是指对发明创造的实质性特点做出创造性贡献的人，只负责组织工作，仅是指导和提出启发性意见但并不构成发明创造具体内容的人，只从事辅助工作的人，都不能认为是发明人或设计人。"因此认定发明人或设计人必须明确如下三个问题：

(1)发明人做出的是具有实质性特点的发明创造。所谓实质性特点是指直接影响发明创造的功能、作用，与其他同类产品相区别的明显改进或补充。例如某安全节能电器，此处的"安全""节能"就是实质性特点，其他一般特点如"体积""形状""大小"等不是实质性特点。

(2)发明人做出的是创造性贡献。所谓创造性贡献就是发明者对发明实质性特点做出了有别于他人的特殊改进或补充，使现有产品具有了原有产品不具有的特殊品质，这种改进或功能补充就是创造性贡献。判定创造性贡献时，应当分解发明创造或科技成果的实质性技术构成，并据此客观、公正地把提出实质性技术构成和由此实现技术方案的人确定为做出创造性贡献的人。

(3)最先申请人。对同一内容若有两人申请的专利授权问题，一般有三种原则：①先申请原则。以申请日先后为准，专利权授予最先申请人。②先发明原则。以发明先后为准，对最先完成发明的申请人授予专利权。③先使用原则。将专利授予先使用者。由于发明时间难以确定，无客观依据，取证困难，故国际上广泛采取先申请原则，即将专利权授予最先申请人。因为对专利局来说，先申请日以专利局接到申请文件为准，可以准确无误判定，无须发明人提供其他证明。若发明已经完成，应及时申请授权，否则就可能因被他人抢先申请而丧失专利权，自己的心血将付之东流。若同样的发明创造的申请日也相同，则由专利局通知申请的双方自行协商，若意见不一致或一方拒绝，则双方都不能获得专利授权。出现此类情况时，通常是双方以共同发明人的方式申请专利，或一方购买另一方的专利申请权，而以一方身份独立申请专利。

3. 发明人或设计人的权利归属

发明人或设计人对发明的实质性特点做出了创造性贡献，故该发明的申请权和专利权属于发明人或设计人，任何他人不得侵害。

（二）共同发明人或共同设计人

1. 共同发明人或共同设计人的概念

共同发明人是两个或两个以上的人对同一项发明共同构思，并对发明的实质性特点共同做出过创造性贡献的人。

2. 共同发明人或共同设计人的认定

（1）以事实为依据。在集体创造过程中，正确记录每个人的贡献，是划分共同发明人的一个依据。该创造全过程包括从选题到方案制定、创造案例讨论、创造性思想的提出、实验的设计、数据的处理全过程。在过程中正确记录每个人的贡献，并根据这些记录客观确定每个人对成果的贡献。专利申请权、专利权属于共同发明人或共同设计人。

（2）以是否有创造性贡献为标准。参加课题的人或其他人员都有贡献，关键要看谁对解决实质性问题做出了创造性贡献，从而来确定哪些人是共同发明人或共同设计人。如果两人或两人以上都有创造性贡献，那么他们就是共同发明人或共同设计人。

（3）发明结果的互补性。共同发明人的判断标准就是发明结果的互补性，如果是一个独立的发明创造，可以单独申请专利；而如果需要共同申请的，结果和功能的互补性是共同发明人可能汇聚一起的内在动力。

3. 共同发明或共同设计的权利归属

共同发明人或共同设计人的专利申请权和专利权属于共同发明人或共同设计人。任何一方使用专利权时，不得损害另一方的利益。其中一方转让专利权时，共同发明的另一方有优先购买权。

（三）职务发明人

1. 职务发明人的概念

职务发明是指发明人或设计人在执行本单位的任务或者主要利用本单位的物质技术条件所完成的发明创造。职务发明的核心概念就是：本单位、本职工作、主要利用本单位的物质技术条件三个选择条件，这也是判断职务发明的主要依据。其中，本单位包括临时工作单位。本单位的任务主要指：①完成本职工作；②完成单位交付的其他工作中做出的发明创造；③退职、退休、调动工作或劳动人事关系终止后一年内做出的，与原单位承担的本职工作或分配的任务有关的发明创造。主要利用本单位的物质技术条件所完成的发明创造，是指主要利用本单位的资金、设备、零部件、原材料或者不对外公开的技术资料、实验室等做出的发明创造。

2. 职务发明人的认定

科技活动是一个继承和突破的矛盾运动，发明创造常常是渐进的、连续的和累积的，因此，不应简单地将发明创造工作是否全部或部分在上班时间来认定是否为本职工作，而应以其是否在职责范围之内来划分。判断职务发明有两个标准，即执行本单位的任务和主要利用本单位的物质技术条件完成。

（1）对本单位的理解。对本单位的理解，专利法没有作明确的规定，根据专利法中将"临时工作单位"认定为本单位的规定，可以对本单位作扩大解释。一般认为下列单位都视为本单位：①所在单位即为职工的"本单位"；②借用人员从事工作的单位应视为"本单位"；③专职受聘人员聘任单位视为"本单位"；④兼职受聘人员与聘任单位是合同关系，以合同约定"本单位"。

（2）对本单位的任务的理解。本单位的任务或职责是指本职工作，对本职工作的内容可以作扩大解释，同时应注意如下几个问题：①本职工作是指发明人或设计人的职务范围，即工作职责范围；②利用在工作职责范围外获得的知识、技术、经验和信息完成的发明创造，不能视为是本职工作中的发明创造；③在个人所学的专业领域，本岗位工作所属行业中的发明创造，不能一概认定为本职工作中的发明创造；④本职工作不应简单地按上班或下班时间划分。对于本职工作的时间问题，一般认为，某一发明创造是否属于职务发明，不应以工作时间还是业余时间为标准。因为脑力劳动在劳动时间上有内在的联系，难以区分是工作时间还是业余时间，什么时间完成的发明创造无关紧要，只要某一发明属于发明创造者的本职工作内容，或者与本职工作密切相关则都视为职务发明，专利权归工作单位。本岗位的职责是指根据单位的规定，职工所在岗位的工作任务和责任范围。如果职工在该单位所在岗位的工作任务和责任范围与某项技术成果的研究开发没有直接关系的，在其完成本职工作的情况下，利用专业知识、经验和信息完成的该技术成果不属于"履行本岗位的职责"。

（3）对本单位的物质技术条件的理解。本单位的物质技术条件是指职工在完成技术成果的研究开发过程中，全部或者大部分利用了单位的资金、设备、器材或原材料，或者该项技术成果的实质性内容是在本单位尚未公开的技术成果、阶段性成果或者关键技术基础上完成的。在技术成果完成后，对其技术方案进行验证性的不包含后续开发内容的试验、小试、中试而利用的物质技术条件或者在研究开发过程中利用本单位已经向社会公开或已为本领域专家公知的技术信息，不属于专利法第6条所称的"主要利用本单位物质技术条件"。

3. 职务发明的权利归属

职务发明的专利申请权归工作单位，申请被批准后，该单位为专利权人。但发明人或设计人有署名和受奖的权利。如果利用的物质技术条件在其发明中起了主要的决定作用，则该发明属于职务发明；但某一发明只是利用了测试设备，并且付了使用费，同时所利用的物质技术条件对其发明不起主要作用，这样的发明不是职务发明。如果利用本单位的物质技术条件完成了发明创造，而单位与发明人或者设计人订有合同，应从其约定。

（四）合作方或委托方与受托方

1. 合作方或委托方与受托方概念

两个以上单位或者个人合作完成的发明创造、一个单位或者个人接受其他单位或者个人委托所完成的发明创造，除另有协议的以外，申请专利的权利属于完成或者共同完成的单位或者个人；申请被批准后，申请的单位或者个人为专利权人。把两个以上单位相互配合、共同研究和开发某一技术的形式称为协作，现在一般称为合作。协作包括两种形式：①合作单位各方都对技术做出贡献并由一方或几方提供物质条件，相互协作，参与研究和开发技术工作；②合作的一方或几方对技术做出贡献，另一方或几方提供物质条件。

所谓委托是指一个单位接受另一个单位委托的研究和开发任务，委托方为该技术成果的完成提供物质条件，被委托方完成约定的技术成果，它有两种形式：①国家或上级主管部门委托所属单位研究、开发某一技术；②一个单位接受其他单位的委托，研究和开发某一技术项目。协作或委托关系一般都是通过合同方式建立的，应在合同中明确规定对完成发明创造申请专利权的归属，若没有规定，遵照专利法第8条规定，申请并获得专利的权利属于完成单位或共同完成单位。没有取得专利的单位依据技术合同法第32条第1款，可以免费实施该项专利。

2. 合作或委托发明的认定

依据专利法，合作或委托开发必须签订书面的技术合作与委托合同，在合同中明确双方的权利和义务，因此，合作与委托的发明，可以根据书面合同来认定。

3. 合作或委托发明的权利归属

依据专利法，合作或委托的发明创造的权利归属，依据其签订的合作或委托的技术开发合同为准。但合同中没有确定或没有明确确定的，专利申请权属于发明的开发方或受托方，取得专利权后，专利权属于发明创造的开发方或受托方。合作的另一方或委托方的权利在专利法中没有明确，但在技术合同法中，明确了合作的另一方或委托方有免费使用权，这样才显得相对公平。

（五）其他专利权原始主体及其权利归属

其他专利权原始主体主要指外国人。外国人指不具有中国国籍的自然人、法人或其他组织。保护外国人在本国享有专利申请权、获得专利权，既有助于推动国际贸易和技术交流的发展，也能更好地促进国家的经济建设，保护本国人的合法权益。由于知识产权的国际化趋势，世界各国的专利法都有条件或无条件地规定了对外国人的发明创造的保护，我国专利法规定：

1. 在国内有经常居所或营业所的外国人，享受与中国人一样的国民待遇

如中外合资企业、外资企业，有经常居所的外国人。

2. 没有经常居所或营业所的，必具备下列三个条件之一

(1)所在国与我国签有取得专利权的双边协定，如与美国的关贸协定，双方都同意应设法保证对方的法人或自然人的专利权。

(2)所属国同我国共同参加互相承认申请并取得专利权的国际条约。如参加《巴黎公约》，根据该条约，《巴黎公约》成员方的自然人和法人均可在我国申请专利和获得专利权，并受到法律保护，中国1985年3月19日参加《巴黎公约》，成为第96个成员方。该公约截至1998年，共有176个成员。1994年4月15日，我国参加了《与贸易有关的知识产权协议》(TRIPS协议)，在知识产权国际保护的道路上又前进了一大步。

(3)有互惠协议的国家。如果没有签订双边条约，也没有共同的国际公约，但允许我国自然人或法人于该国申请并获专利，按互惠平等原则，我国也允许该国自然人和法人到我国申请并获得专利权。

二、发明创造的条件及其种类

专利权的客体是指专利权人的权利和义务共同指向的对象，即能取得专利权、受专利法保护的发明创造。世界各国对专利权客体的内涵和外延认识不尽一致。我国《专利法》第2条规定："本法所称发明创造是指发明、实用新型和外观设计。"由此可见，我国专利权的客体包括三种：发明、实用新型和外观设计。

(一)发明创造的条件

1. 发明创造的概念

发明创造目前没有一个统一的定义，不同的国家、学者基于自己对发明创造的理解，采用定义和列举的方式对其做出了不同的界定。世界知识产权组织制定的发展中国家的发明示范法第113条规定："发明是发明人的一项思想，能在实践中解决技术领域的某一特定问题。"我国专利法采用了列举的方法。在《专利法》第2条规定："本法所称的发明创造是指发明、实用新型和外观设计。"发明创造具有如下特征：

(1)发明创造是一种技术方案。这类方案是指运用自然规律形成的能够解决某种问题的方案，有关社会科学方面抽象的和理论化的东西以及人类其他社会活动的知识、技能不是《专利法》中的发明。

(2)发明创造并不要求能直接应用。发明是指一种解决问题的技术方案，并

不要求达到直接应用于工业的程度，更多是处于一种技术思想的阶段，没有经过生产制造。

（3）发明创造至少具备将来实现的可能性。虽然发明并不要求能直接应用，但要求至少具备将来实现的可能性。不具备实现可能性的技术方案，不能称为发明。这种可能性必须具体，至少具体到这种技术方案一旦付诸实践，就能够实现。

2. 发明创造的条件

从发明创造的概念可以看出，能够成为《专利法》所称发明创造必须具有如下条件：

（1）合法性条件。能够受《专利法》保护的发明，首先是内容的合法性。发明必须是法律所允许的，任何有害于公众利益、危害国家安全的发明创造，属于专利法所禁止的范围。不同的国家基于发展的需求，对一些发明创造不授予专利权，属于《专利法》限制的范围。前者是绝对条件，后者是相对条件。

（2）新颖性条件。《专利法》所保护的发明创造必须具有新颖性，新颖性是指具有新的、有用的、原创的、非复制的、不容易发现的、创造的等特征。新颖性标准有时间标准，如申请日、申请的时间、发明日、使用日等；地域标准，如国内外（世界）标准（绝对地域标准）、国内标准（相对地域标准）；还有公开标准，如技术公开、文献公开、使用公开、口头公开等。

（3）创造性条件。创造性是指创造了有别于现有技术的新东西，能解决现有技术问题。

（4）实用性条件。实用性指可制造性和可再现的可能性，并不要求直接的生产制造。实用是指广义的工业实用性。

（二）发明创造的种类

1. 发明

我国《专利法》中的发明指对产品、方法或者其改进所提出的新的技术方案。依据该定义，法定的发明有四种：产品发明、方法发明、产品改进发明，方法改进发明。

（1）产品发明。产品发明指发明一种前所未有的新产品。这种产品可以是人工制造的一切有形的物质产品，也可以是通过某种方法（物理、化学方法）所得到的两种或两种以上的元素的化合物或混合物，既可以表现为固态，也可以表现为非固态。如美国贝尔制造的第一部电话机、爱迪生的白炽灯、富尔顿的轮船、瓦特的蒸汽机等。人工制造物品，如人造金刚石、人造玻璃、食品、饮料、调味品、药品等。完全处于自然状态的非人工制造的产品，自然形成或天然存在的新物质不属于发明，如野生植物、钻石、玛瑙等。

（2）方法发明。方法发明指为制造某种产品或取得某种效果，包含有一系列步骤的技术方案。它包括制造产品的方法，也包括使用产品的方法，如制造胶片的方法、酿造啤酒的方法、测量的方法、化学方法、通信方法等。但此方法必须属于技术领域,即利用自然规律的技术方案,单纯利用人的心理规律、人为规定、经济规律等创造的方法,如数学方法、比赛规则、交通规则、广告方法、演讲方法则不能取得专利,但与该方法有关的仪器设备可获专利,如诊疗器、高级手术刀、听诊器等。

(3)产品改进发明。产品改进发明指通过对已有物质产品的改进或改造,使其有新的技术特征而完成的发明。对现有产品的缺欠,通过一定的技术,使其产生新的技术特征。如将现有自行车进行改造,发明一种新型自行车,使其性能、功效得到很大改善,若符合条件也可获专利。

(4)方法改进发明。方法改进发明指对原有方法进行改造,使其产生良好的效果而完成的发明。如酿酒的方法,自远古就有,若通过研究,使用一种新的酿酒方法,可以节省原料,且酿的酒味美醇香,则该种方法就属于方法改进发明,可以申请专利。

2. 实用新型

实用新型是指对产品的形状、构造或其结合所提出的适于实用的新的技术方案。形状指产品外部能观察的外形,是有固定的立体外形和相应的功能作用的外形,如轮胎上的花纹,既有立体螺纹,又有防滑功能。构造指组件或零件的有机结合,构造也是立体的,具有一定的功能,如多功能钢笔。实用新型在实践中常称为"小发明",在技术水平上低于发明,在实用上体现了较低的创造水平,但与发明有别。实用新型有两个特征:第一,首先是一种产品,实用新型是一种适于实用的产品,如设备机构、装置、工具、器具用具或日用品。第二,必须有一定的立体形状和构造或二者的结合。无形状的物质不保护,例如粉末、液体、气体,不可能取得实用新型专利。发明和实用新型的区别表现在:

(1)范围的限制。发明包括产品和方法的发明,产品又包括固态和非固态,而实用新型只针对一定形状和构造的产品。液体类、气体类及粉末状的产品不能获得实用新型专利。

(2)创造水平低。发明的创造性必须有突出的实质性特点和显著的进步,实用新型只需要有实质性特点和进步,这就明显表现出创造水平的不同要求。

(3)专利授权程序不同。发明专利授权前,一般都要经过初步审查、实质审查过程。初步审查合格并公告后,自申请日起3年内,申请人提出实质审查请求后,启动实质审查程序,实质审查合格后才授予专利权。而实用新型专利只有专利的初步审查(形式审查),初审合格即授予专利权。在国外,许多国家专利制度中只有发明专利和工业品外观设计专利,没有实用新型专利。

(4)保护期的差异。发明技术要求高、审查程序严、保护时间长。在我国,发明专利保护期是20年,实用新型为10年,均自申请之日起计算。

3. 外观设计

外观设计指对产品的形状、图案、色彩或其结合所做出的富有美感并适于工业应用的新设计。形状指平面或立体轮廓，是占据空间的形状。无固定形状的粉末、液体、气体不属于外观设计产品范围。图案指为装饰而加于产品表面的花色图样、线条等。许多发展中国家将地方传统技艺创作列入"工业品外观设计"范围。色彩指产品表面的颜色。许多设计往往是形状、图案、色彩三者结合。一个有效的工业品外观设计保护制度就能够激发创造活力。世界上最早对外观设计进行法律保护起源于中世纪的佛罗伦萨。法国于 1711 年建立了外观设计保护制度，其目的在于保护里昂盛产的丝绸织品的外观设计。外观设计保护工业品从艺术角度看赋予美感的新式样，实用新型则保护工业品从技术角度看实用新式样。外观设计应符合如下要求：

(1)外观设计是指形状、图案、色彩或者其结合的设计。外观设计以外表具体形态为对象，如电视机、小汽车的外形，侧重于外形。

(2)外观设计必须是针对产品的外表所作的设计。产品是指具有独立用途，可以成为交易对象的物品，而且这种物品具有一定形状，能够自由移动，如脸盆、台灯、壁纸等。一幅画或一个图案，本身不是外观设计，但是印在床单、脸盆上，那幅画或这个图案就成为外观设计了。

(3)外观设计要富有美感。美感是使人们通过视觉感官而产生的一种直觉状态，通常具有很强的个体差异性，因此，美感的评价往往差别很大。实践中的美感差别，多数都流于外观上的区别。

(4)外观设计必须是适合于工业上的应用。此处的工业是指巴黎公约中的含义，泛指工业、农业、交通运输业、采掘业、商业、科学技术等各部门，即所有的产业部门。实用新型重实用(功能)，外观设计重外观(表现)。

三、取得专利权的程序条件

(一)发明专利申请程序

1. 发明专利的审批流程

我国《专利法》进行了三次修改，先后有过三种申请确权程序①。结合我国参

---

① 1984 年 3 月 12 日第六届全国人民代表大会常务委员会第四次会议通过。根据 1992 年 9 月 4 日第七届全国人民代表大会常务委员会第二十七次会议通过《关于修改〈中华人民共和国专利法〉的决定》(第一次修正)。根据 2000 年 8 月 25 日第九届全国人民代表大会常务委员会第十七次会议通过《关于修改〈中华人民共和国专利法〉的决定》(第二次修正)。根据 2008 年 12 月 27 日第十一届全国人民代表大会常务委员会第六次会议通过《关于修改〈中华人民共和国专利法〉的决定》(第三次修正)，2015 年正在进行第四次修订。

加的国际公约的要求，现行的专利权审批流程更加科学，取消了 6 个月的撤销程序。现行的发明专利确权审批流程如图 2－1。

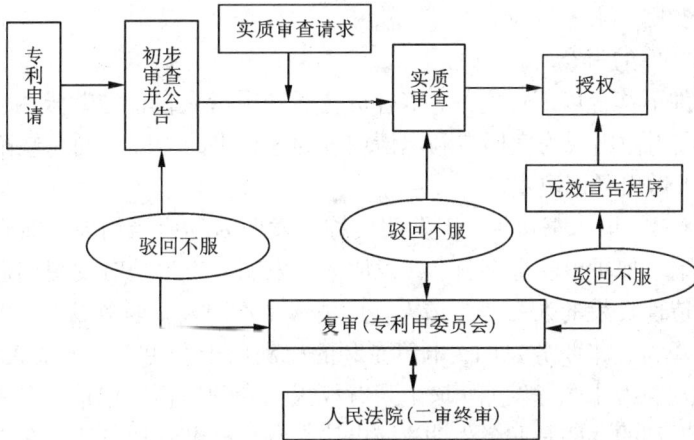

图 2－1　发明专利审批流程

2. 发明专利申请的初步审查

根据《专利法》第 34 条的规定，专利局收到发明专利申请后，经初步审查认为符合专利法要求的，自申请日起满 18 个月，即行公布。专利局也可以根据申请人的请求早日公布其申请。因此，发明专利申请的初步审查是受理发明专利申请之后、公布该申请之前的一个必要程序。

1）发明专利审查初步审查的主要任务

①审查申请人提交的申请文件是否符合专利法及其实施细则的规定，发现存在可以补正的缺陷时，通知申请人以补正的方式消除缺陷，使其符合公布的条件；发现存在不可克服的缺陷时，做出审查意见书，指明缺陷的性质，并通过驳回的方式尽早结束审批程序。②审查申请人在提出专利申请的同时或者随后提交的与专利申请有关的其他文件是否符合专利法及其实施细则的规定，发现文件存在缺陷时，根据缺陷的性质，通知申请人以补正的方式消除缺陷，或者直接做出视为未提交的决定。③审查申请人提交的与专利申请有关的其他文件是否是在专利法及其实施细则规定的期限内或者专利局指定的期限内提交；逾期未提交或逾期提交的，根据情况做出视为撤回或者视为未提交的决定。④审查申请人缴纳的有关费用的金额和期限是否符合专利法及其实施细则的规定，费用未缴纳或者未缴足或者逾期缴纳的，根据情况做出视为撤回或者视为未提出的决定。

2）发明专利申请的初步审查范围

①专利申请是否包含专利法第 26 条规定的申请文件，以及这些文件格式上

是否明显不符合专利法实施细则相关规定。②专利申请是否明显属于专利法第5条、第25条等规定。③与专利申请有关的其他手续和文件是否符合专利法实施细则第7条等相关规定。④专利申请是否按照专利法实施细则的第90条等规定缴纳了相关费用。

3）申请文件的审查

申请文件不符合以下规定的，审查员应通知申请人在指定期限内补正；期满未答复的，应当做出视为撤回专利申请或视为未提出的通知。同一缺陷两次补正不合格的，可做出驳回决定。

（1）请求书。请求书包括：①发明名称。发明名称应当简短、准确地表明发明专利申请请求保护的主题名称。②发明人。发明人应当是对发明创造的实质性特点做出创造性贡献的人。③申请人。申请人是本国人。职务发明，申请专利的权利属于该单位；非职务发明，申请专利的权利属于发明人。申请人是个人的，可以推定该发明为非职务发明，该个人有权提出专利申请。申请人是单位的，可以推定申请专利的发明是职务发明，该申请人有权提出专利申请。在中国没有经常居所或者营业所的外国人、外国企业或者外国其他组织在中国申请专利的，依照其所属国同中国签订的协议或者共同参加的国际条约，或者依照互惠原则，根据本法办理。本国人与外国人共同申请的，分别按前述规定进行审查。④专利代理机构、专利代理人。⑤地址：请求书中的地址（包申请人、专利代理机构、联系人的地址）应当符合邮件能迅速、准确投递的要求。

（2）说明书。说明书第一页第一行应当写发明名称，该名称应当与请求书中的名称一致，并左右居中。发明名称前面不得冠以"发明名称"或者"名称"等字样。说明书的格式应包括以下各部分，并要在每一部分前面写明小标题：第一，技术领域；第二，技术背景；第三，发明内容；第四，附图说明；第五，具体实施方式。说明书无附图的，说明书文字部分就不包括附图说明及其相应的小标题。

（3）权利要求书。权利要求书有几项权利要求的，应当用阿拉伯数字顺序编号，编号前不得冠以"权利要求"或者"权项"等词。

（4）说明书附图。说明附图应当用制图工具和黑色水绘制，线条应当均匀清晰，并不得着色和涂改。剖面图中的剖面线不得妨碍附图标记线和主线条的清楚识别。几幅附图可以绘制在一张图纸上。一幅总体图可以绘制在几张图纸上，但应保证每张图纸上的图都是独立的，而且当全部图纸组合起来构成一幅完整总体图时又不互相影响其清晰度。

（5）说明书摘要。摘要应当写明发明的名称和所属的技术领域，清楚反映所要解决的技术问题、解决该问题的技术方案的要点及主要用途。未写明发明名称或不能反映技术方案要点的，应当通知申请人补正。

4）申请文件出版条件的格式审查

　　发明专利申请公布时的说明书、权利要求书和说明书摘要的文字应当整齐清晰，不得涂改，行间不得加字。说明附图、说明书摘要附图的线条应当清晰可辨。文字和线条应当是黑色，并且足够深，背景干净。文字和附图的版心，四周不应有框线。各种文件的页码应当分别连续。申请文件不符合上述规定的，通知申请人在规定期限内补正；期满不补正的，应当做出视为撤回专利申请的通知。发明专利申请授权时的申请文件，除允许审查员对文字部分做出修改外，应当符合公布时的要求。

　　5）其他文件和相关手续的审查

　　在中国没有经常居所或者营业所的外国人、外国企业或者外国其他组织在中国申请专利和办理其他专利事务，应当委托国家知识产权局指定的专利代理机构办理。审查包括：

　　（1）委托书。申请人委托专利代理机构向专利局申请专利和办理其他专利事务的，应当同时提交委托书，写明委托权限。申请人委托专利代理机构应当签署专利代理委托书，写明委托权限。

　　（2）解除和辞去委托。申请人委托专利代理机构后可以解除委托；专利代理机构接受申请人委托后，可以辞去被委托。解除委托应当事先通知对方当事人，并向专利局办理著录项目变更申报手续。

　　（3）指定代表人。申请人有两人以上且未委托专利代理机构的，应当指定一人为代表人，被指定的代表人必须是申请人之一。除申请人在请求书中另有声明把非第一申请人作为代表人之外，专利局视请求书中的第一申请人（即第一署名人）为代表人。

　　（4）权利。除直接涉及共有权利的手续外，共同代表人有权办理在专利局的各种事务。直接涉及共有权利的手续是指：提出专利申请，委托专利代理，要求提前公开，转让专利申请权、优先权或专利权，撤回专利申请，撤回优先权要求，放弃专利权或者提出复审请求等手续。直接涉及共有权利的手续应当由全体权利人签字或者盖章。

　　（5）要求优先权。要求优先权是指申请人依据专利法第 29 条规定向专利局要求以其在先提出的专利申请为基础享有优先权。申请人要求优先权应当符合专利法第 29 条、第 30 条，专利法实施细则第 32 条、第 33 条，以及巴黎公约的有关规定。

　　（6）不丧失新颖性的公开。根据专利法第 24 条的规定，申请专利的发明创造在申请日（享有优先权的指优先权日）之前 6 个月内有下列情况之一的，不丧失新颖性：在中国政府主办或者承认的国际展览会上首次展出的；在规定的学术会议或者技术会议上首次发表的；他人未经申请人同意而泄露其内容的。

　　（7）明显实质性缺陷的审查。根据专利法第 5 条的规定，对违反国家法律、社会公德或者妨害公共利益的发明创造，不授予专利权。审查员认为专利申请的全部内容或者部分内容属于上述三个方面之一的，应当做出审查意见通知书、说明理由，并通知申请人在指定期限内陈述意见（全部内容涉及的）或者删除相应部分（部分内容涉及的）。申请人陈述的理由不足以说明该申请不属于专利法第5条规定的范围或者无充分理由而又拒绝删除相应部分的，应当做出驳回决定。

3. 实质审查

发明专利的实质审查就是对发明专利的限制审查和专利的新颖性、创造性、实用性审查。

1）发明专利的限制审查

根据《专利法》第5条的规定，发明创造的公开、使用、制造违反了国家法律、社会公德或者妨害了公共利益的，不能被授予专利权。这是一个总的原则。国家法律、社会公德和公共利益的含义较广泛，常因时期、地区的不同而有所变化，有时由于原有的法律作了修改，某些限制因而被解除，因此审查员在依据专利法第5条进行审查时，特别要注意这一点。

2）新颖性的审查原则和基准

根据《专利法》规定，授予专利权的发明和实用新型应当具备新颖性、创造性和实用性。因此，申请专利的发明和实用新型具备新颖性是授予其专利权的必要条件之一。

（1）审查原则。①同样的发明或者实用新型。被审查的发明或者实用新型专利申请与现有技术或者申请日前由他人向专利局提出申请、并在申请日后（含申请日）公布的（以下简称申请在先公布在后的）发明或者实用新型的相关内容相比，如果其技术领域、所要解决的技术问题和技术方案实质上相同、预期效果相同，则认为两者为同样的发明或者实用新型。②单独对比。判断新颖性时，应当将发明或者实用新型专利申请的各项权利要求分别与每项现有技术或申请在先公布在后的发明或实用新型申请文件中相关的技术内容单独地进行比较，不得将其与几项现有技术或者申请在先公布在后的发明或者实用新型内容的组合或者与一份对比文件中的多项技术方案的组合进行对比。即判断发明或者实用新型专利申请的新颖性适用单独对比的原则。

（2）审查基准。以下给出新颖性判断中几种常见的情形：①相同内容的发明或者实用新型。发明或者实用新型专利申请请求保护的主题与对比文件所公开的技术内容完全相同，或者仅仅是简单的文字变换，则该发明或者实用新型专利申请不具备新颖性。②具体（下位）概念与一般（上位）概念。倘若发明或者实用新型专利申请请求保护的主题与现有技术或申请在先公布在后的发明或者实用新型相比，其区别仅在于前者采用一般（上位）概念，而后者采用具体（下位）概念限定同类性质的技术特征，由于具体（下位）概念的公开使采用一般（上位）概念限定的发明或者实用新型专利申请丧失新颖性。③惯用手段的直接置换。如果发明或者实用新型专利申请的技术方案与对比文件的区别仅仅是所属技术领域的惯用手段的直接置换，则该项发明或者实用新型专利申请不具有新颖性。例如，现有技术公开过采用螺钉的装置，而发明或者实用新型专利申请仅将该装置的螺钉固定方式改换为螺栓固定方式，则该申请不具备新颖性。④数值和数值范围。发明或者实用新型专利申请要求保护的技术方案中存在以数值或者连续变化的数值范围限定的技术特征，其新颖性的判断应当依照以下各项规定：

第一，上述限定的技术特征为离散的数值，对比文件公开的相应技术特征是介于两个端值之间的连续数值范围，则能损害上述限定技术特征的数值为该两端值中任一个的技术方案的新颖性，但不损害上述限定的技术特征为该两端值之间的特定值的技术方案的新颖性，除非这些中间的特定值在该对比文件中也已被具体公开过。

第二，上述限定的技术特征为连续的数值范围，对比文件中公开了较其更宽的数值范围，且给出该范围中的一些具体实施例数值，如果这些实施例数值落在要求保护的技术方案中的数值范围内，则该技术方案不具备新颖性。

第三，上述限定的技术特征为连续的数值范围，对比文件中已公开的一个数值落在该数值范围内，则以该数值范围为限定技术特征要求保护的技术方案不具备新颖性。

第四，上述限定的技术特征为连续的数值范围，对比文件中公开了一个更宽的连续数值范围，并且上述两数值范围有一个共同的端点或者部分重叠，则以该较窄数值范围为限定技术特征要求保护的技术方案不具备新颖性。

第五，上述限定的技术特征为连续的数值范围，该数值范围没有在对比文件中公开过，并且也不包括对比文件公开的数值，则以该数值范围为限定技术特征要求保护的技术方案具备新颖性。

第六，上述限定的技术特征为连续的数值范围，对比文件中公开了一个较宽的数值范围，并且该两数值范围无共同端点或部分重叠的，则以该较窄数值范围为限定技术特征要求保护的技术方案具备新颖性。

第七，上述限定的技术特征为连续的数值范围，该数值范围是为了解决对比文件中存在的特殊技术问题或者达到特殊效果而从对比文件公开的数值范围中选择出的，则以该选择出的数值范围为限定技术特征要求保护的技术方案具备新颖性。

第八，上述限定的技术特征为离散的数值或连续的数值范围，在现有技术中上述离散的数值或连续的数值范围是作为告诫所属技术领域的技术人员不应当选用而被公开的，克服这种偏见的发明或者实用新型专利申请则具备新颖性。上述基准同样适用于创造性判断中对该类技术特征是否相同的对比判断。

（3）优先权。申请人就相同主题的发明或者实用新型在外国第一次提出专利申请之日起12个月内，又在中国提出申请的，依照该国同中国签订的协议或者共同参加的国际条约，或者依照相互承认优先权的原则，可以享有优先权。这种优先权，称为外国优先权。申请人就相同主题的发明或者实用新型在中国第一次提出专利申请之日起 12 个月内，又以该发明专利申请为基础向专利局提出发明专利申请或者实用新型专利申请的，或者又以该实用新型专利申请为基础向专利局提出实用新型专利申请或者发明专利申请的，可以享有优先权。这种优先权称为本国优先权。

（4）不丧失新颖性的公开。《专利法》第 24 条规定，申请专利的发明创造在申请日以前 6 个月内，有下列情形之一的，不丧失新颖性：①在国际展览会上首次展出。根据专利法第 24 条第（1）项的规定，申请专利的发明创造在申请日以前 6 个月内，在中国政府主办或者承认的国际展览会上首次展出的，不丧失新颖性。中国政府主办的国际展览会，包括国务院、各部委主办或者国务院批准由其他机关或者地方政府举办的国际展览会。中国政府承认的国际展览会，包括国务院、各部委承认的在外国举办的展览会。所谓国际展览会，即展出的展品除了举办国的产品以外，还应当有来自外国的展品。根据专利法第 22 条第 2 款的规定，在外国举办的展览会上展出的展品不构成现有技术；在外国举办的展览会上发行的出版物构成现有技术，但是在中国政府承认的在外国举办的国际展览会上发行的介绍展品的出版物所公开的发明创造可以享受《专利法》第 24 条规定的宽限期。②在学术或者技术会议上首次发表。根据《专利法》第 24 条第（2）项的规定，申请专利的发明创造在申请日以前 6 个月内，在规定的学术会议或者技术会议上首次发表的，不丧失新颖性。规定的学术会议或者技术会议，是指国务院有关主管部门或者全国性学术团体组织召开的学术会议或者技术会议，不包括省级以下或者受国务院各部委或全国性学会委托或者以其名义组织召开的学术会议或者技术会议。③他人违反申请人本意的公开。根据《专利法》第 24 条第（3）项的规定，申请专利的发明创造在申请日以前 6 个月内，他人未经申请人同意而泄露其内容的，不丧失新颖性。④宽限期。申请专利的发明创造在申请日以前 6 个月内，发生《专利法》第 24 条规定的三种情形之一的，该申请不丧失新颖性，即这三种情况不构成影响该申请的现有技术。所说的 6 个月期限，称为宽限期，或者称为优惠期。宽限期和优先权的效力是不同的。它仅仅是把申请人（包括发明人）的某些公开，或者第三人从申请人或发明人那里以合法手段或者不合法手段得来的发明创造的某些公开，认为是不损害该专利申请新颖性和创造性的公开。

（5）对同样的发明创造的处理。①判断原则。"同样的发明创造"是指两份申请要求保护的发明创造相同。在判断时，应当对两份发明或者实用新型申请或者专利的权利要求书的内容进行比较，说明书及其附图可用于解释权利要求。两项权利要求所要求保护的发明或者实用新型相同，是指它们的技术领域、所要解决的技术问题和技术方案实质上相同，预期效果相同。在判断时，应当对两份申请或者专利的各项权利要求分别进行比较。其中一份申请或专利的一项权利要求与另一份申请或专利的某一项权利要求内容相同的，应当认为要求保护的是同样的发明创造。两份申请或者专利的说明书的内容相同，但其权利要求的内容不同的，应当认为所要求保护的发明创造不同。②处理方式。在审查过程中，对于同一申请人就同样的发明创造提出两份申请，并且这两份申请符合授予专利权的其他条件的，应当通知申请人进行选择或者修改。申请人期满不答复的，若两份申请的申请日不同，在后申请应被视为撤回；若两份申请的申请日相同，两份申请均被视为撤回。经申请人陈述意见或者进行修改后仍不符合《专利法实施细则》第13条第1款规定的，应当驳回其中一份申请，并对另一份申请授予专利权。③对一份申请和一项专利权的处理。在对一份申请进行审查的过程中，对于同一申请人就同样的发明创造提出的另一份申请已经被授予专利权，并且尚未授权的申请符合授予专利权的其他条件的，应当通知申请人进行选择。此时，申请人可以放弃其已经获得的专利权，也可以撤回其尚未被授权的申请。申请人期满不答复的，其申请被视为撤回。经申请人陈述意见或者进行修改后仍认为不符合《专利法实施细则》第13条第1款规定的，应当驳回其申请。

3）发明专利的创造性的审查原则和基准

根据《专利法》第22条第1款的规定，授予专利权的发明和实用新型应当具备新颖性、创造性和实用性。因此，发明和实用新型具备创造性是授予专利权的必要条件之一。一件发明专利申请是否具备创造性，只有在该发明具备新颖性的条件下才予以考虑。

（1）审查原则。审查发明是否具备创造性，应当审查发明是否具有突出的实质性特点，同时还应当审查发明是否具有显著的进步。在评价发明是否具有创造性时，审查员不仅要考虑发明技术解决方案本身，而且还要考虑发明要解决的技术问题和所产生的技术效果，将其作为一个整体来看待。

（2）审查基准。评定发明有无创造性，应当以《专利法》第22条第3款为基准。为有助于正确掌握该基准，下面分别给出突出的实质性特点和显著的进步的审查基准。①突出的实质性特点。将要求保护的发明与现有技术对比，其技术方案相对于现有技术是非显而易见的，则具有突出的实质性特点；是显而易见的，则无突出的实质性特点。②显著的进步。在评价发明是否具有显著的进步时，主要应当考虑发明是否具有有益的技术效果。

（3）辅助性审查基准。发明是否具备创造性，通常应当依据审查基准进行审查。为了有助于创造性的判断，下面给出一些特定情况下的辅助性判断基准。①发明解决了人们一直渴望解决、但始终未能获得成功的技术难题，这种发明具有突出的实质性特点和显著的进步，具备创造性。②发明克服了技术偏见。技术偏见是指在某段时间内、某个技术领域中，技术人员对某个技术问题普遍存在的、偏离客观事实的认识，它引导人们不去考虑其他方面的可能性，阻碍人们对该技术领域的研究和开发。如果发明克服了这种技术偏见，采用了人们由于技术偏见而舍弃的技术手段，从而解决了技术问题，则这种发明具有突出的实质性特点和显著的进步，具备创造性。③发明取得了预料不到的技术效果。发明取得了预料不到的技术效果，是指发明同现有技术相比，其技术效果产生"质"的变化，具有新的性能；或者产生"量"的变化，超出人们预期的想象。④发明在商业上获得了成功。当发明的产品在商业上获得成功时，如果这种成功是由于发明的技术特征直接导致的，则一方面反映了发明具有有益效果，同时也说明了发明是非显而易见的，因而这类发明具有突出的实质性特点和显著的进步，具备创造性。

（4）几种不同类型发明的创造性判断。应当注意的是，这里所说的发明类型的划分主要是依据发明与最接近的现有技术的区别特征做出的，这种划分仅是参考性的，审查员在审查申请案时，不能生搬硬套，而要根据每项发明的具体情况，公正地做出判断。以下就几种不同类型发明的创造性判断举例说明：①开拓性发明。一种全新的技术解决方案，在技术史上未曾有过先例，它为人类科学技术在某个时期的发展开创了新纪元，这种发明称为开拓性发明。开拓性发明同现有技术相比，具有突出的实质性特点和显著的进步，具备创造性。②组合发明。组合发明，是指将某些技术方案进行组合，构成一项新的技术解决方案，以解决现有技术客观存在的技术问题。如果组合的各技术特征，在功能上彼此相互支持，并取得了新的技术效果，或者说组合后的技术效果比每个技术特征效果的总和更优越，这种组合具有突出的实质性特点和显著的进步，发明具备创造性。如果组合仅仅是公知结构的变形，或者组合处于常规技术继续发展的范围之内，而没有取得预料不到的技术效果，则这样的组合发明不具备创造性。③选择发明。选择发明是指从现有技术中公开的较大范围中，有目的地选出现有技术中未提到的小范围或个体的发明。选择发明是化学领域中常见的一种发明类型，其创造性的判断主要参考发明的技术效果。如果选择发明的技术解决方案能够取得预料不到的技术效果，则具有突出的实质性特点和显著的进步，具备创造性技术效果，因而具备创造性。④转用发明和用途发明。转用发明是指将某一技术领域的现有技术转用到其他技术领域中的发明。如果这种转用能够产生预料不到的技术效果，或者克服了原技术领域中未曾遇到的困难，则这种转用发明具有突出的实质性特点和显著的进步，具备创造性。用途发明是指将公知产品用于新的目的的发明。如果产品的新用途，能够产生预料不到的技术效果，则这种用途具有突出的实质性特点和显著的进步，发明具备创造性。⑤要素变更的发明。要素变更的发明，包括要素关系改变的发明、要素替代的发明和要素省略的发明。要素关系改变的发明，是指发明与现有技术相比，其形状、尺寸、比例、位置及作用关系等有了变化。如果要素关系的改变，导致发明质量、功能及用途上的变化，从而产生了预料不到的技术效果时，则该发明具有突出的实质性特点和显著的进步，具备创造性。要素替代的发明，是指已知产品或方法的某一要素由其他要素替代的发明。如果这种替代能产生预料不到的技术效果，则具有突出的实质性特点和显著的进步，具备创造性。要素省略的发明，是指省去已知产品或者方法中的某一项或多项要素的发明。如果发明与现有技术相比，发明省去一项或多项要素后，依然保持原有的全部功能，或者带来预料不到的技术效果，则该发明具有突出的实质性特点和显著的进步，具备创造性。

（5）审查创造性时应当注意的问题。①创立发明的途径。不管发明者在创立发明的过程中是历尽艰险，还是唾手而得，都不应当影响对该发明创造性的评价。②避免"事后诸葛亮"。审查发明的创造性时，由于审查员是在了解了发明内容之后才做出判断，因而容易对发明的创造性估计偏低，从而犯"事后诸葛亮"的错误。③对预料不到的技术效果的考虑。在创造性的判断过程中，考虑发明的技术效果有利于正确评价发明的创造性。如果发明与最接近的现有技术相比具有预料不到的技术效果，则不必再怀疑其技术方案是否具有突出的实质性特点，可以确定发明具备创造性。④对要求保护的发明进行审查时，发明是否具备创造性是针对要求保护的发明而言的，因此，对发明创造性的评价应当针对权利要求限定的技术方案进行。

4）发明专利实用性的审查原则和基准

发明或者实用新型专利申请是否具备实用性，应当在新颖性和创造性审查之前进行判断。（1）审查原则。审查发明或者实用新型专利申请的实用性时，应当遵循下列原则：第一，以申请日提交的说明书（包括附图）和权利要求书所公开的整体技术内容为依据，而不仅仅局限于权利要求所记载的内容；第二，能否实施是以所属技术领域的技术人员能否实现为标准；第三，实用性与所申请的发明或者实用新型是怎样创造出来的或者是否已经实施无关。

（2）审查基准。确定发明或者实用新型专利申请是否具备实用性的根据。以下给出不具备实用性的几种情形：第一，无再现性。具有实用性的发明或者实用新型专利申请主题，应当具有再现性。第二，违背自然规律。具有实用性的发明或者实用新型专利申请应当符合自然规律。违背自然规律的发明或者实用新型专利申请是不能实施的，因此，不具备实用性。第三，利用独一无二的自然条件的产品。具备实用性的发明或者实用新型专利申请不得是由自然条件限定的独一无二的产品。利用特定的自然条件建造的、自始至终都是不可移动的唯一产品不具备实用性。第四，人体或者动物的非治疗目的的外科手术方法。外科手术方法包括治疗目的或非治疗目的的手术方法。以治疗为目的的外科手术方法属于本部分不授予专利权的客体；对于非治疗目的的外科手术方法，由于是以有生命的人或动物为实施对象，无法在产业上使用，因此不具备实用性。第五，无积极效果。

具备实用性的发明或者实用新型专利申请的技术方案应当能够产生预期的积极效果。明显无益、脱离社会需要、严重污染环境、严重浪费能源或者资源、损害人身体健康的发明或者实用新型专利申请的技术方案不具备实用性。第六，测量人体在极限情况下的生理参数的方法。测量人体在极限情况下的生理参数需要将被测者置于极限环境中，这会对人的生命构成威胁，并且不同的人可以耐受的极限条件是不同的，需要有经验的测试人员根据被测者的情况来确定其耐受的极限条件，因此这类方法无法在产业上使用，不具备实用性。

（二）实用新型专利的审批流程

根据《专利法》第 3 条和第 40 条的规定，专利局受理和审查实用新型专利申请，经初步审查没有发现驳回理由的，做出授予实用新型专利权的决定，发给相应的专利证书，同时予以登记和公告。因此，实用新型专利申请的初步审查是受理实用新型专利申请之后、授予专利权之前的一个重要程序①，如图 2 - 2 所示。

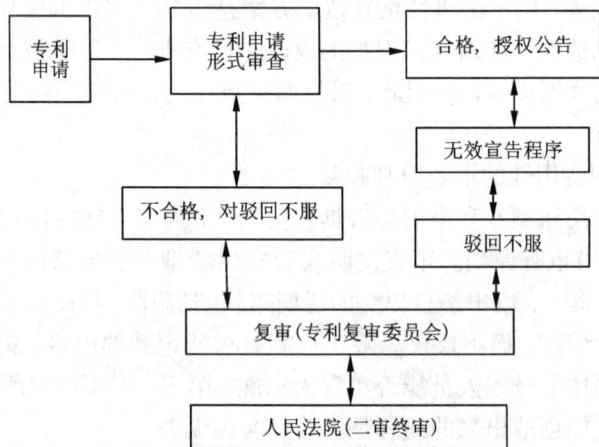

图 2 - 2　实用新型和外观设计专利申请流程图

1. 实用新型专利申请的初步审查范围

实用新型专利申请的初步审查范围：①新型专利申请是否具备《专利法》第26 条规定的专利申请文件，这些文件是否符合规定的格式。②实用新型专利申请是否明显属于《专利法》第 5 条、第 25 条等规定。③与专利申请文件有关的其他文件是否符合《专利法》及《专利法实施细则》的有关规定。

---

① 本流程是 2009 年第三次修改的实用新型专利确权行政流程。

2．申请文件的格式审查

审查的原则及基准同发明专利。

3．不授予专利权的申请的审查

依据《专利法》第5条、第25条规定进行的审查适用第二部分有关"不给予专利权的申请"的规定。审查原则、判定标准同发明专利审查。

4．实用新型专利保护客体的审查

依据《专利法实施细则》第2条第2款的规定进行审查。

（1）实用新型专利只保护产品。该产品应当是经过工业方法制造的、占据一定空间的实体。一切有关方法（包括产品的用途）以及未经人工制造的自然存在的物品不属于实用新型专利保护的客体。上述方法包括产品的制造方法、使用方法、通信方法、处理方法、计算机程序以及将产品用于特定用途等。①虽然申请的主题名称是一种产品，但除主题名称外，该独立权利要求的全部技术特征是一种方法或实质上是一种方法的，则不属于实用新型专利保护的客体。②在独立权利要求的前序部分描述了产品的形状、构造特征，而在特征部分仅描述方法特征的，审查员应当判断该实用新型对现有技术做出贡献的部分是否有形状、构造特征。有形状、构造特征的，应当通知申请人修改权利要求，将该形状、构造特征写入权利要求的特征部分；没有形状、构造特征的，该实用新型属于用不同工艺方法制造的同样形状、构造的产品，不属于实用新型专利保护的客体。

（2）产品的形状。产品的形状是指产品所具有的、可以从外部观察到的、确定的空间形状。对产品形状所提出的技术方案可以是对产品的三维形态的空间外形所提出的技术方案，例如对凸轮形状、刀具形状做出的改进；也可以是对产品的二维形态所提出的技术方案，例如对型材的断面形状的改进。无确定形状的产品，如气态、液态、粉末状、颗粒状的物质或材料，其形状不能作为实用新型产品的形状特征。应当注意的是：①不能以生物的或者自然形成的形状作为产品的形状特征。例如，不能以植物盆景中植物生长所形成的形状作为产品的形状特征，也不能以自然形成的假山形状作为产品的形状特征。②不能以摆放、堆积等方法获得的非确定的形状作为产品的形状特征。③允许产品中的某个技术特征为无确定形状的物质，如气态、液态、粉末状、颗粒状物质，只要其在该产品中受该产品结构特征的限制即可。④产品的形状可以是在某种特定情况下所具有的确定的空间形状。例如，具有新颖形状的冰杯、降落伞等。⑤仅仅改变了成分的原材料产品，如板材、棒材等，其板状、棒状并未对某一种技术做贡献，不能作为产品的特定形状特征。但是，通过改变其形状使其能够取得不同于以往产品的特殊作用或效果时，可以获得实用新型专利保护。

（3）产品的构造。产品的构造是指产品的各个组成部分的安排、组织和相互关系。产品的构造可以是机械构造，也可以是线路构造。机械构造是指构成产品的零部件的相对位置关系、连接关系和必要的机械配合关系等；线路构造是指构成产品的元器件之间确定的连接关系。复合层可以认为是产品的构造，产品的渗碳层、氧化层等属于复合层结构。

（4）技术方案。技术方案是申请人对其要解决的技术问题采取的利用了自然规律的技术特征的集合。产品的形状以及表面的图案、色彩、文字、符号、图表或者其结合的新设计，没有解决技术问题的，不属于实用新型专利保护的客体。

（5）适于实用的技术方案。

（6）新的技术方案。明显不是新的技术方案是指，要求保护的实用新型在申请日（享有优先权的，指优先权日）以前已经公开，或者是已知技术的等效变换或简单组合，即不经检索便可得出结论。

（7）说明书的审查。依据《专利法》第 26 条第 3 款以及《专利法实施细则》第 18 条的规定对说明书的撰写进行审查，该审查包括下述内容：①说明书应当对实用新型做出清楚、完整的说明，以所属技术领域的技术人员能够实现为准；所属技术领域的技术人员能够实现，是指所属技术领域的技术人员按照说明书记载的内容，不需要创造性劳动，就能够再现该实用新型的技术方案，解决其技术问题，并且产生预期的技术效果；②说明书应当写明实用新型的名称，该名称应当与请求书中的名称一致，说明书还应当包括技术领域、背景技术、实用新型内容、附图说明和具体实施方式等五个部分，并且在每个部分前面写明标题；③说明书中实用新型内容部分应当描述实用新型所要解决的技术问题、解决其技术问题所采用的技术方案、对照现有技术写明实用新型的有益效果，并且所要解决的技术问题、所采取的技术方案和有益效果应当符合逻辑，即技术方案的描述应能解决其技术问题而且从所采取的技术方案能自然得到实用新型的有益效果；④说明书中具体实施方式部分至少应给出一个实现该实用新型的优选方式，并且应当对照附图进行说明；⑤说明书应当用词规范、语句清楚，用技术术语准确地表达实用新型的技术方案，并不得使用"如权利要求……所述的……"一类的引用语，也不得使用商业性宣传用语；⑥说明书中的文字部分可以有化学式、数学式、表格，但不应有任何插图，包括流程图、方框图、曲线图、相图等，它们只可以作为说明书的附图。

（8）说明书附图的审查。依据《专利法实施细则》第 19 条的规定对说明书附图进行审查，该审查包括下述内容：①附图不得使用工程蓝图、照片；②附图必须用制图工具按制图规范绘制，周围不得使用框线，图形线条和引出线应为黑色并且均匀清晰，不得使用铅笔、圆珠笔、彩色笔绘制，图上不得着色等。

（9）权利要求书的审查。该审查包括下述内容：①权利要求书应当写明实用新型的技术特征，清楚和简要地表述请求保护的范围；②独立权利要求应当从整体上反映实用新型的技术方案；除必须用其他方式表达的以外，独立权利要求应当包括前序部分和特征部分；③从属权利要求应当用附加技术特征，对引用的权利要求作进一步的限定，其撰写应当包括引用部分和限定部分，引用部分写明引用的权利要求书的编号及与独立权利要求一致的主题名称，限定部分写明实用新型附加的技术特征；④一项实用新型应当只有一个独立权利要求，并应写在同一项实用新型的从属权利要求之前；⑤权利要求书中不应当包括不属于实用新型专利保护客体的技术特征，如产品制造方法的技术特征或使用方法的技术特征；⑥权利要求书中不应当写入不产生技术效果的特征；⑦在权利要求书中做出记载但未记载在说明书中的内容应补入说明书中；⑧权利要求书中应当描述产品的形状、构造特征，但在用方法特征来限定产品的某个形状、构造使得该形状构造更加清楚的前提下，在权利要求书中以方法特征来限定产品的形状、构造才是允许的；⑨权利要求书中应当尽量避免使用功能或者效果特征来限定实用新型，特征部分不得单纯描述实用新型功能，只有某一技术特征无法用结构特征来限定，或者技术特征用结构特征限定不如用功能或效果特征来限定更为清楚，而且该功能或者效果在说明书中有充分说明时，使用功能或者效果特征来限定实用新型才是允许的；⑩权利要求书中不得使用技术概念模糊或含义不确定的语句。

（10）说明书摘要的审查。根据《专利法实施细则》第24条的规定，对说明书摘要的审查包括下述内容：①摘要应当写明实用新型的名称、技术方案的要点以及主要用途，尤其应写明反映该实用新型相对于现有技术在形状和构造上做出改进的技术特征，不应当写成广告或者单纯功能性的产品介绍；②摘要不应当加标题，可连续书写；③摘要可以有化学式或数学式；④全文不得超过300个字；⑤申请人应提交一幅从说明书附图中选出的摘要附图。

（11）补正文件的审查。申请人在递交实用新型专利申请后两个月内可以对实用新型专利申请文件主动提出修改。申请人还可以在答复审查意见通知书或补正通知书时，按照通知书的要求对专利申请文件进行修改。

（三）外观设计专利审批流程

1. 外观设计的审批流程

外观设计的审批流程同实用新型专利审批流程。

2. 外观设计专利申请的审查

根据《专利法》第3条和第40条的规定，专利局受理和审查外观设计专利申请，经初步审查没有发现驳回理由的，做出授予外观设计专利权的决定，发给相应的专利证书，同时予以登记和公告。因此，外观设计专利申请的初步审查是受理外观设计专利申请之后、授予专利权之前的一个重要程序。外观设计专利申请的初步审查范围是：①专利申请是否具备《专利法》第27条规定的申请文件，这些文件是否符合《专利法》及《专利法实施细则》的有关规定，尤其是外观设计图或照片是否符合要求；②专利申请是否明显属于专利法第5条的规定，或者不符合《专利法》第18条等；③与专利申请有关的其他文件是否符合《专利法》及《专利法实施细则》的有关规定。

申请外观设计专利的，应当提交请求书以及该外观设计的图片或者照片等文件，并且应当写明使用该外观设计的产品及其所属的类别。

(1)请求书。申请人应当使用专利局现行规定格式的请求书。①使用外观设计的产品名称。使用外观设计的产品名称应当在请求书中写明。②类别。申请人应当在外观设计专利请求书相应栏目内写明产品所属类别，即该产品在国际外观设计分类表中的类别。③设计人或申请人。适用发明专利有关发明人或申请人的规定。

(2)图片或照片。申请人应当就每件外观设计产品所需要保护的内容提交有关视图(图片或者照片)，清楚地显示请求保护的对象。其中的"有关视图(图片或者照片)"，就立体外观设计产品而言，产品设计要点涉及六个面的，应当提交六面正投影视图；产品设计要点仅涉及一个或几个面的，可以仅提交所涉及面的正投影视图和立体图；就平面外观设计产品而言，产品设计要点涉及一个面的，可以仅提交该面正投影视图；产品设计要点涉及两个面的，应当提交两面正投影视图。六面正投影视图的名称，是指主视图、后视图、左视图、右视图、俯视图和仰视图。各视图的名称应当标注在相应视图的下方。

(3)简要说明。简要说明用来对外观设计产品的设计要点、省略视图以及请求保护色彩等情况进行扼要的描述。简要说明不得使用商业性宣传用语，也不能用来说明产品的性能和结构。

(4)外观设计专利分类。专利局按已公布的国际外观设计分类表对外观设计专利申请进行分类，给出合适的分类号。分类应当以记载在图片或者照片中的产品为依据并参考记载在请求书中的"使用该外观设计的产品名称"及"所属类别、技术领域或使用场所"做出。

四、专利权的主要内容

专利是我国专利局对发明人或设计人的发明创造，依法所授予的一种专有权，并通过这种方式来鼓励发明创造，以最好的品质、最合理的价格、最低的成本来满足人们不断增长的物质需求。我国的专利有三种(发明、实用新型、外观设计)，侧重于将主体的发明创造赋予法权来确认发明人的价值，从而鼓励发明创造。从专利权行使的状态来看，它分为积极的权利、消极的权利两种。具体可用系统框架图表示(图 2 - 3)①。②

(1)积极的权利：积极的权利是指权利人主动、积极行使的权利，是"自为"的方式。按现行知识产权法具体包括：①专用权；②使用权；③进口权；④标记

---

① 蒋言斌. 我国知识产权的权利体系[J]. 知识产权, 1997(4):3.

② 蒋言斌. 略论著作权的产权系统及法律特征[J]. 现代法学, 1994(4):71.

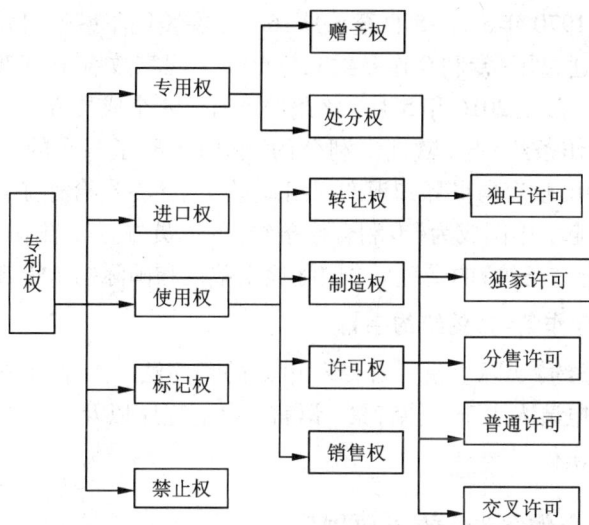

图 2-3 专利权体系

权。使用权、许可权根据使用的方式不同、主体不同、用途不同又有多种分类方法,但无论哪种分类都表现为权利主体在权利行使时的主动态度,故可以归类于积极的权利。

(2)消极的权利:主要是指禁止权。这是权利人的利益受到他人侵害时,权利人被动行使的一种权利,该权利是以他人侵权为前提,包括请求权、索赔权。

第二节 国际专利公约

一、《专利合作条约》的历史背景及宗旨

(一)《专利合作条约》产生的历史背景

《专利合作条约》(*Patent Cooperation Treaty*,缩写为 PCT)是基于 1966 年美国提出的备忘录,并接受保护工业产权的巴黎联盟执行委员会的建议酝酿起草而成的。其目的是为了解决发明人和专利局在专利申请工作中的重复问题。在巴黎联盟国际局主持下,以美国、英国、法国、苏联及欧洲专利局检索总部为主,历时两

年多直到 1969 年 7 月才由巴黎联盟局公开了创设专利国际申请制度的专利合作条约的草案。在 1970 年 5 月 25 日至 6 月 16 日，在美国华盛顿召开的外交会议上经过审定并最后通过了《专利合作条约》，有 35 个国家政府于 1970 年 6 月 19 日签署了这一条约，截至 2016 年 5 月，该条约已有 148 个成员方。从 1978 年 10 月 1 日起，《专利合作条约》与《欧洲专利公约》同时展开了各自的业务活动。1993 年 9 月 15 日，中国政府向世界知识产权组织递交了《专利合作条约》加入书。从 1994 年 1 月 1 日起，中国成为《专利合作条约》的成员方。按照国际规定，中国专利局成为《专利合作条约》的受理局、国际检索单位和国际初步审查单位。

（二）《专利合作条约》的缔约宗旨

《专利合作条约》实际上是一部专利申请的程序法。缔结该条约的初衷是为了克服各国专利申请人由于法律背景、语言、申请程序以及格式上的不同而寻求一条简便快捷的途径。

二、《专利合作条约》的主要规定

《专利合作条约》由条约及其实施细则构成，条约由前言和 69 条正文构成，包括了最重要的内容。例如：国际申请程序和国际检索（第一章包括申请的法律文件、受理局、申请日、优先权、国际检索单位、国际公布及效力等），国际初步审查（第二章包括国际初审单位、程序、报告等）以及共同的规定，技术服务，争议，行政规定和最后条款。实施细则附属于条约，与条约同时审议并通过。实施细则的主要内容即是在条约中明文规定应按细则办理的事项、具体活动中要求的事项等。实施细则的各项规定与条约的规定对应排列，且当细则与条约内容相抵触时，优先适用条约。

三、专利国际申请的要求

专利国际申请是指按照《专利合作条约》提出的专利申请。条约中的申请应解释为发明专利、发明人证书、实用新型、增补专利或增补证书、增补发明人证书和增补实用证书等申请。申请过程中的诸多问题在专利条约中均有相应的规定，这种专利的国际申请与我国《专利法》相比较，具有颇多的相同之处。

专利申请文件是指申请人为取得专利权而必须提供的法律文件。一般包括：请求书、说明书、权利要求书、必要的附图和摘要。同时条约还规定国际申请必须使用规定的语言、规定的格式、符合规定的要求并缴纳规定的费用。

1. 申请人

缔约国任何居民或国民均可提出申请而成为申请人。缔约国的居民是指在缔约国有住所者。缔约国的国民是指有缔约国国籍的人，无论在何种情况下，依缔约国的国家法律都被视为缔约国的国民。而对于申请人是缔约国的居民或国民均由受理局依本国法决定。在大会中决定，允许《巴黎公约》缔约国但不是本条约的缔约国的国民或居民提出申请。

2. 国际申请的语言

国际申请的语言种类由国际局和国际检索单位通过缔结的协议来确定。如果协议规定了几种语言，受理局应指定其中的一种或几种语言为提交申请的指定语言。当国际申请的语言与国际公布的语言不同时，申请文件中的请求允许以国际公布的语言或英语撰写。

3. 申请费用

进行国际申请应缴纳相应的申请费。国际申请费分为传递费、国际费和检索费三种。传递费是作为受理局为完成任务要求申请人缴纳的必要费用；国际费是为国际局缴纳的费用，由受理局收取，它包括基本费和指定费，指定费是申请人所要求指定的国家专利或地区专利的手续费；检索费是国际检索单位为完成任务要求申请人缴纳的费用。

4. 优先权

在提出国际申请时，可一并提出要求优先权声明。声明要求优先权的条件，源于《巴黎公约》斯德哥尔摩议定书第 4 条优先权的规定。一项国际申请要求在一个缔约国家提出一项或几项优先权，可以包含对该国的指定，但对要求优先权的条件和效力由该指定国国内法的规定决定。

5. 国际申请的效力

国际申请的效力表现为申请的效力与效力消灭两个方面。

(1)申请的效力。符合确定申请日要求并且给予国际申请日的国际申请，从国际申请日起，在各指定国有正规的国家申请的效力。国际申请日应认为是在每一个指定国的实际申请日。这是《专利合作条约》国际申请最显著的特征之一，故此有人认为，《专利合作条约》开创了在《巴黎公约》以后的一个新时代。

(2)效力的终止。国际申请的效力在出现下列情形之一时，在任何指定国应立即终止，其后果和该国的任何国家申请撤回相同。①申请人撤回其国际申请或对该国的指定；②国际申请被视为撤回；③对该国的指定被视为撤回；④申请人在规定时间内没有向指定局提交国际申请副本、译本和缴纳国际费用。

四、专利国际申请的程序

国际申请程序大体上可分为国际阶段程序和国家阶段程序。国际阶段程序指在国际性机构统一处理的程序。国家阶段程序是指在指定国授予专利权的程序。两阶段程序可用系统框架图表示，如图 2-4 所示：

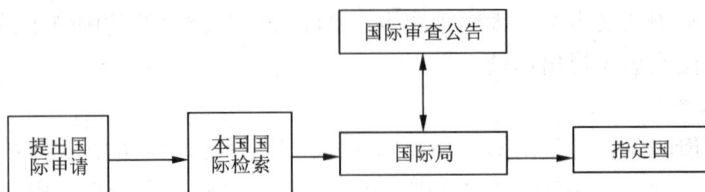

图 2－4　专利国际申请程序

（一）国际阶段程序

国际阶段程序分为两个阶段。第一阶段：通常是按照受理局对国际申请的受理和检查，由国际检索单位对申请中发明的主题进行国际检索及由国际局进行国际公布。第二阶段：在国际申请时，由国际初审单位进行国际初审并由国际局进行国际公布。具体的程序如下。

1. 申请人提出申请

申请人应按国际申请要求提供必备的申请文件（请求书、说明书、权利要求书、附图、摘要）一式多份，送受理局（受理本）、国际局（登记本）、国际检索局（检索本），以登记本为正本。撰写文件必须符合条约第 3 条第 4 款规定，即按照规定的语言，符合形式要求、单一性要求，并缴纳有关费用。

2. 受理局

受理局是指受理国际申请的国家专利局或政府间组织。受理局的主要任务是对受理的国际申请进行检索和处理。主要业务是受理申请人在居住国或国籍国提出的国际申请，确定国际申请日，向国际局附送登记本。同时对国际申请的形式要件有无缺陷进行检查，并要求申请人做相应的修改和补正。在我国，国家专利局即为受理局、国际检索单位和国际初审单位，对我国的国际申请由国家专利局履行受理、检索、初步审查的程序。

3. 国际局

国际局是世界组织产权组织的主要办事机构。它将收到受理局转来的国际申请的登记本的事实和收到日期以及有关申请资料一并通知受理局、国际检索单位、国际初审单位以及指定局（即申请人按本条约第一章所指定的国家专利局或代表该国的国家专利局）。然后接受国际检索单位、国际初审单位、指定局的反馈，符合国际申请条件的即进行国际公布。

4. 国际公布

国际局将符合要求的申请进行国际公布。公布原则上是在国际申请的优先权日起 18 个月届满时尽早进行，大多数的国际申请案都能在这个时期公布。公布以小册子发行的方式。国际申请的语言为英、法、德、西、俄语时，以国际申请的语言公布。当为其他语言时，译成英语公布，以英语以外的其他语言公布时，国际局负责将国际检索报告的内容、发明名称、摘要及摘要附图中的文字译成英语一同予以国际公布。公布的小册子包括一定规格的封面、说明书、权利要求书、附图、国际检索的报告以及不作国际检索的宣告、对国际检索报告的声明、改正的要求等。国际公布以后，产生与中国公布同等的效力，受到临时性保护。

5. 国际检索单位

国际检索以每一个国际申请为对象，其目的是发现是否为现有技术。它在权利要求书的基础上进行，并适当参考说明书和附图，特别要注意权利要求书所包含的发明概念，并制成国际检索报告附送申请人和国际局。国际局又将其译成英语，并与国际申请一同送达各指定局。条约规定：澳大利亚、美国、苏联、日本的专利局以及欧洲专利局就是这种国际检索单位。

6. 国际初步审查

国际初步审查由申请人提出国际初审请求后，由国际初审单位进行。其目的是审查请求国际保护的发明是否具有新颖性、创造性、工业上的实用性并制成国际初步审查报告，提出初步的无约束力的意见，送给申请人及选定局（即申请人按本条约第二章所选定的国家的国家专利局或代表该国的国家专利局，见本条约第 32 条、第 33 条）。

（二）国家阶段程序

国际申请在完成了国际阶段的程序后转移到指定国。由指定局进行作为国家申请的授予专利权程序，指定国家通常是指定国的国家专利局。国际局在从优先权日起 12 个月后，将国际申请、国际检索报告及译文一并送到指定局。申请人可以在任何时间将其国际申请递交指定局。申请人也可以在递交申请后的任一时间要求国际局将国际申请递交指定局。国际局也应尽快将申请递交指定局。指定局按照本国法对申请的实质要件进行审查。不符合要求的，可以通知申请人进行修改或驳回；符合要求的，就要授予专利权，根据国民待遇原则给申请人与本国国民相同的法律保护。

五、《专利合作条约》的意义

《专利合作条约》使专利国际申请制度在世界范围内发挥了积极的影响，使知识产权保护的国际化迈出了极重要的第一步，因而具有重要意义：

（1）有利于减少专利国际申请重复劳动和费用。专利国际申请制度，通过一次申请（英文文本），将申请副本送达指定国，大大减少涉外申请过程中大量的重复劳动，克服了申请书中的语言障碍，缩短了国家间的距离①。

（2）有利于了解世界上的技术动向，避免重复研究。由于世界范围内的专利技术公开，能够使全世界及时了解技术的最新动向，为避免重复研究提供了技术基础，减少了全人类技术研发的人员和财务浪费，也为全人类技术共同进步提供了基础。

（3）有利于减轻专利局检索的大量工作。在国际申请中，各缔约国的专利局，特别是采取审查原则的专利局，可充分利用国际检索报告和国际初步审查报告，省去了缔约国专利局为进行现有技术检索而做的大量工作，也减轻了审查的负担。

中国的专利制度经过 10 多年的实践，特别是经过几次修改后，中国专利法与发达国家的专利制度更为接近了。1993 年 9 月 15 日，中国政府向世界知识产权组织递交了《专利合作条约》的加入书，从 1994 年 1 月 1 日起，中国成为《专利合作条约》的成员方。中国专利局成为《专利合作条约》的受理局、指定局、国际检索单位、国际初步审查单位、选定局。中文成为《专利合作条约》的正式工作语言之一，这对中国与世界各国的知识产权合作具有极为重要的意义。《专利合作条约》虽然比《巴黎公约》前进了一步，但与《欧洲专利公约》相比，仍显不足。因《专利合作条约》仅仅简化了申请手续，至于具体是否获得专利，还要靠各成员方国内法去规定。而《欧洲专利公约》规定申请欧洲专利的人，则在一次申请、一次审查之后，只要欧洲专利一次批准，就可以获得两个公约国中有效的专利权。这样一来，许多参加《专利合作条约》的国家发明人，也更愿意申请欧洲专利，《欧洲专利公约》并不限制申请人的国籍，就连未参加《巴黎公约》的国家的发明人，也可以申请并获得欧洲专利。因此对专利申请人来说，有更大的吸引力。

六、其他国际专利公约

（一）《欧洲专利公约》

《欧洲专利公约》（*European Patent Convention*，缩写为 EPC）是 1973 年 10 月 5 日在慕尼黑签署的《关于授权欧洲专利公约》，该公约创设了依据共同的单一程序授予专利的制度。所授予的专利亦称为欧洲专利。欧洲专利在公约缔约国与该缔约国直接授予的专利具有同等效力，而且适用相同的条件。《欧洲专利公约》与《专利合作条约》不同之处在于：前者不仅在专利申请的形式要件和申请程序上有统一规定，而且还对授予专利的实体要件做了规定。该公约在 1977 年 10 月生

---

① 《商标国际注册马德里协定》解决了商标国际申请程序问题，《专利合作条约》解决了专利国际申请的程序问题。工业产权（专利和商标）程序的国际化，为推动知识产权国际保护提供了便捷的路径。

效。《欧洲专利公约》的专利指具有绝对新颖性、创造性和工业实用性的发明。其对发明的界定，排除了一些不属于发明的范畴。该公约规定不属于发明的几种情况：①科学发现及数学方法；②美学创造；③智力活动，游戏或有关事业活动的计划、法规、方法及计算机程序；④信息的传递。除此以外，手术治疗或对人体或动物处置方法及对人体或动物体的诊断方法，由于它们不具有工业上的实用性，因而也不是《欧洲专利公约》中的发明。从维护缔约国的公共利益、道德和法律出发，该公约又规定：违反了公共秩序或公共道德的发明、植物或动物品种以及生产植物或动物的生物学方法也不属于公约中的发明。

（二）《欧洲共同体专利公约》

欧洲共同体为了完善欧洲的专利制度，将专利授予和专利权行使两方面内容统一起来，在1973年签订了《欧洲专利公约》以后，于1975年12月15日欧共体九国在卢森堡签署专利权行使的《欧洲共同体专利公约》，创设规范共同体各国的法律体系。可以说这是一个使专利国际化统一达到最终阶段的公约，但该公约是非开放的，只有欧共体国家才能加盟，根据《欧洲共同体专利公约》第6条，该公约生效后，并不妨碍各国颁布本国的专利，即形成"国内专利"与"欧洲共同体专利"双重体系，从客观上督促各成员方修改本国专利法以与该公约一致。

（三）《国际专利分类斯特拉斯堡协定》

《国际专利分类斯特拉斯堡协定》（*International Patent Classification Agreement*，缩写为IPC）是在欧洲理事会和世界知识产权组织的倡导下，作为《巴黎公约》第19条规定的专门协定于1971年3月24日在法国东部城市斯特拉斯堡签署的。该协定成为了世界通用的国际专利分类法（IPC），其目的是要在统一分类的体系上达成普遍的利益协调，从而确立工业产权领域更紧密的国际合作并在协调各国法律上发挥作用。该分类表是以专利国际分类的欧洲条约为基础制定的（该欧洲条约于1968年9月生效），分类表中的指南和注也是分类不可分割的一部分。这个分类协定将技术分为8个部，118个大类，617个小类，55000多个组（大组和小组），每个部、类、组均有一个符号。任何一样专利文献中描述的技术发明所属的至少细分到小类的分类符号，一般都由受理申请的国家专利局标在专利文献上，这样，专利文献可依据专利国际分类按其主题来检索。

（四）《微生物国际保藏布达佩斯条约》

《微生物国际保藏布达佩斯条约》（*Budapest Treaty on the International Recognition of the Deposit of Microorganisms for the Purposes of Patent Procedure*）于1977年4月28日由英国、美国、法国等国家和国际组织在匈牙利首都布达佩斯缔结，这是根据《巴黎公约》而达成的一项专门协议，该条约于1980年9月19日生效。截至1993年1月，共有24个成员方。1995年3月30日，我国政府向世界知识产权组织递交了加入书,同时,我国专利局还递交了请求获得布达佩斯条约国际保藏单位的资格请求书。自 1995 年 7 月 1 日我国成为该条约成员方以来,我国的两个保藏单位即中国微生物菌种保藏管理委员会普通微生物中心(CGMCC)和中国典型培养物中心(CCTCC)也从 1995 年 7 月 1 日开始以该条约国际保藏单位的身份开始工作。该条约的目的是为了就微生物发明在各个国家取得专利保护,将同一种微生物按照各个国家的专利条件而分别予以保藏,免去专利申请人因重复保藏而造成的复杂手续和较大开销。

(五)《外观设计国际分类洛迦诺协定》

《外观设计国际分类洛迦诺协定》(*Locarno Agreement Establishing an International Classification for Industrial Designs*)是一个多边国际协定,其作为《巴黎公约》第 19 条专门协定于 1968 年 10 月 8 日在瑞士洛迦诺缔结。1971 年 4 月 27 日生效。同时由缔约国形成了一个特别联盟即洛迦诺联盟,该协定具有与《巴黎公约》同一的效力和期间。到 1993 年 1 月,已有 19 个成员方。外观设计的国际分类由分类表、商品目录、说明书三部分构成。分类表有 31 个大类,211 个小类,7000 多个项目。它由缔约国代表组成的专家委员会进行修改。该协定具有事务性质,但准许各国在所确认的范围内对该国际分类进行承认。

(六)《外观设计国际保存海牙协定》

《外观设计国际保存海牙协定》(*The Hague Agreement Concerning the International Deposit of Industrial Designs*)是在《巴黎公约》的框架内签订的,于 1925 年 11 月 6 日在海牙缔结,并于 1960 年 11 月 28 日进行了修正。缔结该协定的目的是想创设一种只提出一次申请便可以在多数国家获得外观设计保护的国际保存制度。截至 1993 年 1 月,已有 21 个成员方。该国际保存由申请书和外观设计的照片构成。在申请书中应记载要求保护的缔约国、表现外观设计的物品,还可以记载外观设计特征的简单说明、外观设计的设计人、外观设计物品的模式或样品。国际保存并不要求事前在一个国家提交,国际保存由保存人或其代理人依照 WIPO 国际局免费提供的表格,向国际局直接提交。国际局将受理的国际保存在外观设计登记簿上注册,并刊于公报。实行新颖性审查的缔约国,6 个月内(自国际保存之日起)没有发出拒绝保护通知的,该国际保存经过 6 个月即生效。国际保存可以续展一次,在各缔约国的保护期间,续展为 10 年,不续展为 5 年。

第三节　专利的实施

【案例2】专利实施许可合同纠纷案例

原告天济惠生公司于 2004 年 10 月与被告康健通公司签订了一份《合作协议》，协议中约定双方联合生产销售专利号为 zl00133615.0 的半导体激光治疗仪产品。但是，在实施过程中当事人双方就专利实施许可的性质问题发生了重大分歧。原告天济惠生公司认为是独占实施许可，而被告康健通公司则认为在谈判及协议中从未给予天济惠生公司独占实施许可，而是普通实施许可。由于天济惠生公司在履约期内未按期交付专利使用费，康健通公司按合同约定终止了与天济惠生公司的合作。由此，双方产生纠纷。

北京市第一中级人民法院审理了此案。法院认为天济惠生公司与康健通公司签订的关于实施涉案专利的《合作协议》，系双方真实意思表示，未违反法律规定，应属有效协议，双方均应认真履行。对于原告所主张的在签协议时对协议存在重大误解，法院认为签订协议的当事人对协议负有审查义务，特别是对有关协议性质的重大事项更应当予以充分注意，如果对协议性质有自己的主张，天济惠生公司应当在双方磋商阶段明确告知对方当事人。因此，对原告请求变更《合作协议》为独占专利实施许可合同或专利权转让合同的主张，法院未予支持。

一、专利实施概述

(一)专利实施的法定途径

申请人申请和获得专利权的目的，是为了使用专利权，并且在使用专利权的过程中获得经济利益。申请人的经济利益能否实现或实现的程度如何，取决于专利权的使用。专利权人通过专利实施，即以生产经营为目的制造、使用、销售、许诺销售、进口专利产品，或者使用专利方法，实现专利权的使用。在有的情况下，专利权人不可能自己实施，或虽自己实施，但因受各种客观条件的限制，仅靠自身的实施或使用难以获得最好的经济效益。同时，专利作为一种财产权，可以在贸易活动中进行转让，专利权人可以通过转让专利获得更大的经济利益，这就是专利贸易。专利权的使用，包括专利的实施、专利权的转让和专利的实施许可，其中以专利权的许可和转让为内容的专利贸易成为多数专利权人实现专利权价值的最主要的方式。

(二)专利实施的法定条件

专利产品是满足人们物质生活需求的基本形式,是专利的物化,而物化需要相应的条件、设备、人员。因此,专利贸易并非像专利产品那样作为大众消费品,而是需要具有特定条件的特殊主体,例如企业、公司等。而贸易的对象是一种技术方案,并且该方案可能还涉及国家利益,所以,当使用人是外国人或外国公司,还必须经过国家相关部门的批准和审查,否则还要承担相应的法律责任。因此,本章讨论的法定条件主要是专利贸易的形式条件,即法定途径中的合同形式。

二、专利转让贸易

(一)专利转让贸易的概念及特征

1. 专利转让贸易的概念

专利转让贸易,即专利权的转让,是指专利权人将其发明创造专利的所有权让渡给受让方,受让方为此支付一定数额的价款。我国《专利法》第 10 条规定:"专利申请权和专利权可以转让,中国单位或个人向外国人转让专利申请权或专利权,必须经国务院有关主管部门批准。转让专利申请权或者专利权,当事人应当订立书面合同,并向国务院专利行政部门登记,由国务院专利行政部门予以公告。专利申请权或专利权的转让自登记之日起生效。"专利转让贸易具有以下特征:

(1)转让的标的是专利权。专利是一种无形财产权,法律对其转让的内容、方式等均作了特别规定。因此,专利权转让合同除应遵守一般合同原则、制度外,还应考虑合同标的的特殊性,且必须遵守法律的特别规定。

(2)专利权的转让是专利权的所有权的转让。专利权转让后,原专利人失去了专有权,而受让人就成为新的专利权所有人。就此而言,专利权的转让就是专利的主体发生变更。它不同于专利实施许可,专利实施许可让渡的是专利的实施权,专利权仍归专利权人所有,专利权的主体并没有发生改变。

(3)以书面合同方式实现专利权的转让。专利权转让行为涉及专利技术所有权的归属,对双方当事人而言,是获取或丧失专利权的客观凭证。专利技术不仅复杂,而且与技术发展有一定的同步性,因此客观上要求该类合同必须采用书面的方式。

(4)专利权转让必须履行法定手续。专利权转让合同必须经国家专利主管机关登记和公告方能生效。未经国家专利主管机关登记和公告的专利权转让合同是无效的,不具有法律约束力。除此之外,根据我国《专利法》的规定,中国单位或个人向外国人转让专利权,必须经国务院有关主管部门批准。

(二)专利转让贸易的特殊要求

专利权的转让与版权转让不一样。版权一般都允许部分转让,而专利权不允许部分转让。世界知识产权组织在制定"示范法"时,把"专利只能全部转让而不能部分转让"作为对各国专利立法的一项普遍指导原则。该文件对于不能部分转让作了具体的解释:

(1)这里的转让指的是所有权的转让,而不是包括使用权转移或所有权转让的笼统"转让"。

(2)不能够把一项专利的有效地域划分为不同的区,而把专利权转让给不同的人。

(3)不能够把一项专利所包含的各项专利(如制造权、销售权、进口权等)分别转让给不同的人,而只能一并转让给同一个人。

(4)不能把专利证书中的几个权项(如果含有两个以上权项的话)分开来转让给不同的人,而只能一并转让给同一个人。

在世界知识产权组织的该原则的指导下,在大多数国家的专利法中,看不到有允许"部分转让"专利权的规定。

(三)专利权的转让合同及其核心条款

依照我国专利合同法的有关规定,专利转让合同一般应具备以下条款:

(1)发明创造的名称和内容;

(2)专利申请、申请号、专利号和专利有效期限;

(3)专利实施和实施许可的情况;

(4)专利转让方、受让方的义务;

(5)专利情报和资料的清单;

(6)履行合同的计划、进度、期限、地点和方式;

(7)验收的标准与方法;

(8)价款及其支付方式;

(9)违约金或损失赔偿的计算方法;

(10)争议解决办法;

(11)当事人认为需要约定的其他条款。

(四)专利转让贸易的法定程序

专利转让贸易的法定程序主要包括以下几个方面:

(1)转让使用申请权或专利权的,应当订立书面合同。

(2)转让合同向国务院专利行政部门登记,由国务院专利行政部门予以公告。

(3)转让合同自登记日起生效,非签订日。

(4)向外国人转让时,必须经国务院有关部门批准,由国家科技部审查。

三、专利许可证贸易

(一)专利许可证贸易的概念及特征

1. 专利许可证贸易的概念

专利权是一种独占权,具有排他性,任何单位或个人不经专利权人许可,都不得以生产经营为目的使用其专利。与此同时,专利权人有权许可他人实施其专利,从而获得相应的报酬。许可他人实施其专利,是专利权的一项十分重要的权利,是专利贸易的一种重要形式。专利实施许可,就是指专利权人或其授权人作为许可方,以订立专利实施许可合同的方式许可被许可方在一定范围内使用其专利。在国际技术转让中,通常称为专利许可证贸易,它是专利实施最主要的方式,是专利权人实现专利经济效益的最佳途径,也是技术贸易的重要组成部分。我国《专利法》第 12 条规定,任何单位或个人实施他人专利的,除本法第 14 条规定外,都必须与专利权人订立书面的实施许可合同,向专利权人支付专利使用费。被许可人无权允许合同规定以外的任何单位或个人实施该专利。

2. 专利许可证贸易的特征

专利实施许可具有以下特征:

(1)专利实施许可是专利使用权的许可专利的实施许可,实质上是专利使用权的许可,它的标的是无形财产,即已获得专利权的发明制造,专利权人所授予的是作为无形财产的专利使用权,而不是专利所有权的转移,所有权仍归专利权人,被许可人只有专利的使用权。

(2)专利实施许可以专利权有效存在为前提。专利权人对专利享有的独占性权利,仅在专利法规定的有效期内具有排他性。专利实施许可合同只在该项专利权的存续期间内有效。专利权有效期限届满或者专利权被撤销、宣告无效或以其他原因提前终止以后,专利权人不得就该专利与他人订立专利实施许可合同。

(3)专利实施许可是有限制的许可。专利的实施许可大都是有限制的,被许可人只能按照许可合同的规定,在有限的时间、地点、范围内以一定的方式使用专利权,而不能超越许可合同的范围使用专利,也不可擅自将专利转让或许可任何人使用。

(4)必须签订书面的专利实施许可合同。专利实施涉及许多复杂的技术和法律问题,以书面的形式明确约定双方的权利、义务,便于双方履行合同,也有利于保证充分有序地实施专利,从而减少甚至避免纠纷。因此,按照国际惯例及我国法律规定,专利实施许可必须以书面的形式签订合同。

(二)专利许可证贸易的分类

在贸易活动中最常见的专利使用方式,就是发放许可证,即专利权人许可他人实施其专利(及专利所附带的 Know-How,以及使用与专利产品有关的商标等),许可证通常都是以合同来表示的。关于对许可证的要求,大多数国家的专利法中仅有原则规定,而细节见诸合同法。根据专利实施许可合同约定的双方当事人权利、义务的不同,可以将专利实施许可分为以下几类:

1. 独占实施许可

独占实施许可也称为"完全独占性许可",是指被许可方在合同约定的时间和地域范围内,独占性拥有许可方专利使用权,排斥包括许可方在内的一切人使用供方的技术的一种许可。专利权人发出独占许可证之后,不仅没有权利再向第三方发放任何其他许可证,而且连自己也无权在该许可证包括的范围内(许可证有效期内、许可证所划地域内及许可证所列的权利内容所涉及的领域内)实施或以其他方式使用有关专利。反过来,被许可人倒有权在许可规定的范围内,排斥包括专利权人在内的一切人使用有关专利。在发现侵权活动时,被许可人也有权自行起诉。从独占许可证的被许可人享有的权利来看,它很像专利权的转让。确实已经有一些国家在贸易活动中,把独占许可证视为专利权的转让。由于授予的权利很广,所以独占许可证的使用费较高。只有当被许可方从生产竞争与市场效果上考虑,认为自己确有必要在某个地域内独占有关技术,才会要求得到这种许可。如果在同一国地域内根本没有生产同产品的竞争者,或竞争者的实力远远不可能通过采用相同技术而超过被许可人,那么就没有必要签订独占许可合同。同样,专利权人也只有认为在某一地域内把自己的全部(或绝大部分)权利统统授权给别人后不会使自己陷入被动,才会愿意发放这种许可证。

2. 排他实施许可

排他实施许可也称为"独家实施许可"或"部分独占性许可",是指许可人允许被许可人在约定的范围内独家实施其专利,而不再许可任何第三方在该范围内使用该专利,但许可方仍保留自己在该范围内实施该专利的权利。排他实施许可与独占实施许可几乎相同,两者关键性的区别在于:排他许可证的被许可人仅享有排除许可人之外的一切人的权利,就是说,许可人仍保留了自己实施专利的权利。

3. 普通实施许可

普通实施许可又称为"一般实施许可"或"非独占性许可",是指许可人允许被许可人在规定的范围内使用专利,同时保留自己在该范围内使用该专利以及许可被许可人以外的他人实施该专利的许可方式。如果实施许可合同中没有特别指出它是独占的或其他特有性质的,则均应被看作是一般许可证。专利权人在向某一方发出一般许可证之后,仍旧有权在同一地域内就同一项专利向其他人发放许可证,同时也仍旧有权自己实施或销售专利产品。而被许可人除可以按照许可证生产和销售产品之外,不享有其他权利;在一般情况下,连提出侵权诉讼的权利也没有。正因为专利权人保留了较多权利,被许可人得到较少的权利,所以这种许可证的使用费都比较低。一般许可证并不一定在整个专利保护期内都有效;被许可人也不一定有权在整个专利有效地域内使用该专利;而且,被许可人不一定取得了专利权中包括的生产及销售等全部权利——专利不可以部分转让,但可以部分许可。这些权利内容都会依合同条款的不同规定而不同。

4. 分实施许可

分实施许可也称为"分售许可"或"分许可证",是指专利实施许可的被许可人依合同规定,除了取得在规定的范围内使用许可方的专利外,还可以许可第三方部分或全部实施专利。这种许可相对于原许可合同而言,在原许可合同的基础上产生,故称之为分许可合同。被许可人是否有权许可他人实施专利,取决于其和许可方在实施许可合同中的约定。只有专利实施许可合同中规定了被许可人可以在一定范围内许可他人实施专利,被许可人和其他人签订的分实施许可合同才有效。如果双方在合同中没有就此做出约定,一般认为被许可方无权许可他人实施专利。另外,许可方有权从分实施许可中获得报酬,一般情况下,许可方会和被许可人在实施许可合同中约定许可方应从分实施许可中收取的报酬比例。

5. 交叉实施许可

交叉实施许可又称"相互许可",即许可方与被许可方相互许可对方实施自己所拥有的专利技术而形成的实施许可。在该种实施许可中,许可方与被许可方是两项不同专利技术的拥有者,其结果是双方各自实施对方的专利技术,双方既是对方专利实施的被许可人,又是对方专利实施的许可人。交叉许可一般在三种情况下使用:

(1)由于现代技术是错综复杂的,往往会出现这样的情况:乙项技术中包含着甲项技术的某种潜在成分,而甲项技术的作用要充分发挥,必须同时实施乙项技术,但这两项技术分别由甲、乙两方独立占有着。乙方要实施自己的专利就可能侵犯甲方专利权,甲方要使自己的专利在实施中有更大的经济效益,又可能侵犯乙方专利权。为了彼此都得到好处而不陷入僵局,甲、乙双方往往达成协议,都许可对方使用自己的专利。这种协议,就是交叉许可。

(2)在技术贸易中,有的许可证规定:如果被许可人将来(在合同有效期内)以许可人的技术为基础进行革新发明并取得新的专利,则必须首先把新专利的使用权许可给原许可人;而原许可人在发放许可证后,如果自己改革了有关技术,则也必须把它继续许可给原被许可人使用。这样的合同条款,称为"反馈条款",日后按该条款而产生的互相许可实施新技术的许可证,叫作交叉许可证。

(3)大企业之间订立技术协议,规定各自开发出的发明(无论取得了专利还是作为 Know-How 保密)都应许可对方使用,这也是一种交叉许可。

（三）专利的实施许可合同及其核心条款

专利实施许可合同应包括以下主要条款：

1. 实施许可的种类

被许可方所获得的对专利的实施权，是独占的、独家的、还是普通的，当事人双方应当在合同中做出明确约定。

2. 实施许可的有效期间和地域范围

专利实施许可的有效期间，可以是专利权的整个有效期间，也可以是专利权有效期间中的一部分。因此，合同当事人双方在签订专利实施许可合同时，应当明确约定专利实施许可的有效期间。对于实施的地域范围，实施许可证的效力可以及于专利权的整个有效地域范围，也可以只及于该地域范围中的一部分。因此无论如何，当事人双方都应当在合同中明确约定专利许可证的有效地域范围。

3. 专利使用费的支付

按照国际惯例，收取使用费的数额，占使用该专利技术时所获利润的10% ~ 20%是合理的。使用费的支付方式一般有三种：

（1）一次总算支付。在合同中一次算清应支付的费用数额，付款方式可以一次支付，也可以分期付款。这种方式一般用于质量有保证、高技术的实施合同。这种支付方式，对于被许可方风险较大。

（2）提成支付。使用费的数额按照技术使用的效益来确定，一般是一年支付一次。

（3）入门费加提成支付。在提成支付的情况下，供方往往要求受方在收到技术资料时，或者在合同生效时先支付一部分费用，这种费用被称之为"入门费"，然后再按提成支付的方式支付专利使用费。

4. 技术改进的继续提供或者反馈

在合同的有效期内，双方都有可能对合同有关的技术作出改进，因此在合同中，对技术改进的所有权、使用费和申请专利等问题应作出规定。许可方将其技术提供给被许可方，称为"继续提供"；受方将其技术改进通知供方，称为"技术反馈"。无论是继续提供还是技术反馈，都需要订立合同进行约定。

5. 担保和保证条款

供方应当保证按合同要求及时向被许可人提供技术资料和履行传授技术的义务，保证所提供的技术资料是完整的、准确的和可靠的，并保证所提供的专利权是合法有效的。

6. 违约责任

违约责任一般包括终止合同、赔偿损失等。

7. 违约处理的方式

违约处理的方式一般有三种：协商；协商不成，仲裁；仲裁不服，法院判决。

在合同中一般都应明确对违约处理方式结果的效力。

第四节　专利权保护

【案例3】新材料技术领域等同判定专利侵权案[①]

　　湖南科力远新能源股份有限公司(简称科力远公司)拥有名称为"一种海绵状泡沫镍的制备方法"的发明专利权,在该专利的授权程序中,专利申请人陈述磁控溅射工艺条件的总结体现了涉案专利的创造性,同时将原权利要求1和涉及磁控溅射具体工艺参数的原权利要求2合并修改为新的权利要求1,以体现涉案专利的创造性。科力远公司以侵犯发明专利权为由将爱蓝天高新技术材料(大连)有限公司(简称爱蓝天大连公司)、湖南凯丰新能源有限公司(简称凯丰公司)诉至法院。长沙市中级人民法院审理认为,爱蓝天大连公司使用的制造方法的相应技术特征与涉案专利方法特征相同或者等同,判令爱蓝天大连公司赔偿科力远公司经济损失2900余万元。爱蓝天大连公司提起上诉。

　　湖南省高级人民法院二审维持一审判决。爱蓝天大连公司向最高人民法院申请再审,最高人民法院指令江苏省高级人民法院再审本案。再审法院审理认为,涉案专利权利要求记载的本底真空度及工作真空度分别为$(1.1 \sim 4.7) \times 10^{-3}$Pa、$(2.7 \sim 4.7) \times 10^{-2}$Pa,而被控侵权技术方案中的本底真空度及工作真空度分别为2×10^{-2}Pa、$(2.0 \sim 2.5) \times 10^{-1}$Pa,两者相差一个数量级(10倍),在没有直接的证据表明此大约10倍的压力变化不会影响溅射效率的情况下,不应认定两者达到了基本相同的效果。涉案专利磁控溅射过程中所涉及的各种参数条件,虽然都是现有技术中曾经提到过或者是从现有技术大范围中选择出的小范围,但是,为了获得最终的期望溅射效果,这些工艺参数范围要在精心计算的基础上进行大量的具体实验才能确定,因此,这些参数已经由现有技术中供所有人员参考选择的公开属性转变为专用于某种特定对象的专有属性。而被控侵权技术方案中所采用的真空度参数则系本领域普通技术人员无须创造性劳动即可从现有技术中轻易得到的技术方案。因此不能轻易地以两者间可能存在简单联想来主张等同特征的适用。最后,涉案专利权利要求中真空度参数是有明确端点的数值范围,该范围是经过专利申请人概括选择之后确定的,应当严格控制等同原则的适用,不应将与该范围差异明显的数值纳入到等同技术特征的范围内。综上,被控

[①]　参见江苏省高级人民法院〔2011〕苏知民再终字第1号民事判决书。

侵权技术方案中的"本底真空度和工作真空度"特征与涉案专利权利要求中记载的"本底真空度和工作真空度"特征既不相同也不等同，被控侵权技术方案未落入涉案专利权的保护范围。据此判决驳回科力远公司的诉讼请求。

一、侵犯专利权行为的表现

（一）未经专利权人许可，实施其专利

根据我国《专利法》第 11 条规定，该种行为构成有三个条件：一是没有得到权利人的许可，违背权利人的意志。二是实施了他人专利的行为。实施包括制造、使用、销售、许诺销售、进口等行为。三是违法行为。只有违法行为，才是可以追诉的侵权行为。合法行为，即使具备了前两项条件，仍不为侵权行为。《专利法》第 63 条规定了四种合理使用的情况，符合该四种法定行为不属于侵权行为。

（二）假冒他人专利

假冒他人专利有两个条件，即假冒和冒充行为。一是没有专利权的产品（技术）冒充有专利权的产品（技术），这种行为是冒充行为，该行为没有明确的侵害对象；二是假冒他人有效专利的行为，该行为有明确的侵害对象。根据我国《专利法实施细则》第 84 条，下列行为属于假冒他人专利的行为：

（1）未经许可，在其制造或者销售的产品、产品的包装上标注他人的专利号；

（2）未经许可，在广告或者其他宣传材料中使用他人的专利号，使人将所涉及的技术误认为是他人的专利技术；

（3）未经许可，在合同中使用他人的专利号，使人将合同涉及的技术误认为是他人的专利技术；

（4）伪造或者变造他人的专利证书、专利文件或者专利申请文件。

应当注意的是，我国《专利法》第 59 条规定了冒充专利行为：以非专利产品冒充专利产品、以非专利方法冒充专利方法。冒充没有特定的侵害对象，属于其他专利违法行为。根据《专利法实施细则》第 85 条规定，属于以非专利产品冒充专利产品、以非专利方法冒充专利方法的行为有：

（1）制造或者销售标有专利标记的非专利产品；

（2）专利权被宣告无效后，继续在制造或者销售的产品上标注专利标记；

（3）在广告或者其他宣传材料中将非专利技术称为专利技术；

（4）在合同中将非专利技术称为专利技术；

（5）伪造或者变造专利证书、专利文件或者专利申请文件。

二、侵犯专利权行为的认定

从总体的情况看，对各类知识产权侵权行为的认定，都具有一个大体相同的

认定流程，法官一般均按照该流程或者思路对所要认定的行为进行是否为侵权行为的客观判断。该认定流程将法官的主观意志纳入一个相对固定的思维模式，便于法官的认识进入一个可见又易于操作的程序，保证法官确信更符合客观实际，更具有客观实在性。虽然对各类知识产权侵权的认定各有特色，但它们的共性决定该认定流程的基本步骤为：第一步，确定权利保护范围及其构成要素；第二步，确定被控侵权物权利保护范围及其构成要素；第三步，将两者被确定的范围进行对比，判断相同或近似性，做出侵权或不侵权的判断。①

上述三个步骤的侵权认定，一般将注意力依次集中在三个方面：①知识产权权利人据以提起诉讼的权利是否有效；②行为人被指控的行为存在与否和性质；③行为人应承担的法律责任。在肯定了权利人享有有效的知识产权后，最为重要的问题就是对行为人被控"侵权行为"的认定。对行为人"侵权行为"的认定，是行为人承担民事责任与否、承担何种民事责任的重要依据，是知识产权侵权责任构成的关键环节之一。所谓对侵权行为的认定，是指法官通过民事诉讼程序，借助原、被告在庭审中的举证、质证和对证据的判断，对被告实施的被控行为进行具有法律效力的确认。法官在对侵权行为认定阶段并未对如何追究被告的民事责任予以思考判断，对侵权责任构成的判断是法官下一阶段的任务。知识产权侵权行为的认定并不等同于法官对侵权责任构成的分析判断。上述认定流程在各类知识产权侵权判断中虽然表现形式和侧重点略有不同，但形成法官认证基本思路和判断流程是一致的。

我国《专利法》第11条规定，专利权被授予后，除法律另有规定的以外，任何单位或者个人未经专利权人许可，不得以生产经营目的制造、使用、许诺销售、销售、进口其专利产品，或者使用其专利方法以及使用、许诺销售、销售、进口依照该专利方法直接获得的产品。由于发明、实用新型、外观设计的客体内容不同，按照侵权认定的几个步骤，具体分为侵害发明和实用新型专利权的认定、侵害外观设计专利权的认定。

1. 侵犯发明和实用新型专利权的认定

第一步，确定发明和实用新型专利权的保护范围。

按照我国《专利法》第56条规定，发明和实用新型专利权的保护范围以其权利要求书的内容为准，说明书及附图可以用于解释权利要求。具体是指专利权的保护范围应当以权利要求书中明确记载的必要技术特征所确定的范围为准，也包括与该必要技术特征相等同的特征所确定的范围。等同特征是指与所记载的技术特征以基本相同的手段，实现基本相同的功能，达到基本相同的效果，并且本领域的普通技术人员无须经过创造性劳动就能够联想到的特征。发明分产品发明、

---

① 蒋言斌. 知识产权法学[M]. 长沙：湖南人民出版社，2003.

方法发明等。实用新型是有型的产品,也可归入产品发明专利的保护范围。

①产品发明专利的保护范围。产品发明专利的保护范围比较明确和固定,包括:具有同样特征、同样结构和同样性能的产品,不管该产品是用什么方法制造出来的,专利权人对专利产品享有制造、使用、销售、进口的独占权。"使用"应作广义的理解,它包括人们能够想到的各种各样的方式,也包括不为人知晓的其他用途。

②方法发明专利的保护范围。方法发明专利包括制造方法、操作方法以及工艺方法等,方法发明的专利保护范围包括:具有相同特征、相同参数和相同效果的方法,在方法实施过程中所使用的设备工具、仪器、装置等不应限制方法专利的保护范围。

第二步,提出并确定被控侵权对象权利保护范围。

第三步,将两者被确定的范围和具体构成要素进行对比,判断相同或近似。

在对权利要求书做出合理的解释后,就开始对权利要求与被指控侵权的客体进行对比分析,如果在被指控侵权的客体中能找到此经过解释的权利要求的全部特征或其等价手段,则判为侵权。对于找到全部特征的情况,称为字面意义侵权(literal infringement);对于包含有等价手段的情况,称为同性侵权(infringement under doctrine of equivalents)。反之,如果该权利要求书中的一部分特征或其等价手段不能在被指控侵权的客体中找到,则判为不侵权。

首先进行相同侵权判断。在侵权判断时,首先要看到被指控侵权的客体是否落在权利要求书严格字面意义所限定的权利要求之内,如果该指控侵权的客体包含了权利要求书的全部技术特征,可考虑为相同侵权。一般情况下,侵权者会做些改变以避免被指控侵权。

随后进行等同侵权判断。等同侵权应满足三个基本相同:①基本相同的方式;②基本相同的功能;③基本相同的效果。它可以增加一些特征或改变形状、大小、比例等有效组成部分。

完成以上比较后,做出认定侵权或不侵权的判定。

2. 外观设计专利权侵权的认定

侵犯外观设计专利权行为的认定,也有三个步骤:

第一步,保护权利范围的确定。

确定外观设计专利权的保护范围。外观设计无权利要求书,也无说明书,只有该外观设计的图片和照片,保护的范围根据外观设计的图片和照片来决定。图片包括主视图、俯视图、侧视图等。其中主视图最为重要,因为它最能体现该项外观设计的美感。

第二步,确定被控侵权对象的权利保护范围。

第三步,将两者被确定的范围和具体构成要素进行对比,判断相同或近似。

首先确定外观设计专利产品与侵权产品是否属于相同或者类似商品。司法实践中的认定方法，通常是以产品的功能、用途作为标准，同时参考国际外观设计分类表(即洛迦诺条约)有关商品的分类。如果外观设计专利产品与被控侵权产品在功能、用途上是相同的，就可以确定二者是相同或者类似商品，并继续进行下面的比较。如果二者在功能、用途上不相同，可以认定二者既不是相同商品，也不是类似商品，到此就可以结束侵权判定步骤，认定侵犯专利权不成立。

将外观设计专利与被控侵权产品进行对比，即以普通消费者的眼光，对被授予专利的外观设计与被控侵权产品的外观设计进行整体观察，综合判断。经过对比，可能出现以下三种结果：

①被控侵权产品的外观设计与专利外观设计完全相同，可以认定前者落入了专利权的保护范围，侵犯专利权成立。

②被控侵权产品的外观设计在整体上与专利外观设计基本相同，整体上属于近似，根据等同原则，可认定侵犯专利权成立。

③被控侵权产品的外观设计与专利外观设计在整体上既不相同、也不近似，认定被控侵权产品没有落入专利权的保护范围，侵犯专利权不成立。

三、侵犯专利权的法律责任

(一)侵犯专利权的民事责任

1.民事责任的种类

根据我国的法津规定，侵权行为是指行为人由于过错侵害国家、集体的财产，侵害他人财产、人身，依法应当承担民事责任的行为，以及虽然没有过错，但法律特别规定应当承担民事责任的行为。根据我国《民法通则》第134条规定，承担民事责任的方式有：(一)停止侵害；(二)排除妨碍；(三)消除危险；(四)返还财产；(五)恢复原状；(六)修理、重作、更换；(七)赔偿损失；(八)支付违约金；(九)消除影响、恢复名誉；(十)赔礼道歉。其中，侵权责任可以适用的方式有：返还财产，停止侵害，排除妨碍，恢复原状，赔偿损失，消除影响、恢复名誉及赔礼道歉。根据《民法通则》第118条，对知识产权的侵权行为，承担民事责任的方式有：停止侵害、消除影响及赔偿损失。根据我国《专利法》的规定，侵犯专利权行为应承担的民事责任有以下几种：

(1)停止侵权。对于正在实施侵害专利权的行为，被侵权人有权责令侵权人立即停止侵权，也可以要求主管部门或法院责令停止侵害。停止侵权可以防止侵权的继续发展和损害的扩大，所以，首先应承担的民事责任就是立即停止侵权。

(2)消除影响、赔礼道歉。由于侵权行为是对权利人的物质和精神双重伤害，消除影响、赔礼道歉是一种精神上的抚慰方式，也是精神补偿的方式，通过道歉、赔礼等，表明侵权人行为的违法性、非正义性、不道德性并且应受到惩治。

（3）赔偿损失。知识产权的侵权损害赔偿，是追究知识产权侵权行为最主要的民事责任形式之一，又是知识产权法的一项重要法律制度。而知识产权侵权损害赔偿的核心是对造成知识产权损害的行为人按照何种原则归责，或者按照何种原则追究其民事赔偿责任。知识产权侵权损害的归责原则，是指知识产权侵权归责的基本原则。它是确定侵犯知识产权行为人侵权民事责任的根据和标准，也是统领知识产权侵权赔偿各个法律规范的立法指导方针。知识产权的赔偿原则，是在根据一定的归责原则确定侵权者应当承担民事赔偿责任的基础上，应当按照什么样的原则进行赔偿。

2. 赔偿原则

（1）全部赔偿原则。全部赔偿原则是现代民法最基本的赔偿原则，为各国侵权行为立法和司法实践之通例。全部赔偿原则是指知识产权损害赔偿责任的范围，应当以加害人侵权行为所造成损害的财产损失范围为标准，承担全部责任。也就是说侵权行为所造成的损失应当全部赔偿，赔偿应以侵权行为所造成的损失为限。确立了全部赔偿的原则，也就确定了全部赔偿范围的客观标准，即以受害人的全部损失为准，少于或大于受害人因侵权行为所受到的实际损失，或是受害人的权利不能得到充分保护，都是不公正的。但是，实践中受害人的全部损失常常不易计算，特别是对未来的可得利益更是难以估算。因此，英国法官布瑞特认为："不应根据全面赔偿原则对金钱损害而给当事人以满额的赔偿，他们所要考虑的是应根据具体情况而进行公平赔偿。"

（2）法定标准赔偿原则。法定标准赔偿原则，是指由知识产权法律明文规定不法侵害知识产权造成损害，应赔偿损失的具体数额（或数额幅度）。鉴于知识产权保护对象的特殊性，特别是其损害事实、后果的不易确定性，不少国家的知识产权立法明文规定了知识产权侵权损害赔偿的法定赔偿制度，即规定实施某种侵权行为，应当赔偿的数额是多少。WTO 的 TRIPS 协议第 45 条中也有法定赔偿金（预先确定的损害赔偿费）的规定。我国《最高人民法院关于审理专利纠纷案件适用法律问题的若干规定》第 21 条也规定："没有专利许可使用费可以参照或者专利许可使用费明显不合理的，人民法院可以根据专利权的类别、侵权人侵权的性质和情节等因素，一般在人民币 5000 元以上 30 万元以下确定赔偿数额，最多不得超过人民币 50 万元。"2009 年的专利法第三次修订法定赔偿额为"1 万以上 100 万以下"①；2013 年商标法第三次修订注册商标侵权法定赔偿额为"300 万以

---

① 依据 2008 年 12 月 27 日第三次修订的《专利法》第 65 条第 2 款。

下"①；2010 年版权法修订侵犯著作权法定赔偿额为"50 万以下"②。知识产权侵权受害人符合上述情况的赔偿要求，人民法院在确认侵权后均可直接在规定的数额幅度标准内判令被告承担赔偿责任。

(3)法官自由裁量赔偿原则。无论关于知识产权侵权损害赔偿的法律条款规定得多么严密、具体(这实际上不可能做到)，无论是适用全部赔偿原则还是适用法定赔偿原则，都不能排除法官根据开庭审理查明的案件事实，对法律的具体适用，以及在法律规定的赔偿数额幅度之内，根据个案情况的斟酌裁量。智力创作成果损害结果的不易确定性以及案情的复杂多样性，使得对知识产权的损害赔偿不可能简单划一，如同套用数表。在审判知识产权纠纷案件中，法官们常常遇到难以确定原告损失、被告获利以及赔偿金数额的情况，深感法律规定不够完善，缺乏可操作性。而法官们审判的一些典型案例和通过判案而确定的某些科学、合理的处理方法，对同类案件又没有法律赋予的拘束力，不能援引。尽管我们不像英美法系国家那样属于判例法国家，但在知识产权侵权损害赔偿问题上，应当给予法官在法律规定范围内一定的自由裁量权，这是不少专家的共识。依靠法官本身的法律意识和审判经验，仔细地分析和判断案情，最终公正、公平、合理，并精细、快捷地对案件作出裁判，以追究侵权行为人的民事责任，保护权利人的合法权益。

3. 知识产权侵权损害赔偿的范围

(1)直接损失指对侵权直接造成的知识产权使用费等收益减少或丧失的损失包括因调查、制止和消除不法侵权行为而支出的合理费用，因侵犯知识产权人身精神权益而造成的财产损失。

(2)间接损失指知识产权处于生产、经营、转让等增值状态过程中的预期可得利益的减少或丧失，这种损失是权利人不能正常利用该知识产权进行经营活动而遭受的。

4. 知识产权侵权损害赔偿的计算

侵犯专利权的损失赔偿计算方法有三种：

(1)按照权利人因被侵权所受到的损失计算赔偿数额，即根据专利权人的专利产品因侵权所造成销售量减少的总数乘以每件专利产品的合理利润所得之积计算。权利人销售量减少的总数难以确定的，侵权产品在市场上销售的总数乘以每件专利产品的合理利润所得之积可以视为权利人因被侵权所受到的损失。

(2)按照侵权人因侵权所获得的利益计算赔偿数额，即根据该侵权产品在市场上销售的总数乘以每件侵权产品的合理利润所得之积计算。侵权人因侵权所获得的利益一般按照侵权人的营业利润计算，对于完全以侵权为业的侵权人，可以

---

① 依据 2013 年 8 月 30 日第三次修订的《商标法》第 63 条第 3 款。
② 依据 2010 年 2 月 26 日第二次修订的《著作权法》第 49 条第 2 款。

按照销售利润计算。

（3）以专利许可使用费为参照计算赔偿数额，即被侵权人的损失或者侵权人获得的利益难以确定，有专利许可使用费可以参照的，人民法院可以根据专利权的类别、侵权人侵权的性质和情节、专利许可使用费的数额、该专利许可的性质、范围、时间等因素，参照该专利许可使用费的 1 ~ 3 倍合理确定赔偿数额。

（二）侵犯专利权的行政责任

对于侵害知识产权的行为，被侵权人既可以向知识产权管理机关请求处理，也可以直接向人民法院起诉。因此，我国知识产权采用了行政和司法双重管理体制。专利管理机关经专利权人请求追究侵权人的行政责任和进行行政处理的责任就是侵害知识产权的行政责任。这种行政责任具体包括：

1. 责令侵权人停止侵权

未经专利权人许可，实施其专利，即侵犯其专利权，引起纠纷的，由当事人协商解决；不愿协商或者协商不成的，专利权人或者利害关系人可以向人民法院起诉，也可以请求管理专利工作的部门处理。管理专利工作的部门处理时，认定侵权行为成立的，可以责令侵权人立即停止侵权行为，当事人不服的，可以自收到处理通知之日起 15 日内依照《中华人民共和国行政诉讼法》向人民法院起诉；侵权人期满不起诉又不停止侵权行为的，管理专利工作的部门可以申请人民法院强制执行。责令侵权人停止侵权是首先应承担的行政责任。

2. 没收违法所得、销毁侵权复制品和制作侵权复制品的材料、工具、设备

没收违法所得、销毁侵权复制品和制作侵权复制品的材料、工具、设备，是为了防止侵权的继续发生和继续危害，是打击侵权人的主要手段之一。没收违法所得使得侵权人无利可图，销毁侵权复制品和制作侵权复制品的材料、工具、设备使侵权人失去了继续侵权的条件，这些措施都能较为有利地打击侵权活动，维护权利人的利益。

3. 罚款

按照《专利法》第 58 条、第 59 九条规定，假冒他人专利的，除依法承担民事责任外，由管理专利工作的部门责令改正并予公告，没收违法所得，可以并处违法所得三倍以下的罚款，没有违法所得的，可以处 5 万元以下的罚款；以非专利产品冒充专利产品、以非专利方法冒充专利方法的，由管理专利工作的部门责令改正并予公告，可以处 5 万元以下的罚款。

4. 行政处分

行政处分主要是单位或行政机关侵害知识产权应承担的责任。我国《专利法》第 64 条规定，违反本法第 20 条规定向外国申请专利，泄露国家秘密的，由所在单位或者上级主管机关给予行政处分。《专利法》第 65 条规定，侵夺发明人或者设计人的非职务发明创造专利申请权和本法规定的其他权益的，由所在单位或

者上级主管机关给予行政处分。《专利法》第 66 条规定,管理专利工作的部门不得参与向社会推荐专利产品等经营活动。管理专利工作的部门违反前款规定的,由其上级机关或者监察机关责令改正,消除影响,有违法收入的予以没收;情节严重的,对直接负责的主管人员和其他直接责任人员依法给予行政处分。

(三)侵犯专利权的刑事责任

按照《刑法》第 216 条规定,假冒他人专利,情节严重的,处 3 年以下有期徒刑或者拘役,并处或者单处罚金。《关于经济犯罪案件追诉标准的规定》第 64 规定,假冒专利案(《刑法》第 216 条)假冒他人专利,涉嫌下列情形之一的,应予追诉:(1)违法所得数额在 10 万元以上的;(2)给专利权人造成直接经济损失数额在 50 万元以上的;(3)虽未达到上述数额标准,但因假冒他人专利,受过行政处罚两次以上,又假冒他人专利的;(4)造成恶劣影响的。

本罪的构成为:(1)客体特征。本罪侵犯的直接客体是他人专利标记权,犯罪对象是专利权人的专利权。(2)客观方面特征。该特征是实施了假冒他人专利行为,且情节严重。(3)主体特征。该罪的主体是一般主体,个人、单位都可以成为本罪的主体。(4)主观方面特征。本罪的主观方面,只能是故意即行为人明知是他人有效的专利权或专利号,明知未征得专利权人同意而仍然实施假冒他人专利的行为。行为人一般有盈利目的,也可能是为破坏他人声誉,进行不正当竞争。动机如何不影响本罪的成立。

第五节　中国专利信息资源及其开发利用

一、中国专利资源及其概述

(一)发明专利年度申请受理量首次突破 100 万件

2015 年我国知识产权创造取得新进展,发明专利申请受理量继续保持稳步增长,发明专利年度申请受理量首次超过 100 万件①,企业知识产权创造主体地位

---

① 专利申请是获取专利制度保护的前置条件。专利申请是权利人在公开与不公开博弈下的制度选择,申请量能够体现专利制度甚至知识产权制度的社会经济激励效应,因此,本书将专利申请量作为评判专利制度的一个客观尺度加以统计分析。

持续稳固①。2015 年国内专利数量有显著增长，专利申请量超过 200 万件，发明专利申请 110.2 万件，同比增长 18.7%，连续 5 年位居世界首位②。共授权发明专利 35.9 万件，其中，国内发明专利授权 26.3 万件，比 2014 年增长了 10 万件，同比增长 61.9%。截至 2015 年底，国内(不含港澳台)有效发明专利拥有量共计 87.2 万件。2015 年我国发明专利授权量排名位列前十位的省(自治区/直辖市，不含港澳台)依次为：江苏(3.6015 万件)、北京(3.5308 万件)、广东(3.3477 万件)、浙江(2.3345 万件)、上海(1.7601 万件)、山东(1.6881 万件)、安徽(1.1180万件)、四川(9105 件)、湖北(7766 件)、陕西(6812 件)。在 2015 年国内企业(不含港澳台)发明专利授权排行榜上，中国石油化工股份有限公司(2844 件)位居榜首，中兴通讯股份有限公司(2673 件)紧随其后，华为技术有限公司(2413 件)位居第三，第四至十位依次为国家电网公司(2081 件)、京东方科技集团股份有限公司(1115 件)、深圳市华星光电技术有限公司(728 件)、中国石油天然气股份有限公司(641 件)、中联重科股份有限公司(596 件)、腾讯科技(深圳)有限公司(581 件)、比亚迪股份有限公司(509 件)。

表 2 – 1　国际申请业务累计进展分表

2015 年 1 月—2015 年 12 月　　　　　　　　单位:件

项目	当月数量	当年累计	同比增长
收到的国际申请	4378	30548	16.7%
进入中国国内阶段的国际发明专利申请	7273	81867	2.8%
进入中国国内阶段的国际实用新型专利申请	93	1098	11.0%

2015 年，国家知识产权局共受理通过《专利合作条约》途径提交的国际专利申请 3.0548 万件，同比增长 16.7%。其中，2.8399 万件来自国内，占 93.0%，同比增长 18.3%；2149 件来自国外，占 7.0%，同比下降 0.6%。2015 年，PCT 国际专利申请超过 100 件的省(自治区、直辖市)达到 16 个。其中，广东申请 1.5190 万件，居第一位,北京、江苏、上海、浙江分列二至五位，上述五省(直辖

---

① 上述图表数据来源于 2016 年 1 月 14 日，国家知识产权局在北京召开新闻发布会公布的 2015 年我国发明专利授权等有关数据。
② 美国专利在 10 年间维持了小幅的上涨，申请量年均 30 万～40 万件。而国内专利申请量一直呈增长态势，在 2005 年以前，数量上已经超越美国。兰德公司发布的中国的专利与创新报告指出，中国 10 年来专利爆发性增长，主要是专利激励政策和市场力量推动的结果。在政策指导下，国家鼓励个人和企业创业。在"十二五"期间，国家发展壮大专利审查队伍，分别在江苏、广东等 6 个地方建立京外专利审查协作中心，增强专利审批能力。

市)的 PCT 国际专利申请量占全国申请总量的近85%。在 IPC 分类基础上，也呈现特定的区域性和国家性。2015 年我国发明专利有关数据，主要呈现出 4 个明显特点。

表 2 - 2　2015 年 PCT 国际专利受理状况表
2015 年 12 月　　　　　　　　　　　　　　　单位:件

地区	当月合计	当年累计	地区	当月合计	当年累计
广东	1894	15190	贵州	2	24
北京	801	4490	甘肃	4	19
江苏	520	2442	内蒙古	2	17
上海	161	1060	澳门	1	11
浙江	102	931	海南	1	10
山东	120	837	宁夏	0	4
台湾	38	520	青海	0	3
湖北	94	414	西藏	0	1
香港	47	413	深圳	1603	13308
福建	39	351	广州	142	623
四川	75	351	杭州	54	426
湖南	24	203	武汉	87	387
辽宁	30	178	青岛	24	339
陕西	9	134	成都	63	300
安徽	10	125	南京	28	269
天津	12	125	厦门	16	178
重庆	7	90	宁波	15	156
河北	10	88	西安	9	124
河南	8	81	济南	14	107
吉林	10	52	大连	19	97
江西	5	48	沈阳	9	61

续上表

地区	当月合计	当年累计	地区	当月合计	当年累计
云南	6	48	哈尔滨	3	31
黑龙江	4	47	长春	6	29
广西	9	34	新疆建设兵团	0	0
新疆	7	29	国内合计	4062	283999
山西	10	29	国外合计	316	2148

注:宁波、长春、南京、杭州、济南、成都、厦门、深圳8城市自1999年起单列统计,各市统计数量已经计算在所属省内。新疆生产建设兵团自2008年起单列统计,其统计数量已经计算在新疆内。

表2-3 2015年全国各地专利受理结构表

2015年12月　　　　　　　　　　　　　　　　　　单位:件

地区	发明	实用新型	外观设计	地区	发明	实用新型	外观设计
广西	70.5%	22.3%	7.2%	河南	28.7%	54.8%	16.5%
宁夏	59.8%	36.2%	4.0%	河北	25.6%	55.9%	18.5%
北京	56.9%	34.1%	9.0%	内蒙古	25.4%	63.2%	11.4%
安徽	53.5%	40.4%	6.1%	新疆	24.7%	51.9%	23.4%
台湾	51.7%	40.2%	8.2%	陕西	23.1%	28.6%	48.2%
山东	48.4%	44.4%	7.2%	浙江	22.0%	48.9%	29.1%
上海	47.0%	41.7%	11.3%	福建	21.2%	53.3%	25.4%
辽宁	45.9%	46.4%	7.8%	江西	15.5%	50.4%	34.1%
青海	42.6%	45.7%	11.7%	澳门	12.2%	16.4%	71.4%
重庆	42.4%	46.5%	11.1%	青岛	70.6%	25.0%	4.4%
黑龙江	42.4%	48.9%	8.8%	沈阳	54.9%	38.9%	6.2%
吉林	41.6%	49.6%	8.8%	济南	52.2%	42.2%	5.6%
西藏	41.4%	29.1%	29.4%	南京	49.6%	36.6%	13.8%
贵州	41.2%	45.5%	13.3%	哈尔滨	49.0%	43.4%	7.6%
湖北	40.7%	48.1%	11.3%	大连	48.5%	44.4%	7.0%
海南	38.7%	48.6%	12.6%	长春	45.8%	48.2%	6.0%
山西	38.0%	52.9%	9.1%	武汉	44.8%	48.1%	7.1%
甘肃	37.7%	46.8%	15.5%	成都	38.4%	33.6%	27.9%

续上表

地区	发明	实用新型	外观设计	地区	发明	实用新型	外观设计
四川	36.5%	37.8%	25.7%	深圳	37.9%	39.5%	22.6%
江苏	36.1%	36.0%	27.9%	新疆建设兵团	36.7%	59.3%	4.0%
云南	35.8%	52.0%	12.2%	广州	31.7%	39.1%	29.3%
湖南	35.8%	43.4%	20.8%	杭州	29.2%	47.8%	23.0%
天津	35.7%	58.6%	5.8%	宁波	27.3%	42.3%	30.4%
香港	30.2%	26.5%	43.3%	厦门	26.4%	49.1%	24.5%
广东	29.2%	38.1%	32.7%	西安	23.1%	25.9%	51.0%

注:宁波、长春、南京、杭州、成都、厦门、深圳 8 城市自 1999 年起单列统计,各城市统计数量已经计算在所属省内。新疆生产建设兵团自 2008 年起单列统计,其统计数量已经计算在新疆内。

(1)发明专利年度申请量首次突破 100 万件。2015 年发明专利申请在全部专利申请中的比例达到 39.4%。发明专利申请占比的不断提高,表明我国创新能力不断提升。

表 2 – 4　2015 年发明专利分类的统计表　　　　单位:件

类型	A – H 部 合计		A 部 人类生活必需		B 部 作业、运输		C 部 化学、冶金	
	数量	构成/%	数量	构成/%	数量	构成/%	数量	构成/%
申请	1112425	100	221642	19.9	205149	18.4	183652	16.5
授权	359316	100	43825	12.2	68797	19.1	65154	18.1
有效	1472374	100	177729	12.1	225668	15.3	276148	18.8

类型	D 部 纺织、造纸		E 部 固定建筑物		F 部 机械工程		G 部 物理		H 部 电学	
	数量	构成/%	数量	构成/%	数量	构成/%	数量	构成/%	数量	构成/%
申请	17837	1.6	43855	3.9	91623	8.2	188623	17.0	160035	14.4
授权	6350	1.8	15623	4.3	30046	8.4	62144	17.3	67377	18.8
有效	27082	1.8	45684	3.1	107134	7.3	274292	18.6	338637	23.0

注:1. 本表中申请量按分类完成统计,即当年截至该月末已完成分类的发明专利申请量。

(2)每万人口发明专利拥有量超过 6 件,圆满完成"十二五"规划纲要提出的目标。但值得注意的是,从有效发明专利的平均维持年限、说明书页数和权利要求项数看,国内专利与国外来华专利在质量上仍存在不小差距。

（3）企业知识产权创造主体地位持续稳固。2015 年，我国企业获得发明专利授权 15.9 万件，占国内发明专利授权量的 60.5%，较 2014 年提高 4.1 个百分点。

表 2-5 **2015 年主要国家及地区发明专利受理状况表**

2015 年 12 月　　　　　　　　　　　　　　单位：件

国家及地区	当月合计	当年累计	同比增长	总累计
合计	12676	133613	5.2%	1504266
日本	3595	40078	-0.9%	523158
美国	3091	37216	9.6%	381746
德国	1356	13851	1.9%	147183
韩国	1566	12907	12.0%	124409
法国	495	4702	2.8%	54403
瑞士	357	3432	2.8%	39256
荷兰	323	3032	3.7%	46881
英国	196	22221	8.3%	28836
瑞典	186	1948	-3.6%	24627
意大利	182	1430	5.1%	18447
芬兰	122	1041	-10.6%	14798
加拿大	90	1025	1.6%	13197
奥地利	90	982	4.0%	7688
丹麦	93	845	-0.2%	9369
新加坡	88	714	24.4%	4830
比利时	59	638	-2.9%	7441
澳大利亚	52	635	-4.4%	9882
西班牙	35	342	0.6%	4275
俄罗斯联邦	17	148	13.8%	2114
其他	683	6426	31.3%	41726

（4）部分技术领域专利集中度与国外尚存差距。在世界知识产权组织划分的 35 个技术领域之中，2015 年国内发明专利拥有量高于国外来华发明专利拥有量的有 28 个，比 2014 年增加 6 个，但在光学、发动机等 7 个领域与国外相比仍存在差距①。

———————

① 在世界知识产权组织划分的 35 个技术领域分类中，国外在光学、运输、音像技术、医药技术、半导体、发动机等技术领域的发明专利申请授权中仍保持优势。综合分析我国的专利情况，体现基础性、原创性的发明专利仍然比较少，我国发明专利的技术含量、复杂程度相对较低，在一些关键技术领域，国内拥有的发明专利还比较少，改进型发明占多数。

（二）专利权质押融资金额突破560亿，著作权质权登记活跃

专利权质押融资对于拓宽企业融资渠道、促进创新成果运用发挥了积极作用，2015年，知识产权质押融资工作进展明显。全国新增专利权质押金额560亿元，惠及2000余家企业①。对其中20项质押融资项目的抽样调查结果显示，相关企业当年累计新增销售额37.7亿元、利润3.2亿元②。为加快完善服务机制，国家知识产权局出台了《关于进一步推动知识产权金融服务工作的意见》，全面加强知识产权质押融资工作的政策和业务指导，探索完善知识产权价值评估分析、质押融资风险管理以及质物处置等工作。在全国知识产权系统的共同努力下，知识产权质押融资工作呈现出常态化、规模化发展态势。其中，山东、广东、浙江、北京、福建、江苏、四川等七个省、直辖市2015年质押融资金额及服务的项目数均进入前十名。

表2-6　国内外发明专利授权状况表

2015年12月　　　　　　　单位：件

按国内外分组		当月合计		当年累计			总累计	
		授权量	构成	授权量	构成	同比增长	授权量	构成
合计	小计	41324	100.0%	359316	100.0%	54.1%	1911203	100.0%
	职务	38424	93.0%	333143	92.7%	54.6%	1717236	89.9%
	非职务	2900	7.0%	26173	7.3%	47.4%	193967	10.1%
国内	小计	30736	100/74.4	263436	100/73.3	61.9%	1161979	100/60.8
	职务	27999	91.1%	238818	90.7%	63.4%	986198	84.9%
	非职务	2737	8.9%	24618	9.3%	49.1%	175781	15.1%
国外	小计	10588	100/25.6	95880	100/26.7	35.9%	749224	100/39.2
	职务	10425	98.5%	94325	98.4%	36.1%	731038	97.6%
	非职务	163	1.5%	1555	1.6%	24.7%	18186	2.4%

① 余博：2015年专利权质押融资金额突破560亿，国家知识产权局，知识产权质押融资是一种相对新型的融资方式，区别于传统的以不动产作为抵押物向金融机构申请贷款的方式，指企业或个人以合法拥有的专利权、商标权、著作权中的财产权经评估后作为质押物，向银行申请融资。http://www.sipo.gov.cn/zscqgz/2016/201601/t20160128_1234421.html，2016-01-28

② 国知网讯2016-01-28。知识产权质押融资在欧美发达国家已十分普遍，在我国则处于起步阶段，目前尚需完善的机制包括：（1）建立促进知识产权质押融资的协同推进机制；（2）创新知识产权质押融资的服务机制；（3）建立完善知识产权质押融资风险管理机制；（4）完善知识产权质押融资评估管理体系；（5）建立有利于知识产权流转的管理机制。

2015 年中国版权保护中心共完成著作权质权登记 606 件，同比增长 22.18%；涉及合同数量 231 个，同比下降 0.09%；涉及作品数量 1269 件，同比增长 22.18%；涉及主债务金额 287285 万元，同比增长 9.42%；涉及担保金额 267542.83 万元，同比下降 6.86%。[①] 作品著作权质权登记 409 件，同比上升 34%；涉及合同 34 个，同比下降 23.5%；涉及作品数量 409 件，同比上升 34%；涉及主债务金额 113600 万元，同比上升 48.6%；涉及担保金额 111500 万元，同比上升 2.1%。计算机软件著作权质权登记 197 件，同比下降 3.14%；涉及合同 197 个，同比下降 3.14%；涉及软件作品数量 860 件，同比增长 16.21%；涉及主债务金额 173685 万元，同比下降 6.68%；涉及担保金额 156042.83 万元，同比下降 12.37%。[②]

（三）全国著作权登记活跃，权利价值正在实现

（1）版权登记活跃。2015 年，我国著作权登记继续保持大幅度增长态势，作品登记 1348200 件、计算机软件著作权登记 292360 件、著作权质权登记 606 件，著作权登记总量达 1641166 件，相比 2014 年 1211313 件，同比增长 35.49%[③]。根据 2015 年对全国 31 个省、自治区、直辖市和中国版权保护中心的作品登记信息统计，全年登记量较大的分别是：北京、中国版权保护中心、上海、江苏、山东和重庆市。具体如表 2-7 所示：

表 2-7 国内著作权登记主要城市分布

序号	地区	数量（件）	占登记总量%
1	北京市	601014	44.57%
2	中国版权保护中心	236080	17.93%
3	上海市	199148	15.12%
4	江苏省	109377	8.31%
5	山东省	50218	3.81%
6	重庆市	40667	3.09%

（2）从登记作品类型看，以摄影作品、文字作品、美术作品等容易登记且可见的载体的作品为主。

[①] 国家版权局办公厅，国版办发〔2016〕4 号，2016-02-15. 著作权登记是指著作权有关当事人依照法律的规定，向登记机关申请，将作品及其权利登载于登记簿的行为。登记不是取得权利的程序，但可以作为争议时具有效力的权利证据。
[②] 国家版权局办公厅，国版办发〔2016〕4 号，2016-02-15.
[③] 国家版权局办公厅，国版办发〔2016〕4 号，2016-02-15. 本作品种类是以《著作权法》第 2 条的作品分类的八类作品种类。

表 2-8　2015 年国内作品登记类型统计

序号	作品类型	登记数量(件)	占登记总量%
1	摄影作品	510120	38.74%
2	文字作品	489672	37.19%
3	美术作品	274431	20.84%
4	影视作品	15527	1.18%
5	录像制品	8627	0.66%
6	图形作品	5315	0.40%
7	录音制品	3998	0.30%
8	音乐作品	2834	0.22%
9	模型、戏剧、舞蹈	6319	0.48%

(3)计算机软件著作权登记加速。2015 年,我国计算机软件著作权登记数量再创历史新高,全年共登记软件 292360 件,接近 30 万件,相比 2014 年的 218783 件,同比增长 33.63%,这也是自 2010 年以来,同比增长增速最快的一年。从登记量地区排名上看,2015 年位列全国前十位的地区排名与 2014 年相比,未发生任何变化,前十位省、直辖市共登记软件 236086 件,约占登记总量的 80.75%。与上一年度相比,上述省、直辖市登记数量增长 61555 件,约占增长总量的 83.66%,占比近九成。其中前五位依次为:北京市、广东省、上海市、江苏省和浙江省,五地共登记软件 192152 件,约占登记总量的 65.72%①。从登记量增速前十位排名来看,中部地区占据五席,东部地区占据三席,西部和东北部地区各占据一席。其中,广东省登记软件 61804 件,同比增长 64.18%,增速全国最快。另外,贵州省、青海省和重庆市继续保持增速,连续进入 2014 年和 2015 年的增速排名前十位。

(四)专利代理市场职能明显转变

专利代理专业力量是我国专利事业乃至知识产权事业的基础力量,在我国深入实施知识产权战略、努力建设知识产权强国的新形势下,有必要在促进发展和良好治理之间加以平衡。② 截至 2015 年底,我国专利代理机构约为 1256 家,执业专利代理人 1.2626 万人。根据 2014 年全国专利代理年报数据,截至 2014 年底,我国专利代理机构代理发明专利、实用新型专利和外观设计专利申请共计

---

① 北京市登记软件 64532 件,约占登记总量的 22.07%,继续高居全国榜首。

② 刘海波指出,新形势下,专利代理行业正面临良好机遇,要推动行业持续健康发展,"促"和"管"二者缺一不可。在刘海波看来,这些条文旨在加强对专利代理机构和专利代理师的管理,有助于专利代理专业性的提升和基于专业性的专利代理社会声誉的提升。

153.3 万件, 占专利申请受理总量的 64.9%。但与我国连年激增的专利申请需求相比, 还存在代理工作日益繁重和人员数量不足之间的矛盾, 亟待通过提高管理效能等途径, 促进行业发展。专利法修订草案(送审稿)新增第 75 条拟规定, 设立专利代理机构或者取得专利代理师资格须经国务院专利行政部门许可。未经国务院专利行政部门许可, 任何单位或者个人不得以经营目的从事专利代理业务。违反本款规定的, 由专利行政部门视其情节责令停止违法行为, 没收违法所得, 可以并处罚款①。"专利法修订草案(送审稿)对专利行政部门规定的是'许可、指导、监督'职责, 这些职责的有效、顺利履行, 必须要在'提高社会治理能力和水平'的行政改革大环境下进行。"②

二、我国专利资源的利用

有知识产权不一定有市场, 但有市场必定有知识产权。优势企业具有的共同特点就是具有自己的专利商标, 这是优势企业具有市场优势的根本原因, 但要保持自己的长久优势, 就必须灵活使用自己的知识产权, 并将知识产权的运用置于一种战略的高度。专利实施的商标战略就是一种具有重要意义的新战略。它是用商标权承接专利权垄断效力, 利用专利在有限的时间内成就的垄断市场, 通过商标权而永久地将这种垄断市场保持下去, 将自然形成的优势上升为法权, 成为一种避实就虚、刚柔相济、决胜千里的专利商标战略。

1. 专利实施的商标战略理论依据

(1)专利实施形成专利市场垄断。依据我国的《专利法》, 专利实施就是将已经获得专利权的发明创造应用于工业生产中, 具体讲主要是制造、使用、销售专利方法。实施的方法既可以自己实施, 包括自己制造、使用、销售专利产品和使用专利方法, 也可以通过别人的义务履行来实施, 包括转让、许可、赠与等。由于专利权本身就是一种垄断的法权, 具有排他的属性, 因此, 专利实施也就自然能成就一种排他的垄断市场, 但该市场由于专利的时效性限制而有局限性, 需要其他权利来对接。

(2)商标形成商标市场垄断。商标权是国家工商行政机关授予使用商标的企业在核定商品上, 使用核准商标的一种排他的垄断权, 是商标注册人或权利人所享有的一种法权。该垄断权能形成一种该商品的垄断市场并受法律保护。

(3)专利实施的商标战略能实现专利垄断向商标市场垄断的平行移动。任何

---

① 孙迪.专利法修订草案(送审稿)通过对专利行政部门许可、指导、监督职责予以规定, 对专利代理行业发展意义非凡[N]. 知识产权报, 2016 – 7 – 25.

② 《国务院关于新形势下加快知识产权强国建设的若干意见》提出, 改善知识产权服务业及社会组织管理, 这对专利行政部门开展行业组织许可、指导、监督工作来说, 就是一个新要求。

一种商品都可以成为专利和商标的物化载体，因此，专利权和商标权就可以通过法定途径实施转移，即实现垄断权的平行移动或对接。

2. 专利实施的商标战略目标

该专利商标战略的目标就是利用专利权的垄断性（或专有性），使专利产品在市场上先形成垄断的市场，然后利用商标权在专利权保护期间或届满后延续对专利产品市场的继续垄断。这样即使该专利权保护期届满，专利技术进入公有领域，而商标权的客体（注册商标）所标示的专利产品已经形成了自己的垄断市场，从而完全承接了对专利产品的市场垄断。两者所依托的法律武器略有不同。专利市场依据的是专利法对专利权的保护；而后者（注册商标）依据的是商标法对注册商标（专利产品的标志）的专用权保护。商标权的保护期在某种意义上是没有时限的。根据《商标法》第38条的规定，在每10年保护期届满前6个月或届满后6个月内，只要商标权人愿意，可以申请续展，从而使该商标永久地受到法律保护而排斥第二者插足。这样它可以利用在专利权垄断期内形成专利产品的市场，用商标权承接对该专利产品市场的先期和后期垄断。如可口可乐公司、SONY公司、松下电器公司、IBM公司等都是这种专利商标战略的典型例子，可口可乐饮料、SONY电器、IBM计算机等成为垄断市场的专利产品，从而使所属公司获取最大利润。

3. 专利实施的商标战略步骤

要实现该专利商标战略，用商标权来承接专利权的优势市场，其战略步骤可分为两步：

（1）专利确权。专利权是法律确认的一种权利，是由特定的国家机关（国家专利局）对特定的人（发明人、设计人）的特定技术（发明）在特定的时间内（发明为20年、实用新型和外观设计为10年……均自申请日起）而享有的专有权利。因此，此处的专利确权有两种方式：①按照专利法要求，发明人或设计人本人或专利代理人向国家专利局提出申请而取得专利权。本人成为专利权的原始主体。②购买专利而确权，即通过签订专利权的独占许可合同或转让合同而成为专利权的继受主体。上述两种确权方式，无论哪一种，都只能在一定时期内享有法律所保护的独占权利。一旦保护期届满，该专利技术即进入公有领域，失去了以法律为依托的坚强保护支柱，这对于有长远计划的企业、公司来说，极为不利。

（2）商标确权。商标权是商标所有人依据法律规定由国家行政机关经过审查、异议、注册而取得的对注册商标的专有权利。商标权严格说来没有时限，这就克服了第一步时限的弊端。商标权利用专利产品在保护期内的垄断权力所形成的优势市场，并将这种优势用商标权承接起来，从而继续用商标权垄断市场。这种商标确权也有两种方式。①根据我国商标法的要求，通过形式审查、实质审查、注册而取得商标权，自己成为商标权的原始主体。②签订注册商标独占许可合同或转让合同而购买商标权，自己成为商标权的继受主体。一些有实力的大型企业、公司从自身发展的长远目标看，申请具有自己企业特色的商标，完成对专利产品垄断期形成的市场的对接，这是上策。而购买注册商标，对一些刚进入市场的中小企业来说，可以缩短专利产品进入市场的周期，能在原商标已形成的市场基础上，迅速将产品商品化，并抢占商场销售制高点，也不失为迅速取得效益的捷径之一。

上述两个战略步骤，实际上是一个系统工程。二者既可以同时进行，也可以先第一步、后第二步依次完成。二者之间的结果相互依赖、相互影响。专利确权是商标确权的前提，商标确权是专利确权的目的和手段，并促成专利产品迅速商品化，共同实现最终的战略目标——最大限度地控制并创造利润。

4. 专利实施的商标战略的几个问题

要顺利实现上述承接市场的战略目标和完成上述确权的战略步骤，还应注意如下几个问题：

（1）选准战略坐标。在专利实施的商标战略中，有两个关键问题，即专利选择和商标选择。无论是自己申请方式确权还是购买方式确权，都应有相应要求：①专利转化后要有广阔的市场依托。由于专利作为一种新的技术方案，它本身只需要有三性（新颖性、创造性、实用性）且形式条件合格即可获得专利权，并不关心其转化问题。企业以赢利为目的，其注意力在于它是否有广阔的市场及经济效益。因此选择专利开发或购买专利技术时应特别考虑其转化的市场容量和效益问题。②专利市场的选择。取得发明专利权后，如何以优势地位进入生产和销售环节，是保证企业在竞争中取胜并获得最佳经济效益的关键。因此，对市场容量不大，本企业有能力迅速产业化的专利产品，可以选择"独占专利"，实现专利法保护下的独霸市场的格局；如果市场容量大，企业生产能力远不能满足市场，可以选择"许可专利"，以此获得利润；如果市场容量极大，而本企业又不能充分实施，可以选择"出售专利"，通过出售专利权来获取利润；如果企业无能力"开发专利"，可以选择"购买专利"，这样可以扬长避短，避实就虚，并以独占方式形成自己的垄断市场。二战后日本经济在废墟上迅速崛起，其原因之一就是选择了"购买专利"这种坐享其成的方式。③注册商标的选择。商标作为商品诸多信息的载体，是商品的质量、厂誉、功能、品质、耐用性、安全性等诸多商品内涵的象征。故注册商标的选择，是专利产品在商场竞争中的一种有效武器，而作为商标权的原始主体，在设计商标时就要注意如下要求：选材的显著性、设计的创造性和新颖性、创意的艺术性。

如果是通过购买注册商标专用权来承接专利产品的市场，选择该注册商标时，可以利用该商标的市场占有率来衡量。这种方式较自己申请取得商标权要快捷，它能迅速将专利产品商品化，从而缩短专利产品进入商场的周期，是一条十分方便快捷的途径。

(2)建立严密的攻防体系。在制定整个战略的计划时,还要建立严密的攻防体系,做到进可攻、退可守。进攻就是确认和使用专利权、商标权,确立市场的竞争优势,并抢夺商场的销售制高点;防御就是正确地对其他公司或企业的专利战略作出反应,眼观六路,耳听八方。及时收集和研究各种有关信息、解决合同有关争议并对侵权行为提出诉讼,以维护自己的利益。这种攻防体系可以是一套人马,各司其职,以确保战略目标的实现。

(3)把握时机、抓住战略时机。常言道:机不可失,失不再来。专利是一种新的技术方案或科技成果,是一种无形产权,其本身的价值主要由技术价值、经济利益、法律状态等要素决定。每一个要素又受若干子要素所影响。例如,专利技术成熟程度、专利技术使用寿命等;经济利益又受制于市场的供应情况、专利技术的投入产出比等。抓住水平高、技术成熟程度高、技术寿命长等优势因素,将这些因素最快捷地转化为市场优势,继而扩充到销售优势,从而达到整个战略的最优效果——最大限度地创造利润。

(4)在规则中学会有所作为。虽然业内人士早就预料,专利纠纷将会是国内许多行业绕不开的难题,但在与企业打交道的过程中,笔者发现国内企业对此认识不足,以致没有足够的准备和防范。"比如企业能预测到产品进入市场后3年,专利持有者会提起诉讼,那么企业就应该抓紧前3年的时间,用市场收益的资金研发自主知识产权的产品,等别人准备要诉讼时也完成了产品替换。"即使按照现行的"游戏规则"办事,中国企业也同样能有所作为。日本在经济发展初期也曾遭遇发达国家的技术壁垒,当时日本的做法是在得到核心技术后,对其进行二次开发,申请"第二次专利"。根据相关规定,"第二次专利"在投产时须经第一次专利权的许可,日本的做法是实行交叉许可的方式,即你同意我使用第一次技术,我同意你使用第二次技术。许多专家指出,日本的这种做法很值得国内企业参考。

【案例分析】

【案例1分析】外观设计侵犯专利权的判定方法,有三个步骤:

(1)首先要确定专利保护范围,这是审理侵犯专利权案件的一个核心问题,它对侵犯专利权的认定有重要影响。根据《专利法》第56条第2款之规定,外观设计专利的保护范围,以申请人在申请外观设计时向专利局提交的图片或者该照片中的该外观设计专利产品为准。包括主视图、俯视图、侧视图等,主视图最能体现该项外观设计的美感。

(2)确定外观设计专利产品与侵权产品是否属于相同或类似产品,以产品的功能、用途作为标准,如果外观设计专利产品与被控侵权产品在功能、用途上是相同的,就可确定二者是相同或类似商品;如果二者在功能、用途上不相同,可以认定二者既不是相同商品，也不是类似商品。

（3）将外观设计专利与被控侵权产品进行对比。即以消费者的眼光，对被授予专利的外观设计与被控侵权产品的外观设计进行外部观察、整体判断后，有以下三种可能性：①完全相同，就认定落入了专利权的保护范围，侵犯专利权成立。②既不相同也不近似，就认定没有落入专利权的保护范围，侵犯专利权不成立。③基本相同或近似，可认定侵犯专利权成立。

【案例2分析】专利的实施是专利制度发挥作用的关键。在专利的实施过程中，专利实施许可合同的性质尤为重要，因为不同的实施许可类型下双方的权利义务有很大差异。双方在签订专利实施许可合同时，均应对此问题尽注意审查之义务。

【案例3分析】本案争议焦点在于：专利所要求保护的技术方案属于对现有技术方案进行优化选择而形成的优选技术方案，而且其中有明确端点数值范围的技术特征，此时应当如何确定该专利适用等同原则的范围。在本案判决中，再审法院通过对涉案专利技术特征的准确分析，正确适用等同原则，确立了就现有技术进行优化选择而形成的专利技术方案而言，其适用等同的范围应当受到严格限制这一裁判规则，对类似案件的处理起到了示范作用。

【延伸思考】

中国企业遭遇海外知识产权"围歼"。[①] 2002年1月9日，中国广东出口欧盟的3864台DVD被扣留英国海关，自此，越来越多的中国企业开始面临侵犯国外专利权的挑战。继2001年起诉中国浙江沿海地区企业生产的低压电器产品接地故障断路器侵犯其专利后，最近美国企业又起诉包括我国南孚电池在内的数家中国公司侵犯其高能电池专利权。加拿大一公司也正式要求向我国出口北美的彩电征收每台约1.25美元的"童锁"功能技术专利费，使得正忙于应对美国反倾销调查事件的中国彩电企业显得更加疲惫不堪。丰田诉吉利商标侵权官司刚刚以吉利一审胜诉暂告一段落。在长城汽车将要在香港上市的关键时刻，其"赛影"SUV被指控涉嫌抄袭日产帕拉丁。又有消息传来，日本企业正在酝酿对中国生产的数码相机收取高额专利费。在第六届北京国际科技产业博览会举行的2003标准与专利北京国际论坛上，北京大学法学院教授张平进一步预测，与DVD专利性质类似的战火将在汽车产业点燃。此事虽未最终定论，但业内人士称，国内企业面临的知识产权纠纷才刚刚开始。在最有影响力的DVD事件中，因专利侵权，致使我国的生产厂商每生产一台DVD就要付"6C联盟"4.5美元的专利许可费，目前已

---

① 摘自湖南省高级法院民三庭、长沙市中级法院民三庭2003年8月25日调查报告：《湖南省国有企业知识产权保护的问题与对策》。

赔付了 30 亿元人民币，今后还将陆续赔付 200 亿元人民币。外国厂商受这个消息的鼓舞，正跃跃欲试，他们终于发现，八国联军入侵中国是一种非常傻的做法，想在中国这个超大市场上赚钱，要靠"新"思维。知识产权，就是他们最好的武器。尽管这次一口吃下了 30 亿肥肥的一口，但是他们远未满足。比如，日本贸易振兴会北京中心知识产权室室长日高治就说："不能因为拿到 DVD 的专利使用费就高枕无忧，数码相机的专利问题马上就会白热化，日本制造商知识产权战略能否成功将接受考验。"可以肯定的是，这些不请自来的外国"债主"将会越来越多。而由此引发的专利官司，也将成为我国企业如何在 WTO 的贸易规则下稳步走向世界所面临的紧要问题。

第三章　商标法律制度

【本章要点】

1. 商标专用权主体
2. 商标专用权客体
3. 商标专用权内容
4. 商标注册申请、确认的文件、程序
5. 国际商标注册(马德里)文件、程序
6. 商标贸易
7. 商标权保护
8. 中国商标现状与出路

【案例导入】

【案例1】虹波商标侵权案

(一)案情简介

原告:株洲某水泥制品厂(简称水泥制品厂);被告:长沙某建筑材料厂(简称建材厂)。

1987年11月15日,原告水泥制品厂获得了第164264号商标注册证,取得了"虹波"牌注册商标在第29类商品(即石棉水泥瓦)上的商标专用权。2001年12月,原告水泥制品厂的"虹波"商标被评定为湖南省著名商标。2003年3月,被告建材厂未经原告的许可,采取私刻印章、钢丝盘等非法方式,擅自在其生产的石棉瓦上加盖"金虹波""株虹波"等商标标识,并以每张8.5元至10元的价格在长沙地区销售,影响了原告"虹波"石棉水泥瓦的正常销售,给原告造成了一定的经济损失。2002年4月29日,长沙市雨花区工商局查获被告的上述侵权行为,并作出行政处罚决定书,该决定书认定被告共生产了5498张标有"金虹波""株虹波"等商标标识的石棉瓦，已销售了 1400 张，销售单价为 8.5 元/张，库存 4098 张。另外，原告为调查、制止被告的侵权行为共花费了 1000 元交通费、3000 元律师代理费。

（二）当事人争议焦点

原告诉称：被告未经许可，擅自在其生产的石棉瓦上使用"金虹波""株虹波"等商标标识，严重侵犯了我厂对"虹波"注册商标的专用权，已给我厂造成了严重的经济损失，并已严重影响了我厂的信誉。为维护我厂权益，积极要求判令被告立即停止侵权，赔偿损失 89944 元，并承担本案诉讼费用。被告辩称：我厂是应某些客户要求，在做好的石棉瓦上加注"金虹波""株虹波"商标，所加注的商标与原告的"虹波"商标名称并不相同，不应视为侵权，因此，我厂不应承担赔偿责任。

（三）法院处理结果

长沙市中级人民法院对本案作出判决：（1）被告在本判决生效之日立即停止在其生产、销售的石棉瓦上加注"株虹波"商标。（2）被告赔偿原告的经济损失 8456 元、交通费 1000 元、律师费 3000 元。（3）驳回原告的其他诉讼请求。

第一节　我国商标法的基本内容

一、商标专用权主体的概念及其种类

商标专用权主体指享有商标专用权利并承担相应义务的商标注册人或其合法权利受让人（其他商标专用权人）。我国商标专用权主体首先是有资格申请商标的注册人，其次是商标转让活动中的受让人，在不允许商标转让的国家，商标专用权主体就是商标的注册人。因此商标专用权主体可以分为商标注册人和商标受让人。

（一）商标注册人

商标注册人是指具有申请商标注册资格并申请商标注册的人。按照我国商标法的规定："自然人、法人或者其他组织对其生产、制造、加工、拣选或者经销的商品，需要取得商标专用权的，应当向商标局申请商品商标注册。自然人、法人或者其他组织对其提供的服务项目，需要取得商标专用权的，应当向商标局申请服务商标注册。"同时在 2001 年修改后的商标法增加的集体商标为"以团体、协会或者其他组织名义注册，供该组织成员在商事活动中使用，以表明使用者在该组织中的成员资格的标志"。因此，商标申请注册人是从事生产、制造、加工、拣选或者经销商品的人，或者团体、协会、其他组织。商标主体和商标专用权主体是两个相互联系又相互区别的概念，前者包含后者，后者是前者的特殊主体。依据我国现行的商标法，商标注册采用自愿注册与强制注册相结合，因此，对商标主体没有太多的限制，只要自然人、法人或者其他组织对其生产、制造、加工、拣选或者经销的商品，或对其提供的服务项目，需要取得商标专用权的，可以向商标局申请商品商标注册，在符合特定条件并履行相应程序后，经过授权并公告而成为商标专用权专用主体。该商标专用权主体具有垄断的排他权。

（二）商标受让人

商标受让人是按照商标法的法定要求、法定条件、法定程序而取得商标专用权的继受主体。通过商标转让合同，商标专用权由商标转让人转移到商标受让人，商标专用权的原始主体资格消灭，新的继受主体（商标受让人）产生，双方权利义务发生变更。

二、商标的构成及法定商标的种类

（一）商标的条件

1. 商标的概念

任何能够将自然人、法人或者其他组织的商品与他人的商品区别开的可视性标志，包括文字、图形、字母、数字、三维标志和颜色组合，以及上述要素的组合，都构成商标。商标一词为外来语，英文为"trade mark"，法文为"marques"，德文"warenzeihen"，在我国称为商品牌子，清代末年的一些条约中，商标又称商牌、贸易牌号、货牌，其中"trade mark"与"brand"是同义词，"brand name（trade mark）"称为"牌子"，驰名商标（strong mark）为"名牌"。对商标的定义，人们从不同的角度进行了表述。例如：①商标一般理解为用以将一个企业的商品（或产品）区别于其他企业的商品（或产品）的一种标志；②商标系指文字、图形、符号，或它们的结合，或它们与色彩的结合，作为以生产、加工证明或转让商品为业者在某种商品上所使用的标准；③商标制造商或商人为了使人们认明自己的商品和劳务，从而使它们与竞争的产品区别开来而使用的文字、名称、符号或图案；④商标是区别某一工业或商业或企业集团商品的标志；⑤商标是生产经营者在其商品上采用的，用来区别商品来源且具有显著特征的标志等。

2. 商标的特征

商标作为具有识别功能的视觉符号系统和呼叫功能的听觉符号系统，有许多特征。

（1）商标是商品或服务上的标记。商标是用于交换的劳动产品的标记，如果不是用于交换的物品，它上面的标记就不是商标。如殷周之际出土的"司母戊鼎"它上面的文字、图形花纹就不是商标，因为该器皿是商王用以祭祀其母亲的祭器，不是商品；越王勾践剑刻有"越王勾践宝剑"字样，表明了产品的归属，其也不是商标。对不易成型的商品（变型的）等非主要商品（如水果、原料、蔬菜等）不使用商标，大型不动产如房屋、建筑物等习惯上也不使用商标。商标只用于特有的商品或服务上。

（2）商标是商品生产者、销售者、服务提供者使用的标记。凡从事商品生产或销售、提供服务的企业或个人均可以使用商标，并经过申请注册可以取得商标专用权，其主体是特定的，企业可以通过商标来树立企业形象。

（3）商标是区别商品或服务来源的标志。这是商标的本质特征，认牌购物、看牌订货，这是一种惯常的消费心理。商标就是一种企业文化的表征，是商品或服务质量、稳定性、价格、售后服务、原产地、市场占有率等的标志。通用标志正因为"通用"，没有显著的识别性，所以不是商标。

3. 商标的构成要素

商标主要是用文字、图形或文字与图形结合构成的具有显著性特征的标志。在国外音响、气味、立体造形、色彩等要素，都可以用于商标。《与贸易有关的知识产权协议》第15条对商标的要求是：任何能够将一企业的商品或服务与其他企业的商品或服务区分开的标记或标记组合，均应能够构成商标。这类标记，尤其是文字（包括人名）、字母、数字、图形要素、色彩的组合，以及上述内容的任何组合，均应能够作为商标获得注册。即使有的标记本来不能区分有关商品或服务，成员亦可依据其经使用而获得的识别性，确认其可否注册。成员可要求把"标记应系视觉可感知"作为注册条例。成员可将"使用"作为可注册的依据，但不得将商标的实际使用作为提交注册申请的条件，不得仅因为自申请日起满3年期不主动使用而驳回注册申请。因此，从"标记应系视觉可感知"可见，商标必须是可以看见的，而不是可听或可嗅的，对于后两种标记，如果一个企业能对这种标记确立必要的信誉，则它们可以通过规制假冒注册商标或不正当竞争的法律获得的保护。然而，在有些国家，收音机以及其他广告里的显著性特征可作为服务标记加以保护。我国商标法第8条明确了商标的构成要素为：任何能够将自然人、法人或者其他组织的商品与他人的商品区别开的可视性标志，包括文字、图形、字母、数字、三维标志和颜色组合，以及上述要素的组合，均可以作为商标申请注册。具体而言，可作为注册的标记，包括现有或可转换的单词、字母、数字或设计成其组合。

4. 商标的功能

传统的商标定义是指用在商品（或服务上）以区别商品（或服务）来源的显著

性标志。实际上，商标已超过了传统的意义，具有更为广泛的用途，以更为深层的文化底蕴，被广大生产者和服务的提供者所应用。人们一般多关注的是商标的正面功能（积极效用），却忽视了商标本身还有的负面功能（消极效用）。无形商标的生命是建立在有形商品的质量、售后服务等基础之上。正由于商标的标示功能，既可以使商品一荣俱荣，也可以使商品一毁俱毁，从而表现出商标功能上的双面性。商标设计中选材的新颖性、表现的艺术性、效果的显著性、形式的和谐性、内容的合法性等都内置了商标的多种功能。

（1）创造差别，降低"消费希望成本"。商标的最主要的功能就是让消费者在最短的时间内区别出自己要选购的商品，克服消费者不知买什么的"犹豫不决的痛苦的选择"。消费者做出判断要花费心思，这就是所谓的"消费愿望的心理成本"。如果商品的种类越多，可供选择的余地越大，这种心理成本就越高。在贫穷或没有多少选择余地的时代里，相比于制造商品的经济成本，这种成本所占的比例很少，几乎被忽略了，没有引起人们的注意。但在富裕或有多种商品可选择的社会里，研究这种"消费愿望的成本"就具有重要的意义。商标起到了创造差别的作用，使消费者能区别不同的商品，能够使消费者迅速在心理定位，产生名牌、普通品牌的心理分别。同时，商标一旦被凝固（使用或注册取得垄断的商标专用权），该商标就在市场上占据了永久的席位。这种较为牢固的市场定位就大大降低了消费者的"消费心理成本"，同时也减少了消费者的商场搜寻成本。

（2）有"姓"有"名"，降低了商品准入市场的成本。商标是商品的"姓"与"名"。商品种类只是商品的"姓"不是"名"。有"姓"无"名"，无法区别同类众多的商品。有"名"无"姓"也无法区别商品来源。"名"既可以是文字或图形，也可以是文字和图形的组合。给商品取"名"时，人们主要依据的是直觉。在传统文化、语言和历史等因素的影响下，人们总是追求并使用已经定性了的象征体系，随着从语言或事物汲取新的词汇和范围日渐缩小，最后必然造成基本相同或相似的事物形象出现（此所谓相同或近似商标）。为防止与已经进入市场的商标雷同，在为商标取"名"时，就要认真研究、分析作为商标出现和发展的各种因素，研究现代商标的心理和传统的文化问题。读出文字商标比用语言描绘的图形商标要容易得多，因此，文字或文字与图形的组合商标要占绝大多数。商品有"名"有"姓"，使商品能在市场上迅速定位，从而降低了商品进入市场时的成本，否则，商品在市场中滞留的时间越长，附在商品上的价值就无法实现，导致成本增加。商标为消除这一矛盾提供了契机。

（3）便于识别商品，降低消费者的搜寻成本。对商标的认识程度，直接影响消费者对商品的态度。商标是商品的"脸"，"脸"的形象和广泛知名度，直接影响消费者对商品的兴趣和购买欲望，影响商品的销路。有鉴于此，不少厂家和公司不遗余力或不惜巨资试图寻求一种具有普适性的"脸"（但由于价值的多元化，寻找普适性的脸,成功的少、失败的多)。用消费者所熟悉的形象反映客体的固有形象,可以极大缩短与消费者的距离感。在经济发达的国家里,太阳、月亮、女人、手、马、船等众所周知的象征物就是这种"脸"的具体表现。由于商品"脸"的存在,消费者能迅速识别不同的"脸",大大降低了消费者的搜寻成本。

(4)指明商品的出处。选作商标的形象要延伸到某个确定的文化圈中,商标所代表的产品产生于同样的文化圈。通过商标使人联想起产品生产国的文化而不是消费国的文化。出处有着"技术性"的含义,包含着所有权性质。指出出处在商标实践中有双重作用:一是品牌优良会增加销售量;二是品牌劣质会使企业主招致损害。特别是以生产者的名字为商标的,能将生产者和产品联系起来,如"松下"与"电器"相连,能使企业家为自己的产品感到骄傲和自豪,同时也能使消费者体会到企业创办者的个性或人格魅力(尽管这位创办者已不在人世,但他的风格、精神仍然延续)。用创办者的姓名作为商标,能把人的思想引导到"生产者能保障自己的产品质量"这样的信念上去,从而能促进商品销售。

(5)商品或服务的信息载体。商标以自己的内容或以自己的形式表达有关商品、服务信息,或通过商标的借喻成分,向消费者直接或间接地传达商品的信息。直接信息是指商标直接表明商品这样或那样的质量,如直接表示商品质量的文字商标"冷酸灵"牌牙膏、"健力宝"牌饮料等。图形商标则是能极为明显地给出关于商品的概念和形象的标志,如"肯德基"的标志等。间接信息是指通过商标能使消费者有意识地把商标所塑造的客体的确定属性与这个产品联系起来加以联想,而表达某些商品的特征、性质。直接提供信息的商标,往往显得过于简单。间接提供信息的商标,由于经过了较为复杂的思维过程,对人们的影响更大、印象更深。通过构成商标的这些词或这些图形,消费者能在脑海里产生企业家所希望的关于产品的形象。商标所带有的信息应当以适宜的方式与产品的属性、消费者的需求或期待相对应,如果商标夸大了商品的某些特性,商品的整体印象将受到歪曲,这种言过其实的特殊强调的结果,不利于该商品的销售,会给生产者带来损失。

(6)刺激或抑制购买欲望。商标所创造的形象、所关联的因素,如技术性因素、种族、性别、身份、年龄、生活习惯、宗教、精神、心理、文化教养及生活环境等因素,都将刺激消费者的购买欲望。但在有些情况下,翻印产品和它的生产国、生产厂家的商标会抑制消费者的购买欲望,消费者会根据这种或那种理由拒绝购买某些国家或某些厂家的商品。当对商品的需求具有特别的重要意义时,商标的功能就微不足道了,但对许多商品的替代物来说,商标仍然是激发消费者购买它们的重要因素,因为有了商标,购买行为就会实现。商标能使消费者克服购买阻力,强化购买欲望。在指向购买具体的商品之前,消费者一般只会产生购买同类商品的欲望,在众多的商品中,商标则会进一步刺激购买的欲望。

（7）象征担保。商标本身就是商品，是一种财富的象征。名牌商标反映了企业的形象、规模、声誉和实力，是高品质、高档次、高附加值、高技术含量的体现。国际市场竞争的焦点从价格因素转向质量、品种、款式、加工程度等非价格因素，转向需求的多样化、系列化、名牌化。1994年美国著名的万宝路商标估价为330亿美元，美国百威啤酒为102亿美元。瑞士雀巢咖啡为116亿美元。1997年，在我国一些大中城市的无形商标评估中，全聚德的商标估价为2.7亿元，小绍兴的牌匾价值为2.9亿元，青岛啤酒为2.1亿元，武汉"汉正街"商标为5亿元，四川成都恩威集团公司的恩威和洁尔阴商标价值分别为4.8亿和3.59亿元，这一数值比该公司近三年销售额还高30%。美国的可口可乐在1967年的财物账目表上，该商标的价值定为30亿美元，而1995年其商标增值为360亿美元。有人说若该公司在一夜之间所有工厂化为灰烬，第二天早上仍然有人主动上门为其贷款。

5. 商标设计的要求

（1）商标构成要素的独特性。商标作为识别功能的视觉符号系统和呼叫功能的听觉符号系统，主要的要素就是"看"和"听"。因此，商标构成就要在看（图）和听（词）上体现独特性。商标词组成的标志一般是一个单词。在商标审查中，这个问题被称为"显著性"（即独特性）。用作企业商标的这一单词所包括的内涵和信息量，应该全是与这一企业有关的。公众视觉、听觉接触到这一标志，脑海所联想的全部是与这一企业有关的信息，绝不会有多余的信息干扰企业的信息传播。如果这一单词是既有的，是原本有意义的，那么公众接触这一单词时，脑海的这一单词的信息就会令人费解，影响企业信息准确清晰地对外传达，还会产生歧义，不符合世界通行的原则。比如国内的"帆船"地毯在出口中遭到很大障碍，因为帆船英文"junk"除了帆船的意思外，还有垃圾、破烂的意思。上海的白象电池也有同样遭遇，因为"a white elephant"指"无用的东西"。四海皆可行的国际品牌名最好是本身无任何意义的英文单词，如IBM、飘柔等。一个简单、有效的方法是在著名的搜索引擎如谷歌中检索，结果数量不多的是适宜的。商标设计选材的新颖性要求就是广泛的题材、清新的创作思路，悠久文化、锦绣山河、名山大川、奇花异草、珍奇虫鱼、花木鸟兽，都可以做商标。以特定的对象做商标，有特定的要求。以地名作为商标，要求：①直接表明商品的产地；②能表示先进生产水平；③提高知名度。以厂商作为商标，要求：①直接表明其生产者，例如飞利浦、可口可乐、National、娃哈哈；②能产生信任感，如SONY；③简单易记，但不能简化。①②

----

① ［荷兰］克斯伯尔·德·维尔克曼.商标——创造·心理·理解［M］.北京：北京经济学院出版社，1992。
② 科斯.社会成本问题［J］//法学与经济学杂志：第3卷.1-44；H.登姆塞茨.关于产权的理论［J］.美国经济评论，1967（5）.

（2）拼读简单、音律优美、朗朗上口、容易记忆，符合口头传播的"听"的特殊性要求。"听"的特殊性就是商标设计的艺术性要求，包括五个方面。①商标选材的独创性。象征性题材：牡丹、竹叶青、熊猫、五星、飞马、双喜。②商标名称的独创性。名称简洁、便于记忆：霞飞、永久、凤凰、茅台、五粮液。③设计的独创性。重点突出、显著醒目。④效果的显著性，设计的商标能够使人产生联想，有很美的意境，让人难以忘记。例如：酒鬼。⑤形式的合法性。形式的合法性主要是指法定的构成要素即以"人们视觉可感知"为标准，从而在 TRIPS 协议中排除了气味商标、音响商标。因此，形式的合法性即符合商标法对构成要素的要求。日本产品自 20 世纪 60 年代后期开始，在国际市场上所向披靡、战无不胜，除了众所周知的政府卓越的宏观调控和产业政策、团队精神等原因外，日本企业一流的经营理念和国际化的企业视觉识别亦是重要原因。日本的绝大多数国际一流企业的品牌标志与标准字，均按照上述原则进行设计，如 YAMAHA、HONDA、KENWOOD、PANASONIC、SONY、TOSHIBA、CITIZEN、SEIKO、NISSAN、TOYOTA、CANON、RICOH、CASIO 等。韩国、美国、德国等成功企业与品牌也基本上遵循这一原则，如 IBM、AT&T、AST、MOTOROLA、SIEMENS、LAWPANEL、INTEL、SAMSUG、DAIWOOD 等，我国台湾地区自创的国际名牌中的 KENNEX（网球拍）、PROTON（彩电——在美国挑战并击败 SONY）、ACER（宏基电脑）等均是按上述国际化原则设计的。而在本土很有名的，但未进行国际化的绿力、新东阳等基本上还是局限在华语地区营运，向外拓展乏力。可见，国际著名品牌不论是英语国家的还是非英语国家的，一般都得取个英文"洋名"。衡量是不是振兴民族工业，主要看在本国市场能是否抵住"洋品牌"的入侵；是否能把本国品牌打到"洋人"家门口去；是否在全球范围内比"洋品牌"的市场占有率更高。要真正成为跨国企业，产品畅销全球，不取"洋名"反倒是不行的。取"洋名"不仅能为国际化做铺垫，同时也能大大提高品牌的品位。

（3）字号（商号）与品牌商标一致。在发达国家里，将商号名称提取部分用来作为商标申请注册已经成为现代普遍采用的做法。如日本的"日立""丰田"，德国的"戴尔"公司等。商标、商号一体化的做法不仅收到商标、商号同时宣传的效果，而且还可以得到双重法律制度的保护。目前中国大陆的法规禁止本国企业使用本国以外的语言，包括英语作为字号（TCL 是一个令人感到蹊跷的例外）。可以确信，这项规定早晚是要改变的。商标和商号属于企业战略，企业应从长计议。

（4）域名与品牌商标一致。如果企业希望在将来申请注册美国商标并且能够在注册商标上打上的标志，一定要证明要注册的商标在美国"正在使用"，即该商标正用于在美国推销的产品或服务上。一个比较方便而且有效的方法，就是注册并运行一个以"商标文字（英文）.COM"为地址的网站。这样，就有充分的证据证明要注册的商标已在美国使用。注册并运行一个和商标（英文）相同的网站，可能有意想不到的好处。如果发现商标(英文)已被他人抢先注册为网站地址,那就应该及时重新设计商标。这是因为在这种情况下,即使成功地注册了商标,该网站的主人仍然可以控告侵犯他的商标专用权,因为他已使用该商标。注册并运行与注册商标一致的网站,无形中增强了的注册商标的总体形象。

(5)商标内容的合法性要求,避免与任何著名的商标相似。商标的合法性包括形式和发行内容的合法性。内容的合法性包括不得有禁用条款的内容,不得与传统习惯相冲突,不触及人们的忌讳,不能与在先权相冲突。例如,西方人忌讳数字13、星期五;印度人忌讳1、3、7等单数;菊花在中国是高贵典雅之意,被日本皇室视为国花,但意大利、法国却认为其不吉祥,拉丁美洲还视菊花为妖。在中国商标的英译中,有可能与英语的一些词相同。例如,"芳芳"(FangFang)牌爽身粉,而"yang"的英语语义为"毒蛇的毒牙,狼狗尖牙";黄鹤(yellow crane)在中国指 种吉祥鸟,但"yellow crane"在英语中意为"不吉祥的起重机";伊斯兰忌讳猪和熊猫、北非人忌讳狗等。商标的专用权是通过商标注册的获取的。谁先申请注册商标,谁就拥有该商标的垄断使用权。如果两个商标是在完全不同的行业或不同的地区,有着不同的顾客群,并且有着不同的销售渠道,那两个相同的商标是可以同时存在的,这一判断标准对那些著名的商标并不适用。因为对驰名商标的扩大保护,所以在选择商标时的一个重要原则,就是要避免与任何著名的商标相似。

(二)商标的种类

商标作为识别功能的视觉符号系统和呼叫功能的听觉符号系统,被人们广泛应用于商品上。心理学报告指出:在人们的感官获取的信息中,84%来自视觉,11%来自听觉,4%来自嗅觉,1%来自其他。因此,人们特别关注视觉和听觉的作用,将能读出的商标词(听觉)和不能读出的商标图(视觉)组合设计是最为常用的手段。

1. 按商标构成要素分类

(1)文字商标。商标的构成主要是文字,该文字包括汉字、国内少数民族文字、数字、拼音文字等。从语音学角度,具有元音节([a:][i:][ɑ:])的词为大词,组成的商标往往"叫得响"。

(2)图形商标。主要以图形作为商标图,此处的图是广义的,既可以是自然图形,也可以是人工图形。

(3)组合商标。组合商标指一些各自独立表示某种意义的文字或图形结合起来的商标。

(4)气味商标。气味商标即以某种特定的气味来区别商品来源,这种气味就是商标。

(5)立体商标。立体商标就是以特定的立体外形来显示商品来源,这种立体外形就是商标。

(6)音响商标。音响商标就是以特定的音响来作为区别商品来源的显著性标志,这种音响就是商标。

2. 按商标用途分类

(1)营业商标。用来作为营业的证明标志的商标称为营业商标。

(2)证明商标。证明商标是由特定的机关授予的具有特定功能的商业标志。

(3)等级商标。等级商标即用来表明商品的质量、价格等级的商业标志。

(4)联合商标,或称防御商标,指商标所有人为防止自己商标被他人侵犯,在申请注册时将与自己近似的商标都申请注册,这就是防御商标。如"娃哈哈"(正商标)与"哈娃哈""哈哈娃""哈娃娃"(联合商标)。

3. 我国法定商标种类

我国法定的商标是指依照我国商标法所调整的商标种类,根据 TRIPS 对缔约成员的要求,将"视觉所感知"作为商标构成的最低标准,我国的法定商标有如下四类:

(1)商品商标。商品商标是用在商品上以区别商品来源的显著性标志。商品的种类以我国已加入的《商标国际申请用商品分类的尼斯协定》为准。

(2)服务商标。服务商标是用在商品上以区别服务来源的显著性标志。

(3)集体商标。集体商标是指以团体、协会或者其他组织的名义注册,供该组织成员在商事活动中使用,以表明使用者是该组织的成员资格的标志。

(4)证明商标。证明商标是指由对某种商品或者服务具有监督能力的组织所控制,而由该组织以外的单位或者个人使用于其商品或者服务,用以证明该商品或者服务的原产地、原料、制造方法、质量或者其他特定品质的标志。

(三)驰名商标的概念及其认定

1. 驰名商标的概念

驰名商标(well-know trademark 或 well-know mark 或 strong trademark)是指在市场上享有较高声誉并为相关公众所熟知的注册商标。该概念的正式法律文本是《保护工业产权巴黎公约》1925 年修订文本(海牙文本)。驰名商标具有如下几个特征:

(1)显著的商标识别性。驰名商标与普通注册商标一样,首先是一个使用在商品上的具有显著识别性的商业标志,依此来区别商品的来源。该显著性既可以存在于商标注册前(在先显著性),也可以存在于注册后,通过使用而获得(在后显著性)。

(2)较高的社会知名度。驰名商标应具有较高的社会知名度,否则就不是"驰名",这是区别驰名商标与普通商标的主要依据。"驰名"有许多法定的参考依据。

(3)商标注册。商标注册既是作为驰名商标的形式条件也是驰名商标的实质条件。要成为驰名商标，需要很长时间的积累，驰名商标标示的商品在市场中被消费者认同，才会上升到对该品牌的认同。只有注册商标才具备垄断的排他权，才会使该品牌的经营理念、企业文化、商品属性等在市场上凝固下来，产生显著识别性，逐步驰名。有些非注册商标有时间积累（如老字号），但不进行注册难以有更大空间上的积累（无垄断权）。时间和空间上的要素是驰名商标认定的核心要素。

2. 驰名商标的认定

根据我国商标法和驰名商标认定管理规定，驰名商标的认定要考虑相关因素并经过相关程序。

（1）驰名商标的认定应考虑的因素。我国现行商标法规定，认定驰名商标应当考虑该商标的下列五个因素：①相关公众对该商标的知晓程度；②该商标使用的持续时间；③该商标的任何宣传工作的持续时间、程度和地理范围；④该商标作为驰名商标受保护的记录；⑤该商标驰名的其他因素。在全面考虑上述因素下，提供相应的证明材料，才可能认定为驰名商标。

（2）认定驰名商标应提交的文件。商标注册人请求保护其驰名商标专用权益的，应当向国家工商行政管理局商标局提出认定驰名商标的申请。国家工商行政管理局商标局可以根据商标注册和管理工作的需要认定驰名商标。经国家工商行政管理局商标局认定的驰名商标，认定时间未超过三年的，不需要重新提出认定申请。国家工商行政管理局商标局负责驰名商标的认定与管理工作。任何组织和个人不得认定或者采取其他方式变相认定驰名商标。申请认定驰名商标的，应当提交下列证明文件：①使用该商标的商品在中国的销售量及销售区域；②使用该商标的商品近三年来的主要经济指标（年产、量、销售额、利润、市场占有率等）及其在中国同行业中的排名；③使用该商标的商品在外国（地区）的销售量及销售区域；④该商标的广告发布情况；⑤该商标最早使用及连续使用的时间；⑥该商标在中国及其国外（地区）的注册情况；⑦该商标驰名的其他证明文件。

（3）驰名商标的认定程序。认定驰名商标应当遵循公开、公正的原则，认定时应当征询有关部门和专家的意见。国家工商行政管理局商标局应当将认定结果通知有关部门及申请人，并予以公告。将与他人驰名商标相同或者近似的商标在非类似商品上申请注册，且可能损害驰名商标注册人的权益，从而构成《商标法》第10条第8项所述不良影响的，由国家工商行政管理局商标局驳回其注册申请。符合商标法第13条规定的：就相同或者类似商品申请注册的商标是复制、模仿或者翻译他人未在中国注册的驰名商标，容易导致混淆的，不予注册并禁止使用。就不相同或者不相类似商品申请注册的商标是复制、模仿或者翻译他人已经在中国注册的驰名商标，误导公众，致使该驰名商标注册人的利益可能受到损害的，不予注册并禁止使用。申请人对驳回申请不服的，可以向国家工商行政管理局商标评审委员会申请复审；已经注册的，自注册之日起5年内，驰名商标注册人可以请求国家工商行政管理局商标评审委员会予以撤销，但恶意注册的不受时间限制。将与他人驰名商标相同或者近似的商标使用在非类似的商品上，且会暗示该商品与驰名商标注册人存在某种联系，从而可能使驰名商标注册人的权益受到损害的，驰名商标注册人可以自知道之内起两年内，请求工商行政管理机关予以制止。

三、商标专用权的内容

商标经过商标注册取得商标专用权。商标专用权是将商品在市场的地位通过自己的名字(商标)，标示自己的市场占有份额，并通过一定的行政程序将符合法定条件的名字(商标)注册，从而上升为具有一定垄断地位的法权，或称商品化权(商标权)。商标专用权也有两部分，即人身权(或精神权)和财产权(或经济权)。由商标专用权及其衍生出来的商标所有权、商标续展权、商标转让权、商标许可权和商标诉讼权等权利，构成商标专用权的基本内容。

1. 商标人身权

商标人身权是一种与财产权相区别的拟态人格权。商标人身权有两种权能。

(1)标记权，标记权既是商标专用权人的一种权利，也是一种义务。商标专用权人有权在自己的商品(或服务)上按照商标法的规定使用注册商标的标志或文字以区别来源。这种标记权是商标权人的专有权利。没有标记权的商标就是假冒注册商标或冒充注册商标，将受到工商局的查处。

(2)续展权，商标权人在其注册商标有效期届满前依法享有申请续展注册，从而延长其注册商标保护期的权利。续展权是一种身份权，只有特定的人——商标权人才享有该种权利。

2. 商标财产权

商标财产权是商品生产者、销售者(或服务提供者)通过商标专用权合法垄断优势地位，在一定时间内收回商品的生产、制造、销售、广告等各种社会成本，并获取由此而产生的各种收益。在权利的行使中，专用权和禁止权是商标权中的主要权利，其他权利是由此派生出的权利。商标权人在早期主要行使的是商标专用权，一旦在市场上占有一定份额以后，才会有"为利而逐"的假冒者，商标权人才会动用禁止权以被动地对付那些侵犯他人财产者。转让和许可只是商标使用中的两种方式，许可同样具有专利许可的各种方式。续展权是权利人维持商标权继续存在的一种法定权利。此权利的配置使商标权人不断改善商品的质量，将自己的企业精神和文化内化在商标之中，并构建自己特有的价值体系。

(1)商标所有权。商标所有权是注册商标所有人依法获得对其注册商标独占、使用、收益和处分的权利。商标所有权人独享其注册商标的价值与使用价值。商标所有权是对世权，其义务主体是不特定的所有人。商标所有权是商标专用权中最重要的内容。商标专用权人的其他权利均由商标所有权衍生而来。商标所有权是商标专用权的核心。《商标法》第37条规定："注册商标专用权，以核准注册的商标和核定使用的商品为限。"这说明商标专用权只在核准注册的商标和核定使用的商品这一范围内有效，超出这一法定范围，商标专用权则得不到法律的保护。另外商标专用权对在同一种商品或类似商品上使用相同或近似的商标具有排他性。当然商标法也绝不允许商标专用权人将近似商标使用在非核定商品上。

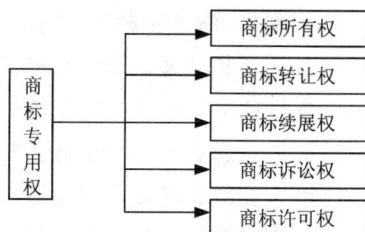

图3－1　商标权利体系

（2）商标续展权。商标续展权是指商标专用权人依法有权延长注册商标的有效期。为此，商标续展权又称为商标延期使用权。商标法赋予商标专用权人以商标续展权，保护商标专用权人和消费者的利益，促进社会主义市场经济有序持续发展。

（3）商标转让权。商标转让权是指商标专用权人依法有权将其所有的注册商标转让给他人。商标转让的是注册商标的所有权利，它包括注册商标的使用权、续展权、许可使用权、转让权等。商标转让权须严格依法行使，否则得不到法律保护。

（4）商标许可使用权。商标许可使用权是商标专用权人依法有权允许他人使用其注册商标的权利。商标许可使用权的行使，一方面使商标专用权人的商标专用权受到限制，另一方面获得许可使用费，实现了商标专用权的部分价值。

（5）商标请求权。商标请求权是商标专用权人的商标专用权受到他人的不法侵害时，有权依法向人民法院起诉，使侵害人受到法律的制裁的权利。

第二节　商标专用权取得的程序

【案例2】圣象商标抢注与驰名商标司法认定案

圣象集团有限公司（简称圣象集团）是引证商标"圣象及图"的商标权人，该商标于1997年5月14日获得核准注册，核定使用在"地板"等商品上。争议商标由中文"圣象"及一个站立大象的写实图形构成，其于2003年3月21日获得注册，申请人为河北广太石膏矿业有限公司（简称广太公司），核定使用在"石膏、石膏板、水泥"等商品上。2006 年 2 月 21 日,圣象集团向国家工商行政管理总局商标评审委员会(简称商标评审委员会)提出撤销争议商标的申请。其理由主要为争议商标系对其驰名商标的恶意摹仿,争议商标指定使用的商品"石膏、水泥"等与引证商标核定使用的"地板"等商品关联性很强,结合圣象集团在地板行业有极高的知名度和影响力,以及上述商品在功能用途上都属于建筑材料,消费者在购买和使用这些商品时极易对上述商品的生产者发生混淆误认。2009 年 8 月 31 日,商标评审委员会作出商评字〔2009〕第 23269 号商标争议裁定,认定本案在案证据不足以证明争议商标的注册是采取不正当手段对圣象集团商标的恶意抢注,裁定争议商标予以维持。圣象集团不服该裁定,向北京市第一中级人民法院提起诉讼。

北京市第一中级人民法院经审理认为[①],圣象集团及其关联公司通过相关宣传和使用行为,使其"圣象及图"商标在本案争议商标申请日(2001 年)之前已经被中国足够广泛的相关公众所知晓,应当受到商标法第 13 条的保护。判决撤销商标评审委员会第 23269 号争议商标裁定。商标评审委员会与广太公司均不服一审判决,分别向北京市高级人民法院提起上诉。北京市高级人民法院经审理后认为,本案相关证据不足以证明引证商标在争议商标申请日之前构成驰名商标,判决:撤销一审判决;维持商标评审委员会第 23269 号裁定。圣象集团不服该判决,向最高人民法院申请再审。最高人民法院经审查后提审本案并作出提审判决。最高人民法院判决认为,考虑到相关公众对圣象集团"圣象及图"商标的知晓程度、圣象集团、圣象集团相关关联公司对该商标的持续使用情况及宣传情况、相关媒体对圣象集团及"圣象及图"的宣传报道情况,认定圣象集团"圣象及图"商标已经达到驰名的程度。北京市高级人民法院关于"不足以证明引证商标在争议商标申请日之前构成驰名商标"的认定,认定事实和适用法律均有错误,予以纠正。本案争议商标与引证商标整体视觉基本无差异。由于石膏等商品和引证商标核定使用的商品木地板均为建筑材料,广太公司作为建筑材料的生产企业,应知该引证商标的知名度,仍然将与该引证商标极为近似的标识申请为商标,系对圣象集团"圣象及图"商标的模仿,违反了商标法第 13 条第 2 款之规定,应予撤销,一审法院对此认定事实清楚,适用法律正确,应以维持。判决撤销二审判决,维持一审判决。

一、商标专用权确认国内审批流程

根据 2013 年修改的商标法,国内商标确权的一般程序如图 3 - 2 所示。

---

① 最高人民法院〔2013〕行提字第 24 号行政判决书。

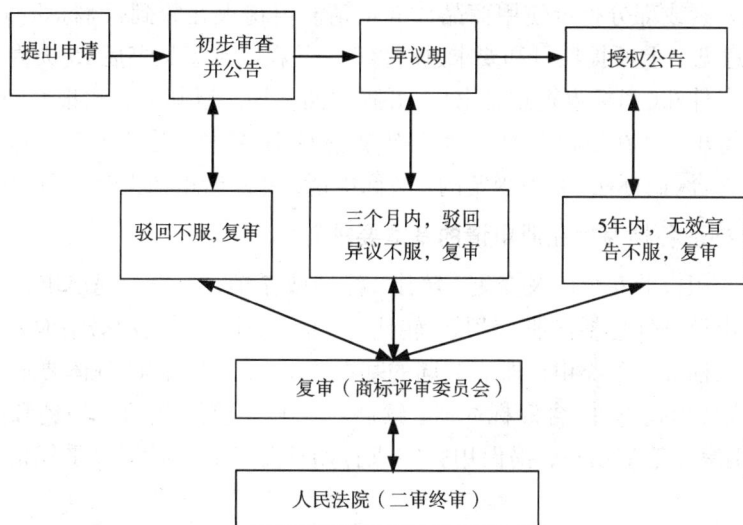

图 3-2　商标权国内确权流程

国内其他有关商标申请和审批基本按照上述程序运作。

（一）商标注册申请

国内商标注册申请人可通过以下两个途径办理商标注册申请手续：（1）商标注册申请人可委托商标代理机构办理商标注册申请事宜，由商标代理机构代其向商标局提出商标注册申请。（2）商标申请人也可以持本人身份证、企业介绍信和营业执照副本或经发证机关签章的营业执照复印件，直接到商标局办理商标注册申请手续。外国人和外国企业需要在中国取得商标专用权的，可以按其所属国和我国签订的协议或共同参加的国际条约向商标局提出商标注册申请，或按对等原则办理。外国人或外国企业办理商标注册申请和其他有关事宜，必须委托国家指定的具有涉外代理权的商标代理机构代理。商标注册申请要提供完备的商标注册申请文件，即形式要件，包括《专利注册申请书》、商标图样、身份证明文件以及相关证明文件。

（二）商标注册的审查和授权程序

经过形式审查合格的商标注册申请件，进入实质审查程序。实质审查对商标是否具有显著性、商标是否违反《商标法》规定的禁用条款、商标是否与在先权利相冲三个方面进行审查，商标局认为符合《商标法》规定的，进行初步审定。对初步审定的商标，由商标局发布《初步审定商标公告》晓谕公众。对于不符合《商标法》规定的商标注册申请，商标局予以驳回。商标局认为商标经过修改可以初步审定的，发给申请人《商标审查意见书》。修改的内容为：将与商标法规相冲突的部分构成要素或部分指定使用商品放弃申请。申请人在收到《商标审查意见书》后，按照意见书上所提项目和要求进行修改，并在收到意见书后15天内将原商标注册申请书件和《商标审查意见书》一并报送商标局。以邮寄方式报送的，必须以挂号信件寄出，并在信封上加注"商标审查意见书"字样；未作修正、超过期限修正后仍不符合《商标法》有关规定的，驳回申请，并发给申请人《驳回通知书》。

（三）办理各种商标注册申请的基本要求

商标专用权的获得以及变更、转让、注销或撤销，当事人提出申请是首要程序。商标申请书件包括注册、续展、转让、变更、补证、注销和撤销他人不使用或注册不当商标等。各类申请既有共同的基本要求，又有不同的具体要求。

（1）商标申请书件（含商标注册、续展、转让、变更、补证、注销和撤销申请书）应用钢笔或毛笔填写，提倡用打字机打印；文字书写必须合乎规范，字迹工整、清晰。

（2）随同申请提供的商标图样必须清晰，便于粘贴，使用光洁耐用的纸张或用照片代替；商标图样方向不清的，应用箭头标明上下方；申请卷烟、雪茄烟商标，图样可以与实际使用时所需大小相同。

（3）商标申请书、委托书必须加盖申请人的章戳，申请人名称及章戳应当与核准登记的企业名称完全一致；申请书和委托书上还须加盖代理人章戳；对于国外申请人，要详细填写中英文企业名称和地址；委托书可由企业负责人或法定代表人签名。

（4）一份商标申请书中只能填写一个类别的商品或服务项目，商品名称或服务项目应当依照《商标注册用商品和服务国际分类表》所列的具体、规范名称填写。

（5）申请书和委托书所填各项不得随意改动；如确需改动的，应当在改动之处加盖代理人或申请人章戳，或由修改人签名。

（6）申请日期以商标局收到申请书件的日期为准；申请手续齐备并按照规定填写的申请书件，编定申请日期和申请号，发给受理通知书；申请手续不齐备或未按规定填写的申请书件，不予受理。申请手续基本齐备或申请书件的填写基本符合规定，但是需要补正的，商标局通知申请人或代理人补正，申请人或代理人应在收到通知之日起15天内，按指定内容补正后交回商标局；限期内补正交回商标局的，保留申请日期和申请号；未作补正或超过限期补正的，予以退回，申请日期不予保留。

（7）商标注册申请书件应当使用中文；外文书件应当附送中文译本。

（8）各项申请都须按规定交纳费用。

二、有关商标的几种具体申请

(一)办理商标变更注册申请

注册商标需要变更注册人名义、地址或其他注册事项,应当提出变更申请。变更商标注册人名义或地址的,商标注册人必须将全部注册商标一并办理。委托商标代理组织代理的,还应提交《商标代理委托书》。变更申请书中的商标注册号、商标名称、商标注册人名义和地址必须与《商标注册证》保持一致,变更后的申请人名义及其章戳应与证明文件上核准使用的名义一致。商标代理人应在申请书上填写代理人名称和递交申请的日期,并加盖公章,委托人应由变更名称后的企业委托,委托书上加盖的公章应与委托人名义一致。变更注册人名义的证明文件应由当地企业主管部门或当地县级以上工商行政管理部门出具,每份申请应附证明文件一份,如果所附证明文件是复印件,应由发证机关签章或由县级以上工商行政管理部门签署意见加盖公章;一家企业多个商标一并变更,只需要附送一份原件,但在其他变更申请书件中的复印件必须注明原件存放处。

(二)办理注册商标转让申请

办理注册商标转让,转让人和受让人必须共同向商标局提交《转让注册商标申请书》。办理注册商标转让的申请人应向商标局交送《转让注册商标申请书》、受让人《营业执照》复印件。委托商标代理组织代理的还应提交《商标代理委托书》。委托书应由受让人填写并在规定的位置加盖公章。企业合并、分离或兼并的,应当及时办理转让注册商标的手续。因故未及时办理转让手续且章戳已作废的,可不盖转让人章,但必须附送转让人主管部门的有效证明文件或当地工商行政管理部门的证明文件。如果企业已经注销,其商标所有权自然消失,不能再办理商标转让手续。商标注册人在同一种或类似商品上注册相同或近似的商标,必须一并办理转让。

(三)办理注册商标续展申请

注册商标有效期为10年,有效期满需要继续使用的,应在期满前6个月内申请续展注册;在此期间未提出申请的,将给予6个月的宽展期。宽展期满仍未提出申请的,注销其注册商标。办理商标续展手续应交送《商标续展申请书》《商标注册证》、商标图样5张;委托商标代理机构代理的,还应交送《商标代理委托书》一份。商标续展申请人名义、章戳,必须与《商标注册证》中的注册人和《营业执照》核准登记的企业名称一致,申请人地址要具体详细,与《商标注册证》保持一致。同一商标所有人在同一有效期内的若干相同商标,如属于国际分类同一类别的,可以分别续展,也可以合为一件申请续展。如果合为一件续展,申请人应将每个商标注册号和核定使用商品填写清楚,同时附送所有《商标注册证》,交纳一份续展费。县级以上行政区划名称已作为商标注册的，在提出续展注册申请时，应交送该商标使用情况的证明。

（四）办理撤回商标注册申请

商标注册申请人在其申请的商标未核准注册之前，依照《民法通则》的有关规定，可以申请撤回《商标注册申请书》。办理撤回商标注册申请应交送《撤回商标注册申请书》。

委托商标代理组织办理的，还应交送《商标代理委托书》。《撤回商标注册申请书》所填申请人名义必须与原申请人名义一致，申请撤回注册商标的原申请日期、申请号、商标类别的填写应准确无误。

（五）办理商标异议申请

商标异议是《商标法》及其实施细则明确规定的、对初步审定商标公开征求公众意见的法律程序，其目的在于公正、公开地进行商标确权工作，提高商标审查质量，维护良好的商标管理秩序。经初步审定的商标，自公告之日起 3 个月内，任何人认为初步审定商标违反了《商标法》有关规定，均可提出异议。商标异议申请日期，以商标局收到申请书件的日期为准。商标异议人须交送《商标异议书》，异议理由可以另附于异议书后。在异议书中要将被异议商标的申请人、商品类别、商标、刊登初步审定公告的日期、公告期号、初步审定号填写清楚。为了便于核对，最好将被异议商标初审公告的那一页，复印下来作为附件一并提供。商标局对被异议商标进行裁定后，书面通知异议案双方当事人。当事人对裁定不服的，可以在收到商标异议裁定通知之日起 15 天内，向商标评审委员会提交《商标异议复审申请书》。异议复审的理由和证据需要有一定的准备时间。如果 15 天时间不够，可以向商标评审委员会申请延期 30 天。

（六）办理商标评审申请

国务院工商行政管理部门设立商标评审委员会，负责处理商标争议事宜。商标评审委员会的职责范围包括：对商标局驳回的商标申请，应当事人请求进行复审；对商标局作出的不予注册裁定、商标撤销裁定，应当事人请示进行复审；对当事人提出的商标无效宣告申请进行审理；依法认定驰名商标；依法参加商标评审案件的行政诉讼。

（七）办理商标使用许可合同备案

商标使用许可合同一般应包括：双方当事人的名称、地址、使用许可的商标、注册证号、使用期限、使用的商品、商品质量监督等内容。

三、办理特殊标志注册申请

根据国务院 1996 年 7 月发布的《特殊标志管理条例》的有关规定，国务院工商行政管理部门受理特殊标志的申请,商标局作为国家工商行政管理局的一个职能部门,具体承办特殊标志的申请受理事宜。

1. 特殊标志的概念

特殊标志是指经国务院批准举办的全国性或者国际性的文化、体育、科学研究及其他社会公益活动所使用的由文字、图形组成的名称及缩写、徽记、吉祥物等标志。此定义包含以下三个方面的要件:①特殊标志的使用范围必须是经国务院批准举办的全国性或者国际性的社会公益活动;②申请使用特殊标志的活动必须是文化、体育、科学研究及其他社会公益活动;③特殊标志的内容是指由文字、图形组成的名称及缩写、徽记、吉祥物等。

2. 特殊标志的申请人

特殊标志的申请人是举办社会公益活动的组织或者筹备者,申请人有权利对其使用的名称及缩写、徽记、吉祥物向国务院工商行政管理部门提出登记申请。申请特殊标志登记可以直接办理,也可以委托他人代理。委托他人代理的,应当交送代理人委托书一份,代理人委托书应当载明代理内容及权限。

3. 办理特殊标志申请

申请特殊标志登记,应填写特殊标志登记申请书。申请书包括下列内容和项目:①申请人名称、地址,并加盖申请人章戳;②批准机关及批准文号;③特殊标志种类(文化、体育、科研或其他)及其设计说明;④特殊标志名称(须写全称)、申请保护期间(时间不超过4年,保护期自核准登记之日起计算);⑤该社会公益活动的活动名称、活动期间、活动场所及活动内容;⑥申请保护的商品或服务名称。商品或服务名称一栏可直接填写类别及类名,不必填写组名及具体商品或服务名称;⑦特殊标志图样应当清晰,便于粘贴,用光洁耐用的纸张或用照片代替,图样的长和宽不大于10厘米、不小于5厘米;须将一张黑白图样贴于指定格内,另附5张图样;指定颜色的,送着色图样5张,另附黑白墨稿1张;⑧通过代理人办理的写明代理人名称及地址,并加盖代理人章戳;⑨交纳规费。

4. 申请特殊标志登记

在呈送特殊标志申请书的同时,还须提交下列文件:①国务院批准举办该社会活动的文件或批示;②准许他人使用特殊标志的条件及管理办法;③国务院工商行政管理部门认为应当提交的其他文件。已获准登记的特殊标志申请人即成为特殊标志的所有人,特殊标志所有人可以在与其公益活动相关的广告、纪念品及其他物品上使用该标志,并可以许可他人在经核准登记使用该标志的商品或服务项目上使用。特殊标志有效期为4年,自核准登记之日起计算。特殊标志所有人可以在有效期满前3个月内提出延期申请,延长的期限由国务院工商行政管理部门根据实际情况和需要决定。

第三节 《商标国际注册马德里协定》及其程序

【案例 3】quna. com 域名不正当竞争案

2005 年 5 月 9 日,庄辰超注册了"qunar. com"域名并创建了"去哪儿"网①。北京趣拿信息技术有限公司(简称趣拿公司)于 2006 年 3 月 17 日成立后,"qunar. com"域名由庄辰超转让给该公司。经过多年使用,"去哪儿""去哪儿网""qunar. com"等服务标识成为知名服务的特有名称。广州市去哪信息技术有限公司(简称去哪公司)的前身成立于 2003 年 12 月 10 日,后于 2009 年 5 月 26 日变更为现名,经营范围与趣拿公司相近。2003 年 6 月 6 日,"quna. com"域名登记注册,后于 2009 年 5 月转让给去哪公司。去哪公司随后注册了"123quna. com"等域名,并使用"去哪网""quna. com"等名义对外宣传和经营。趣拿公司以去哪公司上述行为构成不正当竞争为由向法院提起诉讼。广州市中级人民法院一审判决去哪公司停止使用上述企业字号、服务标记、域名,并限期将上述域名移转给趣拿公司。去哪公司提出上诉。广东省高级人民法院二审认为,去哪公司使用"去哪"企业字号和"去哪"标识等构成不正当竞争行为。去哪公司对域名"quna. com"享有合法权益,去哪公司虽然有权继续使用"quna. com"等域名,但是也有义务在与域名相关的搜索链接及网站上加注区别性标识,以使消费者将上述域名与趣拿公司的知名服务特有名称相区分。二审法院维持了一审判决关于去哪公司停止使用"去哪"企业字号及"去哪"等标识的判项;撤销了去哪公司停止使用"quna. com"等域名并限期将上述域名移转给趣拿公司的判项,并把赔偿数额相应调整为 25 万元。

一、《商标国际注册马德里协定》的历史背景

在中世纪以后,许多国家相继建立了商标法律制度,对注册商标提供法律上的保护。但由于商标的地域特征,商标法多是国内法,使得商标在国外难以受到保护。如果想得到其他国家保护,商标所有人必须一个国家一个国家重复履行注册手续,这就极大地妨碍了国际间的经济贸易。解决此问题的途径之一就是建立国际公约或协定。《巴黎公约》从一开始就规定:公约成员方在与公约不相抵触的

---

① 选自最高人民法院发布的 2014 年十大知识产权典型案件。

前提下，可进一步缔结保护工业产权的专门协定。按此规定，1891 年 4 月 14 日，由法国、比利时、西班牙、瑞士及突尼斯发起并在西班牙的马德里缔结了《商标国际注册马德里协定》(*Madrid Agreement concerning the International Registration of Marks*)，简称《马德里协定》。作为对《巴黎公约》中关于商标的国际保护的补充，因而其要求参加该协定的国家必须首先是《巴黎公约》成员方。该协定于 1892 年 7 月生效。依据该协定，1891 年成立了"商标国际注册特别联盟"，简称"马德里联盟"。该联盟根据 1967 年斯德哥尔摩修订文本和 1979 年 10 月修改的《商标国际注册马德里协定》第 10 条第 2 款的规定，商标国际注册特别联盟各国工业产权局局长委员会根据 1957 年 6 月 15 日在尼斯修订的《工业或商业商标国际注册马德里协定》中第 10 条第 4 款的规定，于 1988 年 4 月 18 日至 22 日在日内瓦举行特别联盟会议，一致通过《商标国际注册马德里协定实施细则》，该细则共 10 章 32 条。截至 2016 年 4 月 12 号，《马德里协定》已有法国、意大利、瑞士、奥地利、比利时、中国等 97 个成员方。中国在 1989 年 7 月 4 日向世界知识产权组织递交了《马德里协定》的加入书。从 1989 年 10 月 4 日起，中国成为该协定的成员方，从即日起开始履行国际义务办理商标国际注册。这也为我国商标在《马德里协定》成员方范围内的国际注册开辟了一条快捷、经济的途径。

二、《商标国际注册马德里协定》的基本内容

《马德里协定》正文有 18 条，该协定的实施细则有 32 条，对申请人条件、优先权、国际注册程序以及商标国际注册效力与期限等都有具体规定。

(一)商标国际注册的申请人条件

申请人是指以其名义提交国际注册申请的自然人或法人。缔约国的国民，或在成员方中设有真实有效的工商业场所的民事主体，都有权申请商标国际注册。在我国工商行政管理局商标局办理商标国际注册的申请人还必须具有下列条件中的任何一个，即①在我国设有真实有效的工商营业场所；②在我国有住所；③拥有我国国籍。

(二)优先权的规定

商标国际注册优先权是指同一商标申请人在《巴黎公约》某一成员方正式提出商标注册申请之后 6 个月内，又向该公约其他成员方提出相同的注册申请，其他成员方应将第一次申请日作为该注册申请的申请日。按照《巴黎公约》第 4 条规定：每一个在缔约国中提出的商标注册申请都享有优先权，不需要履行第 4 条第 4 款规定的各项手续。

(三)商标国际注册的效力

商标国际注册效力可以分为商标国际注册的法律效力和商标国际注册的领土

效力两个方面。商标国际注册的法律效力主要指商标一经国际注册，并由世界知识产权组织国际局通知被指定保护的有关成员方后，该注册商标的指定保护国应视为直接到这些国家进行注册申请。若这些申请未被驳回，则认为该国际注册的商标直接得到指定国家的注册保护。

(四)商标国际注册期限

国际注册的商标有效期为 20 年，并可以按该协定第 7 条规定的条件续展。续展也是以 20 年为一期,无续展次数的限制。

三、马德里商标国际注册程序

申请商标国际注册除具有一定条件外，还要履行一定的程序，缴纳有关费用，经过一定的审查，才能取得商标国际注册，受指定国际法律保护。其程序可用系统框架图表示：

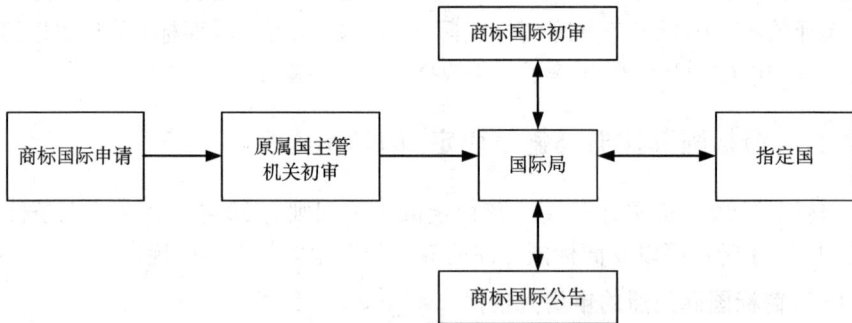

图 3 - 3　马德里商标国际注册流程

(一)提出商标国际注册申请

提出商标国际注册申请主要从提出申请方式、申请条件和申请书填写三方面进行介绍。

1. 提出申请方式

提出申请商标国际注册的方式有两种：一是直接制，即申请商标国际注册和办理商标国际注册续展、转让、变更或其他有关事宜，由商标申请人或商标专用权人直接到国家工商行政管理局办理。直接办理的，由申请人或商标专用权人自己填写申请书。二是代理制，即委托国务院指定的代理组织(如中国国际贸易促进委员会、中国商标事务所等)代为办理有关商标国际注册申请有关事宜,但必须签署授权委托书。

2. 申请条件

申请人在申请商标国际注册之前，其商标必须在原属国注册，否则不能申请国际注册。在我国，如果申请人尚未获得国家注册，只在国内通过了商标初步审查，并刊登了初审公告，也等同于取得了国家注册，即可以提出商标国际注册申请。

3. 申请书的填写内容及要求

无论是通过直接制还是代理制提出国际注册申请的，都应填写有关的申请文件。申请书的各种表格由国际局免费提供，各项内容均用法文填写。其他语言也必须一律译成法文（这也许是英美一些国家始终不参加的原因之一）。我国根据实际情况进行了调整。凡委托代理申请案，应由代办人用法文填写。凡申请人直接到商标局办理的，可到地方工商行政管理部门领取中文申请书，用中文填写好后寄商标局。中文填写申请书内容及要求有：①商标的原属国。②申请人名称，申请人是自然人的，应注明姓氏和名字。③申请人详细地址，包括邮政编码，以便于联系。④代理人名称，详细地址，邮政编码。⑤原属国商标的申请和注册。⑥优先权声明，要优先权的，还要提供有关的证明。⑦商标图样，必要时说明其具体含义。⑧对保护颜色的要求。⑨商标的音译。⑩商品和服务的类别。⑪指定保护的国家。但该国家必是该协定的缔约国或成员方。⑫要求保护的期限。⑬商标类型。

（二）原属国主管机关

国家商标主管机关是国家政府指定的官方机构。该机构只能有一家。我国主管机关是国家工商行政管理局商标局。原属国商标主管机关对商标国际注册申请进行审查，其主要内容有：①原属国家注册的注册人是否与商标国际注册申请人一致；②商标国际注册申请所列的商品和服务是否为原属国国家注册中包含的商品和服务；③申请人所在国家是否确为原属国；④申请人是否有申请权；⑤申请人表格填写是否正确；⑥申请人是否附送了有关材料；⑦申请人是否缴纳了各项有关的费用。凡申请书审查合格，由原属国主管机关向国际局核转。不合格的，驳回申请。

（三）世界知识产权组织国际局

国际局对原属国主管机关核转来的申请案进行审查。审查也主要着眼于原属国主管机关的形式审查。凡认为手续齐备，商品类别及商品名称填写正确即予编号并将编号的商标登记在国际注册簿上。随后进行国际公告，通过商标所属国主管机关向商标国际注册申请人或其代办人转发注册证。国际局就注册商标在月刊《国际商标》上进行公告。

(四)指定国

在国际局审查合格,取得国际注册的商标申请案,是否取得指定国的注册保护,还要由指定国依据国内法决定。指定国可能驳回保护。驳回保护是国际注册申请指定国依本国法律对申请保护的驳回。其原因只能基于本国法律规定的商标禁用条款或基于优先权的规定驳回,不得仅以国家法律只准予在一定的类别或一定的商品或服务上注册为唯一理由。要行使驳回保护的指定国主管机关,应在其国家法规定的期限内,并最迟于商标国际注册日或根据《马德里协定》第3条第3款提出延伸保护申请之日起满一年内,将其驳回通知国际局,同时说明全部理由。否则"国际注册"就在该国自动生效,转变为该国的国内注册,缔约国即履行义务,给国际注册商标以国民待遇,享有本国注册商标同等的保护。

四、《马德里协定》的主要问题及其逐一国家申请的补充

(一)《马德里协定》的主要问题

《马德里协定》存在问题,导致缔约国不多,甚至有的国家参加后又退出来。

(1)国际注册在各成员方生效后5年内还会随着它的本国注册的被撤销而失效。在国际注册满5年之后,其才会在各成员方变成"国内注册",才具有独立性。对于商标申请人来说,具有一定的风险性。

(2)按协定程序而产生的国际注册,都不过问商标是否已付诸商业使用。只要符合商标注册条件且履行法定国际注册程序,即可取得国际注册。这种不过问是否付诸商业使用的注册方式,与那些把"使用"作为取得"注册保护"前提的国家国内法相抵触,因而也导致这类国家不愿参加。

(3)审查过于简单。国际注册商标的审查多限于形式审查,这有可能把根本无意使用的商标进入本国商标注册簿,从而使本国商标注册簿很难成为本国市场上实际使用商标的真实记录,这与那些在注册授权前进行严格审查的国家国内法相悖。因而这些国家也难以加入该协定。

(二)《马德里协定》的主要补充

在我国,取得涉外注册商标专用的途径除了通过《马德里协定》的国际注册途径以外,还有一种逐一国家注册的方式,且这种方式在《马德里协定》缔结以前是一种主要途径。

(1)逐一国家注册的含义。逐一国家注册是指商标所有人到国外逐个国家或地区办理商标注册。目前,我国通过这种途径在60多个国家注册了近5000件商标。除采取《马德里协定》的国际注册途径到《马德里协定》成员方取得商标专用权外,我国商标专用权人还可以到《巴黎公约》成员方,或与我国有商标互惠关系的国家逐一注册而取得注册商标专用权的保护。

（2）逐一国家注册的程序。逐一国家注册仍然要提出申请，并进行审查，方才取得商标专用权。对逐一国家注册取得的商标专用权，根据我国与指定国共同加入的公约，享有国民待遇，或者是根据双方签订的双边协议和互惠协议，给双方都提供相应的法律保护。其指定国的保护程序依国内法而定，基本程序是：

第一步，申请。申请逐一国家注册，应委托指定的组织代理并缴纳有关费用，并依法提供必要的文件。其文件的准备须符合指定国的国内法要求。代理的组织由国家工商行政管理局商标局指定。

第二步，审查。审查包括形式审查和实质审查。形式审查，即主管机关对申请所做的手续上的审查。实质审查，即商标主管机关对申请所做的是否违反国内法禁用条款和相同或相似商标的检索与审定。

第三步，注册。凡审查合格，即予以注册公告，授予商标专用权。各国一般通过公告形式确认商标的注册。但注册保护的有效期却各有不同，由提供注册保护的国家国内法确定。

第四节　商标贸易

【案例4】"IPAD"商标权属纠纷案

2000年，唯冠集团旗下的子公司分别在多个国家、地区注册了"IPAD"商标，其中包括唯冠科技（深圳）有限公司在中国大陆注册的"IPAD"商标。2009年，苹果公司通过IP申请发展有限公司（下称IP公司）与唯冠集团旗下一家子公司——台湾唯冠公司达成协议，约定将"IPAD"相关商标以3.5万英镑价格转让给苹果公司。2010年4月19日，苹果公司、IP公司向深圳市中级人民法院提起诉讼，请求确认唯冠科技（深圳）有限公司在中国大陆注册的"IPAD"商标归其所有并赔偿其损失400万元。一审法院判决驳回了原告诉讼请求。该案最终经广东省高级人民法院促成双方以6000万美元达成调解。

一、商标贸易概述

商标注册后，商标权随之产生，商标权人享有广泛的权利，其中首要的权利就是专有使用权，即商标权人享有在核定使用的商品上使用核准注册的商标的排他性权利。对注册商标的使用可以实现商标的基本功能和经济目的，是商标权使用的最主要方式。商标的使用常见的形式主要有：将商标用于商品、商品包装或者容器上，或者将商标用于各种广告宣传及商品交易文书上，或者用于展览及其他推销商品的活动中。应当注意的是，我国商标法实施细则规定，使用注册商标应当标明"注册商标"字样或标明注册标记 R，在商品上不便标明的，应当在商品包装或者说明书以及其他附着物上标明。与前面所提的专利一样，商标的使用也不限于商标权人自己的使用，以商标转让和商标许可为主要形式的商标贸易同样也是商标使用的重要方式，并且在商标权的使用中，这种方式所占的比重将会越来越大。

二、商标转让贸易

(一)商标转让贸易的概念

商标转让贸易即注册商标的转让，是指商标注册人将其所有的注册商标的专用权，依照法定程序移转给他人的法律行为。转让的结果是使注册商标的所有人发生了变更。

(二)商标转让的模式

目前，世界范围内就注册商标转让的模式大致有两种：

(1)连同转让模式。按照该模式，商标注册人在转让其注册商标时必须连同使用该商标的企业的信誉，或者连同使用该注册商标的企业一并转让，而不能只转让其注册商标而不转让使用该商标的企业或企业的信誉。目前，美国、瑞典等国的商标法采取该模式。实行连同转让模式的理由在于，商标的本质属性为商品的识别标记，因而商标与企业或企业的信誉相连。当注册商标与附属其上的企业或营业的信誉分开时，可能引起消费者的误认，损害消费者的利益。因此，规定连同转让原则，可避免以上弊端，保护消费者的利益。

(2)自由转让模式。按该模式，商标注册人既可连同其营业转让注册商标，也可将注册商标与营业分开转让。不过，大多数国家的商标法均规定，在商标注册人将其注册商标与营业分开转让时，受让人应当保证使用该注册商标的商品质量。我国商标法采纳该模式。

(三)商标权的转让合同及其核心条款

注册商标转让合同应当具备下列主要条款：

(1)转让模式，即注册商标的转让是连同营业一并转让还是与营业分开转让。

(2)注册商标的许可使用情况。已经许可他人使用的注册商标还关系到被许可人的利益，因此，如果转让的注册商标已授权他人使用，与被许可人关系的处理，应当在合同中明确。

(3)转让人权利瑕疵担保责任。转让人就其所有的注册商标，应保证其权利的完好，不得有侵犯他人在先权利的情况。

(4)受让人对使用注册商标的商品质量的保证责任。

（5）转让费用的承担。转让注册商标需要转让人与受让人双方共同向商标局提出申请，并办理相关手续，由此而产生的费用由哪一方承担还是双方共同承担，应在合同中明确约定。

（6）转让费的计算方法与支付方式。

（7）其他双方认为需约定的条款。

三、商标许可证贸易

（一）注册商标许可证贸易的概念

商标许可证贸易，即注册商标的许可使用，指商标权人或其授权的人将注册商标许可他人使用的法律行为。在许可使用中，商标权人仅将注册商标的使用权移转给被许可人，而不发生注册商标所有权的转移。注册商标许可使用权是商标权的一项重要内容，没有这一权利，商标权作为一种"产权"是不完整的。商标许可制度是国际上通行的一种制度。

（二）商标许可证贸易的形式

注册商标使用许可的形式主要有两种：一种是独占使用许可，一种是普遍使用许可。

（1）所谓独占使用许可，是指许可人允许被许可人在规定的地区和指定的商品上独占地、排他地使用注册商标。在合同约定的范围内，许可人不能再允许第三人使用其注册商标，许可人自己也不能使用，由于独占许可使用具有排他性，因此若他人实施了侵犯注册商标专用权的行为，则被许可人不仅可以要求停止侵权，还可以要求赔偿损失。

（2）所谓普通使用许可，是指许可人可以允许不同的人同时使用某一注册商标的使用许可。在此类许可中，同一注册商标可以同时为不同的主体所使用。享有普通使用权的被许可人，在发现他人侵犯注册商标专用权时，可以协助许可人查明事实并寻求司法保护。

（三）商标许可证合同及其核心条款

注册商标所有人许可他人使用注册商标，应当按商标法的规定，订立书面合同，其内容应当包括：

（1）授权许可。该条款应当包括授权许可的商标所使用的产品范围，以及许可协议生效的地域与期限范围。

（2）付款方式。该条款中应约定使用费的计算方式及支付办法。一般而言，使用费可以约定一个固定金额，但大多情况下是从净销售额中提取一定的比例作为使用费。如以后一种方式计算使用费，还应约定定期报告条款，即对该商标所使用的商品的销售情况向许可方进行报告。

（3）商标使用许可方式。即该许可使用是独占使用许可还是普通使用许可，应当明确约定。

（4）许可使用商品的质量标准。根据我国《商标法》第40条规定，被许可人应当保证使用该商标的商品质量，因此，双方应对许可使用商品的质量标准进行明确约定，以使被许可人履行质量保证义务有据可依。

（5）许可人监督商品质量的措施。根据商标法的规定，许可人有监督被许可人使用注册商标的商品质量的义务，因此，在许可使用合同中应约定许可人监督商品质量的措施。

（6）被许可人保证商品质量的措施，被许可人对使用注册商标的商品有质量保证义务，该义务的法定对于保护消费者的合法权益、维护许可人的注册商标的信誉具有重要意义，所以，在许可使用合同中应当约定被许可人保证使用该注册商标的商品质量的措施。

（7）违约责任。

四、商标贸易中需注意的几个问题

（一）商标权使用的法定条件

根据《商标法》第4条规定：自然人、法人或者其他组织对其生产、制造、加工、拣选或者经销的商品，需要取得商标专用权的，应当向商标局申请商品商标注册。自然人、法人或者其他组织对其提供的服务项目，需要取得商标专用权的，应当向商标局申请服务商标注册。本法有关商品商标的规定，适用于服务商标。《商标法》第7条规定：商标使用人应当对其使用商标的商品质量负责。各级工商行政管理部门应当通过商标管理，制止欺骗消费者的行为。《商标法》第45条对注册商标提出了要求：使用注册商标，其商品粗制滥造，以次充好，欺骗消费者的，由各级工商行政管理部门分别不同情况，责令限期改正，并可以予以通报或者处以罚款，或者由商标局撤销其注册商标。

1. 一般商标主体的条件

（1）法定的商标使用主体资格。由于商标（商品商标、服务商标、集体商标、证明商标）使用在特定的对象上，工商局行政管理部门对使用者有资格的审定和条件要求。一般而言，不同的国家对商标使用主体（商家）主要在国籍、行业、地域、资金等条件有所要求，对自然人、法人、非法人单位等限制不多。

（2）法定商标使用主体的条件。具有商标使用的主体资格，同时还必须具有相应的条件，这种条件具体表现在对主体的资产、营业所、场地、章程、登记等的要求。例如，自然人有个体工商营业执照、法人有法人营业执照等。

2. 特殊主体的条件

根据《商标法》第6条规定：国家规定必须使用注册商标的商品，必须申请商标注册，未经核准注册的，不得在市场销售。因此商标使用的特殊主体还必须具备特殊条件，例如制药企业的生产许可证，印刷企业的资质，烟草制造、生产、销售等要求，因此，商标受让方必须具备上述条件。

（二）商标权使用的法定程序

根据《商标法》第44条第三款规定规定：自行转让注册商标的，由商标局责令限期改正或者撤销其注册商标。注册商标的使用必须经过法定程序。

（1）商标专用权转让的程序。转让注册商标的，转让人和受让人应当向商标局提交转让注册商标申请书。转让注册商标申请手续由受让人办理。商标局核准转让注册商标申请后，发给受让人相应证明，并予以公告。商标注册人对其在同一种或者类似商品上注册的相同或者近似的商标，应当一并转让；未一并转让的，由商标局通知其限期改正；期满不改正的，视为放弃转让该注册商标的申请，商标局应当书面通知申请人。对可能产生误认、混淆或者其他不良影响的转让注册商标申请，商标局不予核准，书面通知申请人并说明理由。

（2）注册商标许可的程序。商标注册人可以通过签订商标使用许可合同，许可他人使用其注册商标。许可人应当监督被许可人使用其注册商标的商品质量。被许可人应当保证使用该注册商标的商品质量。经许可使用他人注册商标的，必须在使用该注册商标的商品上标明被许可人的名称和商品产地。许可他人使用其注册商标的，许可人应当自商标使用许可合同签订之日起3个月内将合同副本报送商标局备案。

（三）非注册商标的使用

应当注意的是，上面所说的商标许可证贸易是针对注册商标而言的。而非注册商标由于没有商标专用权，因此，非注册商标的使用没有注册商标那样复杂，但按照《商标法》第48条的要求：使用未注册商标，有下列行为之一的，由地方工商行政管理部门予以制止，限期改正，并可以予以通报或者处以罚款：①冒充注册商标的；②违反本法第10条规定的；③粗制滥造，以次充好，欺骗消费者的。其中《商标法》第10条就是法定禁用条款。非注册商标的使用只要保护商标的真实性和符合产品或服务的质量要求即可以使用。

第五节　商标专用权保护

【案例5】东阳市某火腿厂与浙江雪某公司侵害商标权纠纷上诉案①

"雪舫蒋"火腿始产于明朝，系中华老字号。东阳市某火腿厂（以下简称某火腿厂）系"雪舫蒋"商标的权利人。2007年，浙江雪某工贸有限公司（以下简称雪某公司）获得该商标的独占许可使用权，许可期限至2028年止。雪某公司于2007年、2009年两次支付许可费各36万元。2011年11月2日，某火腿厂以雪某公司逾期支付许可使用费为由要求解除合同。雪某公司于次日向某火腿厂汇入许可使用费36万元。其后，某火腿厂多次在"雪舫蒋"店铺购买到了同时标注"雪舫蒋"和"吴宁府"商标的火腿。某火腿厂以雪某公司侵害其"雪舫蒋"商标权为由，向浙江省金华市中级人民法院提起诉讼。一审法院认定雪某公司的行为构成商标侵权，遂判决其停止使用"雪舫蒋"商标，并赔偿经济损失18万元。某火腿厂、雪某公司均不服一审判决，向浙江省高级人民法院提起上诉。二审法院认为，雪某公司违约情节轻微，某火腿厂未履行合同附随义务，无权单方解除合同。但雪某公司在火腿商品上同时使用"吴宁府"与"雪舫蒋"商标的行为构成商标侵权。遂改判雪某公司立即停止在火腿商品上同时使用"雪舫蒋"和"吴宁府"系列商标的行为，并赔偿经济损失15万元。

一、侵犯商标专用权的行为表现

根据我国《商标法》第52条、《商标法实施条例》第50条、《最高人民法院关于审理商标民事纠纷案件适用法律若干问题的解释》第11条的规定，侵犯商标专用权的行为主要包括以下几种：

（1）未经商标注册人的许可，在同一种商品或者类似商品上使用与其注册商标相同或者近似的商标。该种侵权行为有四种具体的表现形态：①同种商品上使用相同的商标；②同种商品上使用类似的商标；③类似商品上使用相同的商标；④类似商品上使用类似的商标。四种表现形态中，只有第一种是典型的侵权，其他三种都具有一定的模糊性。所以，只有第一种严重的侵权行为可以追究刑事责任。

---

① 选自2014年最高人民法院公布的十大知识产权典型案例。参见浙江省高级人民法院（2013）浙知终字第301号民事判决书。

（2）销售侵犯注册商标专用权的商品。该种表现是在销售环节，即客观上实施了销售注册商标专用权的商品行为，只有定性没有定量，这意味着只有实施了销售的行为后才可以认定。这在实践中涉及了一个现实的问题：正在销售准备过程中，是否是侵权？例如，在某地发现真酒瓶装假酒案，当事人已经将酒瓶装上了假酒放在酒窖里但还没有销售。按传统理解就没有构成"销售事实"，只有当事人将假酒投入市场销售时才构成"销售"，但这对于被侵权人而言，极为不利，因为已造成了"有假酒"的事实，即使此刻被认定为侵权，也难以挽回损失了。故从商标法的立法宗旨而言，为销售作了必要准备过程都可以认为实施了"销售"行为。

（3）伪造、擅自制造他人注册商标标识或者销售伪造、擅自制造的注册商标标识。该种行为有四种具体表现：①伪造他人注册商标标识；②擅自制造他人注册商标标识；③销售伪造的注册商标标识；④销售擅自制造的注册商标标识。第一种是没有印制注册商标资质和许可印制而印制他人注册商标的行为。第二种是有印制注册商标资质和许可印制但没有按照要求销毁或擅自多印注册商标标识的行为。由于伪造、擅自制造他人注册商标标识或者销售伪造、擅自制造的注册商标标识的行为，为侵害他人注册商标权提供了可能和条件，是侵害他人注册商标权的源头，因此，商标法对此行为予以严惩，可以追究刑事责任并处罚款。①

（4）未经商标注册人同意，更换其注册商标并将该更换商标的商品又投入市场。商标和商标所标识的商品是密切相连不可分的，商标没有商品的支持，商标也就失去了意义。所以，未经商标注册人同意，更换其注册商标并将该更换商标的商品又投入市场的行为，仍然是对注册商标专用权的侵害。

（5）给他人的注册商标专用权造成其他损害的。给他人的注册商标专用权造成其他损害的，包括如下几种情况：①在同一种或者类似商品上，将与他人注册商标相同或者近似的标志作为商品名称或者商品装潢使用，误导公众的；②故意为侵犯他人注册商标专用权行为提供仓储、运输、邮寄、隐匿等便利条件的；③将与他人注册商标相同或者相近似的文字作为企业的字号在相同或者类似商品上突出使用，容易使相关公众产生误认的；④复制、模仿、翻译他人注册的驰名商标或其主要部分在不相同或者不相类似商品上作为商标使用，误导公众，致使该驰名商标注册人的利益可能受到损害的；⑤将与他人注册商标相同或者相近似的文字注册为域名，并且通过该域名进行相关商品交易的电子商务，容易使相关公众产生误认的。

---

① 周恩海，等.如何认定"明知是假冒注册商标的商品而销售"[J].中华商标，2000(2).

二、侵犯商标专用权的认定

1. 确定注册商标专用权的保护范围

根据我国《商标法》第 51 条规定：注册商标的专用权，以核准注册的商标和核定使用的商品为限。因此，核准注册的商标和核定使用的商品是商标权保护的范围。

2. 确定被控侵权对象

确定被控侵权的商标和确定被控侵权的商品。注册商标的分类按照《建立商标图形要素国际分类的维也纳协定》，使用的商品分类按照《商标注册用商品国际分类的尼斯协定》，根据上述两类标准确定商标专用权具体保护范围。

3. 确定注册商标和被控商标两者之间相同或近似

判断被控商标与注册商标的相同或近似性，通常采用两个方式。

（1）判断被控商标与注册商标是否相同或近似。商标相同，是指被控侵权的商标与原告的注册商标相比较，二者在视觉上基本无差别。商标近似，是指被控侵权的商标与原告的注册商标相比较，其文字的字形、读音、含义或者图形的构图及颜色，或者其各要素组合后的整体结构近似，或者其立体形状、颜色组合近似，易使相关公众对商品的来源产生误认或者认为其来源与原告注册商标的商品有特定的联系。人民法院依据商标法第 52 条第（一）项的规定，认定商标相同或者类似按照以下原则进行：①以相关公众的一般注意力为标准，是否能导致消费者误认。该种误认并不以实际发生为依据，只要有误导的可能就可以认定能导致消费者误认的结果。②既要进行对商标的整体比对，又要进行对商标主要部分的比对，比对应当在比对对象隔离的状态下分别进行。③判断商标是否近似，应当考虑请求保护注册商标的显著性和知名度。

（2）判断商品或服务是否类似。类似商品，是指在功能、用途、生产部门、销售渠道、消费对象等方面相同，或者相关公众一般认为其存在特定联系、容易造成混淆的商品。类似服务，是指在服务的目的、内容、方式、对象等方面相同，或者相关公众一般认为存在特定联系、容易造成混淆的服务。商品与服务类似，是指商品和服务之间存在特定联系，容易使相关公众混淆。

然后，在上述步骤的基础上，做出认定侵权或不认定侵权的结果。

三、侵犯商标专用权的法律责任

（一）侵犯商标专用权的民事责任

根据我国《商标法》第 53 条规定，商标权民法保护的具体方式包括：

1. 停止侵权

对于正在实施侵害知识产权的行为,被侵权人有权责令侵权人立即停止侵权,也可以要求主管部门或法院责令停止侵害。停止侵权可以防止侵权的继续发展和损害的扩大,所以,民事责任的第一步就是立即停止侵权。

2. 消除影响、赔礼道歉

由于侵权行为是对权利人的物质和精神双重伤害,消除影响、赔礼道歉是一种精神上的抚慰方式,也是精神补偿的方式,通过赔礼道歉等,表明侵权人行为的违法性、非正义性和不道德性,应受到惩治。

3. 赔偿损失

知识产权的侵权损害赔偿,是追究知识产权侵权行为最主要的民事责任形式之一,又是知识产权法的一项重要法律制度。对于商标侵权的损失赔偿计算方法,2013 年新修改的商标法只作了原则性规定,即侵犯商标专用权的赔偿数额,为侵权人在侵权期间因侵权所获得的利益,或者被侵权人在被侵权期间因被侵权所受到的损失,包括被侵权人为制止侵权行为所支付的合理开支。侵权人所获得的利益,或者被侵权人所受到的损失难以确定的,人民法院根据侵权行为的情节判决给予三百万以下的赔偿。2013 年商标法修改具有重大变化:

(1)惩罚性赔偿。侵犯商标专用权的赔偿数额,按照权利人因被侵权所受到的实际损失确定;实际损失难以确定的,可以按照侵权人因侵权所获得的利益确定;权利人的损失或者侵权人获得的利益难以确定的,参照该商标许可使用费的倍数合理确定。对恶意侵犯商标专用权,情节严重的,可以在按照上述方法确定数额的一倍以上三倍以下确定赔偿数额。赔偿数额应当包括权利人为制止侵权行为所支付的合理开支①。

(2)举证责任倒置。人民法院为确定赔偿数额,在权利人已经尽力举证,而与侵权行为相关的账簿、资料主要由侵权人掌握的情况下,可以责令侵权人提供与侵权行为相关的账簿、资料;侵权人不提供或者提供虚假的账簿、资料的,人民法院可以参考权利人的主张和提供的证据判定赔偿数额②。

(二)侵犯商标专用权的行政责任

1. 责令侵权人停止侵权

《商标法》第53 条规定:工商行政管理部门处理时,认定侵权行为成立的,责令立即停止侵权行为,没收、销毁侵权商品和专门用于制造侵权商品、伪造注册商标标识的工具,并可处以罚款。当事人对处理决定不服的,可以自收到处理通知之日起15 日内依照《中华人民共和国行政诉讼法》向人民法院起诉;侵权人期

---

① 参见2013 年8 月修改的《商标法》第63 条第1 款。

② 参见2013 年8 月修改的《商标法》第63 条第2 款。

满不起诉又不履行的,工商行政管理部门可以申请人民法院强制执行。

2. 没收、销毁侵权商品和专门用于制造侵权商品、伪造注册商标标识的工具

没收、销毁侵权商品和专门用于制造侵权商品、伪造注册商标标识的工具,是为了防止侵权的继续发生和继续危害,是打击侵权人的主要手段之一。没收、销毁侵权商品使得侵权人无利可图,没收、销毁专门用于制造侵权商品、伪造注册商标标识的工具,使侵权人失去了继续侵权的条件,这些都能有利地打击侵权活动,维护权利人的利益。

3. 罚款

《商标法实施细则》第 42 条规定:依照商标法第 45 条、第 48 条的规定处以罚款的数额为非法经营额 20% 以下或者非法获利 2 倍以下。依照《商标法》第 47 条的规定处以罚款的数额为非法经营额 10% 以下。在《商标法实施细则》第 52 条中,对侵犯注册商标专用权的行为,罚款数额为非法经营额 3 倍以下。非法经营额无法计算的,罚款数额为 10 万元以下。

(三)侵犯商标专用权的刑事责任

1. 假冒他人注册商标罪

按照《刑法》第 213 条规定:未经注册商标所有人许可,在同一种商品上使用与其注册商标相同的商标,情节严重的,处 3 年以下有期徒刑或者拘役,并处或者单处罚金;情节特别严重的,处 3 年以上 7 年以下有期徒刑,并处罚金。按照最高人民检察院、公安部 2001 年 4 月 18 日发布的《关于经济犯罪案件追诉标准的规定》(简称《规定》)未经注册商标所有人许可,在同一种商品上使用与其注册商标相同的商标,涉嫌下列情形之一的,应予追诉:①个人假冒他人注册商标,非法经营数额在 10 万元以上的;②单位假冒他人注册商标,非法经营数额在 50 万元以上的;③假冒他人驰名商标或者人用药品商标的;④虽未达到上述数额标准,但因假冒他人注册商标,受过行政处罚二次以上,又假冒他人注册商标的;⑤造成恶劣影响的。

本罪的犯罪特征为:

(1)客体特征。本罪侵犯的客体是他人注册商标专用权。

(2)客观方面特征。该特征包括三个方面:第一,未经注册商标所有人许可;第二,同一种商品上使用与其注册商标相同的商标;第三,情节严重。

(3)主体特征。本罪的主体是一般主体,个人、单位都可以成为本罪的主体。①

(4)主观方面:本罪的主观方面,只能是故意即行为人明知某一商标是他人

---

① 本罪的客体是商标管理制度还是商标专用权,学者们有不同的看法。笔者赞同该罪直接侵害的客体是商标专用权。参见聂洪勇. 知识产权的刑法保护[M]. 北京:中国方正出版社,2000:158 – 159.

享有专用权而仍然以盈利为目的侵犯他人商标专用权。

2. 销售假冒注册商标的商品罪

按照《刑法》第214条规定：销售明知是假冒注册商标的商品，销售金额数额较大的，处3年以下有期徒刑或者拘役，并处或者单处罚金；销售金额数额巨大的，处3年以上7年以下有期徒刑，并处罚金。《关于经济犯罪案件追诉标准的规定》第62规定：销售假冒注册商标的商品案(《刑法》第214条)销售明知是假冒注册商标的商品，个人销售数额在10万元以上的，单位销售数额在50万元以上的，应予追诉。

本罪的构成特征为：

(1)客体特征。本罪侵犯的直接客体仍然是他人注册商标专用权。虽然销售明知是假冒注册商标商品的行为人不是假冒注册商标商品的生产者，但销售行为是假冒注册商标商品的生产者实现目的的一个必要环节。因此，本罪侵犯的直接客体仍然是他人注册商标专用权。

(2)客观方面特征。该特征是销售明知是假冒注册商标的商品，销售金额较大。这里包括三个方面：第一，销售。销售就是将商品卖出，不管是批发、零售、代销、经销、贩卖等，不论行为人具体以何种方式。本罪只存在于流通领域，不包括制作。如果某人既生产又销售假冒注册商标商品，以侵害注册商标罪论处。第二，数额巨大。数额的计算包括：个人销售数额在10万元以上的，单位销售数额在50万元以上。第三，侵犯主体的动机是明知。本罪中明知(或故意)是为了获得非法利益，目的与行为是一致的。

(3)主体特征。本罪的主体是一般主体，个人、单位都可以成为本罪的主体。

(4)主观方面。本罪的主观方面，只能是故意，即行为人明知某一商标是他人享有专用权而仍然以盈利为目的侵犯他人商标专用权。明知是一种主观故意。对明知的判断实践中有如下8种情况：①更改换掉经销商品上的商标而被当场查获的；②同一违反事实遭到处罚后重犯的①；③事先已被警告而不改正的；④有意采取不正当进货渠道，且价格大大低于已知商品的；⑤在发票、会计等账目中弄虚作假的；⑥专业公司大规模经销假冒注册商标商品的；⑦案发后转移、销毁物证的，提供虚假证明、虚假物证的；⑧其他可以证明当事人明知或应知的。

3. 伪造、擅自制造他人注册商标标识或者销售伪造、擅自制造的注册商标标识罪

按照《刑法》第215条规定：伪造、擅自制造他人注册商标标识或者销售伪造、擅自制造的注册商标标识，情节严重的，处3年以下有期徒刑、拘役或者管制，并处或者单处罚金；情节特别严重的，处3年以上7年以下有期徒刑，并处罚

---

① 参见王尚国.关于假冒商标犯罪的几个问题[J].政法论坛,1993(1):23.

金。《关于经济犯罪案件追诉标准的规定》第63条规定：非法制造、销售非法制造的注册商标标识案（《刑法》第215条）：伪造、擅自制造他人注册商标标识或者销售伪造、擅自制造的注册商标标识，涉嫌下列情形之一的，应予追诉：第一，非法制造、销售非法制造的注册商标标识，数量在2万件（套）以上，或者违法所得数额在2万元以上，或者非法经营数额在20万元以上的；第二，非法制造、销售非法制造的驰名商标标识的；第三，虽未达到上述数额标准，但因非法制造、销售非法制造的注册商标标识，受过行政处罚二次以上，又非法制造、销售非法制造的注册商标标识的；第四，利用贿赂等非法手段推销非法制造的注册商标标识的。

本罪的构成特征为：

（1）客体特征。本罪侵犯的直接客体仍然是他人注册商标专用权。伪造、擅自制造他人注册商标标识或者销售伪造、擅自制造的注册商标标识的行为人不是假冒注册商标商品的生产者，但使用注册商标是假冒商品的生产者实现目的的第一个必要环节。因此，本罪侵犯的直接客体仍然是他人注册商标专用权。

（2）客观方面特征。客观方面是伪造、擅自制造他人注册商标标识或者销售伪造、擅自制造的注册商标标识的行为。这里包括四种情形：①伪造他人注册商标标识的行为。②擅自制造他人注册商标标识的行为。③销售伪造注册商标标识的行为。④销售擅自制造的注册商标标识的行为。

（3）主体特征。该罪的主体是一般主体，个人、单位都可以成为本罪的主体。

（4）主观方面：本罪的主观方面，只能是故意，即行为人明知某一商标是他人享有专用权而仍然以盈利为目的伪造、擅自制造他人注册商标标识或者销售伪造、擅自制造的注册商标标识侵犯他人商标专用权

第六节　中国商标的现状与出路

【案例6】"金骏眉"通用名称商标行政纠纷案①

2007年3月9日，福建武夷山国家级自然保护区正山茶叶有限公司（简称正山茶叶公司）在第30类茶等商品上申请注册第5936208号"金骏眉"商标（简称被异议商标）。初审公告后，武夷山市桐木茶叶有限公司（简称桐木茶叶公司）提出异议申请，国家工商行政管理总局商标局经审查裁定被异议商标予以核准注册。

---

① 选自最高人民法院发布的2013年十大知识产权典型案件。参见北京市高级人民法院〔2013〕高行终字第1767号行政判决书。

桐木茶叶公司不服该裁定,向国家工商行政管理总局商标评审委员会(简称商标评审委员会)提出复审申请,主要理由为:"金骏眉"属于商品的通用名称,违反了《商标法》第11条第1款的规定,同时也违反了《商标法》第10条第1款的规定。2013年1月4日,商标评审委员会作出商评字〔2012〕第53057号《关于第5936208号"金骏眉"商标异议复审裁定书》(简称第53057号裁定)。该裁定认为:在案证据尚不足以证明"金骏眉"已成为本商品的通用名称或仅仅直接表示商品主要原料的标志;桐木茶叶公司的其他复审理由亦不能成立,因此,裁定:被异议商标予以核准注册。桐木茶叶公司不服第53057号裁定,提起行政诉讼。

北京市第一中级人民法院一审认为,"金骏眉"并非商品通用名称,桐木茶叶公司的相关理由不能成立,但商标评审委员会审理程序存在不当之处,因此,依照《最高人民法院关于执行〈中华人民共和国行政诉讼法〉若干问题的解释》第56条第4项之规定,判决:驳回桐木茶叶公司的诉讼请求。桐木茶叶公司不服一审判决,提起上诉。北京市高级人民法院二审认为,第53057号裁定作出时,"金骏眉"已作为一种红茶的商品名称为相关公众所识别和对待,成为特定种类的红茶商品约定俗成的通用名称。因此,基于第53057号裁定作出时的实际情况,应当认定被异议商标的申请注册,违反了《商标法》第11条第1款第1项的规定。故判决如下:撤销一审判决;撤销第53057号裁定;商标评审委员会重新作出裁定。

一、中国商标的现状与问题

(一)中国商标的现状

截至2015年,我国市场主体超过7700万户,每天新增注册企业1.1万户。2015年,中国商标注册申请量约280万件。截至2015年底,我国商标累计申请量超过1800万件,累计注册量1200余万件,有效注册量1000余万件。中国在商标保护方面建立了有中国特色的司法保护和行政保护"双轨制"。中国政府高度重视知识产权保护,对国内外商标保护一视同仁,工商行政管理机关每年查处的商标违法案件约5万件,这不仅是对商标权利人负责,也是对中国13亿消费者负责[①]。2012年至2015年11月底,全国工商和市场监管部门共立案查处侵权假冒案件31.7万件;捣毁制假售假窝点10622个;依法向司法机关移送涉嫌犯罪案件2644件,涉案金额29.1亿元。2015年前11个月,全国工商和市场监管部门共立案查处侵权假冒案件4.6万件,案值6.5亿元,双打各项工作取得积极进展。"十二五"期间,按照国务院部署,国家工商总局成立了打击侵权假冒工作领导小组,

---

① 2015年我国商标注册申请量约280万件. 中国知识产权杂志. 2016 - 1 - 12 09:45:25, http://www.zhuihun. com/domainnews - 18557 - 1 - 1. html

商标局定期召开工作会议，制定年度工作计划，督促抓好任务落实。各地相应成立了领导小组，结合实际建立工作机制，实现双打工作常态化。

2015 年，国家工商总局加大商标案件查处力度，坚决遏制商标恶意抢注行为①，加强商标代理市场秩序整治，部署开展保护"迪士尼""若羌红枣"等一系列商标专用权专项行动。各地结合本地实际，针对市场上跨区域、大规模、社会公众反映强烈的商标侵权案件，加强区域、部门协作，查办了一批大案、要案。2015 年，全国工商和市场监管部门共查处商标违法案件 3.07 万件，案值 5.01 亿元，依法向司法机关移送涉嫌犯罪案件 164 件。2015 年，国家工商总局各单位开展了一系列整治行动，组织开展了流通领域成品油质量抽检工作、城乡接合部和农村市场重点商品质量专项抽检工作，加强成品油市场日常监管执法，加强消费领域维权工作，建成启用国家广告数据中心，加大日常监测监管力度，切实整治广告市场秩序，加大不正当竞争行为整治力度。2015 年，全国工商和市场监管部门共查处侵犯知识产权不正当竞争案件 6546 件，案值 1.2 亿元。

2015 年在法规机制建设方面，国家工商总局参与修订的《广告法》于 9 月 1 日正式施行，总局公布实施了一系列规章，不断完善打击侵权假冒行为的法律法规规章②。各地进一步健全完善侵权假冒行政处罚案件信息公开工作机制，商标行政执法信息平台建设稳步推进。2015 年，按照《国务院办公厅关于印发〈2015 年全国打击侵犯知识产权和制售假冒伪劣商品工作要点〉的通知》精神和全国打击侵权假冒工作领导小组工作部署，国家工商总局召开了工商系统打击侵权假冒工作电视电话会议和领导小组第六次会议，制定下发了《2015 年全国工商系统打击侵犯知识产权和制售假冒伪劣商品工作要点》和《2015 年下一阶段工商系统打击侵权假冒工作要点》，推动落实各项工作任务。各地积极贯彻落实国务院和总局工作部署，结合工作实际，细化工作任务，突出工作重点，严厉打击侵权假冒行为，切实维护公平竞争的市场秩序③。2015 年，随着我国商标保护力度不断加大，全社会的商标法律意识不断增强。全国打击侵犯知识产权和制售假冒伪劣商品工作持续多年，每年发布的"要点"便是为商标保护工作指引方向，护市场公平，显法治威严。

2015 年 3 月 25 日，国务院办公厅发出《关于印发 2015 年全国打击侵犯知识

---

① http://sbj. saic. gov. cn/sbgl/201602/t20160202_166416. html. 中国工商报，2016 - 2 - 2.

② 各地进一步完善商标行政执法与司法衔接机制，加大侵权假冒涉嫌犯罪案件移送力度，总局与 37 个部门签署《失信企业协同监管和联合惩戒合作备忘录》，建立完善跨部门、跨区域协作机制。

③ 商标总量与经济总量具有强相关性，平均拥有注册商标量与地区经济发展水平高度相关，GDP 与商标申请量的相关系数为 0.9813，GDP 与商标注册量的相关系数为 0.9209；商标申请量变动与经济的变化基本同步，GDP 变化 0.999 个百分点，商标申请量相应变化 1 个百分点，二者之间的变动存在高度一致同步性。地理标志商标运用效果明显，注册前后价格平均提高了 50.11%；地理标志收入占到当地农民总收入的 65.94%，地理标志带动相关产业发展的产值带动比达到 1∶5.20，就业带动比达到 1∶3.34，已有 53.38% 的地理标志成为区域经济支柱产业。

产权和制售假冒伪劣商品工作要点的通知》。4 月 9 日，国家工商总局印发《2015 年全国工商系统打击侵犯知识产权和制售假冒伪劣商品工作要点》。2015 年上半年，全国工商系统立案查处侵犯知识产权和制售假冒伪劣商品案件 2.39 万件，其中商标侵权案件 10873 件。

　　2015 年是中国企业"走出去"的关键一年，在全球价值链布局上，中国品牌发展急需重新定位。做好地理标志商标的保护工作，成为工商和市场监管部门服务农民增收、农业转型的工作重点。为维护"中国制造"形象，按照国家工商总局关于落实"中国制造"海外形象维护"清风"行动方案的安排，针对出口非洲、阿拉伯国家、拉美和"一带一路"沿线国家和地区的重点商品，各地工商、市场监管部门重拳出击，严厉查处跨境制售侵权假冒商品违法行为，为优秀企业"走出去"保驾护航。2015 年，深入实施新《商标法》，商标战略持续推进，基层创新活力迸发，新做法、新举措相继推出，执法力度不断加大①。在商标保护工作中，浙江省杭州市余杭区市场监管局联合淘宝平台，运用大数据，打假工作从线上延伸到线下，捣毁多个售假窝点。京津两地工商、市场监管部门与公安部门联手，破获一起利用淘宝店铺大量销售侵权商品案件，查获的侵权商品涉及玫琳凯、克丽缇娜等知名品牌的 10 余款化妆品，案值达 100 余万元。打击侵权假冒，维护市场公平，是一项系统工程。江苏省无锡市工商局与广东省中山市工商局联手，成功捣毁一制售假冒雅迪电动车的窝点，现场查获 70 余辆未出库电动车，同时查处 10 余家正在销售仿冒、假冒雅迪产品的门店。

---

① 参考湖北省武汉市工商局设立打假维权联络站，推行"订单式"打假服务，首批选定 40 余家知名度高、被侵权严重的企业，主动向其征集维权打假诉求，有针对性地制定打假维权方案。浙江省宁波市市场监管局运用"议题管理"模式开展商标保护工作，充分利用市场监管部门在登记、监管、案件查处、12315 投诉举报等方面获取的信息，了解重点商品商标侵权假冒情况，进行专题研究部署。

（二）中国知识产权司法保护现状

表 3 - 1　2010—2015 年最高法院发布的十大知识产权典型案件及评鉴

时间	具体案例名称	特色与时代评鉴
2010 年①	1. 上海世博会法国馆"高架立体建筑物"发明专利案② 2. "鳄鱼"商标案③ 3. 伊莱利利公司吉西他滨及吉西他滨盐酸盐专利案 4. "天府可乐"配方及生产工艺商业秘密案④ 5. 干扰搜索引擎服务不正当竞争纠纷案⑤ 6. "红肉蜜柚"植物新品种权属案⑥ 7. LED 照明用集成电路布图设计案⑦ 8. 本田汽车外观设计专利无效案⑧ 9. "杏花村"商标异议复审案⑨ 10. 制售假冒洋酒案⑩	1. "高架立体建筑物"发明专利案回应世博会的知识产权保护要求，具有时代回应特色 2. "红肉蜜柚"植物新品种权案完善了知识产权保护种类：不正当竞争案、职务新品种案 3. LED 照明集成电路布图设计案充实与完善了知识产权的种类

---

①　参见最高人民法院办公厅法办〔2011〕85 号公布的 2010 年十大知识产权典型案件。

②　王群诉上海世博会法国馆、中国建筑第八工程局有限公司侵犯发明专利权纠纷上诉案(上海市高级人民法院〔2010〕沪高民三(知)终字第 83 号民事判决书)。

③　(法国)拉科斯特股份有限公司(LACOSTE)诉(新加坡)鳄鱼国际机构私人有限公司(CROCODILE INTERNATIONAL PTE LTD)、上海东方鳄鱼服饰有限公司北京分公司侵犯商标专用权纠纷上诉案(最高人民法院〔2009〕民三终字第 3 号民事判决书)。

④　中国天府可乐集团公司(重庆)诉重庆百事天府饮料有限公司、百事(中国)投资有限公司侵犯技术秘密纠纷案(重庆市第五中级人民法院〔2009〕渝五中法民初字第 299 号民事判决书)。

⑤　北京百度网讯科技有限公司诉中国联合网络通信有限公司青岛市分公司、青岛奥商网络技术有限公司、中国联合网络通信有限公司山东省分公司、青岛鹏飞国际航空旅游服务有限公司不正当竞争纠纷上诉案(山东省高级人民法院〔2010〕鲁民三终字第 5 - 2 号民事判决书)。

⑥　林金山诉福建省农业科学院果树所、陆修闽、卢新坤植物新品种权属纠纷上诉案(福建省高级人民法院〔2010〕闽民终字第 436 号民事判决书)。

⑦　华润矽威科技(上海)有限公司诉南京源之峰科技有限公司侵犯集成电路布图设计专有权纠纷案(南京市中级人民法院〔2009〕宁民三初字第 435 号民事判决书)。

⑧　本田技研工业株式会社诉国家知识产权局专利复审委员会、第三人石家庄双环汽车股份有限公司、河北新凯汽车制造有限公司破产清算组外观设计专利权无效行政纠纷再审案(最高人民法院〔2010〕行提字第 3 号行政判决书)。

⑨　山西杏花村汾酒厂股份有限公司诉国家工商行政管理总局商标评审委员会、第三人安徽杏花村集团有限公司商标异议复审行政纠纷上诉案(北京市高级人民法院〔2010〕高行终字第 1118 号行政判决书)。

⑩　刘兆龙假冒注册商标罪案(北京市大兴区人民法院〔2010〕大刑初字第 320 号刑事判决书)。

续表 3－1

时间	具体案例名称	特色与时代评鉴
2011 年①	1. 淘宝网商标侵权纠纷案② 2. "拉菲"商标纠纷案③ 3. "大运"与"江淮"汽车商标纠纷案 4. 空调器"舒睡模式"专利侵权纠纷案 5. 百度 MP3 搜索著作权纠纷案 6. "3Q"之争引发的不正当竞争纠纷案 7. "开心网"不正当竞争纠纷案 8. "卡斯特"商标三年不使用撤销行政纠纷案 9. "抗 β－内酰胺酶抗菌素复合物"发明专利无效案 10. 非法复制发行计算机软件侵犯著作权罪案	1. 百度 MP3 搜索、"3Q"、"开心网"等案件说明网络案例不断增加，侵权现象比较严重 2. "卡斯特"案商标三年不使用撤销为完善商标使用管理提供了警示 3. "抗 β－内酰胺酶抗菌素复合物"专利无效案说明了对药品保护的关注
2012 年	1. "IPAD"商标权属纠纷案④ 2. "三一"驰名商标保护案⑤ 3. 计算机中文字库著作权纠纷案 4. "葫芦娃"动画形象著作权权属纠纷案⑥ 5. 涉及百度文库著作权纠纷案 6. CDMA/GSM 双模式移动通信方法专利侵权纠纷案 7. "泥人张"不正当竞争纠纷案⑦ 8. 侵害姚明人格权及不正当竞争纠纷案⑧。 9. "乐活"商标侵权行政处罚案 10. 网络游戏私服侵犯著作权罪案⑨	1. "IPAD"案为商标战略制定和实施提供了素材 2. "葫芦娃"动画形象为作品与艺术品之间建立了有机联系 3. 侵害姚明人格权为姓名权、商标权冲突提供了启示 4. "泥人张"案有效维护权利人的利益，对传统文化保护提供了有益导向

---

① 见最高人民法院公布的 2011 十大知识产权典型案件, 2013 年 4 月 15 日。
② 衣念(上海)时装贸易有限公司与浙江淘宝网络有限公司、杜国发侵害商标权纠纷上诉案(上海市第一中级人民法院〔2011〕沪一中民五(知)终字第 40 号民事判决书)。
③ 尚杜·拉菲特罗兹施德民用公司与深圳市金鸿德贸易有限公司、湖南生物医药集团健康产业发展有限公司侵害商标权、不正当竞争纠纷上诉案(湖南省高级人民法院〔2011〕湘高法民三终字第 55 号民事判决书)。
④ 苹果公司、IP 申请发展有限公司与唯冠科技(深圳)有限公司商标权权属纠纷上诉案(广东省高级人民法院〔2012〕粤高法民三终字第 8、9 号民事调解书)
⑤ 三一重工股份有限公司与马鞍山市永合重工科技有限公司(原名马鞍山市三一重工机械制造有限公司)侵害商标权及不正当竞争纠纷上诉案(湖南省高级人民法院〔2012〕湘高法民三终字第 61 号民事判决书)。
⑥ 胡进庆、吴云初与上海美术电影制片厂著作权权属纠纷上诉案(上海市第二中级人民法院〔2011〕沪二中民五(知)终字第 62 号民事判决书)。
⑦ 张锠、张宏岳、北京泥人张艺术开发有限责任公司与张铁成、北京泥人张博古陶艺厂、北京泥人张艺术品有限公司不正当竞争纠纷再审案(最高人民法院〔2010〕民提字第 113 号民事判决书)。
⑧ 姚明与武汉云鹤大鲨鱼体育用品有限公司侵犯人格权及不正当竞争纠纷上诉案(湖北省高级人民法院〔2012〕鄂民三终字第 137 号民事判决书)
⑨ 赵学元、赵学保侵犯著作权罪上诉案(江苏省高级人民法院〔2012〕苏知刑终字第 0003 号刑事判决书)。

续表 3 - 1

时间	具体案例名称	特色与时代评鉴
2013 年	1. 新材料技术领域等同判定专利侵权案 2. "威极"酱油侵害商标权及不正当竞争纠纷案① 3. 钱钟书书信手稿拍卖诉前行为保全案② 4. "奥特曼"著作权纠纷案③ 5. 树脂专利相关信息侵害商业秘密纠纷案 6. 标准必要专利许可使用费案④ 7. 确认"两优 996"品种权实施许可合同无效纠纷案⑤ 8. "圣象"驰名商标保护案 9. "金骏眉"通用名称商标行政纠纷案⑥ 10. 假冒食用油注册商标犯罪案	1. 新材料技术领域等同判定专利侵权案为专利保护范围与权利要求书保护范围提供了启示 2. 品种权实施许可合同案为植物新品种权实施过程提供了启示 3. 金骏眉"通用名称案在商标内涵上的确认与保护提供了启示
2014 年⑦	1. 互联网市场领域商业诋毁行为认定不正当竞争纠纷案⑧ 2. 互联网市场领域滥用市场支配地位垄断纠纷案⑨ 3. "宝庆"商标特许经营合同及商标侵权纠纷案 4. "quna.com"在先注册域名不正当竞争纠纷案⑩ 5. 集成电路布图设计专有权侵权认定纠纷案⑪ 6. 信息网络传播权诉前禁令纠纷案 7. "稻香村"商标异议复审行政纠纷案 8. "竹家庄避风塘及图"商标争议纠纷案 9. "治疗乳腺增生性疾病的药物组合物及其制备方法"发明专利权无效行政纠纷案 10. 侵犯著作权案	1. 在互联网＋背景下，知识产权与市场之间的管理更加紧密，有关知识产权实施的法律问题越来越引人关注 2. 宝庆案对商标许可贸易中的法律关系具有重要的启示意义 3. "quna.com"案对域名权和商标权的冲突具有警示价值

① 佛山市海天调味食品股份有限公司与佛山市高明威极调味食品有限公司侵害商标权及不正当竞争纠纷案(广东省佛山市中级人民法院〔2012〕佛中法知民初字第 352 号民事判决书)。
② 杨季康与中贸圣佳国际拍卖有限公司、李国强诉前行为保全案(北京市第二中级人民法院〔2013〕二中保字第 9727 号民事裁定书)。
③ 圆谷制作株式会社、上海圆谷策划有限公司与辛波特·桑登猜、采耀版权有限公司、广州购书中心有限公司、上海音像出版社侵害著作权纠纷申请再审案(最高人民法院〔2011〕民申字第 259 号民事裁定书)。
④ 华为技术有限公司与 IDC 公司标准必要专利使用费纠纷上诉案(广东省高级人民法院〔2013〕粤高法民三终字第 305 号民事判决书)。
⑤ 福建超大现代种业有限公司与安徽省农业科学院水稻研究所确认植物新品种权实施许可合同无效纠纷上诉案(安徽省高级人民法院〔2012〕皖民三终字第 81 号民事裁定书)。
⑥ 武夷山市桐木茶叶有限公司与国家工商行政管理总局商标评审委员会、福建武夷山国家级自然保护区正山茶业有限公司商标异议复审行政纠纷上诉案(北京市高级人民法院〔2013〕高行终字第 1767 号行政判决书)
⑦ 参考最高人民法院办公厅法办〔2015〕55 号。
⑧ 北京奇虎科技有限公司等与腾讯科技(深圳)有限公司等不正当竞争纠纷上诉案(最高人民法院〔2013〕民三终字第 5 号民事判决书)。
⑨ 北京奇虎科技有限公司与腾讯科技(深圳)有限公司等滥用市场支配地位纠纷上诉案(最高人民法院〔2013〕民三终字第 4 号民事判决书)。
⑩ 北京趣拿信息技术有限公司与广州市去哪信息技术有限公司不正当竞争纠纷上诉案(广东省高级人民法院〔2013〕粤高法民三终字第 565 号民事判决书)。
⑪ 钜泉光电科技(上海)股份有限公司与上海雅创电子零件有限公司等侵害集成电路布图设计专有权纠纷上诉案(上海市高级人民法院〔2014〕沪高民三(知)终字第 12 号民事判决书)。

续表 3 - 1

时间	具体案例名称	特色与时代评鉴
2015 年①	1. 安阳翔宇医疗设备有限公司诉专利复审委员会、崔学伟专利权无效宣告行政纠纷案，北京知识产权法院：遂判决维持被诉决定。各方当事人均未提起上诉，判决已生效② 2. 郑州春泉节能股份有限公司诉专利复审委员会、第三人北京海林节能设备股份有限公司等发明专利权无效行政纠纷案，北京知识产权法院：遂判决撤销被诉决定，责令专利复审委员会重新作出决定。各方当事人均未提起上诉，判决已生效 3. 开滦（集团）有限责任公司诉商标评审委员会、第三人张宏彬商标权无效宣告请求行政纠纷案，北京知识产权法院：判决撤销商标评审委员会作出的商评字〔2014〕第 71444 号关于第 5667073 号"开滦"商标无效宣告请求裁定，责令商标评审委员会重新作出裁定。本案宣判后，当事人未提出上诉，本判决已生效 4. 贵州同济堂制药有限公司诉商标评审委员会商标驳回复审行政纠纷案，北京知识产权法院遂判决撤销被诉裁定，责令商标评审委员会重新作出裁定 5. 钱程诉北京音乐厅侵害注册商标专用权纠纷案，北京知识产权法院二审：遂判决驳回上诉，维持一审判决 6. 北京爱奇艺科技有限公司诉北京极客科技有限公司不正当竞争纠纷案，北京知识产权法院二审：遂判决驳回上诉，维持一审判决 7. 北京乐动卓越科技有限公司诉北京昆仑乐享网络技术有限公司等侵犯著作权及不正当竞争纠纷案，北京知识产权法院：判决昆仑乐享公司等停止不正当竞争行为，赔偿乐动卓越公司经济损失 50 万元以及合理支出 3.5 万元 8. 勃贝雷有限公司诉陈凯、鲁秋敏侵害商标权纠纷案，上海知识产权法院二审判决驳回上诉，维持一审判决	1. 翔宇案涉及多项专利权无效宣告请求，包括专利权权利要求保护范围是否清楚、权利要求能否得到说明书的支持、专利权人对本案专利申请文件的修改是否超出原说明书和权利要求书记载的范围、专利权是否具备创造性等问题。本案判决根据各方当事人的主张，逐条进行了充分的论理，依法保护了发明人的利益 2. 开滦案的判决体现了维护知名品牌权益、制止恶意抢注商标、维护市场诚信竞争的司法导向 3. 北京爱奇艺案，审理法院通过分析网络经营者的主观恶意、被诉行为对他人合法经营模式的侵害及对消费者最终利益的影响等，认定被诉行为构成不正当竞争。本案判决对于网络环境下竞争关系的认定和竞争行为正当性的判断等均具有一定指导意义

① 2015 年最高人民法院发布在北上广知识产权法院的典型案件，对中国的知识产权司法实践具有启示性。
② 2015 - 09 - 09 17:18:31，法制网，李想，责任编辑：杨展飞。

续表 3 - 1

时间	具体案例名称	特色与时代评鉴
2015 年	9. 开德卓国际贸易(上海)有限公司诉阔盛管道系统(上海)有限公司等侵害商标权、虚假宣传纠纷上诉案，上海知识产权法院驳回上诉，维持一审判决 10. 上海帕弗洛文化用品有限公司诉上海艺想文化用品有限公司等侵害著作权纠纷上诉案，上海知识产权法院二审判决驳回上诉，维持一审判决 11. 申请人欧特克公司、奥多比公司申请诉前证据保全案，上海知识产权法裁判结果：裁定对被申请人经营场所内的计算机以及其他设施设备上的上述系列软件的相关信息进行证据保全 12. 香奈儿股份有限公司诉文大香、广州凯旋大酒店有限公司等侵害商标权纠纷案，广州知识产权法院裁判结果：华美达酒店对文大香侵犯涉案商标的行为视而不见，放任侵权行为发生，构成帮助侵权，应与文大香承担连带赔偿责任	4. 北京乐动卓越案，审理法院对游戏名称及人物名称等简短词组能否构成文字作品或改编作品的著作权保护、移动终端游戏名称是否能够构成知名商品特有名称、虚假宣传行为的认定等诸多法律问题，均作了细致的分析阐述。在民事责任承担方面，审理法院充分考虑了原告游戏的市场份额、被诉侵权人的主观状态等因素，最大限度地保护游戏权利人的利益，依法打击了不正当攫取他人利益的行为。本案明确了对移动终端游戏知识产权法律保护的思路和方向，对推动移动终端游戏产业的健康发展具有示范作用 5. 申请人欧特克公司、奥多比公司申请诉前证据保全案系上海知识产权法院成立以来的首起计算机软件诉前证据保全案本案为探索符合知识产权案件特点的执行机制，加强执行与审判联动，提高保全裁定执行效率和准确性，保护权利人合法权益提供了可借鉴的工作方法和思路

（三）2015 年知识产权司法保护特点

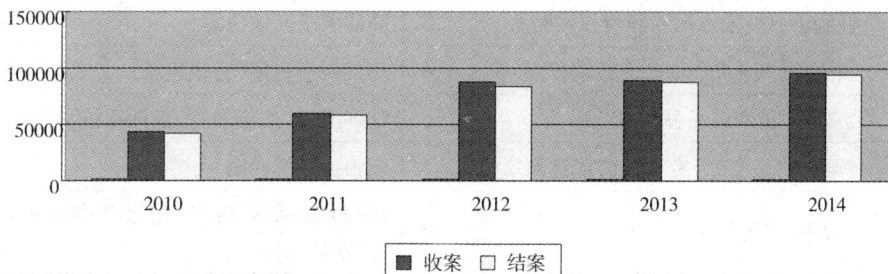

图 3 - 4　2010—2014 年全国知识产权收案数据

1. 知识产权案件持续攀升

知识产权案件是知识产权法实施过程中的一个客观指标。2010 年实施国家知识产权战略和 2015 年推进知识产权强国计划以来，知识产权的重要性引起更多国内外企业的关注，维护自己权益的趋势也越来越明显，如图 3 - 4 所示。

表 3 - 2　2010—2015 年全国知识产识收案、结案数据

年度	2010 年	2011 年	2012 年	2013 年	2014 年	2015 年①
新收知识产权民事一审案件	42931	59612	87419	88583	95522	10795
审结知识产权民事一审案件	41718	58201	83850	88286	94501	4160

专利纠纷数量是科技成果产品化、市场化的客观指标，因此，新收专利纠纷数量客观上展现了市场中科技的活跃度。就全国各地法院新收专利案件趋势而言，呈现比较明显的逐年增加趋势。

2. 知识产权案件涉及的标的额越来越大

赔偿或争议的标的额是知识产权侵权行为的法律后果，客观上体现知识产权对社会经济发展的影响。

---

① 截至 2016 年 2 月，2015 年全国知识产权案例统计还没有出来，只有北上广三大知识产权法院的数据。

表 3 - 3　2015 年最高法院公布的五大典型案例

序号	案件名	序号	案件名
1	搜狗诉百度输入法专利侵权索赔案	2	高通因垄断被罚案
3	新百伦(New Balance)商标侵权案	4	琼瑶诉于正案《宫锁连城》
5	"郑58"植物新品种权案	6	江苏卫视《非诚勿扰》商标侵权案
7	辉瑞"明星产品"专利权被宣告无效	8	新浪诉凤凰网案
9	"双十一"大战案	10	法院判决商标局《新增服务商标的通知》规定违法

3. 知识产权争议案件社会影响大

失效专利药品事关人们的生命健康,具有广泛性,社会关注度高。而江苏卫视《非诚勿扰》被判商标侵权案,使文化产品市场秩序更加有序化。"新浪诉凤凰网案"中,体育赛事录制画面被认定为作品,开启了体育产品作品化的先河。《新增服务商标的通知》①规定违法案使得部委制定规范性文件更加谨慎、守法。

二、商标抢注与域名抢注的现状与分析

(一)商标抢注与域名抢注的现状

作为享誉海内外几百年的"老字号",郫县豆瓣已被公认为川菜家常调味品的代表,随着川菜走出国门,走向国际而取得了极高的国际知名度。然而,这一国人尽知的"品牌"在国外却遭遇抢注"风波",面临品牌价值大量流失的风险。加拿大名为 WINGONNEWGRWOUPCANADAINC 的公司(中文名称为新永安集团加拿大公司)在加拿大申请注册了"郫县豆瓣"的中文商标。该公司的商标注册申请已进入异议期,于 2003 年 4 月 23 日开始公告,按常规应于同年 7 月 23 日进入核准注册程序。该公司 2001 年就抢注了"蜀香""陈麻婆""赖汤圆"3 个四川名吃商标,以及"露露""洽洽"两个国内知名商标。四川长虹集团就曾被南非一家公司抢注了商标。在没有出口"长虹"品牌到南非,也没有授权任何国内贸易公司在南非代理"长虹"商标注册的情况下,南非市场上却出现了"长虹红太阳"彩电。中国生产的、在英国已打开销路的"火炬"牌打火机,其商标被瑞士商人抢先在英国进行了注册,"火炬"牌打火机因此被迫退出英国市场。上海"芭蕾"牌珍珠霜在国际上有良好的声誉,后在香

---

① 2012 年 12 月 14 日,商标局出台《新增服务商标的通知》,该通知第 4 条规定了新增商标注册申请的过渡期,期限为 2013 年 1 月 1 日至 1 月 31 日。在此期间内,在相同或类似新增服务项目上提出的注册申请,视为同一天申请。因此,与《商标法》先申请原则冲突。

港、印尼、新加坡等地被外商抢先注册,上海方面为保护该商标的专用权,反而不得不花20多万美元从外商手中将此商标专用权买回。

(二)商标抢注与域名抢注的原因分析

1. 制度原因

在我国商标法的基本原则是注册原则、先申请原则、强制注册和自愿注册相结合的原则。注册原则意味着在中国只承认通过注册可以取得商标专用权,不承认使用取得商标专用权。对一些老字号("老"是使用年代久远,"字号"是活儿,是特定的工艺)来说,如果没有注册,就只有在 TRIPS 协议中承认的"在先权使用权",没有对抗注册商标的商标专用权之抗辩权。同理,先申请原则界定了对同一类商品或类似商品上使用相同或近似的商标,商标专用权只授予在先申请注册商标的人,而不是在先使用人。只有在同一天申请的,商标专用权才授予在先使用者。强制注册和自愿注册相结合的原则意味着对某些商品(例如烟草、人用药品)必须注册,没有注册的不允许在市场上销售。而其他商品是否使用商标就只能依靠本人的意愿,需要商标专用权的,应当申请商标注册。由于这种"选择性规定"使许多企业没有商标注册,因此,缺乏市场上的占有垄断特权。

2. 观念原因

由于知识产权(包括商标、专利、版权、商业秘密等)的无体属性,它的价值往往被人们忽视,形成了"我在使用就可以拥有垄断权"(将使用权等同于法定垄断权)观念,甚至认为通过工商注册的企业名称就变成了垄断的商标专用权。通过工商登记的企业名称是由《企业名称登记管理条例》产生的"企业名称权",不是通过《商标法》注册取得的商标专用权。企业名称权的维护是通过不正当竞争法来规范,而商标专用权是通过国际、国内相关的商标法来规范。商标专用权有国际、国内的法定垄断性。

(三)商标抢注与域名抢注的应对策略

1. 制度设置

现行商标制度已经做出了消解商标抢注的途径,即在先使用权。商标不得与在先合法取得的权利相冲突,当企业名称与注册商标相同或相似,在企业登记时予以撤销。对于恶意抢注他人商标的,可以通过商标异议程序和商标撤销程序阻止。驰名商标具有最强的对抗抢注行为的力量,驰名商标不受商标注册5年内的启动撤销程序的限制。

2. 国外抢注需树"驰名商标"大旗

通过驰名商标可以对抗国内外抢注商标的行为。许多国内知名品牌已经进入了国际市场,甚至已产生了一定国际影响。但是,这些品牌没有在相应国家注册商标,没有自己的国际品牌。这些企业的决策者,或许根本没有商标国际注册的概念，这十分危险。

【案例分析】

【案例1分析】

1. 关于两商标之间是否近似的判断

二者之间是否近似，应当分别考察两商标中的文字和图形及其组合的整体视觉或印象是否相同或近似。对于文字部分的考察，主要比较文字的字形、读音和含义；对于图形的考察，主要比较图形的构造及颜色。对于"金虹波"商标与"虹波"注册商标，笔者认为构成近似。本案中，"金虹波"与"虹波"，从含义上考察二者非常近似，"金"字可以理解为从产品质量、产品等级等方面来限定。"虹波"二字，以相关公众的一般注意力为标准来评判，尽管视觉上有差异，但印象上相近似，易使人认为"金虹波"是"虹波"牌系列产品中的一种，因而，容易使相关公众对"金虹波"石棉瓦产品的来源产生误认。所以，被告在其生产的石棉瓦上使用"金虹波"商标的这一行为应构成了对原告"虹波"注册商标专用权的侵犯。对于"株虹波"商标与"虹波"注册商标，前者仍为单一的文字商标，后者仍是文字变形商标，二者在字形、整体结构等方面存在一定的差异。但从含义上考察，二者相近似。因为原告生产销售的"虹波"牌石棉水泥瓦的产地在株洲，"株虹波"中的"株"字很容易使人认为是对"虹波"注册商标产地限制。以相关公众的一般注意为标准来评判两个商标，容易使一般消费者自然而然地联想到"株虹波"产品可能是"虹波"诸产品中的一种，而误将"株虹波"产品当作"虹波"产品购买使用。这一点法院的认定无疑是正确的。

2. 关于侵权赔偿数额的确定

我国《商标法》第56条第1款规定"侵犯商标专用权的赔偿数款，为侵权人在侵权期间因侵权获得的利益，或者被侵权人在被侵权期间因被侵权受到的损失，包括被侵权人为制止侵权行为所支付的合理开支"。对于选择何种方法计算，根据《最高人民法院关于审理商标民事纠纷案件适用法律若干问题》的解释第13条规定，权利人有权选择。侵权所获得的利益，根据该解释第14条规定，可以根据侵权产品销售量与该商品单位利润的乘积计算，该商品单位利润无法查证的，按注册商标商品的单位利润计算。被侵权人所受损失，"根据该司法解释第15条规定，可以根据权利人因侵权所造成商品销售减少量或者侵权商品销售量与被注册商标商品的单位利润乘积计算"。在本案中，权利人有权选择计算方法。原告向法庭提交了因侵权所造成销售量减少的有关证据，即同期相比销量下降数据。但是，产品销量的下降跟被侵权有关之外，还与市场供求关系、宏观经济情况、质量和稳定状况、同业竞争等多种因素有关。原告的销量下降的证明材料不能充分、准确、客观地反映出其产品销量的下降与被告的侵权行为之间存在直接、必然、唯一的因果关系。因此不能作为计算的依据。这点，法院的认定是正确的。此案的侵权产品销售量能明确认定，因而侵权获利也就能明确认定。当侵权获利与被侵权受损无法认定时，根据商标法规定人民法院有权根据侵权情况等因素在法定赔偿最高限额 50 万元以下确定合理的赔偿数额。

【案例 2 分析】

本案通过驰名商标的司法认定，保护了商标权人的合法权益，对于维护正常的经济秩序、制止"傍名牌""搭便车"行为、促进知名企业的品牌建设具有积极的意义。

【案例 3 分析】

本案区分了域名近似与商标近似判断标准的不同，以及权利冲突处理原则。电子技术手段和感觉感官在精确性上的巨大差异是造成域名近似与商标近似判断标准不同的主要原因。

【案例 4 分析】

苹果公司 iPad 产品是一款在市场上广受欢迎的产品，获得该商标对其来讲意义重大。而该案纠纷发生时，深圳唯冠公司濒临破产，涉及债权人多达数百人，最大的财产估值集中在 iPad 商标上。对双方来讲，调解是其解决纠纷的最佳方式。法院从这一基础出发，最终促成双方调解。该案的成功调解彻底解决了双方在美国、中国香港以及内地的一系列纷争，向国际社会展现了我国日益成熟的知识产权制度和司法保护状况。

【案例 5 分析】

在同一商品之上同时标注被许可使用的商标和使用人自有商标的行为是否构成侵权，在商标法中并无明确的法律依据。法院在本案中从商标法第 52 条所规定的"其他损害"这一条文表述的开放性入手，结合商标许可使用制度的目的仍然在于保证商品来源的唯一性这一制度本义，考虑被许可商标的知名度，从雪某公司同时使用两商标的行为将导致同一商品出现两个来源这一客观后果的角度，推导出消费者将产生"雪舫蒋"和"吴宁府"商标具有商品来源关系上的同一性的认知，从而影响"雪舫蒋"商标识别功能的正常发挥，并得出构成商标侵权的结论是恰当的。此外，二审法院还特别强调了这种使用行为对商标许可使用关系结束之后的持续影响力，即它会使雪某公司自有且并无知名度的"吴宁府"商标变相获取和攀附已经具有较高市场知名度的"雪舫蒋"商标商誉的后果。本案的审理，对于规范商标许可使用关系，以及厘清经许可使用的行为和侵权行为之间的界限，具有可资参考的价值。

【案例 6 分析】

作为国内高端红茶的代表，"金骏眉"商标异议案的审理受到了广泛的关注。本案结果虽然令人惋惜，但却为国内企业的创新发展和知识产权保护提供了重要借鉴。本案明确了判断诉争商标是否为通用名称时，应当审查其是否属于法定的或者约定俗成的商品名称，审查判断的时间基点一般以申请注册时的状态为准；但是，诉争商标申请注册时不属于通用名称但在核准注册时已经成为通用名称的，仍应认定其属于本商品的通用名称。本案另明确了商品商标与集体商标在性质、功能等方面均存在明显区别，如果诉争商标将确定地成为集体商标性质的商标而由某一团体、协会的成员使用，则其将因商标功能的变化，而不应作为商品商标加以注册。对于那些涉及某一地区群体利益的品牌，应当根据自身实际，选择适当的商标类型加以注册，最大限度地实现区域经济发展和利益分享的最大化。

【延伸思考】

（一）司法认定驰名商标是否有法律依据

国家商标局认定的驰名商标是按照商标法的规定要求对需要申请注册商标的商标使用人依法注册并进行驰名商标认定的商标，其具有明确的法律依据，因而具有法律效力①，但司法认定的驰名商标缺乏明确的法律依据。虽然在商标法中已明确将将驰名商标的认定主体为商标局，而认驰争议的处理却是商标评审委员会，商标评审委员会是终审行政机构，制度设计中法院只是认驰的一个终极裁判机构，因此，认驰机构与裁判机构分离，能够体现司法的公平正义。而司法认驰却绕开行政认驰，将认驰机构和裁判机构同一，显然有违制度设计的初衷，有损公平，因此，司法认驰缺乏明确的法律依据。

（二）司法认定的驰名商标能否获得与行政认定的驰名商标的相同保护

目前在商标法中并没有明确规定司法认定的驰名商标是否与商标局认定的驰名商标是否享有同等的法律保护。虽然都是叫"驰名商标"，但是否为同一个商标

---

① 《商标法》14条规定了驰名商标的5个条件(第14条 认定驰名商标应当考虑下列因素：(一)相关公众对该商标的知晓程度；(二)该商标使用的持续时间；(三)该商标的任何宣传工作的持续时间、程度和地理范围；(四)该商标作为驰名商标受保护的记录；(五)该商标驰名的其他因素)。同时在《商标法》第2条确定商标局为商标注册的主体(第2条 国务院工商行政管理部门商标局主管全国商标注册和管理的工作。国务院工商行政管理部门设立商标评审委员会，负责处理商标争议事宜)。《商标法实施条例》第5条还规定认定驰名商标评判主体：依照商标法和本条例的规定，在商标注册、商标评审过程中产生争议时，有关当事人认为其商标构成驰名商标的，可以相应向商标局或者商标评审委员会请求认定驰名商标，驳回违反商标法第13条规定的商标注册申请或者撤销违反商标法第13条规定的商标注册。有关当事人提出申请时，应当提交其商标构成驰名商标的证据材料。商标局、商标评审委员会根据当事人的请求，在查明事实的基础上，依照商标法第10条的规定，认定其商标是否构成驰名商标。《商标法》第3条第1款规定了商标的法律效力(第3条 经商标局核准注册的商标为注册商标，包括商品商标、服务商标和集体商标、证明商标；商标注册人享有商标专用权，受法律保护)。

法保护的客体并享有扩大的保护,从而可以获得相应的垄断利益仍未可知①。

(三)商标局是否应该有明确的认定驰名商标的程序

目前商标法只设定有注册商标的授权必经程序以及相应的辅助救济程序,并没有驰名商标的认定程序。商标法有明确的驰名商标的条件和明确的争议的行政裁决机构(商标评审委员会),但缺乏驰名商标确认程序,没有明确商标局认定驰名商标的程序与司法认定驰名商标的程序差异。商标局目前认定驰名商标程序具有一定的模糊性,并没有法定的公开程序和救济程序,通过行政方式认定驰名商标显得高深莫测。商标局驰名商标认定过程是一个专业性极强的过程,一般企业和注册商标所有人无法企及,这是许多商标代理事务所生意兴隆的原因,也是驰名商标司法认定虚假诉讼增多的一个制度原因。

(四)商标局认定驰名商标是否应设立驰名商标救济程序

我国商标法有注册商标授权后的救济程序即撤销程序,但没有明确驰名商标撤销程序,一旦认定为驰名商标,企业或商标所有人就可以获得扩大保护的永久排他的垄断利益(因为商标权不属于反垄断法的规制对象),因此也是许多驰名商标认定虚假诉讼的内在动力。目前我国商标制度设计中驰名商标没有设计相应的权利救济程序,如同古老的西方法谚"没有救济的权利不是真正的权利"。商标局认定的驰名商标应设立驰名商标的救济程序,利益关系人可以启动驰名商标的撤销程序,而不是使用成本较高的反不正当竞争程序和反垄断的其他程序。这正是知识产权权利人可以滥用权利的制度原因,这种不利于市场发展的制度设计值得重新考量。

(五)商标的多种功能

传统的商标定义是指用在商品(或服务)上以区别商品(或服务)来源的显著性标志。实际上商标已超过了传统的意义,具有更为广泛的用途,以更为深层的文化底蕴,被广大生产者和服务的提供者所应用。人们一般多关注的是商标的正面功能(积极效用),却忽视了商标本身还有的负面功能(消极效用)。无形商标的生命是建立在有形商品的质量、售后服务等基础之上。正由于商标的标示功能,既可以使商品一荣俱荣,也可以使商品一毁俱毁,从而表现出商标功能上的双面性。商标设计中的要求:选材的新颖性、表现的艺术性、效果的显著性、形式的和谐性、内容的合法性等都内置了商标的多种功能。

---

① 扩大保护的法律依据是《商标法》第41条第2款:已经注册的商标,违反本法第13条、第15条、第16条、第31条规定的,自商标注册之日起5年内,商标所有人或者利害关系人可以请求商标评审委员会裁定撤销该注册商标。对恶意注册的,驰名商标所有人不受5年的时间限制。《商标法实施条例》第53条:商标所有人认为他人将其驰名商标作为企业名称登记,可能欺骗公众或者对公众造成误解的,可以向企业名称登记主管机关申请撤销该企业名称登记。企业名称登记主管机关应当依照《企业名称登记管理规定》处理。

第四章　著作权法律制度

【本章要点】

1. 著作权和著作权法的概念内容
2. 著作权制度历史与发展
3.《保护文学艺术作品伯尔尼公约》
4. 著作权贸易
5. 著作权保护

【案例导入】

【案例1】"葫芦娃"角色形象著作权权属纠纷案①

　　胡进庆、吴云初是上海美术电影制片厂的职工，20世纪80年代，上海美术电影制片厂指派胡进庆、吴云初担任系列动画片《葫芦兄弟》的造型设计，二人共同创作了"葫芦兄弟"角色造型形象。胡进庆、吴云初认为，"葫芦兄弟"形象作为美术作品可以独立于影片而由作者享有著作权，该美术作品属于一般职务作品，在双方未就著作权进行约定的情况下，"葫芦兄弟"角色造型形象的美术作品著作权应归二人所有，遂诉至上海市黄浦区人民法院。黄浦法院经审理驳回了两人的诉讼请求。上海市第二中级人民法院终审维持原判。

---

① 选自最高人民法院发布的2012年十大知识产权典型案例。

第一节　著作权法的基本内容

一、著作权原始主体分类、确认及权利归属

（一）作者分类

著作权原始主体是指创造作品并享有作品权利的人，称为作者或视为作者。在我国现行《著作权法》中，著作权原始主体可以按照不同标准进行划分，按国籍分为我国公民作者、外国人或无国籍作者；按创造人数分为个人作者、合作作者；按作品承担的责任，又可分为自然人作者、法人作者、其他组织作者、委托作者（雇佣作者）；按是否署名，划分为署名作者和匿名作者；按作品划分为文字作者、词作者、曲作者、美术作品作者、摄制者等。采用权利归属来分类，有如下几类（图 4 - 1）：

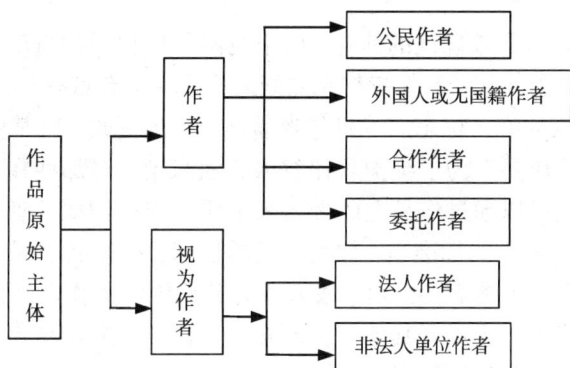

图 4 - 1　著作权的主体谱系图

我国《著作权法》第 11 条规定："创作作品的公民是作者。由法人或者其他组织主持，代表法人或者其他组织意志创作，并由法人或者其他组织承担责任的作品，法人或者其他组织视为作者。"因此，作者可以从总体上分为三类。

1. 公民作者

公民是指具有一国国籍，依该国的宪法和法律规定，享有权利和承担义务的自然人。因此公民作者就是自然人作者。创作作品的公民为作者，各国对此毫无

疑义。在英美法系中的自然人、有别于自然人的法律实体(如法人或非法人团体),大陆法系中的自然人都可成为原始著作权人。

2. 法人作者

法人作者由法人或者其他组织主持,代表法人或者其他组织意志创作,并由法人或者其他组织承担责任的作品,法人或者其他组织视为作者。《民法通则》规定:法人是具有民事权利能力和民事行为能力,依法独立享有民事权利和承担民事义务的组织,它的成立有四个条件:一是依法成立,二是有必要的财产或经费,三是有自己的名称、组织机构和场所,四是能独立承担民事责任。我国《著作权法》第11条第3款、第4款规定:由法人或其他组织,代表法人或其他组织意志创作,并由法人或其他组织承担责任的作品,法人或其他组织视为作者。法人是组织的拟人化,它具有思维能力,可以创作作品,成为作者。

3. 其他组织作者

其他组织又称非法人团体,指不具备法人资格的组织,如不具备法人资格的社会团体、法人的分支机构,是除公民、法人以外的第三主体。我国《著作权法》第11条规定:由其他组织主持,代表其他组织意志创作,并由其他组织承担责任的作品,其他组织视为作者。

(二)作者的确认及其权利归属

1. 作者的认定

作者的认定是著作权确认的前提,由于我国著作权采用自动取得制度,作品一经完成,就取得著作权,著作权与作品同时产生,没有审查、登记程序,所以,作品署名为著作权的唯一标志。一旦作者署名,要想更改,对某些作品而言十分困难,甚至破坏了作品。为了维护著作权人合法权益,对那些侵权作品,只要没有相反的证据,就可以通过作品上的署名来证明著作权归属,使著作权人行使合法权益。作者认定采用的标准是:如无相反的证明,在作品上署名的人即是该作品的作者,即在作品上署名的公民、法人或者其他组织为作者。如果由法人或者其他组织主持,代表法人或者其他组织意志创作,并由法人或者其他组织承担责任的作品,法人或者其他组织视为作者。

2. 作品的权利归属

著作权归属于作者和其他著作权人。但由于作品不同,权利主体不同,权利归属也有不同。

(1)公民作者的著作权属于创作作品的公民。

(2)两人以上合作创作的作品,著作权由合作作者共同享有。没有参加创作的人,不能成为合作作者。合作作品可以分割使用的,作者对各自创作的部分可以单独享有著作权,但行使著作权时不得侵犯合作作品整体的著作权。

(3)公民为完成法人或者其他组织工作任务所创作的作品是职务作品。但职务作品的著作权归属有两种情况。一是主要是利用法人或者其他组织的物质技术条件创作，并由法人或者其他组织承担责任的工程设计图、产品设计图、地图、计算机软件等职务作品，或者法律、行政法规规定或者合同约定著作权由法人或者其他组织享有的职务作品，作者享有署名权，著作权的其他权利由法人或者其他组织享有，法人或者其他组织可以给予作者奖励。二是虽然是职务作品，但没有上述情况，著作权由作者享有，但法人或者其他组织有权在其业务范围内优先使用。作品完成两年内，未经单位同意，作者不得许可第三人以与单位使用的相同方式使用该作品。

（4）改编、翻译、注释、整理已有作品而产生的作品，其著作权由改编、翻译、注释、整理人享有，但行使著作权时不得侵犯原作品的著作权。

（5）汇编若干作品、作品的片段或者不构成作品的数据或者其他材料，对其内容的选择或者编排体现独创性的作品，为汇编作品，其著作权由汇编人享有，但行使著作权时，不得侵犯原作品的著作权。

（6）电影作品和以类似摄制电影的方法创作的作品的著作权由制片者享有，但编剧、导演、摄影、作词、作曲等作者享有署名权，并有权按照与制片者签订的合同获得报酬。电影作品和以类似摄制电影的方法创作的作品中的剧本、音乐等可以单独使用的作品的作者有权单独行使其著作权。

（7）受委托创作的作品，著作权的归属由委托人和受托人通过合同约定。合同未作明确约定或者没有订立合同的，著作权属于受托人。

（8）美术等作品原件所有权的转移，不视为作品著作权的转移，但美术作品原件的展览权由原件所有人享有。

二、著作权的对象

（一）作品的构成条件

著作权是基于文学、艺术和科学作品依法产生的权利。《著作权法实施条例》第2条对作品作了如下表述："著作权法所称作品，是指文学、艺术和科学领域内具有独创性并能以某种有形形式复制的智力成果"。应从以下几点来认识著作权保护之作品的构成条件：

1. 作品的独创性（originality）

作品必须是智力创作的成果，智力也称智慧，是人们运用已往的知识，认识、观察世界、解决问题的能力。智力创作就是凭自己的智慧创作出区别于他人的作品，只要作品是创作人的智力劳动的结晶，就可判定该作品具有独创性，在作品创造过程中，选题、构思、写作等环节均可具有独创性，作品的独创性有许多表现。

（1）原来没有的，通过创作完成的新作品。原来没有的，通过创作完成的新作，通常称为原创作品。例如萨士比亚的《罗密欧与朱丽叶》，莫扎特的《安魂曲》，贝多芬的《土耳其进行曲》《第五交响曲》《英雄交响曲》《田园交响曲》等不朽名作，都是原创作品。"原来没有的"可以理解为"新"，表现在作品表现形式的新，而不是对象、内容的新。

（2）原来既有的主题经不同形式创作产生的新作品。原来既有的主题经不同形式创作产生的作品，通常称为改编。例如《梁祝》，既可以用小提琴演奏，也可以用二胡演奏，还可以通过越剧、京剧、黄梅戏等表现，它们都是作品。

（3）对同一作品进行演绎创作的作品。翻译、改编、注释等演绎形式也是一种智力劳动，通过改编也能产生新的作品。

（4）对已存在作品进行编辑、选编、汇编，而形成的新作品。

（5）对民间文学记录、整理而成的作品。例如，将民间故事《牛郎织女》《白蛇传》《狼外婆》等，传说《孟姜女》《鲁班》神话《盘古开天辟地》《女娲补天》等，口头传说及童话、谚语、笑话、谜语、民歌、童谣、说书、史诗等民间文学作品经过改编而成的作品，也具有独创性，是著作权法意义上的作品。

2. 作品的物质性（material）

作品的物质性即物质表达性。独创性作品必须用特定的形式表达出来，才能产生感觉、听觉、视觉。文学作品的文字，音乐作品的乐谱、舞蹈，电子信息的电子化数据，固定软件的磁盘等。著作权只保护作品的表达形式（expression of the idea），而不涉及其表达的思想、程序、操作方法、概念、原理、发现。尽管著作权法不保护思想观念、概念或原理，但各国法律几乎都规定了保护具有特定内容的作品。

3. 作品的实用性（utility）

作品的实用性即作品的内容能满足社会的某种需要，主要包括：

（1）有利于社会进步的作品，指合法、健康的作品。那些宣传腐朽思想、封建迷信之类的作品虽具备实用性，但不具备健康的要求。

（2）能满足人们的某种需要。人们的需要具有不同的层次，有的是政治见解；有的是表达情感的，如诗歌、散文；有的是满足人们欣赏需要的，如美术作品；有的是娱乐需要，如舞蹈作品；有的是满足商业上的需要，如产品介绍；有的是满足人们收藏的需要，如有历史价值的邮票等。

（3）作品的合法性。作品还必须以特定的形式表达出来，这种内容必须符合法定的要求。该法定要求分为内容要求和形式要求。不符合合法要件的作品，即由于内容违反了有关法律、法规的规定，法律禁止出版、传播的作品不受保护。

（二）法定的作品类型

确立著作权法保护的作品种类是著作权法的前提，各国著作权法在表述上通常采用两种划分的方式。第一，按性质把作品分类。例如法国将作品分为书籍、会议报告等。第二，按作品表达分类。例如美国将作品分为文字、音乐、戏剧等。我国采用第二种分类法，即采用作品的表达分类。我国《著作权法》第3条，将著作权法保护的作品先总分为文学、艺术、自然科学、社会科学、工程技术等五个层面，再细分为文字作品、口述作品、音乐、曲艺等作品。

1. 文字作品

文字作品指小说、诗歌、散文、论文等以文字形式表现的作品。文字包括自然语言文字和人工语言文字。自然语言文字包括各民族的语言文字、速记符、电讯符号等；人工语言文字，例如 Basic 语言文字、C 语言、盲文文字等。

2. 口述作品

口述作品指即兴的演说、授课、法庭辩论等口头创作的作品。口述作品成为著作权客体是因为其内容具有独创性。即兴的文学创作、表演、谈话也是一种智力创作。

3. 音乐作品

音乐是一种特殊的艺术，是有组织的乐音构成所表达的艺术形象，反映社会生活和人们的情感。音乐以人声与乐器声为材料，并有自己特有的表现手段，如旋曲、和声、配器、复调等。音乐作品只能通过声乐的比拟在联想中达到描绘目的。音乐大体分为两类，一类是声乐，包括高音、低音、中音；另一类是器乐，如弦乐、管乐、打击乐、键盘乐等。因此产生的作品也有两类：声乐作品和器乐作品。音乐有时也用模拟自然声音的手法，使欣赏者产生比较具体、确定的联想，如模拟鸟鸣、流水、铜号、惊雷。唢呐曲《百鸟朝凤》，这本身也是艺术创作，但是如果简单机械地录制自然界的鸟语、涛声、雷声，没有任何艺术加工，就不能构成著作权法所说的音乐作品。音乐作品既可以带词，也可以不带词。

4. 戏剧作品

戏剧作品指话剧、歌剧、地方戏曲等供舞台演出的作品。WIPO 把戏剧作品称为"Dramatic Work"。根据表演手段，戏剧可以分为话剧、歌剧、轻歌剧、戏曲、诗剧、舞剧；根据戏剧性质，可以分为正剧、悲剧、喜剧、悲喜剧；根据戏剧的容量，可以分为多幕剧、独幕剧。

5. 曲艺作品

曲艺作品指相声、快板、大鼓、评书等以说唱为主要形式表演的作品。曲艺是各种说唱艺术的总称，以带有表演动作的说唱来描述故事，塑造人物，表达思想感情，反映社会生活。根据曲艺的特点（音乐曲调、语言、起源地点、流行地区），可将曲艺分为扬州评话、山东琴书相声、河南坠子、京韵大鼓、苏州弹词、好来宝、四川清音等。

6. 舞蹈作品

舞蹈作品指通过连续的动作、姿势、表情表现思想情感的作品。例如:《孔雀舞》《水演舞》《伦巴》《怡恰》《探戈》《华尔兹》等现代舞、古典舞、鼓舞,都是舞蹈作品。

7. 杂技艺术作品

杂技艺术作品,是指杂技、魔术、马戏等通过形体动作和技巧表现的作品。杂技是中国特有的艺术形式,在《现代汉语词典》中,杂技是指"各种技艺表演如:杂耍、口技、顶碗、走钢丝、狮子舞、魔术等的总称"。杂技作品在《伯尔尼公约》中没有提到,但在中国是一种成熟的艺术形式,因此2001年修改后的《著作权法》将杂技艺术作品明确纳入到保护对象中。

8. 美术、建筑作品

美术作品是指绘画、书法、雕塑等以线条、色彩或者其他方式构成的有审美意义的平面或者立体的造型艺术作品,美术主要特征是造型。美术作品包括绘画、书法、雕塑、工艺美术和建筑艺术作品。建筑作品是指以建筑物或者构筑物形式表现的有审美意义的作品。大多数国家都在著作权法中把建筑艺术作品作为著作权法保护的对象。但是,是保护建筑物本身还是保护设计图模型,各国法律回答不一致。我国著作权法及其实施条例也没有明确规定。一般认为著作权法保护的是建筑物表现图,而不是建筑实物本身。在《伯尔尼公约》第1条中,建筑作品(work of architecture)是单独列出来的。"architecture"一般指关于建筑的艺术和技术,用以满足人类实用和表现的需要。建筑中的表现,即在性质和意义的表达,建筑的功能与技术通过表现而转化,建筑作品既含有科学技术作品的成分,又有美术艺术作品的成分。

9. 摄影作品

摄影作品指借助器械在感光材料上记录客观物体形象的作品,摄影艺术是一门比较年轻的艺术。摄影作品应强调其艺术创造性。没有艺术创造的摄影是不能成为著作权法客体的。摄影作品一般分为:动物摄影、静物摄影、风景摄影、人像摄影、新闻摄影。摄影作品必须和摄影人的智力、劳动力相联系。

10. 电影作品和以类似摄制电影的方法创作的作品

电影作品和以类似摄制电影的方法创作的作品,是指摄制在一定介质上,由一系列有伴音或者无伴音的画面组成,并且借助适当装置放映或者以其他方式传播的作品。电影作品通常分为四类:①故事片,含舞台艺术片;②美术片,含动画片、木偶片、剪纸片;③科学教育片;④纪录片。

11. 地图、示意图等图形作品

图形作品,是指为施工、生产绘制的工程设计图、产品设计图,以及反映地理现象、说明事物原理或者结构的地图、示意图等作品;工程设计图指为施工和生产绘制的图样及其图样的说明，这是实用性的客体。这种设计图有时可受多种法律调整，如专利法(外观设计、实用新型等)。著作权法保护这类作品的表达形式，并不保护按照工程设计、产品设计图纸及其说明进行施工、生产的工业品。地图是按照一定数学规则，运用符号系统和地图制图综合原理，表示地面上各种自然现象和社会经济现象的图。地图是一种特殊的作品，故地图的编制出版管理有一套严格的审批制度，没有审批的地图一律禁止出版或再版。地图一般分为普通地图、专业地图。专业地图包括地质图、水文图、气候图、土壤图、医药图、交通图、人口图、游览图。按用途来分，地图可以分为航海地图、航空地图、教学图、工程技术图；按区域来分，可以分为世界地图、分洲地图、国家地图、省区地图。示意图是为了说明内容较复杂的事物的原理或具体轮廓而绘成的略图，示意图的特点是主题突出、一目了然，如公园游览图、招待所平面图、交通示意图、线路示意图。

12.模型作品

模型作品是指为展示、试验或者观测等用途，根据物体的形状和结构，按照一定比例制成的立体作品。这与《伯尔尼公约》关于地图、建筑或科学有关的立体作品(three-dimensional works relative to geography or science)的提法是一致的。

13.计算机软件

计算机软件是相对于电子的、电磁的机械硬件而言。计算机软件包括程序和文档。计算机软件是知识密集型产品，开发时难度大、投资高，但开发后很容易复制且复制的成本低，因此计算机软件已成为一些非法牟取暴利者的侵害目标。

14.民间文学艺术作品

民间艺术品是一个世代相传、长期演变、没有特定归属、反映某一社会群体文学艺术特殊的作品。民间艺术作品不受时效限制，因为总有还未去世的作者存在。民间文学艺术作品是民间集体智慧的结晶，经过了长期的积累、淘汰、筛选，形成了一类特殊的作品，享有著作权。对于民间艺术作品的著作权保护，由国务院另行规定。

15.法律、行政法规规定的其他作品

这是著作权法中的后续条款，随科技发展，一些新的作品的问世，传统的法律无法容纳，人们多采用单行法加以规定。

三、著作权的权利体系

著作权是知识产权中较为复杂的一种无形财产。由于著作权对象(作品)往往是著作权主体(作者)人格的延伸，著作权较专利权、商标权，更为复杂。著作权的产权体系是保护著作权所依据的前提，只有明确作品有哪些权利，作者(继受主体或原始主体)才能确定自己的那些权利是否受到侵害。建立在合法作品基础之上的版权权利体系，通过赋予人们创作的作品以著作权，鼓励人们在文学艺术等领域中，创作更多、更好的作品来满足人们对欣赏的需要。由于作品往往是作者人格的延伸，作品本身就具有"拟人格"，因此著作权人身权和财产权的二重性更为明显。依据著作权的权利中是否具有财产或人身性质，我们笼统地将它划分为人身权、财产权、邻接权和其他权利，其中人身权分为发表权、署名权、修改权、保护作品完整权，财产权根据用途分为复制、表演、播放、出版、制片、翻译、发行、演绎等权利。在作品传播的基础上又可以产生邻接权，这种权利又可以称为再创造的权利，该权利的基础是已发表的或进入共有领域内的作品。

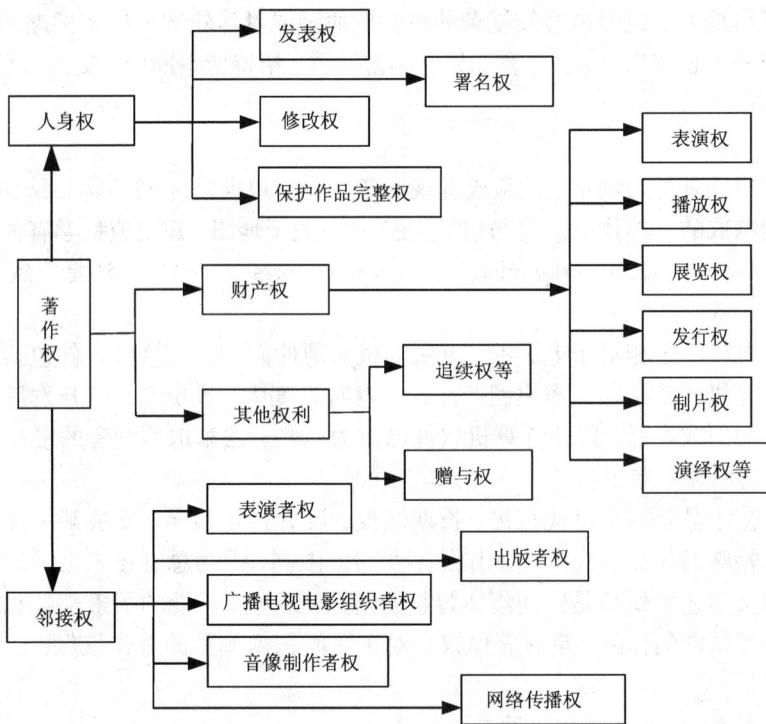

图 4－2 著作权权利体系

《著作权法》第 10 条规定："著作权包括下列人身权和财产权：①发表权，即决定作品是否公之于众的权利；②署名权，即表明作者身份，在作品上署名的权利；③修改权，即修改或者授权他人修改作品的权利；④保护作品完整权，即保护作品不受歪曲、篡改的权利；⑤复制权，即以印刷、复印、拓印、录音、录像、翻录、翻拍等方式将作品制作一份或者多份的权利；⑥发行权，即以出售或者赠与方式向公众提供作品的原件或者复制件的权利；⑦出租权，即有偿许可他人临时使用电影作品和以类似摄制电影的方法创作的作品、计算机软件的权利,计算机软件不是出租的主要标的的除外;⑧展览权,即公开陈列美术作品、摄影作品的原件或者复制件的权利;⑨表演权,即公开表演作品,以及用各种手段公开播送表演作品的权利;⑩放映权,即通过放映机、幻灯机等技术设备公开再现美术、摄影、电影和以类似摄制电影的方法创作的作品等的权利;⑪广播权,即以无线方式公开广播或者传播作品,以有线传播或者转播的方式向公众传播广播作品,以及通过扩音器或者其他传送符号、声音、图像的类似工具向公众传播广播作品的权利;⑫信息网络传播权,即以有线或者无线方式向公众提供作品,使公众可以在其个人选定的时间和地点获得作品的权利;⑬摄制权,即以摄制电影或者以类似摄制电影的方法将作品固定在载体上的权利;⑭改编权,即改编作品,创作出具有独创性的新作品的权利;⑮翻译权,即将作品从一种语言文字转换成另一种语言文字的权利;⑯汇编权,即将作品或者作品的片段通过选择或者编排,汇集成新作品的权利;⑰应当由著作权人享有的其他权利。著作权人可以许可他人行使前款第⑤项至第⑰项规定的权利,并依照约定或者本法有关规定获得报酬。著作权人可以全部或者部分转让本条第 1 款第⑤项至第⑰项规定的权利,并依照约定或者本法有关规定获得报酬。”

(一)著作人身权的权利系统

根据我国著作权法,其著作人身权的权利系统表述如图 4 - 3:

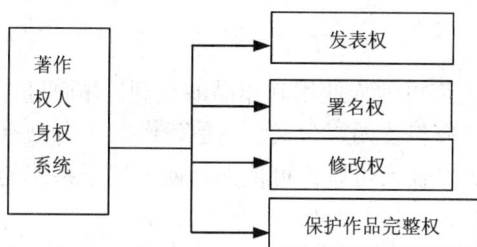

图 4 - 3　著作权人身权体系

(1)发表权即作者决定是否将作品公之于众以及以何种方式公之于众的权利,它是著作权中的首要权利。发表权也具有财产性质,具有双重权能。

(2)署名权指作者为表明其身份,在作品上注明或不注明其姓名的权利。署名权还表现于作者有权在作品上署真名、笔名、别名、化名或不署名,并且有权禁止其他未直接参加创作的人在作品上署名。署名的目的在于确认作品的归属。

(3)修改权即作者修改或授权他人修改其作品的权利。作品完成后,作者有权根据自己的意志对其作品进行修改,如删节、充实、改写等。

（4）保护作品完整权是作者有权使作品不被歪曲、篡改的权利。为保护作品的完整性，未经许可，他人不能擅自删除、变更作品的内容或者对作品进行破坏其内容表现形式和艺术效果的变动，以保护作者的名誉、声望，维护作品的纯洁性。

（二）著作财产权的权利系统

著作财产权是作者本人或授权他人采取各种方式使用作品而获取物质利益的权利。它是一种无形财产，具有使用、收益和处分三项权能。无形产权的处分权通常称为转让权，故著作权的财产权是著作权人享有使用、收益和转让的权利。其系统表述如图4-4所示：

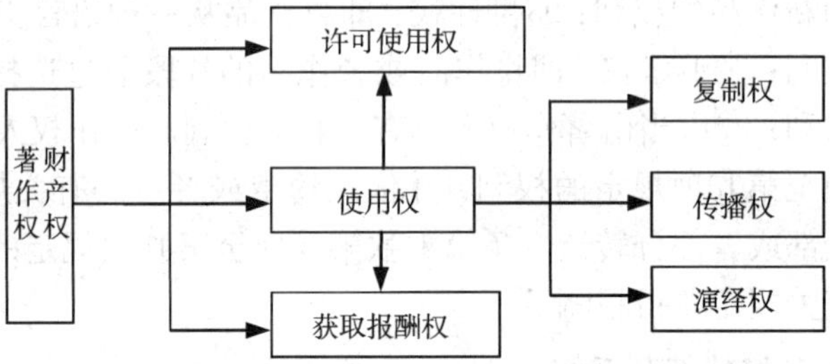

图4-4　著作权财产权利体系

1. 许可使用权

该权是指著作权人许可他人使用其作品的权利，并通过许可而获取报酬。它是财产权的基础，许可权包含两层含义：一是著作权人自己有权行使上述子系统中的各项权利；二是著作权人可以许可他人行使上述子系统的一项或数项权利。

2. 使用权

该权指著作权人享有自己使用和许可他人使用的权利。著作权的使用权有极复杂的权利系统，但归纳起来无外乎下列三种：

（1）复制权（又称重制权）：指以印刷、复印、临摹、拓印、录音、录像、翻录等方式将作品制成一份或多份的权利。它是著作权财产中的最主要的权能，是其他权能的基础。

（2）传播权：指著作权人向公众传播其作品的权利。其权利系统如图4-5所示：

①发行权指为满足公众的合理需要，通过出售、出租等方式向公众提供一定数量的作品复制件的权利。出版权属于发行权。

②展览权指公开陈列美术作品、摄影作品的原件或复制件的权利。

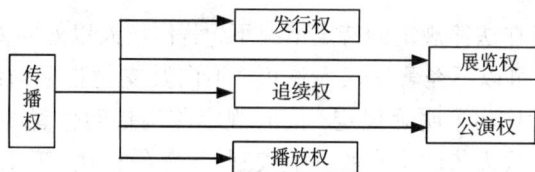

图4-5　传播权体系

③追续权指艺术原件或各作家的原稿在被再次出售时，原作者仍旧有权从出售的利润中取得一定比例的版税。这项权利主要在一些大陆法系国家如法国、德国、意大利等受保护。

④公演权指以声音、表情、动作创造性公开再现作品的权利。

⑤播放权指通过无线电波、有线电视系统传播作品的权利。这一权利直接体现了著作权人对作品传播所进行的控制，即著作权人有权禁止或许可他人将其作品以传播形式进行传播。

（3）演绎权指作者或其他著作权人享有以其作品为蓝本进行再创作的权利。其产权体系可表示为：

①改编权指改编作品的权利。此处的改编有两种情况：一是不改变作品的原形而改编作品，如长篇改成简本；另一种是在不改变作品基本内容的情况下，将作品从一种类型改变成另一种类型，如将小说改编成剧本。

②翻译权指将作品译成其他文字，包括译成外国文字、其他民族文字的权利。翻译（translate）在此仅指文字种类上的形式转换，如英语文字译成汉语，汉语译成英语或特殊语种（盲文）。

③注释权指对文字作品中的字、词、句进行注释和允许他人注释的权利。

④整理权指著作权人有整理作品或者授权他人整理作品的权利。

⑤编辑权指著作权人享有自行编辑作品和允许他人编辑其作品的权利。

⑥摄制电影、电视、录像权指著作权人有自己制片或许可他人制片的权利。

3. 获取报酬权

获取报酬权是指著作权主体依法要使用作品的他人支付作品使用费的权利或他人作品的使用者支付给作者或其他著作权人的义务。

四、著作权的权利限制

出于对社会公共利益的考虑，防止权利被滥用而束缚科学技术的进步和文化的繁荣，各国著作权立法都对著作权（主要是著作权的经济权利）加以一定的限制，其中主要受到"合理使用""法定许可""强制许可"等制度的限制。

（一）合理使用

合理使用是指在法律规定的特定情况下，著作权人以外的人行使依法本属于著作权人的权利，可以不经著作权人许可，不向其支付报酬的制度。我国《著作权法》第 22 条对此作出了明确规定，同时规定应当指明作者的姓名、作品名称，并且不得侵犯著作权人依法享有的其他权利。《著作权法》第 22 条对合理使用范围作了列举式规定：

(1)为个人学习、研究或者欣赏，使用他人已经发表的作品；

(2)为介绍、评论某一作品或者说明某一问题，在作品中适当引用他人已经发表的作品；

(3)为报道时事新闻，在报纸、期刊、广播、电视节目或者新闻纪录影片中引用已经发表的作品；

(4)报纸、期刊、广播电台、电视台刊登或者播放其他报纸、期刊、广播电台、电视台已经发表的社论、评论员文章；

(5)报纸、期刊、广播电台、电视台刊登或者播放在公众集会上发表的讲话，但作者声明不许刊登、播放的除外；

(6)为学校课堂教育或者科学研究，翻译或者少量复制已经发表的作品，供教学或者科研人员使用，但不得出版发行；

(7)国家机关为执行公务使用已经发表的作品；

(8)图书馆、档案馆、纪念馆、博物馆、美术馆等为陈列或者保存版本的需要，复制本馆收藏的作品；

(9)免费表演已经发表的作品；

(10)对设置或者陈列在室外公共场所的艺术作品进行临摹、绘画、摄影、录像；

(11)将已经发表的汉族文字作品翻译成少数民族文字在国内出版发行；

(12)将已经发表的作品改成盲文出版。

以上规定适用于对出版者、表演者、录音录像制作者、广播电台、电视台的权利的限制。

（二）法定许可使用

法定许可使用是指直接依照著作权法的规定，使用他人已发表的作品可以不经著作权人的许可，但应向其支付报酬，并尊重著作权人的其他权利的制度。法定许可使用制度目的是促进作品的传播，因此其许可的对象是已发表的作品；同时，著作权人权利保留制度(著作权人声明不许使用的不得使用)的设置及支付报酬、尊重著作权人其他权利的规定又能保障著作权人的利益。我国《著作权法》对此有具体规定：

（1）《著作权法》第 22 条规定，为实施九年制义务教育和国家教育规划而编写出版教科书，除作者事先声明不许使用的外，可以不经著作权人许可，在教科书中汇编已经发表的作品片段或者短小的文学作品、音乐作品或者单幅的美术作品、摄影作品，但应当按照规定支付报酬，指明作者姓名、作品名称，并且不得侵犯著作权人依照本法享有的其他权利。此款规定适用于对出版者、表演者、录音录像制作者、广播电台、电视台的权利的限制。

（2）《著作权法》第 32 条第 2 款规定，作品刊登后，除著作权人声明不得转载、摘编的外，其他报刊可以转载或者作为文摘、资料刊登，但应当按照规定向著作权人支付报酬。此处只有著作权人才是作出不得转载、摘编声明的有效主体，报纸杂志作出声明无效，因其无专有出版权。

（3）《著作权法》第 32 条第 3 款规定，录音制作者使用他人已经合法录制为录音制品的音乐作品制作录音制品，可以不经著作权人许可，但应当按照规定支付报酬；著作权人声明不许使用的不得使用。

（4）《著作权法》第 42 条第 2 款规定，广播电台、电视台播放他人已发表的作品，可以不经著作权人许可，但应当支付报酬。第 43 条规定，广播电台、电视台播放他人已经出版的录音制品，可以不经著作权人许可，但应当支付报酬。当事人另有约定的除外，具体办法由国务院规定。

（三）强制许可使用

强制许可使用是指在特定条件下，已发表作品使用者向著作权主管机关申请，由其授权即可使用该作品，无须著作权人同意，但应当向著作权人支付报酬。

强制许可使用制度最早见于英国 1909 年的版权法，其适用目的是将音乐作品录制唱片。《伯尔尼公约》和《世界版权公约》都对强制许可使用制度作了规定。我国著作权法没有规定强制许可制度，但由于我国已加入了《伯尔尼公约》和《世界版权公约》，因此公约中有关强制许可的规定也可适用。

第二节　《保护文学艺术作品伯尔尼公约》

【案例 2】奥特曼著作权纠纷案

2005 年 9 月 30 日，辛波特·桑登猜（简称辛波特）、采耀版权有限公司（简称采耀公司）以圆谷制作株式会社、上海圆谷策划有限公司（简称上海圆谷公司）、广州购书中心有限公司（简称广州购书中心）、上海音像出版社四被告侵害其著作权为由，向广州市中级人民法院提起诉讼。请求判令四被告分别停止侵权行为、公开赔礼道歉以及赔偿经济损失，其中广州购书中心、上海音像出版社分别赔偿人民币 10 万元、30 万元，上海圆谷公司、圆谷制作株式会社共同赔偿人民币 100 万元。辛波特、采耀公司主张权利主要依赖如下证据：①1976 年 3 月 4 日的合同（即《1976 年合同》）。该合同授予采耀公司总裁辛波特《巨人对詹伯 A》等 9 部奥特曼作品的无期限的、在日本国以外的独占专权。②1996 年 7 月 23 日的《致歉信》。该信再次提到辛波特根据《1976 年合同》取得的独家权利，并对圆谷制作株式会社再次授权他人表示歉意。另外，2001 年圆谷制作株式会社在日本国提起著作权确认之诉。经日本国东京地方裁判所、东京高等裁判所、日本国最高裁判所裁决，认定《1976 年合同》真实有效，确认辛波特享有在日本国以外的奥特曼作品的独占使用权，驳回圆谷制作株式会社的其他诉讼请求。圆谷制作株式会社在泰国起诉采耀公司、辛波特等四被告侵害著作权，泰国中央知识产权和国际贸易法院于 2000 年 4 月 4 日判决认定《1976 年合同》真实有效，圆谷制作株式会社须根据反索赔向辛波特赔偿。圆谷制作株式会社提起上诉。泰国最高法院于 2008 年 2 月 5 日作出终审判决，采信了由泰国警察总署证据检验处处长任命的七名文件和伪造品核查方面的专家组成的文件审核委员会出具的鉴定意见，对《1976 年合同》不予确认，支持了圆谷制作株式会社的诉讼请求。

广州市中级人民法院一审认为①，《1976 年合同》的真实性不能确认，故判决驳回辛波特、采耀公司的诉讼请求。辛波特与采耀公司不服，提起上诉。广东省高级人民法院二审认为，因日本国、泰国法院判决的效力未经中国民事诉讼程序予以承认，两国判决在中国没有法律效力，不具有约束力，本案不应以日本国、泰国法院判决确认的事实作为本案认定事实的依据。一审法院直接认定泰国鉴定机构的鉴定结论缺乏法律依据。二审法院认定《1976 年合同》是真实有效的合同，据此撤销一审判决，部分支持了辛波特、采耀公司的诉讼请求。圆谷制作株式会社、上海圆谷公司申请再审，最高人民法院经审查驳回了再审申请。

一、《保护文学艺术作品伯尔尼公约》的原则

1886 年 9 月 9 日，由 10 个国家（比利时、意大利、英国、法国、西班牙、意大利、利比里亚、海地、突尼斯、瑞士）发起，在瑞士首都伯尔尼签署了《保护文学艺术作品伯尔尼公约》(*Berne Convention for the Protection of Literary and Artistic Works*)，简称《伯尔尼公约》。截至 2015 年 1 月 16 号，共有 168 个国家成为该公约的成员方。《伯尔尼公约》是版权领域内最古老的国际公约，它向所有国家开放。《伯尔尼公约》强调遵循如下四个原则；

---

① 最高人民法院〔2011〕民申字第 259 号民事裁定书。

1. 国民待遇原则

该原则的形成在很大程度上受到《法国民法典》中的国际私法原则和瑞士1891 年国际私法中有关住所地和居所地的条文的影响。该原则贯穿在《伯尔尼公约》的大部分实体条文中。该公约第 5 条第 1 款指出："就享有本公约保护的作品而论，作者在作品起源国以外的本同盟成员方中享有该国法律现在给予和今后可能给予其国民的权利，以及本公约特别授予的权利。"《伯尔尼公约》对起源国的解释为：①首次在本同盟某一成员方出版的作品，以该国为起源国；②对于分别给予不同保护期的几个本联盟成员方同时出版的作品，以立法给予最短保护期的国家为起源国；③对于同时在非本联盟成员方和本联盟成员方出版的作品，以后者为起源国；④对于未出版的作品或首次在非本联盟成员方出版而未同时在本联盟成员方出版的作品，以作者为其国民的本联盟成员方为起源国；⑤对于制片人总部或惯常住所在本联盟一成员方内的电影作品，以该国为起源国；⑥对于建造在本联盟一成员方内的建筑作品或构成本联盟某一成员方建筑物一部分的平面和立体艺术作品，以该国为起源国。根据上述对起源国的解释，能够享受国民待遇的人是下面五种人：①《伯尔尼公约》成员方的国民，其作品不论是否出版，均应受到一切成员方中依公约最低要求所提供的保护，这是人身标准。②非《伯尔尼公约》成员方的国民，其作品只要首次在任何一个成员方出版或首次出版同时发生在某成员方或其他非成员方，则也应在一切成员方中享有公约最低要求所提供的保护，这是地点标准。③非《伯尔尼公约》成员方的国民，但在成员方有惯常居所的适用人身标准。④电影作品的作者，只要制片人的总部或惯常居所在本公约的成员方内；⑤建筑作品及建筑物中的艺术作品的作者，但其建筑物或艺术作品必须位于公约成员方的地域内。

国民待遇的具体含义有两个方面；一方面是与本国国民一样享有公约各成员方依本国法所提供的著作权保护。另一方面是享有公约专门提供的保护，即公约提出的最低保护要求。享有国民待遇的人，在成员方中还享有"诉权"，即无论在哪个成员方发生了侵犯其版权的行为，被侵权人均有权在该国起诉，要求维护自己的版权。根据版权的地域性特点，一般都采用国际私法中"侵权行为地法"即只能到发生侵犯版权的发生国提起民事诉讼。该成员方提供的法律保护不能低于公约所特别规定的最低要求。

2. 自动保护原则

享有以及行使依国民待遇原则提供的有关权利时，不需要履行任何手续，这就是自动保护原则。据此原则，享有国民待遇的作者，不需要履行任何手续，也不论作品是否发表，只要作品创作完成即自动享有版权。对于出版物而言，既不需要注册登记，也不必交纳样本或做任何版权保留的标记。《伯尔尼公约》允许成员方保留"固定要求"，即虽不履行任何手续，但获得版权需要以"将作品固定在有形物上"即有物质载体为前提。自动保护并不意味着享有国民待遇的作者在所有公约成员方自动享有版权,它还要受指定保护国的国内法的约束,因此,《伯尔尼公约》仍然没有突破地域性限制。与之相对应,公约又规定了"独立保护原则"。

3. 独立保护原则

享有国民待遇原则的作者,在任何成员方所得到的版权保护,不依赖其作品在来源国受到的保护。在符合公约中最低保护要求的前提下,该作者的权利受到保护的水平的高低、司法救济的方式,均完全适用提供保护的那个成员方的国内法的规定。在国际私法中,称之为"权利要求地法"或"权利主张地法"。由此可以看出,《伯尔尼公约》仍然具有地域性的特点。在《巴黎公约》中也有工业产权独立的原则,但此处的独立性仅适用于"权利登记地法",而不同于自动产生的版权保护。例如,就同一项发明,在德国申请了专利而没有在法国申请,那么,该发明只能在德国享有专利权。而在德国公布发明时(初审公告),则在法国就进入了公有领域,不再拥有专有性了。但如果在德国就某一作品享有版权,按照"权利要求地法",即使在德国登记,却仍然在法国、英国等享有作者要求的版权,只不过版权的内容因要求的国家不同而不同,在德国有"德国版权",在法国有"法国版权"而已,这就体现了版权独立原则和地域性特点。

4. 最低保护原则

最低保护原则即缔约国应给作者提供最低的保护,其最低标准即必须承认作者的诸项专有权利,包括以任何方式或采取任何形式复制这些作品的权利;翻译和授权他人翻译其作品的权利;公开表演戏剧、音乐、戏剧和音乐作品,并向公众传播这种表演的权利;广播作品和以任何方式向公众传播广播作品的权利;将作品摄制成电影或电影中使用作品的权利;修改和改编作品的权利等。此外,最低保护原则还有关于权利的保护期和作者享有人格权的保护内容。

二、《保护文学艺术作品伯尔尼公约》的基本内容

现行《伯尔尼公约》共有正文 38 条,附件 6 条,包括实体性条款和组织、实施以及管理性条款两大类。组织、实施以及管理性等行政性条款对广大读者并不重要,故略而不论。实体性条款的主要内容由四大原则和公约对成员方国内法的最低要求所组成,四大原则前面已介绍,不赘述。下面主要介绍对成员方国内法的最低要求。

(一)《伯尔尼公约》保护作品的范围

根据《伯尔尼公约》第 2 条的规定,受保护的作品有:①文学和艺术作品。包括文学、科学和艺术领域内的一切成果,不论其表现形式如何。由此可见,受保

护作品范围较大，例如：书籍、小册子、文学作品；戏剧、电影、摄影作品；绘画、建筑、雕刻作品；地理学、解剖学、建筑学或科学方面的图表、图示和立体作品等。②演绎作品。即以现有的作品为基础，以相同或不同的形式给予再表现，这种新的形式的作品就是演绎作品。③文学或艺术作品的汇编作品。如百科全书和选集。对这类构成智力创作的作品，可以得到相应的但不损害汇编内每一作品的版权的保护。④实用艺术作品和工业品外观设计。如果这些作品在成员方内得不到专门保护（如工业产权保护），则这些作品将作为艺术作品受到公约的保护。⑤民间艺术作品。民间艺术作品是指作者身份不明，但有充分理由推定作者是本联盟某一成员方国民未出版的作品。对这类作品，成员方法律可以指定主管当局代表该作者维护和行使在联盟成员方内的权利。在实际中，对民间文学的界定、权利归属等，尚有不同见解，公约对此没有明确回答。对此类作品，公约成员方可以保护，也可以申明不保护。

1. 由成员方国内立法决定是否保护的对象

由公约成员方国内法决定是否保护的对象有：①政治演说过程中发表的言论；②公开发表的讲课、演说或其他类似性质的作品；③新闻报道，在什么情况下可由报刊登载、进行广播或向公众传播。对上述三项是否提供保护，由各成员方的国内法决定，但公约规定，作者享有将上述作品汇编的控制权。

2. 规定不受保护的对象

《伯尔尼公约》规定，日常新闻或纯属报刊消息性体裁的社会新闻，不受公约保护。

3. 由成员方国内立法选择作品受保护的条件

由于各国法律对作品是否需要以一定的物质形式固定下来，采取了不同作法。考虑此现状，公约没有作统一要求，给各国留有较大的空间，由各国国内法来加以选择，自行确定作品受保护的条件。

（二）著作权的主体

由于《伯尔尼公约》坚持作者权本位的思想，因此明确规定了此种国际版权保护是为作者及其权利继承人的利益而制定。公约对"作者"没有明确的定义，由公约的成员方按国内法规定。一些国家（德国）认为作者是自然人，也有些国家（如日本）认为作者可能为法人，还有些国家（英国）对作者有详细定义，但并不明确指出作者是自然人还是法人。但所有国家几乎都有同样的规定：若无相反的证明，在作品上署名的人应被视为作者。我国《著作权法》第9条明确指出："著作权人包括：作者；其他依照本法享有著作权的公民、法人或者其他组织。"《著作权法》第11条进一步明确作者的范围："创作作品的公民是作者。由法人或者其他组织主持，代表法人或者其他组织意志创作，并由法人或者其他组织承担责任的作品，法人或者其他组织视为作者。"由此看来，作者在我国《著作权法》中可能是自然人，也可能是法人或非法人单位。

（三）著作权的权利内容

著作权的权利内容包括人身权（或称精神权）和财产权（或称经济权）两项权利。人身权具有独立性，它不依赖于经济权而存在，即使经济权利转让后，人身权仍是作者的。作者有权反对对其作品有任何损其声誉的歪曲、割裂或其他更改，或其他损害行为。至于作者死后，由谁去代行其人身权，依照"权利要求法"去决定。由此可以看出，作者的人身权有两个内容：①作者的身份权，该身份权包括署名权，以及禁止他人在自己作品上署名的权利；②保护作品的完整权。公约中所列的作者的财产权具体包括：①复制权；②翻译权；③表演权；④广播权；⑤文学作品的朗诵权；⑥演绎权；⑦电影化权；⑧音乐作品录音权；⑨追续权。追续权一般存在于艺术作品而不是文学作品。有些以文字出现的作品实质上是艺术作品，如书法及作为文物展出或出售的文字作品、乐谱的原稿。追续权在英国、美国、日本等国不受法律保护，但在法国、德国、意大利等国则受到保护。

三、《保护文学艺术作品伯尔尼公约》的基本要求

《伯尔尼公约》中有对成员方必须适用的内容、原则适用的内容及可以适用的内容。《伯尔尼公约》中各成员方必须适用的内容，应该理解为是对我国著作权制度的基本要求，我国著作权法必须包括这些内容，达到这些保护标准。

（一）公约适用的范围

凡是公约成员方的国民或在公约成员方有惯常居住地的公民，其著作权均应得到法律保护。虽然不是公约成员方的国民，并且在公约的成员方也没有惯常的居住地，但如果在公约的成员方领域内第一次发表作品或同时发表作品在公约成员方内和非公约成员方内，则其作品的著作权也应该得到法律的有效保护。

（二）作者享有基本权利的条款

公约规定作者享有署名权、发表权、改编权、翻译权、摄制电影权、广播权、展览权等权利；他人使用受著作权保护的作品，要注明作品的出处及作者的姓名等。

（三）作品著作权保护期限的规定

公约规定：①一般作品的著作权最低保护期限应为作者有生之年及其死后50年；②电影作品的最低保护期限是经过作者同意自作品公映后50年期满；如自作品摄制完成后50年内尚未公映，则自作品摄制完成后50年届满；③对于不具名作品和具笔名作品，公约给予的保护期为自其合法向公众发表之日起50年，如不具名作品或具笔名作品的作者在上述期间内披露其身份，则适用作者有生之年及其死后50年的保护期限；④摄影作品及作为艺术品加以保护的实用美术作品的

保护期限不应少于自该作品完成之日起 25 年；成员方有权规定比前述各款规定期限长的保护期，但不得低于规定的最低标准。

(四)公约规定对作品的著作权保护必须实行自动保护的原则

上述四项内容是《伯尔尼公约》各成员方必须遵守的内容，否则，该国就没有条件和资格参加《伯尔尼公约》。

四、国内著作权制度与国际版权制度的差距

我国《著作权法》的修改标志着我国的著作权制度达到了一个新的水平。而且此次修改使我国著作权制度与 TRIPS 协议基本一致，有相当显著的进步。但是，我国著作权制度与国际版权制度相比，仍存在着一定的差距，集中反映在我国著作权制度与《伯尔尼公约》和 TRIPS 协议的差距上，主要有以下几方面：

1. 著作权的对象

修改后的《著作权法》将杂技艺术作品、建筑作品，涉及实用设计的模型作品、计算机软件增加为受保护的对象，并且将内容的选择或编排体现独创性的汇编作品也增加为受保护的对象(《著作权法》第 14 条)，这是符合 TRIPS 协议和《伯尔尼公约》的要求的。但是实用艺术作品仍未被作为受保护的客体，这不能不说是一个缺憾。《伯尔尼公约》第 2 条第 7 款明确规定实用艺术作品的保护，并且在第 7 条规定了其最低保护期的标准，这一期限是自该作品创作完成之日起的 25 年。虽然第 2 条 7 款给予成员方在国内法中规定对这类作品的适用范围和保护条件的自由，但这种自由是有限度的，未给予外观设计和模型以专门保护的国家，必须始终将实用艺术作品作为艺术作品保护，即通过其本国著作权法保护，而且不得要求履行任何手续。但是在我国《专利法》中并未解决对一些实用艺术作品给予外观设计保护这一问题，而《著作权法》中又无实用艺术作品的保护，使得这些种类颇多的实用艺术作品得不到保护。

2. 对著作权权利的限制

TRIPS 协议第 13 条明确提出：“出于某些特殊情况而对著作权所作的限制，不得与作品的正常使用相冲突，而且不得不合理地损害著作权人本应享有的合法利益。”它强调了版权限制的基本原则，反映了当前国际上要求加强对版权的保护、放松对版权的限制的趋势。我国新修改的《著作权法》总结出限制著作权的若干情况，改善了原《著作权法》对著作权人的权利限制过多、过宽的问题，但是在适用范围和条件方面仍存在着一些问题与《伯尔尼公约》、TRIPS 协议相背离。表现在：

(1)第 22 条第 9 款规定免费表演已经发表的作品，该表演未向公众收取费用，也未向表演者支付报酬属于对著作权的合理使用，而这与《伯尔尼公约》第 11 条之公开表演权是相冲突的。

（2）第 32 条第 2 款也不符合《伯尔尼公约》的要求。该款规定："作品刊登后，除著作权人声明不得转载、摘编的外，其他报刊可以转载或者作为文摘、资料刊登，但应当按照规定向著作权人支付报酬。"而《伯尔尼公约》对此有更严格的限制，该公约第 10 条第 2 款将此类转载限于有关政治、经济或宗教问题的报刊时事文章，而不是报刊上刊登的任何作品。由此可见，我国著作权法的规定未达到《伯尔尼公约》的保护水平。而对著作权权利的保护水平低于《伯尔尼公约》和 TRIPS 协议的保护水平将会产生超国民待遇问题，因此超国民待遇问题不会得到真正的解决。

3. 执法措施

TRIPS 协议颇具特色的，是其具有一整套保证执法的规则。该规则与世界贸易组织争端解决机制相配合，使该协议成为知识产权国际条约中执行力最强的条约。中国的著作权保护力度一直不强，在中国入世谈判过程中，知识产权的实施和保护措施也曾经是中国与欧、美、日等国谈判的障碍，而且面对日益猖獗的盗版活动，原《著作权法》在执法措施上也显得力不从心。新修改的《著作权法》加大了保护的力度，尤其是在执法措施上吸收了国外的经验，如引入了"法定赔偿"制度，接受"即发侵权"概念，确立了诉前行为保全、财产保全和证据保全及配套规则，在相关环节确立了举证责任倒置等。但是修改后的《著作权法》与 TRIPS 协议仍有差距，需要完善。表现在：其一，缺少将侵权产品排除出商业渠道的规定。TRIPS 协议第 44 条规定，司法当局有权令一方当事人停止侵权，特别是有权在清关后立即阻止那些涉及知识产权侵权行为的进口商品进入其管辖内的商业渠道。此条赋予了法院等司法机关在海关放行侵权商品后禁止它们进入国内市场的权利。而《伯尔尼公约》第 13 条第 3 款和 13 条第 2 款都规定了成员方对侵权商品可以扣押，扣押主体可以是法院或者是海关。而我国著作权法对此无规定，即便在《知识产权海关保护条例》中规定有边境措施，即申请海关保护，也要求以先备案为前提，较之 TRIPS 协议和《伯尔尼公约》多了一个条件。其二，缺少授权司法机关采取有效临时措施的总则性规定。TRIPS 协议第 50 条明确要求各成员应使其司法当局有权采取及时有效的临时措施，以制止侵权行为，保全侵权证据。我国修改后的《著作权法》虽然增加了临时措施的规定，但未有授权司法机关采取及时有效临时措施的总则性规定，因此会制约司法机关执法的灵活性，不利于打击侵权行为。其三，未规定披露涉及侵权信息的要求。TRIPS 协议第 47 条对知识产权人获得涉及侵权信息权作了规定。司法当局有权责令侵权人将卷入制造、销售侵权商品或侵权服务的第三方身份及其销售渠道等信息，提供给权利人。适用的条件是该项措施与侵权严重程度相协调。这一规定，有利于知识产权权利人通过法定程序了解现实的和潜在的侵权途径，有利于权利人更好地防范侵权行为，维护合法权益。我国著作权法对此未作规定，应该说是一种缺憾。《著作权法》的修改取得了很大的进步，但是与国际版权制度相比，仍存在着一定的差距，存在着不足之处，需要修改以达到 TRIPS 协议的要求。

第三节　著作权贸易

【案例 3】著作权合理使用案件

原告杨洛书生于山东潍坊杨家埠木版年画世家，是杨家埠百年名号"同顺德"画店的第十九代传人，曾被联合国教科文组织授予"民间工艺美术大师"称号。2006 年初，杨洛书发现中国画报出版社出版的《杨家埠年画之旅》一书，未经其本人许可，使用《八戒智激美猴王》等 16 幅年画作品，遂以侵犯著作权为由起诉至潍坊市中级人民法院。被告则认为，《杨家埠年画之旅》一书中采用部分原告的作品是基于宣传、推广以及研究、评论原告以及杨家埠年画的需要，是对原告公开发表作品的合理引用，不构成侵权。

潍坊市中级人民法院认为，杨洛书依法享有本案涉及的 16 幅作品的著作权。中国画报出版社未经杨洛书许可，登载杨洛书享有著作权的木版年画。《杨家埠年画之旅》使用涉案作品不属于对某一作品的具体介绍或评价，已超出了著作权法规定的对作品合理使用的范畴，侵犯了杨洛书的著作权。一审法院判决中国画报出版社立即停止该书的发行和销售，赔偿杨洛书经济损失 5 万元，并在判决生效后 30 日内登报道歉。中国画报出版社向山东省高级人民法院提起上诉。山东省高级人民法院经过审理，除撤消了一审判决登报道歉一项外，其余维持原判。

一、版权转让贸易

(一)版权转让贸易的概念和特征

1. 版权转让贸易的概念

版权转让贸易，又称著作权转让，是指著作权财产权转让，即著作权人将其作品使用权的一部分或全部在法定有效期内，有期限或无期限地转移给他人而获取一定利益的法律行为。

2. 版权转让贸易的特点

版权转让贸易有以下几方面的特点：

(1)著作权转让的对象仅限于财产权部分。著作权的转让，是指著作权人将其著作财产权中的一项或几项或全部转让给受让人，从而使受让人成为该作品一项或几项或全部著作财产权新的权利人的法律行为。而人身权与作者的人格利益紧密相关，具有永久性和不可剥夺性，因此不能分割或转让。

（2）著作权转让导致著作权主体的变更。作品的著作财产权全部或部分转移到受让人手中，受让人即成为该作品的著作权人，从而导致著作权主体的变更。但是，这种权利主体的变更不同于财产法中权利主体的变更。在财产法中，财产所有权的原始主体和继受主体不可能对同一标的物享有独立的权利，所有权人转让了其财产即丧失了权利主体资格，而受让人成为财产的所有人。在著作权法中，著作权的原始主体和继受主体可能对同一作品各自分享利益。当然如果权利人转让作品财产权的全部，受让人则是全部著作权主体；如果权利人转让的是作品部分财产权，受让人则是部分著作权的主体。

（3）著作权的转让与作品载体所有权无关。一般来说，作品应附着一定的载体，载体实际上同时处在两个法律领域的调整之中，既是所有权领域的客体物，又是著作权领域的作品。但著作权的转让所涉及的是作品的著作权，与作品载体无关。因此，著作权的转让，并非作品载体物权的转让。如果转让行为涉及对作品载体的使用，使用完毕，应当将作品载体原物返还著作权人或载体原物的合法所有人。比如，转让小说出版权，受让人在用完小说手稿之后，应当将手稿返还原著作权人。若手稿丢失，则多应按物权赔偿。考虑到作者不能再主张著作权，则应按稿酬标准计算赔付作者。①

（4）著作权的转让标的可以做多种选择。著作权人可以将著作财产权中的不同权能，如复印权、发行权、出租权、展览权、表演权、放映权、广播权、信息网络传播权、摄制权、改编权、翻译权、汇编权等分别转让给不同的受让主体；可以将不同艺术形式的改编权转让给不同的受让主体；也可以将不同文字的翻译权转让给不同的人；还可以将出让的权利按地区分配或按年限划分。这样，著作权转让的标的在著作权人手中可以形成许多不同的排列组合，只要不在同一时间、同一地域将完全相同的权利转让给不同的人，就不会与著作权法相抵触。

（5）转让著作财产权的行为，应当视为著作人身权中的一部分同时行使完毕。通常著作人身权是不能转让的，但在实践中行使财产权总是要遇到著作人身权的行使问题，在这种情况下，应当认为在著作财产权被转让以后，与行使该著作财产权有关的著作人身权的一部分，已由原著作权人用尽。如作为人身权利的发表权就"是否发表"自己的作品这一点来说，作者一般只能行使一次权利，即当"穷竭"。如果某作者已同意某出版社出版自己的一部分作品，那么其后任何其他出版社即使未经许可重印了他的该作品，也仅仅是侵犯了经济权利中的复制权，而

---

① 人身权能否转让，对此学术界有不同的意见。谭启平，蒋丞．论著作人身权的可转让性[J]．现代法学，2002(4)；何炼红．著作人身权转让之合理性研究[J]．法商研究，2001(3)．

不会侵犯其精神权利中的发表权。因为，作者本人已同意过以出版的形式，发表自己的作品。

　　我国著作权法在2001年10月27日修改以前，只规定了著作权许可使用制度，而没有关于著作权转让的规定。但是，当时世界上许多国家的著作权法中都规定了著作权转让制度，而且在著作权贸易中，特别是国际著作权贸易中大量存在著作权的转让活动。我国国内也存在着著作权转让的实践。更重要的是，我国已经参加了《伯尔尼公约》《世界版权公约》等。这些因素决定我国在著作权国际贸易中会出现大量的著作权转让活动。这些因素也不得不引起我国立法机关的注意，在著作权法的第一次修正案中，对于著作权转让予以明确的规定。现行《著作权法》第25条明确规定：著作财产权的各项权利均可转让，但应当订立书面合同。

（二）版权转让贸易的分类

　　根据我国现行的著作权法，按照权利转移的多少，可将著作权的转让分为全部转让与部分转让。全部转让即卖绝，这种转让的转让费一般较高，比较适合于音乐、美术、摄影、电影、录音、录像、戏剧、曲艺等作品。部分转让即分项转让，是指将作品的著作财产权中一项或几项权能转让给他人行使。这种转让一般费用较低，比较适合文字作品。

　　在著作权转让方面，还存在一个"将来版权"能否转让的问题。"将来版权"指的是已经处在制作过程中，但尚未完成的作品所享有的版权。有些国家的版权对此作了明确的回答，即"将来版权可以转让"，如英国与澳大利亚的版权法；也有些国家的版权法明文禁止在版权未产生时即签订转让合同，如法国、埃及等国。我国著作权法对此问题未作明确规定，但是该法第16条与第17条的规定对此问题有所体现。职务作品的作者，受托人都是直接从事创作的人，按照著作权法理，他们应是原始著作权人，但法律允许其通过合同约定著作权让与单位或委托人享有。这种事前约定，就是一种典型的"将来版权"的转让形式。

（三）版权转让合同及其核心条款

　　一般说来，转让合同应包括以下主要条款：

　　（1）著作财产权转让的范围。著作权的转让只能针对其财产权部分，其财产权又包括许多种不同的权能，比如复制权、发行权等。上述不同的权能，既可单独转让，也可部分转让，还可以全部转让，著作权转让合同对此应明确约定。此外，对文艺作品的改编权的艺术形式、翻译权的文字形式在合同中应当明确。

　　（2）对著作权载体的处分。著作权的转让与作品载体所有权无关，著作权的转让，并非载体物权的当然转让。因此，要对作品载体的处分明确约定。

　　（3）对作者著作人身权的保护。著作人身权与作者人身紧密相关，不能连同著作财产权一并转让，受让人在行使著作财产权时应不得侵犯作者的著作人身权。

（4）著作的转让登记。著作权转让使著作权的主体发生变更，应向不特定的第三人公示，著作权转让应向著作权行政管理机关进行登记。

（5）转让费的计算与支付。

（6）违约责任。

（7）双方当事人认为需要约定的其他条款。

二、版权许可贸易

（一）版权许可贸易的概念和特征

1. 版权许可贸易的概念

著作权许可使用，是指著作权人将自己的作品以一定的方式，在一定的地域和期限内许可他人使用的行为。著作权许可使用是一种重要的法律行为，可以在许可人和被许可人之间建立权利义务关系，通常表现为许可使用合同。著作权人利用许可使用合同可以将著作财产权中的一项或多项内容许可他人使用，同时，向被许可人收取一定数额的著作权使用费，以实现著作财产权益。这种情况被称作著作权许可证贸易，也是最常见的著作权贸易。著作权许可证贸易是大多数著作权人实现其著作财产权的主要方式。

2. 版权许可贸易的特征

著作权的许可使用具有如下几个特征：

（1）著作权许可使用并不改变著作权的归属。通过这种方式被许可人所获得的仅仅是在约定期间、约定的范围、以约定的方式对作品的使用权，著作权仍然全部属于著作权人。

（2）被许可人对作品的使用不能超出合同约定的范围。这其中有两层意思，其一是说被许可人不得以未被许可使用的方式使用作品，任何超出约定的行为都必须重新取得著作权人的授权许可；其二是说被许可人不得将该项权利转移给第三人，也不能禁止著作权人将同一样权利以完全相同的方式，在相同的地域和期限内许可他人使用，除非被许可人享有的是专有许可权并且附有从属许可的权利。

（3）被许可人对第三人侵犯自己权益的行为一般不能以自己名义向侵权人提起诉讼。因为被许可人并不是著作权主体，除非著作权人许可的是专有使用权。

（4）著作权许可使用合同保障演绎作品中的原始著作权人的权利。例如，小说《林海雪原》改编为同名电影《林海雪原》，需要取得小说作者的许可；如果再从电影剧本改编为京剧剧本《智取威虎山》，除了要取得电影剧本著作权人的许可外，仍须取得原小说著作权人的许可。

　　著作权人的使用许可与著作权的转让是两种不同性质的法律行为。其一，在著作权的转让中，著作权人根据转让合同将著作财产权全部或一部分转让给受让方后，原著作权人对转让出去的权利已不再拥有主体资格，被转让的权利由受让方拥有和行使；而使用许可合同则不一样，即使著作权人许可他人行使其著作财产权中的一部分或几部分，该著作财产权的主体仍然是许可方，而不是被许可方。其二，在著作权许可使用中，一般许可中的被许可人不能因权利被侵害而提起侵权之诉，只有独占许可中的被许可人才有此资格，且诉因只限于侵害被许可权；而著作权转让中的任何受让人都有权对侵害其财产权之行为提起侵权之诉，起诉的诉因则为侵害著作财产权。其三，在版权可以作为质权的国家，被许可人不能以版权作质押标的，而版权受让人可以以版权作质押标的。

　　许可使用也是著作权使用的法定途径之一。鉴于著作人身权与作者的人格利益紧密相关，不能分割，因此许可使用的标的是著作财产权，包括以下各项权能：复制、发行、出租、展览、表演、放映、广播、信息网络传播、摄制、改编、翻译、汇编等。著作权人可以将上述权能中的一项或几项许可他人使用，可以授予他人专有使用权，也可以授予他人非专有使用权。因此，根据文学艺术作品的不同表现形式，著作权使用合同可划分为不同种类。常见的有出版权许可使用合同；表演权许可使用合同；编辑权、改编权、翻译权许可使用合同；以及各类邻接权许可使用合同，如表演者权许可使用合同等。

（二）著作权许可使用合同及其核心条款

　　任何合同要保障其合法有效，双方当事人都应当就合同的主要条款做出约定。由法律明确规定合同的主要条款，正确指导当事人的缔约行为，有助于当事人准确、全面地理解合同的内容，并审慎地做约定。不同性质和内容的合同，主要条款也不同。《著作权法》第24条根据著作权许可使用合同的性质与特点，规定合同的主要条款应当包括六个方面的内容：

　　（1）许可使用的权利种类，即许可使用作品的方式。著作权许可使用合同必须明确约定著作权人授权被许可人著作财产中的何种权能，即以何种方式使用其作品，比如授权翻译，则应当明确授权何种文字的翻译权；又如授权改编，则应当明确许可改编人将作品改编为何种形式。使用方式可以是一种，也可以是几种，但一定要明确约定。

　　（2）许可使用的权利是专有使用权或者非专有使用权。专有使用权是一种独占的和排他的权利，是指著作权人将许可使用的著作权，比如出版、翻译某一种文字、摄制电影等权利授权被许可人之后，在合同的有效期间内，既不能再将上述权利授权给第三人使用，自己也不能使用；非专有使用权则是指著作权人将某一项或几项著作权许可他人使用之后，在合同的有效期内，还可以将同样的权利再许可第三人使用。许可使用的权利是专有使用权还是非专有使用权，一定要明确约定，以保障被许可人的正当利益。如果未作约定，或约定不明，一旦发生争议，法律通常只能认为被许可人取得的是非专有使用权。只有图书出版合同不会发生这类争议，图书出版者依法在合同约定期间享有专有出版权。

（3）许可使用的地域范围、期间。许可使用的地域范围是指被许可的著作权在地域上的效力，通常表现为作品的复制发行范围、播放范围等；许可使用的期间，是指被许可使用的著作权在时间上的效力。修改后的《著作权法》第26条规定，合同的有效期限不超过10年，合同期满后可以续订，修改后的著作权法取消了此规定，许可使用的地域范围、期间均由许可人与被许可人双方约定。

（4）付酬标准和办法。根据《著作权法》第27条的规定，使用作品的付酬标准由国务院著作权行政管理部门制定，合同另有约定的，按照合同约定支付报酬。付酬办法是支付报酬的具体方式，是一次支付，还是分次支付；是现金支付，还是使用支票；是支付人民币还是支付外币等。如果有具体要求，均应在合同中明确约定。

（5）违约责任。著作权许可使用合同是对双方当事人有约束力的法律文件，双方在合同中确立的权利义务关系受法律保护，应当认真履行。违约责任是督促缔约双方认真履行合同义务的有力保证。违约责任的形式可以是终止合同，也可以针对每一项可能发生的具体违约行为预先规定违约金，还可以赔偿实际损失。

（5）双方认为需要约定的其他内容。除去上述五方面的内容之外，还可以就双方认为必须列入的内容做出约定。比如纠纷解决的办法，双方可以约定有关仲裁的条款。双方或一方要求订立而被另一方接受的条款，均可成为该项合同的主要条款。

（三）著作权使用程序

由于著作权是依法自动产生，不经行政程序批准或认可，也不经行政程序维持有效，因此著作权使用的程序主要体现在著作权的许可和转让的过程当中。具体而言，著作权使用的法定程序主要包括以下几个方面：

（1）订立合同。根据《著作权法》第24条以及《著作权法实施条例》第23条，使用他人作品应当同著作权人订立使用许可合同，许可使用的权利是专有使用权的，应当采取书面形式，但报社、期刊社刊登作品除外。根据《著作权法》第25条的规定，转让著作权的，应当订立书面合同。

（2）申请备案。根据《著作权法实施条例》第25条规定，与著作权人订立专有使用合同、转让合同的，可以向著作权行政管理部门备案。申请备案是可选择适用的程序，而非必要程序，其目的是为更好地保护合同的有效性。

第四节　著作权保护

【案例4】《宫锁连城》著作权侵权案

2015年12月16日，历时近19个月，备受社会各界关注的琼瑶诉于正，《宫锁连城》相关制作方、出品方、投资方等侵犯著作权一案，由北京市高级人民法院作出终审宣判，法院驳回于正等一审被告提出的上诉请求，维持原判。依判决，于正须公开向琼瑶道歉，经视文化等4家公司立即停止发行传播电视剧《宫锁连城》，各方连带赔偿琼瑶经济损失及合理支出共计500万元。2014年4月8日，《宫锁连城》作为于正所编《宫》系列收官之作登陆湖南卫视，开播首日即突破当时省级卫视新剧开播最高收视纪录。一周后，著名作家、编剧琼瑶突然发布微博称，《宫锁连城》抄袭其作品《梅花烙》，并要求该剧停播。对此，于正发文予以否认，称只是一场巧合与误伤。2014年5月，琼瑶对于正以及《宫锁连城》相关制作方、出品方、投资方提起侵权诉讼，要求各方停止侵权，赔偿经济损失2000万元，并公开道歉。

北京市第三中级人民法院经审理作出一审判决，认为文学作品中难免有借鉴情形，但于正在电视剧《宫锁连城》使用的人物设置、人物关系等，超越了对琼瑶《梅花烙》作品合理借鉴的边界，因此构成侵权。判令于正公开道歉，《宫锁连城》相关制作方、出品方等立即停止发行传播行为，各方连带赔偿琼瑶500万元。一审宣判后，于正等认为该判决认定事实不清，证据不足，适用法律不当，遂向北京市高级人民法院提起上诉。北京市高级人民法院于2015年12月16日对琼瑶诉于正侵权案作出终审判决。

一、侵犯著作权的表现

由于著作权有极其复杂的权利体系，按照《著作权法》第10条规定，著作权人对其作品享有17种权利，因此，根据《著作权法》第47条、第48条规定，侵害著作权的行为具体概括如下：

(1)未经著作权人许可，发表其作品的；

(2)未经合作作者许可，将与他人合作创作的作品当作自己单独创作的作品发表的；

(3)没有参加创作，为谋取个人名利，在他人作品上署名的；

(4)歪曲、篡改他人作品的；

（5）剽窃他人作品的；

（6）未经著作权人许可，以展览、摄制电影和以类似摄制电影的方法使用作品，或者以改编、翻译、注释等方式使用作品的，本法另有规定的除外；

（7）使用他人作品，应当支付报酬而未支付的；

（8）未经电影作品和以类似摄制电影的方法创作的作品、计算机软件、录音录像制品的著作权人或者与著作权有关的权利人许可，出租其作品或者录音录像制品的，本法另有规定的除外；

（9）未经出版者许可，使用其出版的图书、期刊的版式设计的；

（10）未经表演者许可，从现场直播或者公开传送其现场表演，或者录制其表演的；

（11）未经著作权人许可，复制、发行、表演、放映、广播、汇编、通过信息网络向公众传播其作品的，本法另有规定的除外；

（12）出版他人享有专有出版权的图书的；

（13）未经表演者许可，复制、发行录有其表演的录音录像制品，或者通过信息网络向公众传播其表演的，本法另有规定的除外；

（14）未经录音录像制作者许可，复制、发行、通过信息网络向公众传播其制作的录音录像制品的，本法另有规定的除外；

（15）未经许可，播放或者复制广播、电视的，本法另有规定的除外；

（16）未经著作权人或者与著作权有关的权利人许可，故意避开或者破坏权利人为其作品、录音录像制品等采取的保护著作权或者与著作权有关的权利的技术措施的，法律、行政法规另有规定的除外；

（17）未经著作权人或者与著作权有关的权利人许可，故意删除或者改变作品、录音录像制品等的权利管理电子信息的，法律、行政法规另有规定的除外；

（18）制作、出售假冒他人署名的作品的。

二、侵犯著作权的认定

我国《著作权法》的第46条、第47条规定十分明确，属于这两个条款规定列举的行为属法定侵权行为表现，应当承担法律责任。在司法实践上，法官不是先判断行为人的主观过错，而是依照相关的知识产权法，先判断被告被指控的行为是否违法。

1. 确定著作权保护权利范围

我国著作权法保护作品的著作权，而不同的作品其保护的范围和方式有所不同。我国著作权没有明确著作权的保护范围，但采用列举的方式明确了保护的对象和内容，因此，认定权利的保护范围首先应明确作品的范围。作品作为著作权的载体，具有物权（作品本身）和知识产权的统一。法定作品包括以下列形式创作的文学、艺术和自然科学、社会科学、工程技术等作品，例如：文字作品；口述作品；音乐、戏剧、曲艺、舞蹈、杂技艺术作品；美术、建筑作品；摄影作品；电影作品和以类似摄制电影的方法创作的作品；工程设计图、产品设计图、地图、示意图等图形作品和模型作品；计算机软件；法律、行政法规规定的其他作品。我国著作权法只保护作品形式而不保护内容，而内容通过特定的表达才能实现。只要表达用不同的方式就可认定作品具有创造性，而表达是唯一的，则不具有原创性，使用该作品不能构成侵权。由于作品是满足人们精神生活的一种特殊消费品，为了维护公共利益和道德，著作权法规定了不视为侵权（合理使用）的许多表现①。

2. 确定被控侵权对象

确定被控侵权对象即被侵害的客体，其客体②包括：以下列形式创作的文学、艺术和自然科学、社会科学、工程技术等作品：①文字作品；②口述作品；③音乐、戏剧、曲艺、舞蹈、杂技艺术作品；④美术、建筑作品；⑤摄影作品；⑥电影作品和以类似摄制电影的方法创作的作品；⑦工程设计图、产品设计图、地图、示意图等图形作品和模型作品；⑧计算机软件；⑨法律、行政法规规定的其他作品。

3. 将两者进行对比，判断相同或近似性

由于作品的表达掺杂许多意识形态的内容，表达的方式、表达的内容、表达的载体、传播的方式等具有很大的差别。例如：抄袭与合理使用、借鉴、引用；个人使用与职务使用、盈利性使用、背景使用；现场表演与机械表演等，内容和形式都存在交叉，判断相同或近似性具有一定的模糊性。实践中将被控产品与享有著作权的作品两者在确定的范围和具体构成要素进行对比，以确定相同或近似。然后，在上述步骤的基础上，做出认定侵权或不认定侵权的判定。

三、侵犯著作权的法律责任

（一）侵犯著作权的民事责任

根据我国《著作权法》第 46 条、第 47 条规定，著作权的民法保护方式主要有：

1. 停止侵权

对于正在实施侵害知识产权的行为，被侵权人有权责令侵权人立即停止侵权，也可以要求主管部门或法院责令停止侵害。停止侵权可以防止侵权的继续发

---

① 参见 2010 年第二次修改的《著作权法》第 22 条。
② 根据 2010 年 2 月 26 日通过，2010 年 4 月 1 日起施行第二次修改的《著作权法》第 3 条。

展和损害的扩大,所以,首先应承担的民事责任就是立即停止侵权。

2. 消除影响、赔礼道歉

由于侵权行为是对权利人物质和精神的双重伤害,消除影响、赔礼道歉是一种精神上的抚慰方式,也是精神补偿的方式,通过赔礼道歉等,表明侵权人行为的违法性、非正义性和不道德性,应受到惩治。

3. 赔偿损失

知识产权的侵权损害赔偿,是追究知识产权侵权行为最主要的民事责任形式之一,又是知识产权法的一项重要法律制度。对著作权侵权的损失赔偿计算方法,即根据被侵权人的请求,按照其因侵权行为所受直接经济损失和预期应得利益计算赔偿数额;也可以按照侵权人因侵权行为所得利益计算赔偿数额。侵权人不能证明其成本或者必要费用的,其因侵权行为所得收入,即为所得利益。权利人的实际损失或者侵权人的违法所得不能确定的,由人民法院根据侵权行为的情节,判决给予 50 万元以下的赔偿[1]。

(二)侵犯著作权的行政责任

对于侵害著作权的行为,被侵权人既可以向著作权管理机关请求处理,也可以直接向人民法院起诉。各级著作权行政管理机关有权对侵权行为作出行政处罚。

1. 没收违法所得,没收、销毁侵权复制品和制作侵权复制品的材料、工具、设备

按照我国《著作权法》第 47 条规定:损害公共利益的,可以由著作权行政管理部门责令停止侵权行为,没收违法所得,没收、销毁侵权复制品,并可处以罚款;情节严重的,著作权行政管理部门还可以没收主要用于制作侵权复制品的材料、工具、设备等。没收违法所得使得侵权人无利可图,销毁侵权复制品和制作侵权复制品的材料、工具、设备使侵权人失去了继续侵权的条件,这些都较为有利地打击侵权活动,维护权利人的利益。

2. 罚款

侵犯著作权的罚款,按照《著作权法实施条例》第 36 条规定[2]:有著作权法第 48 条所列侵权行为,同时损害社会公共利益,非法经营额 5 万元以上的,著作权行政管理部门可处非法经营额 1 倍以上 5 倍以下的罚款;没有非法经营额或者非法经营额 5 万元以下的,著作权行政管理部门根据情节轻重,可处 25 万元以下的罚款。

根据《计算机软件保护条例》[3]第 24 条规定:除《中华人民共和国著作权法》、

---

① 参见 2010 年第二次修订《著作权法》第 49 条。
② 2013 年 3 月 1 日施行修改的《著作权法实施条例》第 36 条。
③ 参见 2013 年 3 月 1 日起施行《计算机软件保护条例》第 24 条。

本条例或者其他法律、行政法规另有规定外,未经软件著作权人许可,有下列侵权行为的,应当根据情况,承担停止侵害、消除影响、赔礼道歉、赔偿损失等民事责任;同时损害社会公共利益的,由著作权行政管理部门责令停止侵权行为,没收违法所得,没收、销毁侵权复制品,可以并处罚款;情节严重的,著作权行政管理部门并可以没收主要用于制作侵权复制品的材料、工具、设备等;触犯刑律的,依照刑法关于侵犯著作权罪、销售侵权复制品罪的规定,依法追究刑事责任:

(1)复制或者部分复制著作权人的软件的;

(2)向公众发行、出租、通过信息网络传播著作权人的软件的;

(3)故意避开或者破坏著作权人为保护其软件著作权而采取的技术措施的;

(4)故意删除或者改变软件权利管理电子信息的;

(5)转让或者许可他人行使著作权人的软件著作权的。

有前款第(1)项或者第(2)项行为的,可以并处每件100元或者货值金额5倍以下的罚款;有前款第(3)项、第(4)项或者第(5)项行为的,可以并处20万元以下的罚款。

(三)侵犯著作权的刑法责任

1. 侵犯著作权罪

按照《刑法》第217条规定:以营利为目的,有下列侵犯著作权情形之一,违法所得数额较大或者有其他严重情节的,处3年以下有期徒刑或者拘役,并处或者单处罚金;违法所得数额巨大或者有其他特别严重情节的,处3年以上7年以下有期徒刑,并处罚金。①未经著作权人许可,复制发行其文字作品、音乐、电影、电视、录像作品、计算机软件及其他作品的;②出版他人享有专有出版权的图书的;③未经录音录像制作者许可,复制发行其制作的录音录像的;④制作、出售假冒他人署名的美术作品的。

本罪的构成特征:

(1)客体特征。本罪侵犯的客体是著作权、著作权有关权益还是国家的著作权管理制度,对此有不同的看法和理解。本书认为侵害的直接客体应为著作权人的著作权。

(2)客观方面特征。该罪客观方面实施了以盈利为目的的侵害著作权的行为,且情节严重或数额巨大。其中侵权行为表现在前面已详细论述,不再重复。

(3)主体特征。本罪的主体是一般主体,个人、单位都可以成为本罪的主体。单位犯罪的,其主体可以是公司、企业、事业单位、机关、团体。①

---

① 参见赵秉志. 新刑法教程[M]. 北京:中国人民大学出版社,1997:521;张辉注. 论著作权犯罪[J].
法学,1994.论侵犯著作权犯罪[J]. 法学家,1995(2):25,潘家永. 试论著作权犯罪[J]. 法学论坛,
1994(4):28;蒋言斌.知识产权犯罪构成及其法律特征[J]. 知识产权,1995(6):56.

(4)主观方面：本罪的主观方面，只能是故意，即行为人明知是他人有效的著作权而仍然以盈利目的出版、销售、复制、发行等。

2. 销售侵权复制品罪

按照《刑法》第 218 条规定：以营利为目的，销售明知是本法第 217 条规定的侵权复制品，违法所得数额巨大的，处 3 年以下有期徒刑或者拘役，并处或者单处罚金。

本罪的构成特征：

(1)客体特征。本罪侵犯的客体是著作权和著作权有关权益。

(2)客观方面特征。该罪客观方面实施了以盈利为目的销售侵权复制品的行为。且情节严重或数额巨大。其中侵权行为表现在前面已详细论述，不再重复。

(3)主体特征。本罪的主体是一般主体，个人、单位都可以成为本罪的主体。单位犯罪的，其主体可以是公司、企业、事业单位、机关、团体。

(4)主观方面：本罪的主观方面，只能是故意，即行为人明知是他人有效的著作权而仍然以盈利目的销售，过失或能证明合法来源不构成本罪。

【案例分析】

【案例 1 分析】

本案涉及动画造型著作权的认定，法人作品与职务作品、一般职务作品与特殊职务作品的比较和区分等法律问题以及计划经济时代著作权归属的问题。本案判决综合考虑了作品创作之时的特定历史条件和规章制度以及当事人的具体行为及其真实意思表示等各个层面，认定由单位职工创作的动画角色造型属于"特殊职务作品"，单位享有除署名权之外的著作权。这一方面符合公众对此类作品著作权归属的通常认识，另一方面也维护了文化产业的健康发展。

【案例 2 分析】

本案虽然为侵权诉讼，但实际争议的焦点在于辛波特、采耀公司是否享有相关著作权，主要涉及的是对《1976 年合同》真实性的判断问题。对该问题，日本最高法院、泰国最高法院分别作出过不同的判决，故本案具有典型性。最高人民法院在本案中另明确，中国法院对涉及外国鉴定机构出具的鉴定结论能否采信，应当按照中国的相关法律进行审查。对于申请承认和执行外国生效判决的，按照民事诉讼法的相关规定，应向中国有管辖权的中级人民法院申请，并由该院依法进行审查。

【案例 3 分析】

著作权的"合理使用"制度是著作权制度中对著作权进行限制的主要内容。它旨在平衡创作者、传播者和使用者三方的利益，即以社会公众对知识产品的需求为基点兼顾著作权人的合法权益，在著作权人作出较少或不作出牺牲的前提下满足社会公众的需求。我国著作权立法采用的是"规则主义"，只有符合法定的使用类型才能认定为合理使用。上述案例之中所涉及的法定的使用类型是《著作权法》第 22 条第 2 款中规定的"为介绍、评论某一作品或者说明某一问题，在作品中适当引用他人已经发表的作品"。但是，具体操作中应当注重引用他人已经发表的作品的"量"，尤其是文字作品的量的界限必须有严格的限制。

【案例 4 分析】

在电视剧生产市场的各类资源中，剧本无疑处于核心位置。对于编剧而言，创作剧本离不开借鉴与创新，但如何把握借鉴与抄袭的界限，剧本中的情节设置、人物背景、个别剧情近似是否构成侵权，均难以从著作权法中找到明确答案。虽然我国著作权法规定只保护思想，不保护表达，但是二者之间如何清晰画出界线，不是一件容易的事情，这也使得界定版权问题愈发棘手。可以说，该案的审理思路为类似电视剧剧本版权纠纷案件提供了参照标准。琼瑶也通过微博表示："该判决是一次历史性、标杆性的宣判，对保护原创，意义深远而伟大。"

【延伸思考】

（一）网络环境下的著作权保护问题

近年来，以信息技术、数字技术为主的高新技术迅猛发展，各类作品通过信息网络的传播范围空前扩大，为创作者、传播者带来了新机遇。同时，在信息网络上使用文字、图片、音乐、影视等作品，也给产业界知识产权保护带来了新的问题。数字技术和网络传播技术绝不排斥著作权保护，数字技术和网络传播技术要在社会生活各方面广泛运用，必须依赖于更具有针对性的著作权保护制度。世界知识产权组织于 1996 年通过了网络环境下两个版权保护新规则，即《世界知识产权组织版权条约》(WCT)、《世界知识产权组织表演和录音制品条约》(WPPT)，这两个新规则作为《伯尔尼公约》和《罗马公约》的更新和补充，以适应新的技术和市场发展所带来的变化。我国在 1990 年的著作权法制定之时，新技术没有如此迅猛发展，因此没有涉及此方面规定，这是无可厚非的。而在互联网等新技术突飞猛进的时候，中国著作权法没有及时修改，中国网络著作权保护则成了没有规则的游戏，导致网络侵犯著作权案件不断发生，网络成了盗版者的天堂。此次修改的著作权法针对这一问题在法律上作出了规定，增加了"信息网络传播权"，并且对技术措施保护作了规定，是顺应社会的进步。但是网络环境下的著作权保护在全世界范围内也仍是一个值得探索的问题：如何保护网络著作权，明确信息网络传播权的范围和保护条件，有效防止侵权，如何在网络著作权与社会公共利益之间寻求一个利益的平衡，既能保护网络著作权又能有利于知识的传播？因此制定一个网络著作权保护条例势在必行。《著作权法》规定信息网络传播权的保护办法由国务院另行规定，目前此办法仍未出台，最高人民法院 2000 年 11 月 22

日颁布了《关于审理涉及计算机网络著作权纠纷案件适用法律若干问题的解释》，依此解释不能充分保护网络著作权，制定信息网络传播权保护办法是网络新技术迅猛发展环境下的当务之急。

(二)民间艺术作品保护问题

民间文学艺术多产生于民间，就主体而言，具有不特定性。民间文学艺术作品最原始的创作者可能是个人，但随着历史的推移，它逐步变成了某一地区、某一民族整体的作品，是该地区、民族智慧的沉淀，是一个国家的宝贵遗产。在国际范围内，不同国家和组织对民间艺术的知识产权归属及使用持有不同观点，采取不同的做法。欧洲和其他西方发达国家大都持一种观点：民间文学艺术表现形式应属于公有领域作品，公民和组织可以对其进行复制、表演、翻译和改编，而无须征求任何人同意，也无须付费。但是，更多的国家和组织认为，应当给予民间文学以知识产权保护。目前，已有50多个国家通过版权制度对民间文学艺术作品来进行保护。突尼斯是世界上第一个使用国内知识产权法保护民间文学艺术(民间文化)的国家。该国1967年颁布的《文学艺术版权法》中有关于民间艺术的专门条款，在这之后，世界知识产权组织修订了《伯尔尼公约》有关条款，将民间文学作品作为"无作者作品"的一种特例来处理，在书面通知总干事的前提下，各成员方法律可以指定主管当局对民间文学作品主张权利。我国历史文化源远流长，几千年流传下来的民间艺术光辉璀璨，积聚了各民族人民的智慧。近年来随着市场经济的发展，民间艺术作品越来越被商业化，越来越多的民间艺术作品侵权案被提起。如《乌苏里船歌》著作权纠纷案，白秀娥诉国家邮政局、国家邮政局邮票印制局侵害其剪纸作品著作权纠纷案。此外，我国的民间文学作品被外国人改编用于商业等案例使民间艺术作品法律保护显得十分迫切。要保护我国的民间艺术瑰宝，首先需要政府积极引导和推进这方面的著作权保护工作，也需要民间艺术工作者增强自我保护意识与能力，更重要的是立法保护民间艺术作品，明确民间艺术作品的定义、保护范围及条件。我国在民间文学艺术领域里保护什么？我们的民歌、民间传说、剪纸、皮影等，哪些应受到保护？哪些已进入公共领域？其次要平衡民间艺术作品与社会公共利益，明确对这类作品保护的程度，如果保护程度过低，对侵权没有必要的处罚，便不利于对这类作品权利人的保护，如果保护程度过高，也可能阻碍作品的传播。所喜的是政府对民间艺术作品的保护越来越重视，民间艺术工作者的维权意识也正在加强，《民间文学艺术作品保护条例》正在积极制定中，民间艺术作品将会得到充分有效的法律保护。

(三)著作权集体管理问题

著作权集体管理是指著作权人、邻接权人或者其他权利所有人授权有关组织，代为集中管理著作权、邻接权的行为。著作权人对其合法权利的管理方式大体可以分为两种，即个人管理和集体管理。个人管理是一种传统的方式，以著作权人自身的力量，对其合法权利加以保护；集体管理则是著作权人借助专门机构——著作权集体管理组织对其合法权利加以保护。由于复制和传播技术的发展，作品的使用方式也日趋多样化、国际化，著作权人对作品的被使用情况很难了解，因此著作权集体管理制度出现，由著作权集体管理机构从事著作权代理、中介或者信托活动。著作权集体管理制度在西方已有 200 余年发展历史。1777 年世界上第一个作者协会由博马舍创立于法国，这是著作权集体管理组织的雏形，此后欧洲一些国家相继成立了自己的保护著作权的协会，发展至今已有相当长的历史和较大规模，其中较著名的有世界上历史最悠久三个的著作权集体管理组织——法国作者协会（SACD）、意大利作者和出版商协会（SIAE）及德国音乐著作权协会（GEMA）。我国于 1992 年成立第一个著作权管理组织——中国音乐著作权协会，但是却一直无相应的法律规定，只在《著作权法实施条例》中简单提及，直到 2001 年修改后的《著作权法》中才首次以法律的形式对著作权管理制度作了明确的规定。《著作权法》第 8 条规定："著作权人和与著作权有关的权利人可以授权著作权集体管理组织行使著作权或者与著作权有关的权利"，著作权集体管理组织的任务概括起来有以下几个方面：①通过签订合同，接受著作权人对其作品使用权的授权（一般采用信托或部分著作权转让的方式）；②和作品使用者签订协议，并向其发放使用许可证；③监督、检查作品被使用情况；④向作品使用者收取使用费并按照合同规定分配给有关的著作权人；⑤在必要时行使诉权。应该说著作权管理制度是著作权保护制度中极其重要的组成部分，它在作者与使用者之间搭起了方便的桥梁，使著作权人的权利能得到更好的保护。而我国著作权集体管理制度目前仍存在着一些问题：

第一，著作权集体管理组织发展历史短，运作水平较低，而且有些类型作品的集体管理组织仍未建立。我国著作权集体管理制度由于客观条件的制约，发展历史较短，基础和力量薄弱。我国 1992 年 12 月 17 日成立的中国音乐著作权协会，它是以集体管理方式，代表音乐著作权人行使权利的非营利性机构，其管理的范围是会员的音乐作品的表演权、广播权、录制权。1994 年 5 月，中国音乐著作权协会加入了极具影响力的著作权集体管理国际性组织——国际作者、作曲者协会联合会，并与 36 个国家和地区的著作权集体管理组织签订了相互代表协议。中国音乐著作权协会成立 20 多年，有一定的发展，目前有会员 2500 余名，管理音乐作品 1400 万余首。但是与我国著作权保护发展的需要相比，其运作水平远未满足需要。2000 年，中国文字作品著作权协会筹委会成立，中国文字作品著作权协会是经国家版权局批准成立的非营利性社会组织，是全国唯一的由著作权人参与的各类文字作品著作权集体管理机构。美术、摄影作品著作权协会还在筹办中，此类作品的管理暂由中国版权保护中心负责。不健全的著作权集体管理机构对于浩如烟海的众多种类的作品的保护难免会力不从心，特别是对在网络社会中著作权的保护是不利的。

第二，有关著作权集体管理制度不健全。著作权集体管理制度直至 2001 年才首次在修订的《著作权法》中有明确的法律规定，之前处于空白状况。而在修改后的《著作权法》中也仅是规定著作权集体管理机构的法律地位及权利，具体的管理制度及对集体管理机构的监督、管理等由国务院另行规定，但是这个办法至今仍未出台，这无疑会影响著作权集体管理制度的作用。

第三，著作权集体管理意识不强。著作权集体管理制度在中国发展的历史不长，仍是一个新事物。这种著作权保护的成功模式和惯例仍然不为国内大多数使用者所了解，仍然让包括个别地方法院在内的社会组织感到陌生以致不能接受。

第五章 反不正当竞争法律调控

【本章要点】

1. 不正当竞争的概念
2. 不正当竞争的种类
3. 世界各国法律关于不正当竞争的规定
4. 商业秘密的概念
5. 侵犯商业秘密的行为
6. 商业秘密保护

【案例导入】

【案例1】：知名商品特有的包装、装潢不正当竞争案

（一）基本案情

原告：湖南某公司；被告：湖南某乳白胶厂。

原告湖南某公司20世纪80年代便开始生产经营"海天牌"系列乳白胶，自1990年以来先后荣获"湖南优秀产品""劳动部优秀产品""消费者信得过产品"等荣誉称号，其产品在市场上成为众多公众所熟知的商品。1998年11月，原告对其生产使用的2.5公斤规格包装、装潢依法向国家知识产权局申请工业品外观设计专利，于1999年9月获专利权。被告系生产乳白胶的厂家。原告认为被告擅自仿冒其知名商品的包装、装潢以及被告在其产品上伪造、冒用"消费者信得过产品""国内最新技术"等名优质量标志，构成不正当竞争行为，由此酿成纠纷。

（二）当事人争议焦点

原告诉称：其产品为湖南知名商品，并形成了"海天牌"独特的包装、装潢系列，并就2.5公斤规格包装、装潢申请并取得了外观设计专利。被告擅自仿冒其知名商品特有的包装、装潢，产品包装的外观形状、颜色等同其产品极其近似，

构成仿冒知名商品的不正当竞争行为；同时被告未经任何法定质量机构评定、认证、授权而擅自在其产品上伪造、冒用"消费者信得过产品""国内最新技术"等名优质量标志，对产品质量作引人误解的虚假表示。因此请求法院判令被告立即停止不正当竞争行为，并赔偿其经济损失。

被告辩称：其所使用的产品包装、装潢与原告的有明显不同，整体印象、主要部分、图案、色彩、名称、排列组合都有差异，购买者不会发生误认，不可能产生混淆，因此不构成仿冒。另外，"消费者信得过产品""国内最新技术"只是其使用的一句极其普通的广告语，不构成伪造和冒用名优标志的不正当竞争行为。即使有不妥之处，也应由工商行政部门依法监督管理，原告无权要求赔偿。为此，请求人民法院驳回原告的诉讼请求。

（三）法院处理结果

法院驳回了原告的诉讼请求。法院认为，原被告的产品包装的形状近似，装潢所使用的基本颜色（天蓝色）也相近，但对其包装和装潢的主要部分和整体印象进行比较，二者存在以下差异：①装潢的图案不同。原告的装潢图案为海浪，被告的装潢图案为建筑群。②装潢的文字字体大小和文字排列不同。③商标在外包装上的位置及商标图形设计均不同。根据以上差异，一般购买者施以普通注意力即不会发生误认，因此不构成仿冒。为被告在其产品装潢上使用"消费者信得过产品""国内最新技术"等文字是否妥当，是否构成冒用、伪造名优质量标志，应由有关行政管理机关依法处理。

第一节　反不正当竞争法概述

一、不正当竞争的概念

1. 不正当竞争的概念和特征

竞争是商品经济的本质属性，是市场经济最基本的运行机制。正当、有序的竞争有助于充分有效配置资源，调动市场主体的积极性，促进经济增长。不正当竞争则是违背了公平、诚实信用的原则，破坏了竞争的有序性，从而破坏了市场的有序性。对于不正当竞争，有关国际公约与各国立法界定不尽相同。《巴黎公约》规定：凡在工商业事务中违反诚实的习惯做法的竞争行为构成不正当竞争行为。世界知识产权组织拟定的《商标、商号和不公平竞争行为示范法》认为：违反工业或商业事务中诚实做法的任何行为即为不正当竞争。我国《反不正当竞争法》第 2 条规定："不正当竞争，是指经营者违反本法规定，损害其他经营者的合法权益，扰乱社会经济秩序的行为。"依此规定，不正当竞争行为的特征如下：

（1）不正当竞争的行为主体是经营者。经营者是从事商品经营或者营利性服务的法人、其他经济组织和个人。竞争是对于市场的竞争，其主体一般为工商业领域的经营者，因此不正当竞争行为严格而言应是经营者的行为。我国《不正当竞争法》中有关于政府及其所属行政部门的权力滥用，实质上应是行政垄断行为，不是严格意义上的不正当竞争行为。

（2）不正当竞争发生在经营活动中。只有在经营活动中发生的不正当竞争行为才被认定为不正当竞争，构成反不正当竞争法调整的对象。

（3）不正当竞争违反了诚实信用原则。经营者在市场交易中，应当遵循自愿、平等、公平、诚实信用的原则，遵守公认的商业道德。而任何违背上述基本原则的行为，均是不正当竞争行为。

（4）不正当竞争的结果扰乱了社会经济秩序。不正当竞争的直接受损者是经营者，而经营者是市场的基本主体，不正当竞争的后果将会阻碍整个市场的正常运行，进而扰乱社会经济秩序。因此，我国《反不正当竞争法》第 1 条开宗明义，将保障社会主义市场经济健康发展、保护经营者和消费者合法权益作为该法的宗旨。

2. 不正当竞争的种类

依照反不正当竞争法的规定将经营者的不正当竞争行为归纳分类为：①假冒行为；②商品质量及原产地虚假表示行为；③以不正当利益进行交易的行为；④虚假广告宣传行为；⑤侵犯商业秘密的行为；⑥有奖销售与搭售商品的不正当竞争行为；⑦诽谤、排挤竞争对手的行为；⑧招投标中的不正当竞争行为；⑨依法具有独占地位的经营者的不正当竞争行为。

二、反不正当竞争法的基本理论

1. 反不正当竞争法的概念与构成

反不正当竞争法是指全面调整不正当竞争行为，部分调整限制竞争行为的法律规范的总和。反不正当竞争法是作为工业产权法的补充而产生和发展的，在反不正当竞争法的调整范围中，有些是与商标法、专利法、版权法相重叠的，而有些内容则是对这些法律的补充，如对未受商标法、专利法保护的商业秘密、非注册商标，反不正当竞争法都作了规定予以保护。当然反不正当竞争法的侧重点在于维护社会市场的公平竞争秩序，因此它又规定了其他与知识产权无关的禁止行为，以维护公平竞争。反不正当竞争法概念始于法国，但法国仅将法国民法典中有关侵权条款适用于反不正当竞争，而未制定反不正当竞争法，德国则于 1896 年率先制定了反不正当竞争法。

2. 反不正当竞争法的国际界定及其作用

(1)《巴黎公约》的界定。1900年,《巴黎公约》在布鲁塞尔修订会上首次将反不正当竞争纳入其中,因此巴黎公约对世界各国反不正当竞争法的订立产生了很大的推动作用。1967年斯德哥尔摩文本通过第10条规定:①本同盟成员方必须对各该国国民保证予以取缔不正当竞争的有效保护。②凡在工商业活动中违反诚实经营的竞争行为即构成不正当竞争的行为。③特别禁止了三种情况:采用任何手段对竞争对方的企业、商品或工商业活动造成混乱的一切行为;在经营商业中利用谎言损害竞争对方的企业、商品或工商业活动的信誉的行为;在经营商业中使用会使公众对商品的性质、制造方法、特点、使用目的或数量发生混乱的表示或说法。许多国家都将反不正当竞争作为保护工业产权的一个组成部分①。

(2)《反不正当竞争保护示范法》界定。1996年《巴黎公约》管理组织——世界知识产权组织制定《反不正当竞争保护示范法》,综合规定了五种应予禁止的不诚实行为:①直接假冒他人商业标示及类商业标示;②以淡化、弱化他人商业标示及类商业标示等方式损害他人商誉;③以自己的产品、服务误导公众;④针对他人的产品、服务误导公众;⑤侵害他人商业秘密。这些规定都直接影响各国反不正当竞争法的立法。

3. 我国《反不正当竞争法》的特征

我国《反不正当竞争法》于1993年9月2日通过,它与其他国家的反不正当竞争法有着明显的不同。

(1)我国《反不正当竞争法》的立法模式。由于我国一些垄断行为特别是行政垄断行为问题相当突出,而我国又无一部反垄断法予以调整,针对这一现实,我国将限制竞争行为纳入到反不正当竞争法中来予以调整,但是所涉及的反垄断规定还是初步的和零散的。②

(2)我国《反不正当竞争法》的双轨制。我国的反不正当竞争法采取了行政执法机关与司法机关相结合的执法双轨制。《反不正当竞争法》规定,追究行政责任是由行政执法机关承担,除法律、行政法规另有规定外,县级以上人民政府工商行政管理部门对不正当竞争行为进行监督检查。而追究民事责任,则由法院承担。

(3)我国《反不正当竞争法》的多元法律责任。其主要规定了民事责任、行政责任,分别由法院判处和行政机关执行。此外,《刑法》还对一些不正当竞争行为

---

① 其他国际公约对反不正当竞争法也有推动作用,如1994年,《与贸易有关的知识产权协议》(TRIPS协议)首次将重点转向商业秘密的保护。

② 周郑屹.试论反不正当竞争法与知识产权法的关系[J].行政与法,2001(2);邢森.反不正当竞争法律制度的完善[J].法学杂志,2000(3).

如侵犯商业秘密、商业贿赂和串通招标等不正当竞争行为规定了刑事责任。

第二节　假冒、混淆行为及其法律责任

【案例2】罗某假冒贵州茅台酒商标案

2008年以来，被告人罗某在未经"MOUTAI"注册商标所有人许可的情况下，在其用散装白酒灌装生产的假冒茅台酒的包装上使用上述注册商标，后赵某等（另案处理）先后参与进来伙同被告人罗某生产假冒茅台酒。2010年9月9日，郑州市公安局经济技术开发区分局经侦大队民警在郑州市二七区侯寨乡柿树洼村（被告人罗某等人生产假冒茅台酒的窝点）查扣大量假冒的贵州茅台酒及制作假冒贵州茅台酒使用的包装，其中，现场查扣12瓶装53°贵州茅台酒8箱、6瓶装53°贵州茅台酒11箱、尚未装箱的53°贵州茅台酒195瓶、散装白酒8桶（每桶50千克）及假冒贵州茅台酒包装材料398套，上述产品及包装材料经茅台酒厂家认定均不是其公司生产（包装），非法经营数额共计人民币31.0233万元。上述事实，被告人罗某在开庭审理过程中亦无异议，且有被告人罗某供述，同案犯赵小均、罗茂科、蔡梅的供述，户籍证明、扣押物品清单、商标注册证复印件、贵州茅台酒股份有限公司鉴定表、抓获经过、指定管辖决定书及指认照片等证据证实，足以认定。

一、假冒、混淆行为的概念及表现

1. 假冒、混淆行为的概念

假冒、混淆行为是指经营者在市场经营活动中，以种种不实手法对自己的商品或服务作虚假表示、说明或承诺，或不当利用他人的智力劳动成果推销自己的商品或服务，混淆其商品与他人的商品，导致用户或者消费者产生误解，扰乱市场秩序、损害同业竞争者的利益或者消费者利益的行为。大多数国家及国际公约组织对此行为均严格禁止。如《巴黎公约》第10条特别禁止的三类不正当竞争行为中，首先就是对此种行为的禁止，即"采用任何手段对竞争对方的企业、商品或工商业活动造成混乱的一切行为"。

2. 假冒、混淆行为的表现

假冒、混淆行为是最为传统，也是应用最为广泛的一种不正当竞争行为，因此其危害也极大。假冒、混淆行为的表现主要有以下几种：

（1）假冒他人的注册商标。《中华人民共和国商标法》对假冒他人注册商标的认定及法律责任均有明确规定，因此该项规定与商标法对商标专用权的保护存在交叉。当然两者规范有不同的侧重点，商标法侧重于保护注册商标的专用权，而《反不正当竞争法》则是从规范竞争、维护竞争秩序的角度强调这一规定。

（2）仿冒知名商品造成混淆的行为。这是采取对知名商品的仿冒混淆行为，从而达到损害竞争对手的目的。应从以下特征来掌握此行为：① 侵害的是知名商品所特有的名称、包装和装潢。知名商品是指在相关市场区域内具有一定信誉并为相关市场区域内消费者所认可的商品。特有的含义是指该知名商品的名称、包装和装潢具有独特性，明显异于其他同类商品。② 擅自使用知名商品特有的名称、包装、装潢或使用与知名商品相近似的名称、包装、装潢是经营者使用的手法。③客观上已造成与知名商品的混淆，使消费者误以为购买的是知名商品。

（3）假冒他人的企业名称或姓名，造成混淆的行为。企业名称是指根据我国企业登记管理法规，经工商行政管理机关核准并合法登记的名称，是一个企业区别于其他企业的专有符号，具有专有权，未经企业许可不得擅自使用。姓名是一个公民区别于其他公民的符号，此处姓名的含义是指经营者将其姓名作为商品的商标、标识等区别商品或服务的营业标志。企业名称或姓名体现着企业的商业信誉和其商品或服务的质量，表现出经营者通过努力所获得的无形财产。因此，未经许可，不得擅自在商品上使用其企业名称或姓名。假冒他人企业名称或姓名的行为，应从以下特征来把握：第一，假冒手法为擅自使用，即未经他人许可而使用他人企业名称或姓名，非法以他人名义从事经营。第二，客观上造成与其假冒企业名称或姓名的经营者发生混淆，从而误导消费者。

二、假冒、混淆行为的认定及其法律责任

1. 假冒他人的注册商标及其法律责任

《商标法》对假冒他人注册商标的认定及法律责任均有明确规定，因此《反不正当竞争法》第5条第1项之规定与《商标法》对商标专用权的保护存在交叉。当然两者有不同的侧重点，《商标法》侧重于保护注册商标的专用权，而《反不正当竞争法》则是规范竞争、维护竞争秩序的角度强调这一规定。《反不正当竞争法》第21条将经营者假冒他人注册商标的责任规定为依照《中华人民共和国商标法》的规定处理，商标法章节也有论述，因此本节不作重复。[①]

2. 仿冒知名商品造成混淆的行为认定

（1）仿冒知名商品造成混淆的行为。这是采取对知名商品的仿冒混淆行为，从而达到损害竞争对手的目的。应从以下特征来掌握此行为：①侵害的是知名商

① 于邦国. 不正当竞争行为[J]. 工商行政管理. 2001(5).

品所特有的名称、包装和装潢。②擅自使用知名商品特有的名称、包装、装潢或使用与知名商品相近似的名称、包装、装潢是经营者使用的手法。③客观上已造成与知名商品的混淆，使消费者误以为购买的是知名商品。对混淆的判断一般以普通消费者的普通注意力为标准，认为形成混淆的可能就满足该条件。

（2）仿冒知名商品造成混淆行为的法律责任。《反不正当竞争法》对仿冒知名商品行为规定了民事责任、行政责任和刑事责任。①民事责任。《反不正当竞争法》第20条规定了民事责任，被侵害的经营者可以向人民法院提起诉讼，要求侵害者承担损害赔偿责任。损害赔偿以实际损害为标准，若损失难以计算的，赔偿额为侵权人在侵权期间因侵权所获得的利润；并应当承担被侵害的经营者因调查该经营者侵害其合法权益的不正当竞争行为所支付的合理费用。此条是对不正当竞争行为的民事责任的通用规定，当然适用于仿冒知名商品的行为。②行政责任。《反不正当竞争法》第21条第2款规定，监督检查部门应当责令停止违法行为，没收违法所得，可以根据情节处以违法所得1倍以上3倍以下的罚款，情节严重的，可以吊销营业执照。③刑事责任。《反不正当竞争法》第21条第2款规定，经营者销售伪劣商品的行为，构成犯罪的，依法追究刑事责任。

3. 假冒他人的企业名称或姓名及其法律责任

（1）假冒他人的企业名称或姓名是指没有得到企业的许可，擅自在商业活动中使用他人的企业名称或姓名，导致消费者或使用者误认的不正当竞争行为。企业名称或姓名体现着企业的商业信誉和其商品或服务的质量，表现出经营者通过努力所获得的无形财产。因此，未经许可，不得擅自在商品上使其企业名称或姓名。

（2）假冒他人企业名称或姓名的认定。假冒他人企业名称或姓名行为，应从以下特征来把握：①假冒手法为擅自使用，即未经他人许可而使用他人企业名称或姓名，非法以他人名义从事经营。②客观上造成与其假冒企业名称或姓名的经营者发生混淆，从而误导消费者。

（3）假冒他人企业名称或姓名的法律责任。按照《反不正当竞争法》第21条第1款规定，经营者擅自使用他人的企业名称或者姓名，按《中华人民共和国产品质量法》（简称《产品质量法》）的规定处罚。就民事责任而言，《产品质量法》未对假冒他人企业名称或姓名作相应规定，《反不正当竞争法》第20条对于侵害者的民事责任规定同样适用于假冒他人企业名称或姓名的不正当竞争行为。行政责任的规定则体现在《产品质量法》第41条之规定，对擅自使用他人企业名称或姓名的，应责令公开更正、没收违法所得，可以并处罚款。

第三节　虚假标示行为和虚假宣传行为及其法律责任

【案例3】田七牙膏的虚假标示行为案①

2006 年 8 月 3 日，某工商局在市场巡查中，发现当事人生产并在该局辖区内销售的"田七"105 克特效中药牙膏包装盒上标示：田七又名"金不换"，为历代名医所称颂名贵中药，以现代科技提取出丰富的田七精华——田七总皂苷，具有散血止痛，消炎抑菌之功效，长期使用更能强化牙龈、牙质，使之更健康。对虚火牙痛、牙龈出血、牙本质过敏、口腔溃疡、牙菌斑，能有效改善及预防等。经核查，该牙膏属日化用品非药品，其预防和治疗疾病的宣传未经国家法定部门核准。此案有现场检查笔录，当事人授权人询问调查笔录一份，当事人提供的该牙膏质量证明材料等。某工商局依据《中华人民共和国反不正当竞争法》第 24 条第 1 款之规定，作出以下行政处罚：①责令当事人停止违法行为并消除影响；②罚款人民币 10000 元，上缴国库。

一、虚假标示行为及其法律责任

1. 虚假标示行为的概念及具体表现

虚假标示是指经营者采取不正当的手段，在商品上仿冒商品质量标志和产地，对商品质量作虚假表示，误导消费者，从而牟取非法利益的行为。《反不正当竞争法》第 5 条第 4 款规定，"在商品上伪造或冒用认证标志、名优标志等质量标志，伪造产地，对商品质量作引人误解的虚假标示"的行为是不正当竞争行为。虚假标示行为的构成为：①行为主体为商品经营者，包括商品生产者和销售者。②行为人主观上出于故意或过失，有引人误解的故意或造成引人误解结果的过失。③行为后果是引人误解，使人对商品的质量发生误解，扩大自己商品的销量，具有不正当竞争性质。从《反不正当竞争法》第 5 条第 4 款对于虚假标示行为的规定来理解三种具体的行为②：

（1）在商品上仿冒认证标志、名优标志等质量标志。质量标志是指特定机构

---

① 广西某公司虚假宣传案案例分析，http://www.kmaic.gov.cn/KmaicOut/website/ShowDocument.aspx？id =37507，2016 - 4 - 19；09：14

② 段仁元. 反不正当竞争法与驰名商标保护[J]. 财政理论与实践，2000 年(5)；吕斌. 浅析商标法对不正当竞争防范的缺陷与完善[J]. 湖南行政管理学院学报，2001(1).

经过一定程序发给经营者的商品质量荣誉标志。认证标志即产品质量认证标志，是指认证机构依据产品标准及相应技术要求，确认产品符合产品标准及相应技术要求而颁发并准许在产品上使用的专有的质量标志，认证标志是一种法定的质量标志。名优标志是指经国家或国际有关组织依据国际先进水平标准，对产品进行评定，证明产品质量达到先进水平，评定为名优产品而颁发给经营者的一种荣誉标记。质量标志目的在于向消费者传递正确可靠的质量信息，而任何仿冒质量标志的行为都是对商品质量作引人误解的虚假表示，不仅会坑害消费者，更会损害诚实经营者的权益，妨害公平竞争。

（2）伪造产地。产地是商品的地理来源，如商品的制造、加工、生产地。商品产地往往因其地理环境、技术条件、地区信誉而与商品的质量、信誉密切相关。因此，在商品上伪造产地的目的在于不正当利用他人的产地优势，误导消费者，妨碍公平竞争。

（3）对商品质量作引人误解的表示。这是指经营者在商品上对反映商品质量的内容如品质、制作成分、性能、用途、生产日期、有效期限等作虚假的引人误解的标注，从而误导消费者。

2. 虚假标示的法律责任

根据《反不正当竞争法》第 21 条规定，虚假标示的法律责任应依《产品质量法》规定处罚。

（1）虚假标示的民事责任。《产品质量法》第 28 条规定，经营者对商品质量与原产地的虚假标示行为，应负以下民事责任：①负责修理、更换、退货；②给购买商品的用户、消费者造成损失的，应予赔偿。经营者若不主动承担上述责任，产品质量监督部门或工商行政管理部门可责令其承担。当事人还可依法申请仲裁或提起诉讼。

（2）虚假标示的行政责任。《产品质量法》第 41 条规定，经营者伪造产品的产地，伪造或者冒用认证标志、名优标志的应受到责令公开更正、没收违法所得的行政处罚，可并处罚款。

二、虚假宣传行为及其法律责任

1. 虚假宣传行为概念及特征

虚假宣传是指经营者利用广告或其他方法，对商品的质量、制作成分、性能、用途、生产者、有效期限、产地等作引人误解的宣传。《反不正当竞争法》第 9 条规定："经营者不得利用广告或者其他方法，对商品的质量、制作成分、性能、用途、生产者、有效期限、产地等作引人误解的虚假宣传。广告的经营者不得在明知或者应知的情况下，代理、设计、制作、发布虚假广告。"虚假标示和虚假宣传实质上是相同的，只是方式不一样。虚假标示是在"商品上"，包括在商品的容器等包装上；虚假宣传主要是利用广告，指用在商品以外的其他方法作虚假宣传。虚假宣传行为具有以下特征：

（1）虚假宣传行为的主体为商品经营者，广告经营者为他人实施虚假宣传广告行为，不属于不正当竞争，因此广告经营者不是虚假宣传行为的主体。

（2）虚假宣传行为主观上出于故意或者过失，其目的是为了扩大自己的市场销售，具有不正当竞争性。

（3）虚假宣传行为在客观上实施了针对广大用户和消费者的虚假宣传行为，其形式不限于广告，还有非广告形式，如发表文章、接受采访等。

（4）虚假宣传行为同时损害了竞争者与消费者的合法利益。虚假宣传的受众是消费者，消费者的利益首当其冲受到侵害；虚假宣传的目的是扩大市场份额，排挤竞争对手，竞争对手的利益最终受到损害。

2. 虚假宣传行为的法律责任

虚假宣传的法律责任设置有民事责任、行政责任和刑事责任。

（1）虚假宣传行为的行政责任。《反不正当竞争法》第 24 条第 1 款规定，经营者利用广告或者其他方法，对商品作引人误解的虚假宣传的，监督检查部门应当责令停止违法行为，消除影响，可以根据情节处以 1 万元以上 20 万元以下的罚款。《广告法》第 37 条规定，违反本法规定，利用广告对商品或服务作虚假宣传的，由广告监督管理机关责令广告主停止发布，并以等额广告费用在相应范围内公开更正消除影响，并处广告费用 1 倍以上 5 倍以下罚款；情节严重的，依法停止其广告业务。构成犯罪的，依法追究刑事责任。可见对于虚假宣传行为，《反不正当竞争法》和《广告法》的规定是不一致的。而依后法优于前法的原则，1995 年 2 月 1 日生效的《广告法》优于 1993 年 12 月 1 日实施的《反不正当竞争法》，《广告法》也作了如下规定："本法施行前的其他有关广告的法律、法规的内容与本法不一致的，以本法为准。"而以其他方法进行虚假宣传行为的法律责任仍适用《反不正当竞争法》第 20 条之规定。

（2）虚假宣传行为的民事责任。《反不正当竞争法》第 20 条之规定，因虚假宣传被侵害了合法权益的经营者可向法院提起诉讼追究行为人的民事责任。

（3）虚假宣传行为的刑事责任。《刑法》第 222 条之规定，对利用广告对商品和服务作虚假宣传，情节严重的广告主，处以 2 年以下有期徒刑或者拘役，并处或单处罚金。

第四节　商业贿赂及其法律责任

【案例4】葛兰素史克商业受贿案

长沙市中级人民法院2014年9月19日依法对葛兰素史克(中国)投资有限公司(简称 GSKCI)和马某等人对非国家工作人员行贿、非国家工作人员受贿案进行不公开开庭审理,法院以对非国家工作人员行贿罪判处被告单位 GSKCI 罚金人民币30亿元;判处被告人马某有期徒刑3年,缓刑4年,并处驱逐出境;判处被告人张某有期徒刑3年,缓刑3年;判处被告人梁某期徒刑2年,缓刑3年;判处被告人赵某有期徒刑2年,缓刑2年;以对非国家工作人员行贿罪判处被告人黄某有期徒刑2年,以非国家工作人员受贿罪判处其有期徒刑2年,决定执行有期徒刑3年,缓刑4年。宣判后,被告单位的诉讼代表人及各被告人均当庭表示认罪服判,不提出上诉。

一、商业贿赂概念及特征

1. 商业贿赂概念和特征

商业贿赂是指经营者在市场交易中通过给付财物或其他手段贿赂以获取优于竞争对手的竞争优势的不正当竞争行为。商业贿赂是一种特殊的贿赂行为,它是以贿赂手段从事交易从而获取不正当的利益,极大地妨碍了公平的竞争秩序,因此它是为许多国家竞争法所禁止的不正当竞争行为,我国《反不正当竞争法》第8条规定:"经营者不得采用财物或者其他手段进行贿赂以销售或者购买商品。"

2. 商业贿赂的特征

商业贿赂的特征有以下几点:

(1)商业贿赂的行贿主体是从事经营活动的经营者,可以是法人、个人或其他组织。受贿主体是经营者,或是经营者的代理人或雇员,也可以是非经营者。

(2)商业贿赂的目的具有商业性,即为了销售商品或购买商品,获得优于竞争对手的地位。

(3)商业贿赂主观上为故意。无论行贿者与受贿者均为故意,与一般贿赂无异。

(4)商业贿赂客观上采取了秘密给付财物的手段或其他手段。

依《禁止商业贿赂行为的暂行规定》第2条第3款之规定,此处的财物是指现金和实物,包括经营者为销售或者购买商品,假借促销费、宣传费、赞助费、科研费、劳务费、咨询费、佣金等名义，或者以报销各种费用等方式，给付对方单位或者个人的财物。而依第 2 条第 4 款规定，商业贿赂的其他手段是指提供国内外各种名义的旅游、考察等给付财物以外的其他利益的手段。另外，依《反不正当竞争法》之规定，在账外暗中给付和收受回扣的，以行贿和受贿论处。

二、商业贿赂的法律责任

商业贿赂的法律责任限于行政责任和刑事责任。

1. 行政责任

《反不正当竞争法》第 22 条同时规定，经营者采取商业贿赂行为，不构成犯罪的，监督检查部门可以根据情节处以 1 万元以上 20 万元以下的罚款，有违法所得的，予以没收。

2. 刑事责任

《反不正当竞争法》第 22 条规定，经营者采用财物或其他手段进行贿赂以销售或者购买商品，构成犯罪的，依法追究刑事责任。《刑法》第 391 条对实施商业贿赂行为的刑事责任进行了规定：为谋取不正当利益，给予国家机关、国有公司、企业、事业单位、人民团体以财物的，或者在经济往来中，违反国家规定，给予各种名义的回扣、手续费的，处 3 年以下有期徒刑或者拘役。单位犯前款罪的，对单位判处罚金，并对直接负责的主管人员和其他直接责任人员，依照前款的规定处罚。《刑法》第 387 条对收受商业贿赂行为的刑事责任作了规定：单位在经济往来中，在账外暗中收受各种名义的回扣、手续费的，以受贿论，情节严重的，对单位判处罚金，并对直接负责的主管人员和其他直接责任人员，处 5 年以下有期徒刑或者拘役。

第五节　诋毁他人商誉、不正当有奖销售等行为及其法律责任

【案例 5】360 扣扣保镖软件商业诋毁纠纷案①

北京奇虎科技有限公司、奇智软件（北京）有限公司（下称奇虎公司等）针对腾讯科技（深圳）有限公司、深圳市腾讯计算机系统有限公司（下称腾讯公司等）

---

① 选自最高人民法院发布的 2014 年十大知识产权典型案件。

的 QQ 软件专门开发了"360 扣扣保镖"软件，在相关网站上宣传扣扣保镖软件全面保护 QQ 软件用户安全，并提供下载。2011 年 8 月，腾讯公司等以上述行为构成不正当竞争为由，提起诉讼。广东省高级人民法院一审认为，奇虎公司等前述行为构成不正当竞争，其针对腾讯公司等的经营，故意捏造、散布虚伪事实，损害了该公司的商业信誉和商品声誉，构成商业诋毁。遂判决奇虎公司等公开赔礼道歉、消除影响，并连带赔偿经济损失及合理维权费用共计 500 万元。奇虎公司等不服，提起上诉。最高人民法院二审认为，奇虎公司等前述行为破坏 QQ 软件及其服务的安全性、完整性，本质上属于不正当地利用他人市场成果、为自己谋取商业机会从而获取竞争优势的行为，违反了诚实信用和公平竞争原则，构成不正当竞争。2014 年 2 月，最高人民法院判决驳回上诉，维持原判。

一、诋毁他人商誉及其法律责任

1. 诋毁他人商誉的界定

诋毁他人商誉是指经营者采取捏造事实、散布虚伪事实手段，对竞争对手的商业信誉、商品声誉进行诋毁，打击竞争对手的行为。商誉是指商业信誉和商品声誉，是社会对特定经营者的总体的积极的评价，它是经营者通过努力获得的可为其带来巨大利益的无形资产。诋毁他人商誉也就是损害了他人的无形资产，从而损害了其竞争力，因此国际公约和大多数国家均将其作为不正当竞争行为加以规范。《巴黎公约》第 10 条之二禁止的不正当竞争情况中包括：在经营商业中利用谎言损害竞争对方的企业、商品或工商业活动的信誉的。我国《反不正当竞争法》第 14 条也规定，经营者不得捏造、散布虚伪事实，损害竞争对手的商业信誉、商品声誉。诋毁他人商誉应从以下几点特征来把握：

（1）诋毁他人商誉行为主体是经营者，且与被侵害者之间具有竞争关系。诋毁他人商誉是为了打击竞争对手的实力，使自己在竞争中处于优势，是出于竞争目的，由此可以区别于一般的侵犯公民和法人名誉权和荣誉权。

（2）行为人主观存在过错。诋毁商誉行为是采取捏造和散布的手段，行为人必定存在故意。而散布者由于过失损害他人商誉的，也应承担责任。

（3）行为人在客观上实施了损害他人商誉的行为。手段包括捏造和散布虚假事实，不论是捏造还是散布虚假事实，都构成诋毁他人商誉行为。如果散布的是真实的事实，则不能构成诋毁他人商誉。

2. 诋毁他人商誉的法律责任

依《反不正当竞争法》的规定，诋毁他人商誉行为的法律责任限于民事责任和刑事责任。

（1）民事责任。《反不正当竞争法》第 20 条之关于侵害者的民事责任的规定适用于诋毁商誉行为。

（2）刑事责任。《刑法》第221条规定："捏造、散布虚伪事实，损害他人的商业信誉、商品声誉，给他人造成重大损失或者有其他严重情节的，处以2年以下有期徒刑或者拘役，并处或者单处罚金。"

二、不正当有奖销售及其法律责任

1. 不正当有奖销售的概念

我国对有奖销售作了严格的限定，凡违反法律的限制性规定从事的有奖销售就是不正当有奖销售。有奖销售是指经营者为推销其商品或服务，在销售或提供服务时附带地向购买者提供物品、金钱或其他利益的行为。有的国家一概禁止有奖销售，有的国家虽承认有奖销售，但是却作了必要的限制。我国《反不正当竞争法》第13条规定了不正当有奖销售的三种行为：一是采用谎称有奖或者故意让内定人员中奖的欺骗方式进行有奖销售；二是利用有奖销售的手段推销质次价高的商品；三是抽奖式的有奖销售，最高奖的金额超过5000元。

2. 不正当有奖销售的法律责任

不正当有奖销售的危害性相对而言较小，因此，其法律责任也仅为民事责任和行政责任。

（1）被侵害的经营者可依据《反不正当竞争法》第20条之规定要求侵害者承担民事责任，而消费者则可依《民法通则》等相关法律规定，追究欺骗性有奖销售和推销质次价高的有奖销售者的民事责任。

（2）行政责任。依《反不正当竞争法》第26条规定，对不正当有奖销售行为，监督检查部门应当责令停止违法行为，可以根据情节处以1万元以上10万元以下的罚款。

三、串通投标及其法律责任

1. 串通投标的概念与特征

串通投标是指在招投标过程中，投标人之间互相串通，抬高标价或者压低标价。投标人与招标人之间相互勾结，以排挤竞争对手的公平竞争。招投标是一种竞争性极强的交易方式，优胜劣汰的竞争性是其优越性之所在。串通投标会限制其他人的正当竞争，扰乱公平的竞争秩序，因此我国《反不正当竞争法》第15条对串通投标作了禁止规定。串通投标行为具有以下几个特征：

（1）串通投标主体至少为两人以上的经营者。因为串通投标行为是合谋行为，一个经营者不可能完成。

（2）串通投标违反了招投标的程序。投标人之间相互勾结或投标人与招标人相互勾结，违反招投标程序，从而获得不正当的利益，限制了其他人的竞争。

（3）串通投标的经营者至少有一个主观上存在故意。其目的是为了在竞争中处于优势，获得不正当利益。

2．串通投标的法律责任

（1）民事责任。串通投标的受害者可依《反不正当竞争法》第20条之规定，向人民法院起诉，要求侵害者承担民事责任。

（2）行政责任。《反不正当竞争法》第27条规定，投标者串通投标，抬高标价或者压低标价；投标者和招标者相互勾结，以排挤竞争对手的公平竞争的，其中标无效。监督检查部门可以根据情节处以1万元以上20万元以下的罚款。

（3）刑事责任。《刑法》第223条规定，投标人相互串通投标报价，损害招标人或者其他投标人利益，情节严重的，或者投标人与招标人串通投标，损害国家、集体、公民的合法利益的，处3年以下有期徒刑，并处或者单处罚金。

第六节 限制竞争行为及其法律责任

【案例6】互联网领域滥用市场支配地位垄断案

2011年11月，北京奇虎科技有限公司向广东省高级人民法院起诉称，腾讯科技（深圳）有限公司、深圳市腾讯计算机系统有限公司（下称腾讯公司等）在即时通信软件及服务相关市场具有市场支配地位，并指控腾讯公司滥用该支配地位，无正当理由限制交易和捆绑销售，请求判令腾讯公司立即停止滥用市场支配地位的垄断行为，连带赔偿奇虎公司经济损失1.5亿元。广东省高级人民法院一审认为，本案相关商品市场远远超出综合性即时通信服务市场，相关地域市场应为全球市场，腾讯公司在该相关市场不具有支配地位。该院判决驳回奇虎公司的全部诉讼请求。奇虎公司不服，提出上诉。最高人民法院利用经济分析方法重新界定了本案相关市场范围，通过考察被诉垄断行为的实际或者可能的竞争效果，认为基于本案现有证据，不足以认定腾讯公司等实施了为反垄断法所禁止的限制交易和搭售行为。2014年10月，最高人民法院判决驳回上诉，维持原判①。

限制竞争行为是指经营者单独或者联合实施的妨碍或者消除市场竞争，排挤竞争对手或者损害消费者权益的行为。限制竞争行为，既包括具有经济优势力量的经营者滥用其经济实力限制他人竞争的行为，又包括政府及其部门滥用行政权力所实施的限制竞争行为。限制竞争行为与不正当竞争行为是两种不同的行为，

---

① 选自最高人民法院发布的2014年十大知识产权典型案件。

鉴于我国限制竞争行为尤其是行政垄断和行业垄断问题的严重性,我国出台了反垄断法予以规范,但反不正当竞争法还没有修改,仍将其纳入不正当竞争范围。因此将限制竞争的规定在反不正当竞争法中加以规范,这是我国反不正当竞争法的一个特色。

一、行政垄断及其法律责任

1. 行政垄断概念

《反不正当竞争法》第7条规定,政府及其所属部门不得滥用行政权力,限定他人购买其指定的经营者的商品,限制其他经营者正当的经营活动。政府及其所属部门不得滥用行政权力,限制外地商品进入本地市场,或者本地商品流向外地市场。

2. 行政垄断的特征

行政垄断的特征有以下几点:

(1)行为主体是政府及其所属部门。政府是指包括国务院在内的各级人民政府,其所属部门除政府所属的行政机关外,还应包括政府所属的行使行政管理权的事业单位。

(2)政府及其所属部门滥用了行政权力。所谓滥用行政权力是指违反法律、法规的基本原则和规定行使行政权力,因此还应正确区分正当行使行政权力和滥用行政权力的界限。

(3)行为内容是限定他人购买其指定的经营者的商品,限制其他经营者正当的经营活动,限制商品的自由流通。

3. 行政垄断的法律责任

对于行政垄断的法律责任,《反不正当竞争法》第30条规定,"政府及其所属部门违反本法第7条规定,限定他人购买其指定的经营者的商品、限制其他经营者正当的经营活动,或者限制商品在地区之间正常流通的,由上级机关责令其改正;情节严重的,由同级或者上级机关对直接责任人员给予行政处分。被指定的经营者借此销售质次价高商品或者滥收费用的,监督检查部门应当没收违法所得,可以根据情节处以违法所得一倍以上三倍以下的罚款"。

二、行业垄断及其法律责任

1. 行业垄断概念

行业垄断是指公用企业或其他依法具有独占地位的经营者,滥用其经营优势,限定他人购买其指定的经营者的商品,限制其他经营者的竞争。《反不正当竞争法》第6条对此作了禁止规定。

2. 行业垄断的特征

(1)行为主体只能是特定的公用企业或其他依法具有独占地位的经营者。一般理解，公用企业包括从事电力、自来水、燃气、通信、交通运输等公用事业之经营者。目前，这些公用企业大多为独家经营，处于无竞争状态，很容易产生垄断问题。依法具有独占地位的经营者，是指依专门法律设立或者从事经营，在市场上具有独占地位的营利性企业。此类经营者的独占地位是依特殊的法律所赋予的，而不是由市场自由竞争而发展的垄断型企业。

（2）主观上有故意，行为人是滥用其独占地位，限制他人交易。因此行为人必须是故意而为之，不存在过失为之的情况。

（3）客观上实施了限制他人自由交易的行为。公用企业或其他依法具有独占地位的经营者凭借其独占优势，违反民事活动自愿原则，限制他人购买其指定的经营者的商品，而排挤其他经营者的正当经营活动。

3. 行业垄断行为法律责任

《反不正当竞争法》第23条对行业垄断行为法律责任作了规定，公用企业或者其他依法具有独占地位的经营者，限定他人购买其指定的经营者的商品，以排挤其他经营者的公平竞争的，省级或者设区的市的监督检查部门应当责令停止违法行为，可以根据情节处以5万元以上20万元以下的罚款。

三、低于成本价销售行为及其法律责任

1. 低于成本价销售行为的概念

低于成本价销售行为是指经营者为了排挤竞争对手，在一定市场和一定时期内，以低于成本的价格销售商品，压价排挤竞争对手。《反不正当竞争法》第11条第1款规定，经营者不得以排挤竞争对手为目的，以低于成本的价格销售商品。

2. 低于成本价销售行为的特征

低于成本价销售行为的特征有：

（1）以排挤竞争对手为目的。经营者企图通过低于成本的价格，争取顾客，占领市场或扩大市场份额，从而达到排挤竞争对手的目的。

（2）行为人采取的是低于成本价销售的行为。所谓成本是产品的生产成本、销售中所发生的费用及管理费用的总和。《反不正当竞争法》第11条第2款作了排除性规定：①销售鲜活商品；②处理有效期限即将到期的商品或者其他积压的商品；③季节性降价；④因清偿债务、转产、歇业降价销售商品。这些行为不具有排挤竞争对手的目的，因此不属于不正当竞争行为。

3. 低于成本价销售行为

《反不正当竞争法》第20条规定，低于成本价销售行为没有行政处罚条款。而仅可依第20条之规定追究行为人的民事责任。但是因为行为的危害不是即时显现的，损害本身也难确定，因此实际上追究民事责任也是有较大难度的。

四、搭售或附加其他不合理交易条件的行为及其法律责任

1. 搭售或附加其他不合理交易条件的行为

搭售或附加其他不合理交易条件的行为是指经营者利用其经济或技术优势，违背消费者的意愿，在提供商品或服务时搭售其不愿购买的商品或接受其他不合理的条件。这种行为违反了公平销售、自愿交易的原则，而且减少了竞争对手的交易机会，限制了竞争。我国《反不正当竞争法》第12条对这种行为作了禁止规定。

2. 搭售或附加其他不合理交易条件的行为特征

搭售或者附加其他不合理交易条件的行为，具有以下特点：

(1)行为人是凭借其在经济或技术上的优势而实施此行为。这一特点是显而易见，行为人若无经济或技术上优势是不可能让购买者服从其不合理行为的。

(2)搭售的商品或附加的不合理交易条件是交易相对人不愿接受的，即是违背了交易相对人的意愿的。若其自愿接受，则不构成搭售或者附加其他不合理交易条件的行为。

3. 搭售和附加其他不合理交易条件的行为主要表现形式

(1)商品或服务直接搭配出售，即经营者在销售商品或提供服务时，要求购买者必须接受另一种商品或接受另一种服务。

(2)限定转售价格，即制造商向销售商提供商品时，要求销售必须按制造商限定的价格销售商品，不得自行变动。

(3)限定销售地区，即供应商提供商品时，要求经销商只能向某一类顾客销售该商品。

(4)独家经销限制，即供应商向经销商提供商品时，要求经销商只能销售其提供的商品，而不得销售其他竞争对手提供的同类商品等其他表现形式。

4. 搭售或附加其他不合理交易条件的行为的法律责任

我国《反不正当竞争法》对搭售或者附加其他不合理交易条件的行为未规定处罚条款，目前仅只承担民事责任，适用第20条之规定。

此外，我国《反不正当竞争法》第10条对侵害商业秘密行为作出了禁止性规定。商业秘密是指不为公众所知悉，能为权利人带来经济利益、具有实用性并经权利人采取保密措施的技术信息和经营信息。国际公约和许多国家均将商业秘密作为一种无形资产加以保护，成为知识产权保护法律制度的重要组成部分，将在下一节中专门论述。

第七节　商业秘密的概念和特征

【案例7】湖南某企业员工跳槽商业秘密侵权案

原告为某金刚石研究所(简称研究所),被告一郭某系原告某金刚石制品研究所员工,主要从事金刚石制品生产岗位上的电镀操作及物资经营部工作。1996年1月,郭某与研究所签订《留职停薪协议》。之后,郭某与被告二某化工厂签订《引进技术人员和管理人员开发金刚石制品》协议书,郭某利用在研究所掌握的有关电镀金刚石制品生产工艺、配方生产人造金刚石钻头等而获取利润。原、被告双方就是否侵害商业秘密而提起诉讼。

被告郭某作为原告研究所的员工,由于工作关系实际已获取和掌握研究所的专有技术,被告在留职停薪期间亦应履行和遵守该研究所的保密义务,其未经研究所许可,擅自将技术转让给被告某化工厂而获取技术转让费,其行为已损害研究所的利益,应承担相应的民事责任,赔偿原告经济损失。①

一、商业秘密的概念

商业秘密是指不为公众所知悉、能为权利人带来经济利益、具有实用性并经权利人采取保密措施的技术信息和经营信息。它是一种特殊的知识产权,其特殊性表现在:

(1)由于信息渠道的隔绝,相同内容的技术信息或经营信息为不同主体所掌握,他们各自在主观上都认为信息在本地区或本行业具有竞争能力、不宜扩散,因而客观上采取了相应的保密措施。这样一来就形成了多数主体同时拥有同一内容的商业秘密,形成了非单一的相对所有权。

(2)商业秘密权的取得与专利权、商标权的取得不同。专利和商标独占权的取得是由国家专门机关授权确认的,因此,它们的法律状态、专有权的范围是公知的,易于了解和把握。而商业秘密的内在表现形式多样化、内容具有不可穷尽性。商业秘密在事实上的独占权主要凭借权利人保守秘密而维持。

(3)商业秘密权的保护期是不确定的。保护期的长短取决于权利人的保密措施和其他人对此项秘密的公开。商业秘密与知识产权不可分割,技术秘密与专利

---

① 本案摘自2003年以前湖南省长沙市中级人民法院民三庭的已审结的案件。

之间密切相关。商业秘密产生和存在的历史早于专利制度。早在古代社会，商业秘密就以"家传绝技""祖传秘方""绝活""拿手好戏"等形式存在了。在古代和近代，并没有从法律上赋予商业秘密财产权的地位。现代意义上的商业秘密，是随着市场经济的发展作为专利制度的补充而出现的。

二、商业秘密的特征

商业秘密是以秘密状态维护其经济价值享有法律保护的一种知识产权。秘密性是商业秘密得以存在的关键，是商业秘密受到法律保护的事实基础。一项为公众所知、可以轻易取得的信息，无法借此享有优势，法律亦无须给予保护；一项已经公开的秘密，对其拥有人来说已经推动了竞争价值，同样也就不再需要法律上的保护。因此，商业秘密的秘密性条件是指"不为公众所知悉、权利人采取了保密措施"这两个方面的统一。根据我国反不正当竞争法和国家工商局 1995 年11 月公布的《关于禁止侵犯商业秘密行为的若干规定》，只有符合下述条件的技术信息和经营信息，才是商业秘密：

1. 秘密性

秘密性即不为公众所知悉。不为公众所知悉意味着，商业秘密只能是在一定范围内由特定人或少数人所掌握和知晓的技术或商务信息。众所周知的、常识性的知识信息不能称为秘密，彻底泄露、公开的事实也不能作为秘密。不为公众所知悉，即不为人知。对于公众的理解，应当与反不正当竞争法所调整的主体——竞争者相联系。反不正当竞争法调整的是同一行业领域竞争者之间的竞争行为。因此，这里所指的公众并不泛指社会上不特定的多数人，而主要指该信息应用领域的竞争者，即同业竞争者。公众在地域上的范围也是与同业竞争者相联系的。由于我国的地域辽阔，不同地区经济文化、科学技术的发展很不平衡，有的技术在沿海地区和经济发达地区早已推广应用成为公知技术，而在一些边远地区和经济欠发达地区可能还鲜为人知，属于先进技术。和国外相比，则中国与世界先进国家在科技方面存在着很大差距。某些国外即将淘汰的技术，被我国企业引进之后，可能被当作先进技术，具有秘密性。因此，秘密性的地域范围并不是像专利发明的新颖性那样有一个固定的范围标准，它的范围较小，只要该商业秘密在其应用区域内不为公众所知悉就是具有秘密性。

2. 管理性

管理性即秘密性且采取了保密措施。管理性是指对这些信息在主观上有保密意识，客观上采取了适当的、合理的保密措施。保密措施包括订立保密协议、建立保密的规章制度，并对这些措施予以合理实施。保密性的客观存在，使得竞争对手只能采取不正当的手段，通过非公开、非正当的渠道获取商业秘密。衡量一信息是否具有秘密性，不能认为只要它失密了，被他人以不正当手段取得了，就对其秘密性加以否定。只要采取了合理的、适当的保密措施，而第三人以不正当手段造成了秘密性的丧失，商业秘密所有人由此而造成的损害可以请求赔偿，对侵犯商业秘密的行为可以追究相应的法律责任。

3. 价值性

价值性是指该项技术信息或经营信息具有可确定的实用性，能够为权利人带来现实的或者潜在的经济利益或者竞争优势。具有确定的实用性，这是实现商业秘密价值性的必然要求。一项商业秘密必须能够用于制造或者使用，否则它亦不能构成商业秘密。实用性条件要求技术信息、经营信息具有确定性，它应该是一个相对独立完整的、具体的、可操作性的方案，而不是零星的知识、经验，也不应是处于纯理论阶段的原理、概念等范畴。实用性还体现在，商业秘密必须有一定的表现形式，如一个化学配方、一项工艺流程说明书和图纸、制造产品的技术方案、企业管理档案等。但应注意，实用性并非要求某项商业秘密已在实际中应用，而只要求其满足应用的现实可能性。具有实用性能够为权利人带来经济利益，这是给予商业秘密法律保护，禁止以不正当手段侵犯商业秘密的价值所在。对经济利益的追求是权利人取得商业秘密并努力维护其所享有的商业秘密权的内在动力。商业秘密的权利人在开发研究商业秘密的过程中，已有明确的工业化或商业化目标，这无疑是出于谋求经济利益的考虑。从商业秘密的实施利用结果来看，权利人也因为使用了自己所掌握的技术秘密或商务信息而取得在市场竞争中的优势地位。例如能够取得减低产品成本、提高产品质量、节约资源和能源消耗的经济效益，或能够实现保护环境、减少污染、实行安全生产、加强劳动保护的社会效益等。这些都可以使权利人在市场竞争中处于更加有利的地位，创造更多的利润。

4. 使用性

商业秘密中"不为公众所知悉"的秘密性特征，含有一个隐形的技术要求，即独特使用性，或称新颖性。独特性条件要求作为商业秘密的技术信息和经营信息应当具有一定程度的难知性、非显而易见性，即该技术秘密或者商务信息达到了一定的技术高度或具有一定难度，无论是所属技术领域普通技术人员还是同行业竞争者，不经过一定的努力是无法从公开渠道直接获取的。如果某项技术秘密其技术含量和难知度很低，即它的内容是显而易见的，所属技术领域的一般技术人员可以通过观察、总结、联想而无须花费多大力气就可以得到，则该项技术秘密的价值性和秘密性就值得怀疑了。经营信息的非显而易见性标准有所不同。经营信息属于情报资料、经验、技巧之类的信息。虽然这些信息中有不少来源于公有领域，但如果经过特有的收集积累、整理、加工、归纳、总结而将公有领域的东西形成其所特有的，其他竞争者不花费一定的劳动和努力得不到相同或近似结果，这些特有的情报信息就构成商业秘密。

三、商业秘密的范围

商业秘密包括哪些内容，这在司法实践中和在理论上都是一个非常重要的问题。它关系到什么样的信息可以取得法律保护。根据我国反不正当竞争法的规定，参考借鉴各国商业秘密保护的理论和实践，商业秘密的范围或种类按照内容性质来说，有技术性商业秘密和经营性商业秘密两类。

（一）技术性商业秘密

技术性商业秘密即狭义的商业秘密，一般也被称为技术秘密，是指应用于工业目的没有得到专利保护的、只为有限的人所掌握的技术知识。按照我国技术引进合同管理及其实施细则的规定，它是指未公开过的、未采取工业产权法律保护的，以图纸、技术资料、技术规范等形式提供的制造某种产品或者应用某项工艺以及产品设计、工艺流程、配方、质量控制和管理方面的技术知识。技术秘密也被称为非专利的技术，从它与专利技术的关系这个意义上讲，它包括未申请专利的技术、未授予专利权的技术、专利法规定不授予专利权的技术。

（二）经营性商业秘密

经营性商业秘密包括经营秘密和管理秘密，前者指与经营者的采购、金融、销售、投资、财务、人事、组织等经营活动有关的信息情报，如企业投资方向、投资计划、资信状况、财务收支、产品定价、推销计划、推销手段、进货渠道、销售渠道、客户名单等。后者如企业组织机构的变更计划、企业人员改组调配计划、管理经验、管理模式等具有管理性质的情报信息。

第八节　侵犯商业秘密的表现、认定和保护方式

【案例8】专利申请中涉及商业秘密侵权案①

原告长沙某化工研究院，被告长沙某化学品厂。原被告双方签订了邻异丙基酚非专利技术转让合同，由原告提供有关技术资料，被告负有长期保密义务及违约赔偿责任。被告将该技术进行了部分改进后，向专利局就邻异丙基酚、邻异丁基酚的制造方法申请专利。原告得知后要求确认该发明专利的申请权人为原告，

---

① 本案例摘自湖南长沙市中级人民法院民三厅 2003 年已审结的案件，收入时做了文字的修改和篇幅的压缩。

并要求被告赔偿损失，至此酿成纠纷。

长沙市中级人民法院一审判决结果：被告长沙市某化学品厂与原告化工研究院之间有技术转让合同，双方之间约定有长期的保密义务。故被告违约事实成立，对原告的技术秘密公开承担违约责任。长沙市某化学品厂改进的是非关键技术，不影响专利技术的实质内容，专利申请权应归原告所有。被告赔偿原告经济损失14万(以技术转让费为准)。判决理由：被告长沙某化学品厂违约事实成立，承担违约责任。

被告不服，提出上诉，湖南省高级人民法院对此进行民事调解，调解结果为：专利技术申请权归双方共同所有，原告为第一申请人，被告为第二申请人，其中各种费用：专利的申请费、实质审查费、维持费以及诉讼费用全由被告承担。

【案例9】杜邦公司诉克里斯托夫商业秘密侵权案

杜邦公司在德克萨斯的比尔蒙特开设了一家工厂，计划生产甲醇。由于工厂还在建设之中，厂房尚未加顶。1969年3月19日，受身份不明的第三人的雇佣，比尔蒙特的摄影师克里斯托夫兄弟驾驶飞机，在空中对杜邦公司的新建厂房进行了拍摄。克里斯托夫兄弟共拍摄了16张照片，并在冲洗后交给了身份不明的第三人。杜邦公司发现了飞机并查明了它的目的后，立即与克里斯托夫兄弟联系，要求他们披露第三人身份，但被克氏兄弟拒绝。于是杜邦公司对克氏兄弟进行起诉，控告他们以不正当的手段拍摄了杜邦公司的生产照片，并卖给了身份不明的第三人。杜邦公司称，它在花费了巨额投资和长时间的研究的基础上开发了一种高度机密的甲醇生产方法，而被告的这种做法，足以使相关技术人员在对照片进行研究后，可以推导出该生产甲醇的方法。而被告则在答辩中要求法院直接驳回原告的起诉，因为该诉讼没有法律依据，另外他们在空中拍摄照片并将其提供给第三人并无过错，因为杜邦的厂房是暴露在公共视野中的，并没有采取防护措施。

法院最终否定了被告的意见，认为只要商业秘密的所有人采取了合理的预防措施即符合法律规定，在尚未建成的厂房上加顶是有违常理的，没有必要提防不能预见或不能防备的现代间谍方式。因此，杜邦公司已尽到合理的保护义务，该公司正在建设的厂房属于商业秘密，克氏兄弟以不正当手段窃取信息，属于侵犯杜邦公司的商业秘密，应付赔偿责任，同时要按照杜邦的要求披露其雇佣者。

一、侵犯商业秘密的表现

侵犯商业秘密的行为是指为了竞争或个人目的，通过不正当方法获取、披露或使用商业秘密的行为。我国《反不正当竞争法》第10条根据这种不正当竞争行为采取的手段的不同，将侵犯商业秘密的行为分为以下几种类型：

（一）以盗窃、利诱、胁迫或者其他不正当手段获取权利人的商业秘密

这种不正当竞争行为采取的手段有三种：盗窃、利诱、胁迫，它们是侵犯商业秘密、使权利人商业秘密丧失秘密性的三种最主要手段。

（1）盗窃商业秘密，即以秘密窃取的方式取得权利人的商业秘密，这是激烈商战中各类不法的经济间谍通常采用的手段。盗窃行为的实施者可以是内部知情人员窃取其雇主的商业秘密转卖给他人，从中牟利；也可以是外部人员盗窃权利人的商业秘密，并通过利用窃取的商业秘密与原权利人进行竞争。盗窃是以非法占有为目的，将公私财物据为己有的行为。盗窃商业秘密是否构成盗窃罪？对此，我国立法的态度是，承认盗窃为获取商业秘密的一种不正当手段，但并不认为据此构成盗窃罪，而直接构成侵犯知识产权罪中的侵犯商业秘密罪。这是由商业秘密的特殊性质即无形财产的属性决定的。

（2）以利诱手段获取商业秘密是指行为人通过对知情者施以钱财、地位、高薪等物质利益来换取商业秘密。知情人包括掌握和了解商业秘密的有关部门人员，如商业秘密权利人的雇员，以及技术合同的一方当事人或其他因工作关系而了解商业秘密的人员。

（3）以胁迫手段获取商业秘密是指以威胁、恐吓等手段迫使商业秘密的知情人屈服就范，从而取得商业秘密。胁迫可以针对知情人本人或其亲属的生命健康、名誉、财产等造成损害为要挟。①

（4）以其他不正当手段获取权利人的商业秘密是指除了上述三种手段以外的其他获取商业秘密的不正当手段。现实生活中主要有以所谓洽谈业务、合作开发、学习取经以及技术贸易谈判等为幌子套取权利人的商业秘密。这些手段从根本上说是违反商业道德原则的不正当手段，是侵犯商业秘密的行为。

（二）披露、使用或者许可他人使用以盗窃、利诱、胁迫等手段获取的商业秘密

以盗窃等不正当手段获取权利人的商业秘密，本身已构成侵权行为。在此基础上，如果对商业秘密加以披露、使用或者允许他人使用，则构成对商业秘密的进一步侵犯。披，是打开、散开之意；露，是表露、暴露之意。披露即将信息公开散布，使之为公众所知。商业秘密一经披露即会丧失秘密性。使用是指以不正当手段取得商业秘密的一方自己使用，或允许他人使用。

---

① 有关侵犯商业秘密罪的具体内容可以参见：田玉敏. 侵犯商业秘密罪的认定[J]. 经济论坛, 2002 (10)；力心. 刑法的兼抑性原则在经济领域中的体现——跳槽引发的侵犯商业秘密案件研讨会综述 [J]. 法学, 2002(9).

（三）违反约定或者违反权利人有关保守秘密的要求，披露、使用或者允许他人使用所掌握的商业秘密

这种行为与前两种行为不同。前两种行为，行为人以不正当手段取得商业秘密的行为本身即构成侵权，对获取的商业秘密存在严重的权利瑕疵。然而，这种行为中取得商业秘密的一方，其取得方式是合法的，即通过合同或其他正常途径而合法取得或掌握商业秘密的内容。按照合同的约定或者权利人要求，取得商业秘密的一方应保守秘密，不得向外泄露有关商业秘密的内容。但是行为人却违反合同约定或者违反权利人保守商业秘密的要求，因而构成了侵犯商业秘密的行为。这种行为的实施者主要包括：与权利人有业务关系的单位或个人，如技术合同的合作方，技术转让合同的受让方、被许可方，权利人的雇员等。这种不正当行为的特点在于行为的双重违法性质，即同时包含违约性和侵权性。在反不正当竞争法制定以前，这类行为是作为违反合同的行为由合同法加以调整的。新合同法中也有关于技术秘密转让合同保密义务的规定。违反合同约定的保密义务，违约方应当向对方当事人支付违约金或者赔偿损失。而反不正当竞争法的规定使这种违约行为同时具有法定的侵权性质，使权利人在寻求法律救济时多了一种选择，从而有利于切实加强对商业秘密的保护。

（四）视为侵犯商业秘密的行为

根据《反不正当竞争法》第10条第3款规定，第三人明知或者应知前款所列违法行为，获取、使用或者披露他人的商业秘密，视为侵犯商业秘密。此项规定与前几项规定的"允许他人使用"的情况相衔接，是针对间接获取权利人商业秘密的第三人而做出的。第三人在明知或应知向其提供商业秘密的一方具有违法行为，所取得的商业秘密存在严重的权利瑕疵的情况下，仍然去获取、使用或披露该商业秘密，必然与权利人的意愿相违背，并且损坏权利人的合法权益。尽管他并未直接地以不正当手段从权利人那里获取商业秘密，但其间接获取、使用的行为同样被视为侵犯商业秘密的行为。如果第三人对前面三种违法行为不可能知道，主观上不存在故意也不存在过失，则不构成侵权。其善意取得的商业秘密可以继续使用，但应向权利人支付合理的使用费。

反不正当竞争法关于"视为侵犯商业秘密的行为"的规定，对规范当前人才流动中的商业秘密保护问题具有重要的实践意义。它要求第三人（主要指后雇主）应承担合理的注意义务，避免因雇用退职、退休或调动工作的人员而损害该人员前雇主的商业秘密。此外，它还要求技术贸易中的需方应对技术来源和转让方的主体资格尽到合理注意的义务。如果第三方应知或明知技术受让方是违反合同约定转让他人的技术秘密，那么第三方的受让行为就可能被视为共同侵权。

二、侵犯商业秘密的认定

权利人认为其商业秘密受到侵害，可以向行政主管部门或者人民法院申请查处侵权行为，但必须同时提供有关证据。否则，商业秘密是否存在、侵害该商业秘密的行为是否成立等都难以认定。商业秘密保护中的举证责任实行"谁主张谁举证"和"举证责任倒置"相结合的原则。这是由商业秘密的无形财产属性所决定的。首先请求保护其商业秘密的权利人应当对商业秘密及侵权行为的存在提供证据。应证明的问题主要有：

（1）商业秘密的具体内容和客观表现形式。权利人要求保护的商业秘密应当是一项确定的、具体的技术或经营信息，并且有其特定的表现形式，如记载在技术文件、软盘、光盘中的技术方案或者以其他载体表现出来的管理方法、经验、诀窍等。

（2）该商业秘密的合法来源以及对其占有、使用的情况。

（3）已采取的保护方法、保密措施。

（4）侵权人生产的产品所采用的技术与其相同或近似、侵权人所使用的经营信息与其具有一致性或相同性。同时还须证明侵权人有获取其商业秘密的条件。

5. 因侵权行为所受到的经济损失。

被控告的侵权人如果否定侵权行为的存在，反驳权利人的请求，则必须就以下几种情况进行举证：

（1）其所使用的信息是合法获得或者合法使用的。如通过自行研究、反向工程得出与权利人的商业秘密相同或近似的信息。通过合法转让或善意取得从其他人处获取相同或近似的信息。

（2）其所使用或披露的有关信息与权利人的信息既不相同也不相似。

（3）第三人聘用权利人一方原来的职工，有生产相同或近似的产品的，应证明其不可能知道他人（权利人的职工）获取商业秘密行为的违法性。被控侵权人不能提供或拒不提供的，工商行政管理机关和人民法院可以根据提供的有关证据，认定权利人的主张成立，被控侵权人有侵权行为。①

三、商业秘密的法律保护

（一）商业秘密权的保护方式②

对商业秘密采取何种保护方式取决于对商业秘密的性质和受保护利益的认

---

① 反向工程是指通过破解秘方、解析结构等获取已知产品中含有的商业秘密。反向工程是获取商业秘密的正当方式之一，详见孔祥俊. WTO 知识产权协定及其国内适用[M]. 北京：法律出版社，2000.

② 陈浩义. 试论企业竞争情报收集、利用的合法性[J]. 现代情报，2002(7).

识。从历史上看，商业秘密的保护确实首先源于债权(契约)的保护，但在现代社会，对商业秘密的侵权法保护的力度显然已加大。这种趋势反映，商业秘密完全可以脱离纯粹债权意义上的相对权，成为独立的知识产权，再在独立的知识产权基础上受债法和侵权法等保护。

1. 合同法保护

合同法保护存在于雇员之间、制造商和经销商之间、企业的合作方之间以及其他各种贸易关系各方之间。保密关系可由合同设定，亦可由双方存在的特定贸易关系推定。涉及保护商业秘密的合同有两类：一是贸易合同和技术合同；二是附保护秘密信息的雇佣合同。在贸易合同或者技术秘密的许可、转让合同中，保护商业秘密的条款可以由一个不使用或不公开商业秘密的许诺构成，也可以是一个不竞争盟约，即要求知晓商业秘密的一方同意在贸易关系终止后的一段时间不与该企业进行竞争。合同中的保密条款用以明确保密对象、保密范围、保密期限、违约责任等，合同双方共同遵守。在雇佣合同中，雇主为了防止其拥有的商业秘密泄露，都要求雇员承担保密义务。保密义务有两种：其一是雇员的不披露协议，它规定雇员在任职期间必须对其所知悉、接触的商业秘密负有保密义务，不得向外泄漏。其二是竞业禁止协议，它将保密义务延续到离职后一段时间，要求离职雇员不得从事与前雇主有竞争关系的事业。美国的保密关系即合同的保护，依据的是契约相对方之间因明示义务或默示的保密关系而产生的义务。保密关系只存在于相对各方之间，因此维护商业秘密也只是存在于相对各方之间，因此维护商业秘密也只是对合同当事人有效，不能对合同以外的第三人产生效力。大陆法系国家的商业秘密保护也多采用合同法保护方式，无论借助民法或是反不正当竞争法，均以雇员与雇主之间的协议为基础。合同法保护商业秘密的局限性表现在，合同仅对合同双方当事人有约束力，对合同以外的其他人侵犯商业秘密的行为则难以主张权利。以英国为例，英国有关商业秘密的法律称之为信任法或保密义务法。传统理论认为，商业秘密仅仅是相对的特定人之间，因明示或者默示的信任义务产生的合同关系，即商业秘密仅对特定的义务承担者有效，违反信任之诉的成立要件之一是违反保密义务(即违约)。

2. 侵权法保护

侵权法保护的理论基础是将商业秘密视为无形财产，因此对商业秘密保护形式基本一致，可以使用侵权法。美国是以侵权法保护商业秘密的开先河者，在著名的"飞机做伪装，相机加匕首"为特征的杜邦公司诉克里斯托夫案(1970年)中，法院得出结论，除非对方自愿公开秘密或不能合理保住秘密，凡不是通过自己独立研究、检查和分析公开出售的产品(反向工程)，而是通过其他手段发现他人商业秘密的行为都是不正当的。被告采用空中摄影以发现原告所使用的生产甲醇的手段，构成取得商业秘密的一种不正当手段。

3. 不正当竞争法的保护

侵犯商业秘密行为的本质属性是通过不正当手段获取、利用他人商业秘密从事市场竞争。实践中，商业秘密的侵害行为不仅来自于有合同关系的当事人，而且可能来自任何第三人。凡以不正当手段获取权利人的商业秘密即构成民事侵权。如果有合同关系存在，那么，行为人披露、使用商业秘密的行为，既违反合同规定，又具有法定的侵权性质。在没有合同关系的情况下，权利人以外的任何其他人以非法手段获取、使用权利人的商业秘密，即构成侵权。保护商业秘密既是保护合法契约关系的需要，又是维护市场竞争秩序的需要。从保护方式看，反不正当竞争法的保护是综合性的，既可适用侵权法又可适用合同法，在责任追究上还可以适用刑法手段。我国反不正当竞争法便于容纳各种法律方式调整商业秘密法律关系，可对商业秘密提供较为周密和可靠的保护。这也正是世界多数国家之所以将商业秘密纳入反不正当竞争法的主要原因。反不正当竞争法禁止侵犯商业秘密行为的规定，在总结国内立法和司法实践经验的基础上，遵循国际条约的基本原则和参照外国成功经验，将商业秘密的保护水平提到一个新的高度。在保护范围上，从技术秘密扩大至商业秘密，对商业秘密的定义从本质上抽象为"信息"；对商业秘密的构成条件，明确规定为秘密性、实用性、价值性，从而为司法实践确认和保护商业秘密提供可依据的客观标准；在保护方式上不限于合同法的保护，而是将侵犯商业秘密的行为定义为民事侵权，使不法行为具有法定侵权性质。①

（二）我国的商业秘密保护

我国商业秘密立法起步较晚，在反不当竞争法制定实施以前，法律保护只限于技术秘密，即狭义的商业秘密。保护方式则以合同法的保护为主。原技术合同法从规范合同条款和履行合同义务的角度规定：技术合同的条款应包括技术情报和资料的保密。违反合同约定的保密义务的，违约方应当支付违约金或者赔偿损失。除国内技术合同之外，在涉外经济合同和技术引进合同管理等法律法规中，也规定了技术秘密的合同法保护。在有关科技行政管理的法规中，对科技人员的保密义务作了规定。例如，1986 年国务院《促进科技人员合理流动的通知》第 8 条规定：科技人员调离原单位不得私自带走原单位的科技成果、技术资料和设备仪器等。不得泄漏国家机密或侵犯原单位技术权益，如有违反，必须严肃处理。1988 年国家科委《关于人员业余兼职若干问题的意见》规定：科技人员在业余兼职活动中应当维护本单位的技术权益，未经本单位同意，不得将本单位未公开的关键性技术，提供或转让给兼职单位。科技人员业余兼职，侵害本单位技术权益

① 具体案情可参考本章第四节案例三。

的,单位有权要求赔偿损失。必要时,可以责令其停止兼职活动,直至给予行政处分。

第九节　侵犯商业秘密的法律责任

【案例10】吕某侵犯商业秘密案

江苏牧羊集团(简称牧羊集团)与江苏正昌集团(简称正昌集团)同为以生产饲料机械为主的企业。1996年,牧羊集团从英国引进一种型号先进的颗粒机并投入生产,效益显著。1998年初,正昌集团办公室副主任吕某为了获得牧羊集团包括新产品开发、企业管理、财务报表等方面的信息,与牧羊集团职工顾某相识并要其作为正昌集团的"卧底",定期付给顾某信息费以收买牧羊集团的"经济情报"。1999年初,吕某向顾某提出需要这种从英国引进的先进颗粒机的图纸,顾某遂于1999年1月26日采取撞门入室的手段,潜入牧羊集团中宏机械有限公司三楼技术部,窃取了一套3本共304页有关这一型号颗粒机的图纸,后以12万元的价格卖给正昌集团吕某。牧羊集团图纸被窃造成商业秘密泄露,牧羊集团于1999年2月27日至3月27日被迫停止生产,给企业造成重大经济损失。

南京市中级人民法院以侵犯商业秘密罪一审分别判处江苏正昌集团办公室副主任吕某、江苏牧羊集团职工顾某有期徒刑3年。

【案例11】擅自带走客户档案纠纷案

1994年7月至8月,青旅社欧美部10余名员工未办理调动手续,相继携带工作中使用、保管的青旅社的客户档案,投奔中旅社。中旅社以这些人员组建了其欧美二部,随即沿用青旅社的这些客户档案进行经营,致青旅社蒙受重大损失。经制止无效,青旅社于1994年9月13日向北京市中级人民法院起诉,诉称:被告中旅社以离间手段诱使其所属员工加盟,并以这些员工掌握的原客户档案与国外客户联系,致使本社国外客户在一周时间内取消了151个原订于1994年8月至12月的旅游团队,占原订团队总数的三分之二,减少计划收入人民币2196.4万元,利润损失353万元。请求法院制止被告的不正当竞争行为,要求被告归还其客户档案,赔偿经济损失300万元。

北京市中级人民法院依照法定程序对原告提供的证据和扣押的证据对照,全面的审查核实,确认事实如下:

(1)原青旅社的十余名业务骨干均以出国留学、探亲、陪读等虚假事实为理由,擅自离社,中旅社对此辩称为合理的人才流动的理由,不能成立。

（2）青旅社多年来已与北欧国家的五家旅行社建立了良好的业务关系。1994年已商定由青旅社接待该五家旅行社组织的 151 个来华旅游团队。双方对来华时间、旅游景点、住宿标准、价格等具体事项多次传真询价及确认，为青旅社正在运营的业务。其中一些团队已来华旅游，其余团队也将来华。青旅社在此项业务往来中付出了劳动和代价。而这些资料不为公众可知，可为青旅社带来商业利润，属《中华人民共和国反不正当竞争法》规定的商业秘密范畴，应视为青旅社的经营信息类商业秘密。中旅社辩称是公开获得这些外国旅行社资料的，不符合事实。

（3）青旅社原业务人员将该社客户档案、传真资料携往中旅社后，以中旅社名义向国外客户发函，继续经营原属青旅社的业务，截止 1994 年 9 月 19 日，已实际接待 20 余个国外来华旅游团队。这与中旅社宣称的没有使用青旅社档案接待旅游团队相悖。

北京市中级人民法院指出，中旅社以人才流动为借口，实施侵犯青旅社商业秘密的行为是违法的，应承担相应的法律后果。双方当事人在国家旅游协会的主持下，自愿达成协议：中旅社向青旅社致歉并给付人民币 100 万元作为青旅社的损失补偿。据此，青旅社申请撤诉，北京市中级人民法院裁定准许。

一、侵犯商业秘密的民事法律责任

（一）违约金的适用

当事人之间有合同关系的，如一方违反了合同约定的保密义务，构成侵犯商业秘密的行为时，应按合同约定或有关法律规定承担违约责任及赔偿责任。当事人之间的合同主要是指技术开发合同、技术转让合同以及劳动合同。技术合同当事人约定违约金的，违约金视为违反合同的损失赔偿额。当一方违约时，不论损失是否发生，违约方必须支付违约金。支付违约金后不再计算和赔偿损失。合同特别约定一方违反合同给另一方造成的损失超过违约金时，应当补偿违约金不足部分的情况除外。雇员（职工）违反劳动合同中关于保密义务的规定，侵犯雇主（单位）的商业秘密的，按照劳动合同的规定或者单位的有关规章制度，承担相应的责任。

（二）损失赔偿的适用

当事人之间没有合同关系，或者合同中没有约定违约金的，侵犯权利人的商业秘密并造成经济损失的，应当按照《反不正当竞争法》第 20 条的规定，承担损害赔偿的责任。被侵害的损失难以计算的，赔偿额为侵权人在侵权期间因侵权行为所获得的利润，并应当承担被侵害的权利人因调查侵害其商业秘密的不正当竞争行为所支付的合理费用。

二、侵犯商业秘密的行政法律责任

对不正当竞争行为负有监督检查责任的县级以上工商管理机关在查处侵犯商业秘密行为时，可以采取两种处罚措施：

（一）以强制措施制止侵权

根据受害人的请求或者依照职权，工商管理机关认定侵权行为存在，并且将给受害人造成不可挽回的损失的，在权利人出具自愿对强制措施后果承担责任的书面保护申请的前提下，工商管理机关可以扣留侵权人以不正当手段获取权利人的载有商业秘密的图纸、软件及其他有关资料，可以责令侵权人停止销售使用权利人商业秘密生产的产品。在采取上述处罚措施时，工商管理机关对侵权物品可以做如下处理：责令并监督侵权人将载有商业秘密的图纸、软件及其他有关资料返还权利人；监督侵权人销毁使用权利人商业秘密生产的、流入市场将会造成商业秘密公开的产品，但权利人同意收购、销售等其他处理方式的除外。

（二）罚款

对于侵犯商业秘密的行为人，工商管理机关可以根据情况处以1万元以上20万元以下的罚款。对侵权人拒不执行处罚决定，继续实施侵犯商业秘密行为的，视为新的违法行为，从重处罚。

三、侵犯商业秘密的刑事法律责任

1997年修订的《刑法》第219条规定：侵犯商业秘密，给权利人造成重大损失的严重的侵权行为，构成了侵犯商业秘密罪。该罪将被处以3年以下有期徒刑或者拘役，并处罚金。造成特别严重后果的，处3年以上7年以下有期徒刑，并处罚金。

【案例分析】

【案例1分析】

仿冒知名商品特有的包装、装潢的构成要件：一是有仿冒行为，即仿冒知名商品包装、装潢；二是该仿冒行为足以造成购买者误认。对于仿冒行为，其仿冒的商品包装、装潢须为知名商品所特有。所谓特有，是指经营者所作用的商品包装、装潢具有独创性和显著性，不仅与他人的不同，而且是自己创新的结果。如果某商品已具有一定知名度，但包装、装潢不是该商品的经营者所特有，而是使用了同类商品习惯上通用的包装、装潢，其他经营者对这种包装、装潢的使用不构成仿冒行为。仿冒一般是指对知名商品特有包装、装潢作相同或相近似地使用。作相近似使用，是指对他人知名商品特有的包装、装潢的文字、图形、符号及其排列组合和外观形态加以无关大体的改变，沿袭其主要部分，在一般注意力下难以分辨，擅自作相同仿冒，必然导致混淆和误认。然而，近似仿冒到何种程度可构成仿冒，必须与行为可能发生的结果紧密联系在一起，即在客观上已经发生或足以导致发生与他人的知名商品相混淆，使消费者误认。

【案例 2 分析】

本案中被告人罗某在开庭审理过程中亦无异议，且有被告人罗某供述、同案犯赵某等供述、户籍证明、扣押物品清单、商标注册证复印件、贵州茅台酒股份有限公司鉴定表、抓获经过、指定管辖决定书及指认照片等证据证实，足以认定。被告人罗某未经注册商标所有人许可，在同一种商品上使用与其注册商标相同的商标，情节特别严重，其行为已构成假冒注册商标罪。公诉机关指控罪名成立，法院予以支持。

【案例 3 分析】

《反不正当竞争法》第 5 条第 4 款规定，"在商品上伪造或冒用认证标志、名优标志等质量标志，伪造产地，对商品质量作引人误解的虚假表示"的行为是不正当竞争行为。应从以几点来理解虚假表示行为：第一，行为主体为商品经营者，包括商品生产者和销售者。第二，行为人主观上出于故意或过失，有引人误解的故意或引人误解的过失，其目的在于欺骗性交易。第三，行为后果是引人误解，使人对商品的质量发生误解。

第一种看法片面从该商品的宣传违反《中华人民共和国药品管理法实施条例》的有关规定去考虑；因《中华人民共和国药品管理法》明确定义了药品的概念，当事人对牙膏的宣传明显使用了药品的概念性语言。

第二种看法显然不成立。根据《国家工商局关于产品包装物上宣传、介绍产品是否属于广告问题的答复》已有明确规定。

第三种看法也不成立。我们认为当事人对其制售的商品采取片面方式和使用药品特定用语宣传，来混淆牙膏与药品的区别，这种方式不一定构成完全意义上的欺骗，但是经营者是在利用这些手段来误导消费者，使消费者产生误解，从而达到影响购买决策提高自己的竞争优势的目的，构成引人误解的虚假宣传。

第四种看法具有适法行性，看法比较正确。某工商局根据《中华人民共和国反不正当竞争法》第 24 条规定于 2006 年 8 月对当事人处以罚款人民币 1 万元的行政处罚决定并无不当。

【案例 4 分析】

葛兰素史克(中国)投资有限公司(简称 GSKCI)案引起了社会广泛关注。跨国药企在华行贿已非个案。GSKCI 的利益链始终伴随着贿赂链，其特点就是通过承办会议、赞助等形式规避中国法律，同时规避内部监管。2012 年，美国司法部向葛兰素史克公司(GSK)开出了 30 亿美元的天价罚单，因为 GSKCI 未经美国食品药物管理局（FDA）的批准，就非法销售和推广安非他酮及帕罗西汀两款药物，包括用于儿童抑郁症的治疗。另外，公司涉嫌对 FDA 隐瞒明星药品文迪雅的临床数据。2012 年，美国司法部勒令 GSK 为其药品掺假的行为支付 7.5 亿美元的罚金。在 GSK 之前，强生、西门子、辉瑞、礼来等跨国药企均曾卷入在华涉嫌行贿风波，辉瑞更是因商业贿赂被美国司法部门处以 23 亿美元的巨额罚单。通过 GSKCI 案对整个行业进行震慑和规范，药价虚高的现状已有所改善。此次 GSKCI 案件能起到一个警示作用，促使未来中国的医药市场发生根本性的变化。

【案例 5 分析】

本案中，最高人民法院明确了互联网市场领域中商业诋毁行为的认定规则，明确了互联网市场领域技术创新、自由竞争和不正当竞争的关系。本案对相关互联网企业之间开展有序竞争、促进市场资源优化配置具有里程碑的意义①。

【案例 6 分析】

本案是最高人民法院审理的第一起垄断案件。最高人民法院详细阐述了互联网领域反垄断法意义上相关市场界定标准、市场支配地位认定标准以及滥用市场支配地位行为的分析原则与方法等一系列具有重要意义的法律问题，明确了反垄断法律适用的多个重要裁判标准。

【案例 7 分析】

在本案当中，双方争论的焦点在于被告的行为是否侵犯了原告的商业秘密。一项非专利技术是否属于商业秘密主要从商业秘密的特征上来判断，即是否符合不为公众知悉性、保密性、价值性和独特性。该研究所成功研究"55 号配方低温电镀人造金刚石钻头研制"，并获得中国地质矿产部授予的科技成果二等奖。该技术生产的产品经多次试验获得成功，具有平均进尺深、使用寿命长、高度磨耗小等特点，多年来为该研究所带来了利润，具有相当的价值性和实用性。而且，该研究所制定了内部规章制度对该项技术采取了一定的保密措施，该研究所规定："本所职工不得以任何方式私自泄露和出卖镀液配方和制作工艺，违者一经查实，一律作除名处理。情节特别严重，造成较大经济损失者，依法追究法律责任。本所专业技术人员办理留职停薪手续后，仍从事本专业工作者，必须由所在单位与我所签订正式技术转让合同。否则我所将保留对其所在单位及留职停薪人员追究法律责任的权利。"可见，在本案中，该技术是典型的商业秘密，该研究所所采取的保护措施也很合理，制定的规章制度表明了对商业秘密的重视。因为有保密措施的支持，在这次纠纷中，法院作出判决：被告郭某作为原告研究所中员工，由于工作关系实际已获取和掌握研究所的专有技术，被告在留职停薪期间亦应履行和遵守该研究所的保密义务，其未经研究所许可，擅自将技术转让给被告

---

① 选自最高人民法院发布的 2014 年十大知识产权典型案件。

某化工厂而获取技术转让费,其行为已损害研究所的利益,应承担相应的民事责任,赔偿原告经济损失。而更应引起注意的是,被告某化工厂明知被告郭某行为违法,仍获取和使用研究所的商业秘密,其行为应当是属于侵犯商业秘密行为的第二种方式,即以利诱手段获取商业秘密。某化工厂的行为构成不正当竞争,也应承担民事责任,赔偿原告经济损失。

【案例 8 分析】

商业秘密又称为非专利技术,在专利申请纠纷中,也常常涉及商业秘密。在本案当中,主要涉及的问题是有保密约定的商业秘密权利人双方在违约后应如何承担责任以及以此商业秘密为基础的技术进行了改进而申请专利,权利归属又当如何。被告违反终身保密的义务,应该承担违约责任。被告申请的在生产过程所作的改动属于方法专利,不属于该技术的核心技术。申请的方法专利不是原告的核心技术,申请专利的权利属于化工研究院。在专利申请中,由于要将技术在专利申请文件中公开,经常就会出现对商业秘密的侵害的问题。商业秘密保护是对专利保护的一种有效补充,专利保护与商业秘密保护有机结合是保护好一项技术的必要途径。

【案例 9 分析】

在本案例中涉及商业秘密保护的一些基本问题,如保护商业秘密的合理措施、获取商业秘密的不正当手段、第三人的责任以及商业秘密侵权的法律救济等。通过这个案例,我们可以注意到这样一个明显的问题,即商业秘密的权利人所采取的保密措施只要达到合理的程度就应当受到法律的保护,而没有义务针对特殊情况采取额外措施。在本案中可以看到,被告采取的窃取秘密的手段是迥乎寻常的(空中偷拍),而原告的保护措施显然不足以预防被告的行为,但原告的措施显然是可以对一般的信息外漏进行防范,这就可以说明原告已经有意识地对自己的这一工艺进行了保密措施,而此工艺又具备经济效益和独特性,当属商业秘密范畴,因此在受到侵犯的时候,应当得到法律的保护。

【案例 10、案例 11 分析】

在这两个比较典型的侵犯商业秘密案例中,我们要注意的是商业秘密对于一个企业来说是生存的关键,一个企业必须重视商业秘密的保护,在公司内部要有完善的保密措施,与员工签订保密协议,加强重要文件的监管和控制,防止同业竞争对手的"暗算",增强忧患意识,保护好自己的商业秘密。

【延伸思考 1】

(一)认定市场混淆行为时的"购买者"问题

市场混淆行为的一个重要构成要件是"行为的后果是已经或者可能造成市场混淆",而市场混淆结果是否已经或可能发生是根据"购买者"有没有误认来进行判断的。这里的"购买者"误认是指能使普通"购买者"在平常注意力的条件下引起误认的可能性，这种误认并不一定要求在市场交易中已经造成"购买者"误购的后果，只要造成"购买者"的错误认识就可以了。购买者误认的界定是《反不正当竞争法》执法和司法过程中很难把握的一个问题，因为"误认"本身带有主观判断的色彩，不太好确定可操作的量化标准，而且以哪些"购买者"的主观判断为标准又是另一个难点。一般来讲，"购买者"应该是一个整体的概念，"购买者"误认不是指某一个"购买者"误认，也不是指全体"购买者"全部误认，而是指"购买者"在普遍的意义上产生了误解。因此，在实务中，任何一个"购买者"都可能成为"购买者"的代表，但我们不能说只要有一个"购买者"误认了，市场混淆的结果就发生了。"购买者"是否误认和市场混淆的后果是否发生应遵循个案分析的原则，具体问题具体分析。

（二）引人误解的虚假宣传的定性

当事人利用商品包装对商品质量作引人误解的虚假宣传的定性。在调查虚假宣传和引人误解两个要件时，不仅以宣传内容的真实与否来确定是否构成虚假宣传行为，而且从"引人误解"的角度来考量后果。一是引人误解中对"人"的认定。这里的"人"即是从消费者的角度理解宣传内容，而不能根据宣传者在宣传时的理解及主观意向来衡量。这里的"消费者"是指按照交易观念，通常可能成为消费该商品的人，其划定范围也会根据消费内容的不同而不同，对于普通的产品和服务，即是一般的消费者。二是误解基准。本案中的误解包括确已发生的误解和误解的可能。只要有误解的可能性即可构成本行为，而不是必然的误解事实的发生。误解会因为不同的性别、年龄、职业、是否受过专业教育、对某些环境和事务的兴趣和敏感程度等的不同而大不相同。

（三）虚假宣传行为

关于虚假宣传行为，《反不正当竞争法》和《广告法》的规定是不一致的。而依后法优于前法的原则，1995年2月1日生效的《广告法》应优于1993年12月1日实施的《反不正当竞争法》，《广告法》也作了如下规定："本法施行前的其他有关广告的法律、法规的内容与本法不一致的，以本法为准"。而以其他方法进行虚假宣传行为的法律责任仍适用《反不正当竞争法》第24条之。

《广告法》虽然颁布于《反不正当竞争法》之后，但它与《反不正当竞争法》之前颁布的《广告管理条例》的调整对象是一致的，《反不正当竞争法》第9条规定的广告的内涵和外延可以按照上述法律法规和规章的规定进行界定。《反不正当竞争法》第5条第(4)项所规定的虚假表示，是一种"在商品上"所作的虚假表示。那么，应当如何理解"在商品上"的含义呢？在商品及其包装上对商品进行表示，当然属于"在商品上"的范围，这是没有任何争议的。就是说，在商品上直接进行文字、图形标注(包括将标签直接粘于商品上)，或者在商品包装上用文字、图形对商品信息进行标注(包括将标签直接粘贴于商品包装上),都属于《反不正当竞争法》第5条所规定的"在商品上"。有争议的是,经营者有时未将标签粘贴于商品或者其包装上,而随商品附带,或者随商品附带商品说明书等,此时是否将其认定为"在商品上"。标签是商品附带的特殊的标示,与商品本身不可分,即使未粘贴于商品或其包装上,也应视为商品的必要组成部分,应当认定为属于"在商品上"的范围。其他随商品所附带的不属于广告的说明书等商品的介绍宣传品,并非商品的必要附带品,应归入《反不正当竞争法》第9条的"其他方法"为宜。《反不正当竞争法》第9条规定的"其他方法"显然是广告以外的其他方法,而且,联系到第5条第4项的规定,"其他方法"是"广告"、"在商品上"以外的其他方法。至于"其他方法"究竟包括哪些方法,该法未作进一步的界定。名人代言虚假广告,是通过名人的代言做虚假宣传,采用欺骗或误导的方式,以图取得广大消费者的信任从而使他们购买商品或接受服务;从概念界定上看,名人代言虚假广告是指名人对商品或服务的事实、性质、前景等作出不实、严重误导或者含有重大遗漏的虚假陈述或者诱导的一种广告违法行为。

(四)商业贿赂问题

商业贿赂中行贿者的动机是谋取商业利益,它是随着商品经济的发展而产生、蔓延开来的一种负面经济现象。根据《联合国反腐败公约》,它又是一种腐败行为,对我国社会主义制度和经济发展环境以及国际声誉等造成极大伤害,主要的危害表现在:

(1)造成经营者之间的不平等竞争,破坏了公平竞争秩序,使市场竞争变成贿赂、人情及关系网的恶性博弈。造成物价虚高,特别是一些医药企业实行高定价、高回扣,加重了国家和群众的负担。

(2)通过商业贿赂,严重败坏了社会道德和行业风气,假冒伪劣商品流入市场,使制售假冒伪劣商品的违法犯罪活动有可乘之机,消费者深受其害。行贿的经营者作假账虚报成本,接受贿赂的单位或个人不入账或隐瞒收入,前者抵税,后者不纳税,造成国家和地方税收大量流失。

(3)妨碍了质量、价格、技术、服务等效能竞争手段作用的发挥,市场配置资源的作用失灵,社会主义市场经济难以实现其本有的价值。

(4)商业贿赂导致政府公共开支的效益被削弱,或者大打折扣。受贿者暗中出卖本单位利益,造成企事业单位管理的困难,严重破坏了企事业单位内部管理制度。妨碍政府职能的转变,商业贿赂导致的竞争不公、市场混乱和违法犯罪使得政府监管力不从心,政府部门不得不强化对市场的干预,市场经济要求政府转变职能的目标难以实现。

(5)损害我国的国际形象,影响国际评估机构对我国腐败程度的印象。商业贿赂滋生洗钱和有组织犯罪,其引起的社会不满情绪又会加剧社会冲突,造成一系列的社会动荡和犯罪率上升。商业贿赂泛滥将使国家陷于犯罪率不断攀升的恶性循环。

【延伸思考2】

（一）商业秘密侵权纠纷中的教训

通过种种案例，我们可以看到，与任何财产一样，商业秘密可以依法取得，也可以因各种原因而消灭或产生损失，商业秘密的消灭是指由于权利人的故意、疏忽甚至意外事故，使商业秘密进入公有领域即向公众公开。权利人的公开是指为造福于社会，主动公开商业秘密，像老中医将其秘密配方公之于众，厨师将其保密的烧菜方法整理成书出版等。商业秘密公开的途径主要有：

1. 权利人疏忽

权利人疏忽的情况形形色色，比如：单位的内部职工误将商业秘密内容披露给了公众，有关人员为了技术研究、为评职称发表论文、宣传报道或因其他原因，在公开刊物上发表文章，其内容涉及了单位的商业秘密。例如：1989年，岳阳石油化工总厂棉纶厂一宣传干部将本单位一职工正在申请专利的技术内容在《中国石化报》上发表。还有，巴陵公司一职工将其技改成果和合作单位在《合成纤维工业》上发表泄露了本单位的商业秘密。再如，在学术会议、产品订货会、技术鉴定会上因不谨慎而泄露商业秘密。又如：权利人在经营中未与外部业务往来人员达成保密协议或作出保密要求，使外部往来人员向公众公开了商业秘密。

2. 权利人保密规定或安全制度不健全

权利人保密规定或安全制度不健全，使外部无关人员很容易进入放有保密文件的房间或接触到文件，这种疏忽也是商业秘密进入公开领域的原因。即使没有人是通过这些渠道掌握的商业秘密，但如果发生诉讼，被告举出这些渠道证明公众可以自由接触，也足以使有关商业秘密被认为失去秘密性。

3. 权利人单位发生意外事故

权利人单位发生意外事故，使商业秘密资料丢失、散失也会造成商业秘密的公开。商业秘密因故意、疏忽或意外事故造成消灭，其结果是商业秘密被社会公众所知。实际上还有另外一种情况，即商业秘密的"损失"，指并非社会公众，而仅是权利人的竞争对手利用权利人的疏忽或意外事故掌握了商业秘密，此时商业秘密虽然进入公有领域，没有消灭，但竞争对手可以利用商业秘密，使权利人失去竞争优势而受到损害，有关商业秘密的价值性因多了一些使用者而受到损失。

4. 企业职工的跳槽

企业职工的跳槽行为是导致企业商业秘密损失的主要原因。权利人的商业秘密因竞争对手千方百计合法或不合法的挖取行为而受到损失的情况是常见的，事实上，权利人最要防备的是这种损失。现代的产业间谍采取直接或间接的手段，通过企业员工获取对方的商业秘密。他们利用对手企业防范中的漏洞，或利用对方职工的利益心、虚荣心、反叛心理，公开或隐藏自己的身份，直接获取对方的商业秘密，采取的手段有：

(1)访问竞争对手的原职工。直接对对手公司现任高级管理和技术人员、中下层干部、技术工人、一般员工和临时工、保安人员行贿。在学会、协会等有关会议上对对方企业人员进行诱导性提问，由于精心伪装提问者的身份，让你防不胜防。以关心其处境、许以高就为诱饵，与对手的职工交谈。假称接受技术使用许可，与竞争企业洽谈，摸对方技术底牌。派人伪装就职于竞争企业。挖走对方人才，许以利益，换取其对手的商业秘密。

(2)恐吓、窃听、抢劫。恐吓、窃听、抢劫是窃取商业秘密的极端手段。恐吓、掌握竞争企业中某些职工存在个人劣迹、隐私甚至犯罪前科，利用其怕单位知道的心理进行要挟，获得商业秘密。电话窃听和利用先进技术手段打入计算机网络或信息库，破坏对方工厂，如放火、趁火打劫。

(3)利用外部关系人。当利用上述直接手段未果时，他们还会利用诸多与对手企业或职工有联系者间接获取商业秘密，这些外部关系人员包括：大学教师和科研单位的技术人员。这些人员的业余收入来源之一，是对专业领域内的企业提供咨询和设计服务，故他们很可能了解不同企业的生产经营秘密。在履行职责过程中，可能接触委托人商业秘密的律师、专利代理人。公司企业的顾问一般由退休人员、社会知名人士、甚至政府官员担任，在顾问过程中，可能接触到商业秘密。原材料供应商能从原材料的种类、供应时间、质量要求勾画出产品类型、生产情况。通过销售商可以了解企业新产品上市、老产品改良情况，因为企业要向销售商介绍产品，同时还会通过销售商了解市场反馈信息，如产品的缺陷、用户要求的改进等。公共仓储公司可接纳不同企业的产品，通过仓储公司可了解企业的储存数量、种类、返修情况等。特定企业的固定资产更新计划、贷款计划、政府优惠政策、资金投入等，银行职工最了解。税务人员：对于企业中掌握商业秘密人员的同学、同乡、亲戚等，对这些人员可能放松戒备透露有关商业秘密。对手工厂周围居民，可介绍耳闻目睹的情况。广告商：好的广告使企业建立良好的公众形象，为了使广告商了解企业的业务，企业可能会将未上市的产品或保密的经营计划透露给广告业者。印刷业者：如果企业保密管理和措施不力，其商业秘密在外面打字、复印、印刷的过程中，可能被打字社、复印社、印刷厂了解。新闻记者：在采访过程中，企业主要负责人为了说明业绩，可能无意中将商业秘密透露给记者。废品收购者收购的废品中，可能有体现企业商业秘密的文字或视听材料、样品、设备的残次部件等。产业间谍采取这些直接和间接的手段从对手企业获取有关组织与财务的信息，有关生产与制造的信息，有关市场研究、推销战略，有关技术开发的信息及法律关系等方面的信息，这些信息有的直接构成商业秘密，有的看来只是一些普通信息，但通过集成、分析，可以合成出对手的商业秘密。

（二）侵害商业秘密的启示

企业应采取各种有效措施来保护自己合法的商业秘密权。在采取有效措施上，可以采取物理性的防范措施、思想性和组织性的防范措施、以及法律性的防范措施。

1. 物理性防范措施

所谓物理性防范措施是指保守商业秘密的具体的隔离措施，包括：

（1）厂区或生活区域的保密措施。厂区与外界有围墙隔开；职工、参观者、运货车出入厂区有固定出入口；厂门设有门卫或有大门自动锁闭装置；厂内可设立特别的保密区，与其他区域有围墙分隔，或以独立的房间设立保密室；含有商业秘密的设备可用屏风隔离，或在操作间窗户上加装隔板，以阻断外来视线；建立护厂员站岗或巡逻制度，或建立电子监视系统等；外来人员入厂要登记，没有厂方人员伴随不得随意走动或跨区走动，不得进入特定区域，并与之签定保密协议，否则不得进入参观等。

（2）限制职工知识及谈话内容，使职工仅掌握其因工作需要应该得到的知识，这在国外是很普遍的做法，这样做会大大减少商业秘密被因疏忽泄露和被恶意出卖的可能，在诉讼中限制职工知识的措施本身也是权利人采取了保密措施的证明。有关措施如：职工工作限于厂内有限区域，不得进入保密区域。职工入厂后应佩戴专用徽章；任一部门的职工不得打听其他部门的具体业务措施或技术措施；完成交办任务中不打听与任务无关的事情；职工与来访者交谈，或在外参加会议、联系业务中，甚至与家人、熟人，不得谈及企业内部的保密项目等。

（3）文件的管理。筛选保密文件，各部门应根据企业决策层的指示或标准，分别筛选出符合要求的保密文件；确定保密期限，期限的长短应根据商业秘密的有用性的长短决定；文件加保密章、锁入保险柜，由专人保管；规定借阅范围和手段，不同性质的文件应限于不同的借阅范围，借阅时间也应限制，长时间滞留在外泄露秘密的危险很大；复制文件要有规定和限制；文件要有可靠的销毁方法，如碎纸机等；电子类文件(如磁盘、磁带)在计算机中使用时，如果计算机有外部通信线路，应有特别防护措施，防止电子盗窃行为。

（4）企业自办刊物出版物的管理。各单位定期或不定期创办的宣传栏、墙报等进行保密审查，对自办的刊物、出版物刊登稿件内容进行保密审查。学术鉴定会、参展，演示、出国考察、培训、学习的管理也应加强。

（5）向外部散发材料的管理。不少情况下经营者需要向外部散发一定的说明材料，如向药品推销商散发药品毒副作用的说明等，如果有关材料中含有商业秘密，在材料上应加盖保密章，并且做出保密声明，最好是签订保密协议。物理性保密措施的必要水平可以限制在合理的范围内，只要当时、当地条件下这种保密措施是合理的，对于赢得商业秘密侵权诉讼就足够了。

2. 思想性和组织性防范措施

思想性防范措施是指企业领导层应对保守商业秘密达成共识，并采取各种方法对职工加强保密教育，如发放企业商业秘密保护的手册，利用会议宣讲、墙报、企业内部报刊加强思想教育等。组织性防范措施是指要建立保护商业秘密的规章制度，有关岗位要设专、兼职监督员，企业领导中要有人专门负责并经常检查工作。建立职务发明申报和审查制度是组织性防范措施的重要方面，发明创造、技术革新构成商业秘密的重要组成部分，企业中此项工作是专利部、知识产权部或者专门的委员会负责的。职工作出发明创造、技术革新应自动申报，经审查认为是职务发明的，由企业享有产权，决定是作为专利还是技术秘密加以保护，并对职工进行相应的奖励。非职务发明产权归职工个人。职务发明申报制度是企业确立商业秘密财产权，防止这种无形财产任意流失的重要制度。

3. 法律措施

公司企业要生存和发展就必然与社会有关各界产生业务联系，任何企业秘密不被有业务联系者所知的看法是根本不现实的，任何物理性防范措施也不可能阻止本企业与关系企业的必要的商业信息交流。因此采取法律措施在这种交流中保护企业的商业秘密，是非常有效的手段。合法的合同受到法律的保护。所谓用法律手段在业务往来中保护商业秘密，就是在具体的各种业务合同中规定保密条款，使合同对方承担保密义务，如果违反合同应受法律制裁。不同企业对外业务联系是多种多样的，因此保密条款可存在于各种合同中。

(1)产品供销合同中的保密条款。企业的原材料、零部件供应商应保证不将企业所需的原材料、零部件的种类和数量、品种、价格、供货时间、特殊要求以及所知的其他可能关系到企业商业秘密的情况向他人泄露。企业的产品推销商应保证不将其因推销产品需要从企业获得的商业秘密向他人泄露。

(2)修理合同中的保密条款。企业生产、检测设备在本企业无力维修时，会求助于外部修理商，修理商应承担义务，不得将有关设备的情况及在入厂修理过程中观察到的情况向他人泄露，同时也不得复制有关设备用于牟利。

(3)租赁合同中的保密条款。出租方的设备中如含有商业秘密，承租方应保证不得拆开设备从事反向工程，设备的维修应该由出租方进行。

(4)运输合同中的保密条款。设备承运方对于含有商业秘密的设备，应承担义务，不得在运输途中私自拆开设备或允许他人拆开设备。

(5)承揽加工合同中的保密条款。现代生产是高度专业化的生产，含有商业秘密的产品有时需要按分工向不同的企业订做零件，有时含有商业秘密的专用设备会向一个加工企业整体订做，加工承揽方应承担义务，不得复制图纸，不得向他人泄露秘密，不得私自仿制从事牟利活动。

（6）商务咨询合同中的保密条款。企业在生产经营中遇到专门问题，可能求助专业的社会咨询服务机构帮助解决问题。如经营策略、企业形象设计、财务制度的建立、资产评估等，提供咨询服务的机构可能接触到企业的生产经营秘密。危险的地方在于，这类机构同时也有可能为同类企业服务，如果对保守商业秘密没有限制，很可能使商业秘密经咨询机构之手流入竞争者手中。咨询机构应承担义务，承认服务过程中接触的商业秘密为企业所有，咨询机构不得用以谋求自身利益，不得向其他企业扩散，不得在其他咨询服务中使用，咨询服务中取得的材料、实物，用毕应归还，并不得复印或复制。

（7）法律事务中的保密条款。企业卷入产权诉讼、合同诉讼、侵权诉讼需要聘请律师，申请专利有时也需要委托代理人。律师、代理人职业义务中包括为委托人保密，但保密的范围、程度以及违约赔偿责任应有明文约定。保护商业秘密的法律措施除了在具体的各种业务合同中规定保密条款外，还应对以不正当竞争手段侵犯商业秘密的当事人依法提起诉讼，追回损失并防止商业秘密的合法权益继续受到侵害。

（三）商业秘密保护建议

为了依法保护国家和企业的商业秘密，防止各类使商业秘密产生消灭和损失的事件发生，建议商业秘密权利人设立相关机构，指定主管领导，配备得力人员，建立、健全保密规章和制度，把企业经过多年努力所取得的技术信息和经营信息做一个全面的回顾，将它们进行收集、整理、分类，区别各种情形，以决定什么要保护，什么能够保护，采取什么措施保护，并确定保密原则、保密对象、保密义务人，特别是加强商业秘密形成中的管理和对产业间谍的防范，以及对侵权者的诉讼，使商业秘密的损失尽可能减少。

第六章 知识产权管理机关及其职能

【本章要点】

1. 国家知识产权局机构的设置和职能
2. 国家专利局的设置和职能
3. 国家商标管理机构的设置和职能
4. 国家版权机构的设置和职能

【案例导入】

【案例1】苹果公司外观设计专利申请驳回复审行政纠纷上诉案①

2010 年 7 月 26 日,苹果公司向中华人民共和国国家知识产权局提出名称为"便携式显示设备(带图形用户界面)"的外观设计专利申请(以下简称涉案申请)。国家知识产权局原审查部门以涉案申请系《专利审查指南》所规定的"产品通电后显示的图案",不属于授予外观设计专利权的客体为由,对涉案申请予以驳回。苹果公司不服,向专利复审委员会提出复审请求。专利复审委员会对驳回决定予以维持。苹果公司不服,提起行政诉讼。北京市第一中级人民法院认为,虽然涉案申请还包括了在产品通电状态下才能显示的图形用户界面,但其仍是对便携式显示设备在产品整体外观方面所进行的设计,亦能满足外观设计专利在工业应用和美感方面的要求,可以成为我国外观设计专利权的保护客体。据此判决撤销专利复审委员会的复审决定,专利复审委员会不服,提起上诉。北京市高级人民法院二审判决驳回上诉、维持原判。

---

① 北京市高级人民法院〔2014〕高行(知)终字第 2815 号行政判决书。

第一节　我国专利管理机关及其职能

一、国家知识产权局机构设置及其职能

国家知识产权局是国务院主管专利工作和统筹协调涉外知识产权事宜的直属机构，是中国知识产权管理核心，具有行政和司法双重功能。

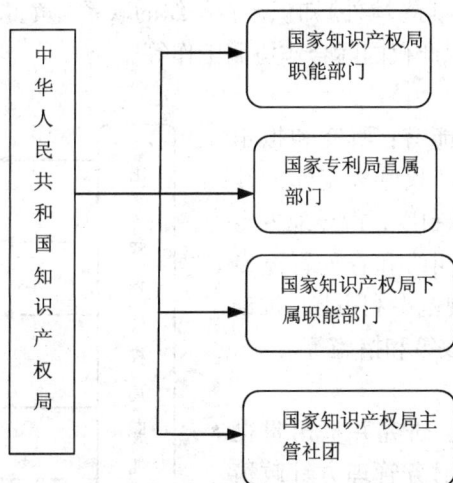

图6－1　国家知识产权机构设置

国家知识产权局作为国务院直属部门，下属人事、条法、国际合作、协调管理、规划发展五个司，各司其职。

1. 办公室(人事司)

办公室和人事司虽为一司，但职能有别。办公室的职能有：组织协调局内有关政务工作，研究解决有关政策性问题；负责有关需要在全局协调的专利以及知识产权工作；协助局领导对有关重要工作进行综合协调、督促检查；负责专利、知识产权工作的政策研究和重要文件、报告的起草以及局系统规章制度的组织制定工作，负责局公文管理、机要、值班、信访、保密、档案管理和会议组织等日常文秘工作等。人事司的职能有：研究并提出贯彻国家有关人事、劳动工资方针政策的实施方案，协调解决有关政策性问题，组织制定局内人事、劳动工资工作的

规章制度以及规划和计划，负责局机关及局属事业单位的机构设置和人员编制的管理，负责局机关人员和干部管理权限内人员的人事管理工作，参与局智力引进工作，牵头负责智力引进工作领导小组办公室的工作等。

2. 条法司

条法司的职能有如下几个方面：组织专利法及其实施细则的修订工作，研究起草相关的知识产权法规，负责对专利法实施细则以及有关法规、规章的解释工作，提出有关知识产权国际条约的制定和修改方案，提出知识产权对外谈判的方案等。

3. 国际合作司

国际合作司的职能有：负责涉外知识产权的统筹协调工作，组织并负责协调有关知识产权双边或多边公约及协议的谈判、签约及修订工作，负责协调与世界知识产权组织及其他国际(境外)知识产权组织的联系，负责专利工作的国际合作与交流，负责有关知识产权国际合作协调工作等。

4. 协调管理司

协调管理司的职能有：研究和拟定我国专利及有关知识产权管理工作的政策、办法、措施和规章制度，指导地方专利管理机关处理专利纠纷和查处冒充专利行为的工作，拟定规范专利市场、推动专利技术实施的有关政策和措施等。

5. 规划发展司

规划发展司职能：研究并提出贯彻国家有关规划发展和财务管理方针政策的实施方案，协调解决有关政策性问题，负责编制局系统及全国专利工作的年度计划和中、长期发展规划，负责编制局系统自动化工作规划，规划和指导全国专利系统的信息及网络建设，负责制定局系统年度财务计划及预算、决算的编制和报批工作等。

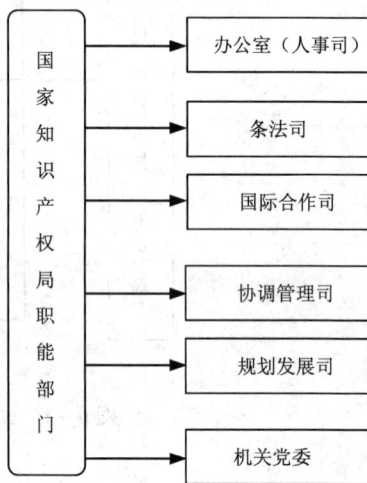

图 6-2　国家知识产权局的职能部门

二、国家知识产权局专利局机构及其职能

国家专利局是国家知识产权局的核心，在早期由国家专利局行使国家知识产权局的职能，国家知识产权局专利局内设机构，下辖九个部、一个办公室和一个准司法部门——专利复审委员会，具体职能如下：

1. 办公室

办公室负责局文秘、机要、信访、档案、宣传等工作，工作计划和财务计划的制定，局财务、国有资产、行政事务的管理工作，受国家知识产权局委托，管理国家知识产权局系统的房产和基建工作等。

2. 人事教育部

人事教育部负责组织制定局有关人事、劳资、教育、保卫、保密和防火等方面的规章制度与管理办法，组织制定并实施局人事教育工作的发展规划与计划，局机关及下属单位的机构设置和人员编制的管理，局机关及下属单位人员的专业技术职务（职称）的评任（聘任）工作以及专利代理系列职称评审工作等。

3. 审查业务管理部

审查业务管理部负责研究和拟定专利审查工作中、长期发展规划和重要政策措施，制定和调整审查工作的年度计划，调整和平衡各部门审查工作或事务处理工作的定额标准，拟定审查奖励的政策，负责超额奖励政策的执行，提出审查指南和办事规程的修改意见，组织审查业务指导委员会的工作会议，拟定审查指南公报或审查工作规程、规章并组织实施等。

4. 审查一部

审查一部负责受理专利申请，负责接收专利申请的中间文件及其他各类请求文件，负责发明专利申请初步审查，负责专利档案的管理等。

5. 机械发明审查部

负责动力、金属加工、木材加工、武器、粮食、烟草及食品加工、纺织、造纸及印刷、包装、输送及搬运、农业、林业、矿业、交通运输等机械领域的发明专利申请的实质审查、复审前置审查、专利权撤销请求的审查、PCT 国际检索和国际初步审查等有关业务工作。

6. 电学发明审查部

负责基本电子组件、电机及发配电、基本电子线路、电子计算机、通讯、电视及广播等技术领域的发明专利申请的实质审查、复审前置审查、专利权撤销请求的审查、PCT 国际检索和国际初步审查等有关业务工作。

7. 化学发明审查一部

负责食品工程、药品、生物工程、化学工程、石油化工及冶金等技术领域的发明专利申请的实质审查、复审前置审查、专利权撤销请求的审查、PCT 国际检索和国际初步审查等有关业务工作。

8. 化学发明审查二部

负责无机化学、有机化学、药物化学、农业化学、高分子化学及高分子应用等技术领域的发明专利申请的实质审查、复审前置审查、专利权撤销请求的审查、PCT 国际检索和国际初步审查等有关业务工作。

9. 物理发明审查部

负责测量和计量技术及其装置、光学器件及仪器、声学器件及仪器、自动控制与调节、信号装置、精密仪器、医疗仪器及设备、生活用品、建筑土木工程、热力工程等技术领域的发明专利申请的实质审查、复审前置审查、专利权撤销请求的审查、PCT 国际检索和国际初步审查等有关业务工作。

10. 实用新型审查部

负责实用新型专利申请的初步审查、实用新型专利申请档案的管理以及其他有关业务工作。

11. 外观设计审查部

负责外观设计专利申请的分类与初步审查、专利权的撤销、外观设计专利申请档案的管理以及其他有关业务工作。

12. 专利复审委员会

专利复审委员会负责对不服专利局驳回申请和撤销或维持专利权的决定提出的复审请求进行复审；负责对无效宣告请求进行审理；负责有关发明案件诉讼的应诉工作等。

13. 专利文献部

专利文献部负责专利文献的收集和国际交换；负责建立、制定和管理审查用检索档案（包括专利文献和非专利文献）等。

14. 自动化部

自动化部负责制定专利局自动化中长期规划和年度计划；负责专利局信息系统资源和自动化设备的管理；负责组织落实专利局自动化年度计划和中长期规划；参与指导全国专利资讯工程的建设；完成局交办的其他工作。

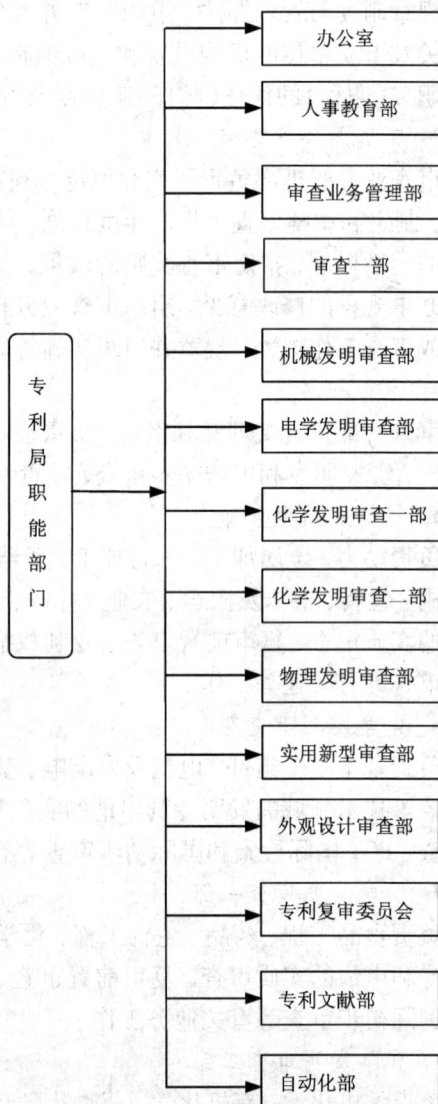

专利局职能部门 →
- 办公室
- 人事教育部
- 审查业务管理部
- 审查一部
- 机械发明审查部
- 电学发明审查部
- 化学发明审查一部
- 化学发明审查二部
- 物理发明审查部
- 实用新型审查部
- 外观设计审查部
- 专利复审委员会
- 专利文献部
- 自动化部

图 6-3　专利局职能部门

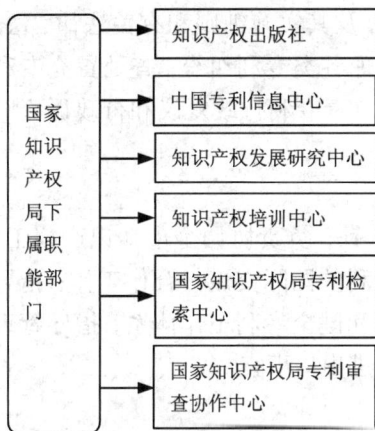

图 6-4　国家知识产权局下属部门

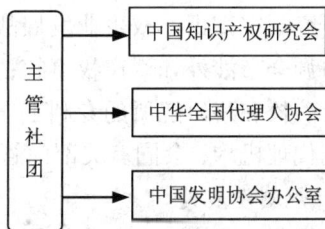

图 6-5　国家知识产权局社团

三、地方专利管理机构及其职能

(一)地方专利管理机构的主要职责

地方知识产权机构是主管地方专利工作、协调地方知识产权工作和统筹协调涉外知识产权事宜的市人民政府工作部门,具有政府行政管理和执法双重职能。其主要职责是:

(1)研究提出贯彻《中华人民共和国专利法》及其实施细则和有关法律、地方性法规、行政规章的措施,经批准后组织实施;会同有关部门制定与专利相关的科技、经济、贸易政策。

(2)制定全市专利工作发展规划和年度计划,经批准后组织实施;负责协调全市知识产权工作。

(3)统筹协调全市涉外知识产权事宜;负责有关专利的国际交流与合作工作。

(4)依法处理专利纠纷,查处冒充专利行为;指导规范专利执法工作;负责专利保护技术鉴定委员会的日常工作等。

(二)地方专利管理机构的设置和主要职能

地方知识产权局机构设置比国家知识产权局要简单得多,各省、地、州、市的专利管理机构有所不同。一般设有 4 个职能处(室),其核心职能为:

1. 办公室

负责局年度工作计划的制定、检查和总结;综合协调局机关日常工作。

2. 行政执法处

研究提出和贯彻《中华人民共和国专利法》及其实施细则和有关法律、法规、行政规章的措施，经批准后组织实施；依法处理各类专利纠纷；查处冒充专利和假冒他人专利行为；指导规范专利执法工作；负责专利行政复议和行政诉讼的应诉工作。

3. 协调管理处

研究制定知识产权事业发展战略和指导方针；负责协调全市知识产权工作；统筹协调全市涉外知识产权事宜；负责有关专利的国际交流与合作工作；指导全市高等院校和科研院所的专利工作；组织建立和健全专利工作体系；指导管理本市专利代理机构；会同有关部门管理专利技术进出口事宜。

4. 规划发展处

负责制定全市专利工作发展规划，经批准后组织实施；研究制定全市专利信息网络发展规划；指导专利信息资源的开发利用；指导全市各企业的专利工作；负责专利统计工作；负责管理各类专利合同；组织制定和指导运用与相关产业发展协调的专利战略；组织制定促进专利技术开发、许可、实施和专利权转让的政策并组织实施；负责无形资产评估、质押管理；管理专利资助资金；指导列入全市有关计划的研究与开发项目的专利管理工作；负责专利文献和专利信息管理。

四、湖南省知识产权管理机构及其职能

湖南省知识产权管理机构分为三级，即湖南省知识产权局①和各市（州）、县（市）知识产权局。各市、州知识产权多是设置在市、州科技局内，往往科技局和知识产权局是两块牌子一套人马。湖南省知识产权局主要机构设置主要包括：

1. 办公室

办公室的主要职能是协助局领导处理日常工作；负责文秘、档案、机要、保密、信访、接待会议组织及重要报告的起草、规章制度的拟订及督查工作；负责局机关财务、行政等事务的管理工作；负责机关及直属单位的人事、纪检、检察、党群等工作。

2. 综合管理处

负责全省专利工作发展规划、计划的起草，专利统计分析工作；开展专利计划技术信息利用的战略研究，为政府宏观决策提供信息服务；负责筹集和管理专利发展资金，指导并组织事实专利技术产业化工程；贯彻落实专利优惠政策和措施；负责全省知识产权法律、法规的宣传普及和专利工作人员的教育培训工作；

---

① 湖南省知识产权局网址：http://www.hnp.com

负责与有关部门、企业、科研单位、大专院校的联络及业务指导；负责全省专利工作的评比、表彰工作；指导省发明协会、专利代理人协会的工作；负责专利市场和监督管理工作，对专利代理机构的设立进行初审和人员资格的认定；指导专利中介机构；负责专利合同许可备案工作；负责专利加快审查出证工作。

3．专利执法处

负责专利执法工作，依法调处专利纠纷，查处冒充专利行为；指导各州、市专利管理机关开展专利行政执法工作；组织实施专利纠纷案例、涉外案例的报告制度；为政法机关提供涉及专利案件的鉴定意见。

4．协调处

研究、拟订全省知识产权发展战略和宏观指导方针；负责协调本省各部门的知识产权管理工作，负责协调涉外知识产权事宜；负责提出实施专利法及实施细则的地方法规草案；参与有关知识产权地方法规、规章的起草，有关知识产权的政策研究；负责专利行政执法复议、听证工作；指导省知识产权研究会的工作；承担省知识产权协调小组办公室的工作。

5．国家知识产权局长沙专利代办处

负责受理发明、实用新型、外观设计三种专利申请；办理各项收费，具体包括：收取专利申请费、专利申请附加费、发明专利实审费、专利登记费及印花税、专利年费、年费滞纳金、权利恢复费。

办理专利费用减缓。审批条件：①根据国家知识产权局75号公告公布的收费项目及标准收取有关专利费用。②对经济困难的单位和年收入在5000元以下的个人实行部分专利费用减缓。审批程序：①收取专利费用：申请人填写缴费清单，按单收费后出具收据；②专利费用减缓：申请人填写费用减缓请求书，对符合减缓条件的单位及个人予以减缓，出具费用减缓通知书。办理时限：面交即时办理，寄交的5个工作日内办结。

出具《专利广告证明》。审批条件：①申请人必须持有有效专利证书原件及一份复印件。②申请人必须出具有关缴纳专利费用发票（单据）原件及一份复印件。③申请人为单位的须持有单位介绍信，为个人的须持有个人身份证。审批程序：①按规定填写《广告出证申请表》，字迹工整、清晰。②出具相关介绍信或证件。③出具相关专利证书和专利费用发票的原件。④本局工作人员登记后报国家知识产权局核准，核准日期为5~10个工作日。⑤缴纳相关费用。⑥湖南省知识产权局出具《专利广告证明》，审批时限：5~10个工作日。

第二节 商标管理机关及其职能

【案例2】商标局行政规定违法案

2015年9月17日，北京知识产权法院由全体审判委员会委员开庭审理了一起商标行政案件，案件缘由是安徽华源医药股份有限公司（简称华源医药公司）因申请商标注册被驳回，以国家工商行政管理总局商标局（简称商标局）为被告提起了行政诉讼。2012年12月14日，商标局为了执行《商标注册用商品和服务国际分类尼斯协定》的决议，出台了《关于申请注册新增零售或批发服务商标有关事项的通知》，该通知第4条规定了新增商标注册申请的过渡期，期限为2013年1月1日至1月31日。在此期间内，在相同或类似新增服务项目上提出的注册申请，视为同一天申请。2013年1月4日，新增服务商标的通知开始执行后的第一个工作日，华源医药公司即向商标局提出了商标注册申请，申请商标由中文"华源医药"及图形构成，指定使用在第35类商品上。此后，又有两家企业提出申请"华源"商标。2014年10月23日，商标局针对上述3家企业的商标注册申请，作出了《商标注册同日申请协商通知书》，认为3个申请商标近似且均未使用，让三方于30日内自行协商，保留一方申请。如果协商不成，商标局将以抽签方式确定一个申请人。华源医药公司在收到商标局的协商通知书后，随即向北京知识产权法院提起了行政诉讼，请求法院撤销商标局作出的该协商通知书，并判令其重新作出决定。北京知识产权法院经审理认为，商标局的通知第4条关于过渡期的规定，实质上是对我国商标法第31条规定的"同一天"进行了重新定义，超越了商标局所主张的对法律如何具体应用进行解释的范畴。因此，商标局作出该项规定超越了其法定权限。法院据此作出判决，判令撤销商标局于2014年10月作出的要求华源医药公司与其他商标注册申请人自行协商确定申请人的《商标注册同日申请协商通知书》，并对华源医药公司提出的"华源医药"及图商标的注册申请重新作出审查决定。

一、国家商标管理机构及其职能

（一）国家商标管理机构设置

工商行政管理机关是代表国家行使工商行政管理职能，管理工商行政管理事务的国家职能机关，是国家经济管理的重要部门，职责是市场监督管理和行政执法。国家工商行政管理总局是国务院直属机构；国家商标管理机构隶属于国家工商行政管理总局，在国家工商管理总局设置有平行的两个商标管理机构，即商标注册机构(商标局)和商标评审机构(商标评审委员会)。由于我国商标管理采用中央集中注册、分级管理模式，故国家工商管理总局的商标管理机构具有行政和执法双重职能。

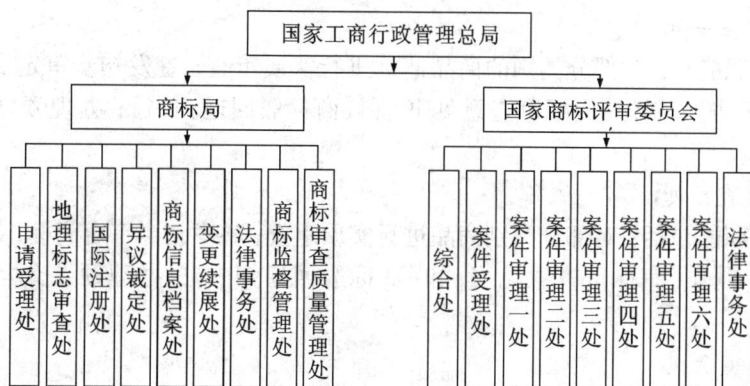

图6-6　国家商标管理机关设置

(二)国家商标注册机构职能

我国商标注册机构就是国家工商管理总局商标局，主要职能包括：负责办理商品商标、服务商标、集体商标、证明商标等商标的注册工作，以及办理上述商标的变更、转让、续展、补证、注销等有关事宜；负责办理商标异议裁定；制定或参与制定有关商标的规章制度及具体措施、办法；依法查处商标侵权及假冒案件，指导本系统的商标办案工作；协助办理商标侵权行政复议案件；负责商标使用许可合同和商标印制；负责商标代理组织、商标评估机构的管理；负责认定驰名商标；负责商标信息的收集工作；组织商标国际条约、协议在中国的具体实施及承办商标国际交流与合作的有关工作。

1. 综合处

主要职能包括：负责商标局机关行政事务工作；负责文秘、机要、文件收发工作；负责统计工作；负责商标业务的国际交流和合作工作；负责群众来信接收、来访接待工作及对外宣传工作；负责商标注册费的收缴工作；负责年度商标业务经费核算及支出的审核工作；负责来信来访查询有关商标业务问题的接待和答复工作；组织协调商标查询工作；办理领导交办的其他工作。

2. 申请受理处

主要职能包括：负责商标申请文件的接收、分拣、传递、发送工作；负责直接送达商标申请文件的受理工作、受理商标注册申请；对商标注册申请及特殊标志进行形式审查；对注册商标的变更、转让、续展、补证、注销等进行形式审查；办理商标《受理通知书》《不予受理通知书》及《补证通知书》的制作，开具商标申请优先权证明文件；负责商品和服务分类的审核工作，对未列入《商标注册用商品和服务国际分类》的商品和服务项目确定类别；划定图形要素编码；负责商标申请文件的对款、统计工作；办理领导交办的其他工作。

3. 审查一处

主要职能有：对部分类别的商品商标进行实质审查；签发初步审定商标，编排《商标公告》；制作《商标审查意见书》和《商标驳回通知书》；办理领导交办的其他工作。

4. 审查三处

主要职能包括：对部分类别商品进行实质审查；签发初步审定商标，编排《商标公告》；制作《商标审查意见书》和《商标驳回通知书》；办理领导交办的其他工作。

5. 审查三处

主要职能包括：对服务商标进行实质审查；对集体商标、证明商标、特殊标志进行实质审查；签发初步审定商标，编排《商标公告》；制作《商标审查意见书》和《商标驳回通知书》；办理领导交办的其他工作。

6. 国际注册处

主要职能包括：承担依照《商标国际注册马德里协定》（以下简称《马德里协定》）及《商国际注册马德里协定有关议定书》（以下简称《议定书》），申请领土延伸商标的实质审查工作；办理依照《马德里协定》及《议定书》进行商标国际注册的变更、转让、续展、注销、更正、删减工作；负责国内企业申请国际商标注册的工作；负责商标国际注册信息的搜集和《马德里协定》及《议定书》在实际工作中的协调；负责《马德里协定》及《议定书》申请件的分捡、复印、统计工作；办理领导交办的其他工作。

7. 异议裁定处

主要职能包括：负责申请书的形式审查；负责裁定商标异议案件；办理异议申请件的《受理通知书》《不予受理通知书》《异议补正通知书》《异议答辩通知书》《异议扣证通知单》；办理领导交办的其他工作。

8. 商标档案处

主要职能包括：负责商标注册证发证工作；负责下发商标变更、转让、续展等证明文件；负责建立和管理、维护商标档案；负责电子档案的数据录制和管理工作；建立和管理商标注册簿；指导商标注册证的制作；指导编辑、出版、发行《商标公告》；负责颁发商标注册证，补发商标变更、转让、续展等证明文件的审查工作；负责商标数据库中错误数据的修正，指导本系统商标档案的管理工作；负责办理连续三年停止使用注册商标的撤销工作；办理领导交办的其他工作。

9. 变更续展处

主要职能包括：负责注册商标的变更、转让、续展的实质审查；负责办理商标质押；办理注册商标的注销工作；办理由商标评审委员会移送的争议、撤销注册商标等终局裁定、决定事宜；办理领导交办的其他工作。

10. 法律事务处

主要职能包括：指定或参与制定有关商标管理的规章制度及具体措施、办法；负责商标规章的研究、修改和解释工作；负责设计商标业务规章的会签工作；负责注册商标行政诉讼案件的应诉工作；负责商标注册业务流程的制定、修改及执行过程中的协调工作；负责指定商标法规培训计划、协助组织培训工作；负责收集、研究外国商标法律、法规工作。办理领导交办的其他工作。

(二)商标评审机构职能

1. 商标评审的类型

我国商标评审机构就是商标评审委员会，其主要职能就是负责处理商标争议事宜。依照《中华人民共和国商标法》和《中华人民共和国商标法实施细则》的有关规定，受理以下案件的申请：①当事人对商标局驳回商标注册申请不服的复审；②当事人对商标局异议裁定不服的复审；③当事人对商标局驳回注册商标转让申请不服的复审；④当事人对商标局撤销注册商标不服的复审；⑤当事人对商标局撤销注册不当商标不服的复审；⑥在先商标权利人对注册商标提出争议的申请；⑦任何单位或个人对认为注册不当商标提出撤销的申请。

2. 商标评审委员会受理商标评审的时间

商标评审委员会自收到商标评审申请书之日起 30 天内，经审查认为符合法定条件的，予以受理并书面通知当事人；认为不符合法定条件的，书面通知当事人不予受理，并说明理由。商标评审委员会认为当事人申请基本符合法定条件，但需要补正的，可以限定当事人在规定的期限内补正；限期内未作补正的不予受理，书面通知当事人，并退回全部申请书件。

二、地方商标管理机构及其职能

(一)地方商标管理机构设置

省级工商行政管理局是同级人民政府的职能机构；地(市)、县(市)级工商行政管理局为上一级工商行政管理局的直属机构。地方工商行政管理机关是代表国家行使工商行政管理职能、管理工商行政事务的国家职能机关，是国家经济管理的重要部门，职责是市场监督管理和行政执法。商标地方管理机构一般多是设管理处或商标广告监督管理处。地方商标管理处就是地方工商行政管理部门的一个下属职能部门，与知识产权其他管理机构（专利局、版权局）相比而言，作用和社会影响力较小，与市场经济的发展对商标的要求有一定的差距。

（二）地方商标管理机构职能

由于没有独立机构设置，其商标管理的职能比较单一。一般而言，商标管理机构主要职能就是组织对商标和特殊标志的使用以及商标使用许可合同的监督管理；负责商标印制的监督管理工作，审批印制商标单位和商标印制业务管理人员资格；组织查处商标侵权、假冒等违法行为；审核和批复重大案件和涉外商标案件；指导和监督管理商标代理机构和商标评估机构的工作；负责商标代理组织的审批核转工作；负责著名商标的认定、管理和驰名商标的推荐、管理及保护工作。

三、湖南省商标管理机关及其职能

湖南省商标管理机关及其职能分为两级，即省级和地市级。湖南省工商局商标广告管理处主要负责全省的商标管理工作。其商标的核转和打击假冒商标、制止不正当竞争等各项任务下放到地市级的工商局、县级工商局和工商所。在发达省市，设立有专门的商标管理机构，配备有专门人员。但在湖南省工商行政管理局中还没有独立的商标管理机构。

第三节　版权管理机关及其职能

一、国家版权管理机构及其职能

（一）国家版权管理机构设置

1. 国家版权局沿革

中华人民共和国国家版权局设立于 1985 年。当时称国家版权局，隶属于文化部。1985 年 6 月 28 日，文化部呈报国务院，建议在文化部设立国家版权局。7 月 25 日，国务院批复，同意文化部的建议；同时决定，将文化部原出版局改称国家出版局。当时国务院赋予国家版权局的主要职责是：组织起草版权法律和有关法令、规章，并负责监督实施；为版权所有者提供咨询；批准强制使用作品，发放翻印和翻译外国作品的强制许可证；代表国家处理涉外版权关系；负责指导全国版权管理工作等。国家版权局局长由国家出版局局长兼任。1987 年 1 月国务院决定，撤销文化部所属国家出版局，设立直属国务院的新闻出版署；保留国家版权局，继续保持一个机构、两块牌子的形式。1998年实施的国务院机构改革方案规定，国家版权局与新闻出版署依然为一个机构、两块牌子。2001年，新闻出版署（国家版权局）升格为正部级单位，改称新闻出版总署（国家版权局），仍为一个机构、两块牌子。2013年3月，全国人大第十二届一次全体会议批准《国务院机构改革和职能转变方案》和《国务院关于机构设置的通知》①，将新闻出版总署、广电总局的职责整合，组建国家新闻出版广电总局，加挂国家版权局牌子。

2. 国家版权局机构设置

国家版权局现行的机构设置图如下②：

版权管理司设4个处（室），综合处、社会服务处、执法监管处、国际事务处。版权管理司现有行政编制17名。其中：司长1名，副司长2名；综合处4名，处级领导职数名；社会服务处4名，处级领导职数2名；执法监管处4名，处级领导职数2名；国际事务处2名，处级领导职数1名。

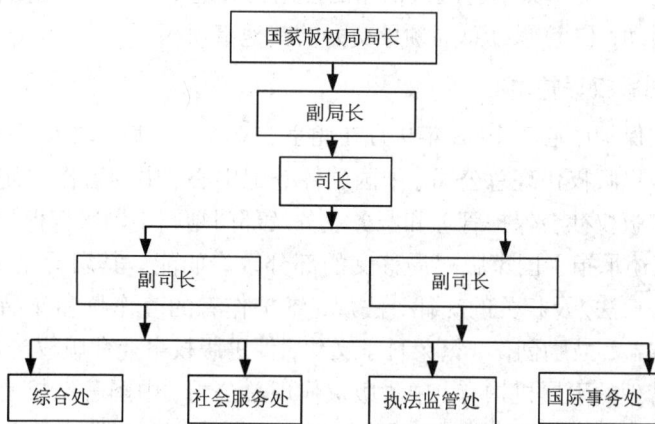

图6-7　国家版权局组织机构设置

（二）国家版权局的职能

国家版权局是国务院著作权行政管理部门，主管全国的著作权管理工作，其主要职责：（1）参与起草版权法律、法规，拟订版权管理、保护、使用的规章、政策并组织实施；（2）拟订国家版权规划并组织实施，承担国家知识产权战略纲要实施的有关工作；（3）监督版权法律、法规的实施，部署、组织、指导全国版权行

---

① 国发〔2013〕14号

② 国家版权局，http://www.ncac.gov.cn/chinacopyright/channels/474.html，2016-5-2

政管理与执法工作；(4)组织查处版权领域重大及涉外违法违规行为，组织协调开展打击侵权盗版专项行动，承办打击侵权盗版有功单位和人员的奖励工作；(5)负责网络版权监管，维护网络版权秩序，组织查处重大及涉外网络侵权盗版案件；(6)组织推进全国软件正版化工作，承担推进使用正版软件工作部际联席会议办公室有关工作，组织、协调软件正版化长效机制建设；(7)承担版权公共服务体系建设相关工作，监督管理作品登记、质权和版权合同登记、备案、认证等工作；(8)推进版权产业发展，监督管理版权评估、交易、代理等事宜，指导国有版权资产管理，负责开展全国版权示范工作；(9)承办版权涉外事务和国际应对工作，负责联系国际版权组织，承办版权多边、双边条约、协议的谈判、签订和实施工作；(10)承办涉香港、澳门特别行政区和台湾地区的版权事务；(11)监督管理国(境)外作品版权认证工作，对国(境)外版权认证机关、外国和国际版权组织在华代表机构实施监督管理；(12)承办设立版权集体管理组织的审批工作，监督管理其依法开展活动，指导版权行业协会和社会团体工作；(13)监督管理作品法定许可使用，负责国家享有版权作品的使用与管理工作；(14)组织开展全国版权宣传教育活动；(15)承办总局领导交办的其他事项。①

(三)中国版权保护中心

中国版权保护中心于1998年9月在北京成立。成立后，国家新闻出版署、国家版权局将中华版权代理总公司、中国软件登记中心、中国著作权使用报酬收转中心等机构和版权社会保护管理和服务业务及部门划归中国版权保护中心统一管理。同时，其还承担了国家版权局移交的部分政府职能。其宗旨是依照《中华人民共和国著作权法》及相关的法律、法规，维护作者的著作权和作品的使用者及传播者合法权益，鼓励创作，繁荣科学文化，促进版权事业和版权产业的发展。

该中心管理的下属机构有：中华版权代理总公司、中国著作权使用报酬收转中心、中国计算机软件登记中心、《著作权》杂志社、版权鉴定委员会、法律部、综合业务部、全国反盗版联盟联络处、中国文字作品著作权协会、中国摄影美术作品著作权协会等部门。主要职责：(1)版权代理：组织国内外的版权贸易洽谈和合作出版业务，提供版权贸易信息和版权代理、咨询服务。(2)著作权登记：受国家版权局委托，进行计算机软件登记；涉外作品登记；版权质押合同登记；音像制品权利转让和许可使用合同登记。(3)著作权使用报酬收转。(4)著作权法律服务：著作权法律咨询；调解著作权纠纷；代理著作权诉讼；为著作权人和版权产业单位提供常年法律顾问服务等。(5)著作权鉴定：受司法机关和版权行政管理机关的委托，对作品的版权归属，侵权性质进行技术鉴定。(6)负责筹建

① 参见国家版权局网站 http://www.ncac.gov.cn/chinacopyright/channels/475.html, 2016-5-2

文字、美术、摄影作品版权集体管理机构等。

二、地方版权管理机构及其职能

（一）地方著作权行政管理部门职能

地方著作权行政管理部门是指各省、自治区、直辖市人民政府设立的著作权行政管理部门。根据《中华人民共和国著作权法实施条例》的规定，地方著作权行政管理部门的职责由地方人民政府确定，业务上接受国家版权局的指导。为有效开展著作权保护工作，各省、自治区、直辖市及其所属的计划单列市、地级市相继设立了版权局（处）。根据目前情况，各地版权局（处）的职责大体相同，主要包括：

（1）贯彻执行国家关于新闻出版、著作权的法律法规；研究起草全市有关新闻出版、著作权管理的地方性法规、规章并组织实施和监督检查工作。

（2）制定并组织实施全市新闻出版业的发展规划；执行国家和省市对新闻出版行业的经济政策和有关经济性调节措施。

（3）审核、报批新办报纸、期刊及电子出版物等出版单位和新建书报刊印刷单位，审核市属出版社报送的图书选题。

（4）对新闻出版活动（包括出版物的出版、印刷、复制、发行）实施监督管理；查处违禁出版物和出版、印刷、复制、发行单位的违法违规活动等。

（二）地方著作权行政管理部门设置

地方人民政府的著作权行政管理部门主管本行政区域的著作权管理工作，其职责由各省、自治区、直辖市人民政府确定。地方著作权行政管理部门的设置因不同地方有所不同，但核心机构一般有两个。一是版权行政管理处，主要职能：负责著作权涉外合同的审批、登记及著作权代理机构的报批工作；指导、监督著作权集体管理和涉外版权贸易活动；指导版权保护组织的反盗版工作；开展著作权保护工作。二是版权执法处（版权争议调解处），主要职能：受理权利人及社会公众对发生在本地区的侵权、盗版行为的投诉、举报；组织检查本地区发生的侵权盗版行为；查处本地区发生的重大著作权侵权案件；主持调解本地区发生的著作权纠纷。

（三）地方著作权行政管理部门服务范围

地方著作权行政管理部门服务范围主要包括：成册形式内部资料性出版物年检；创办报纸、期刊；报刊日常项目的变更；创办连续性散页、插页内部资料性出版物；成册形式内部资料性出版物、报刊及内部资料性出版物年检等。

三、湖南省版权局的机构设置及其职能

湖南省版权局和湖南省新闻出版局是一套人马，两块牌子。地、市、县级版权局、新闻出版局、文化局是一套人马，三块牌子。湖南省版权局具体机构设置和职能如下：

1. 政策法规处

政策法规处负责制定全省新闻出版业发展规划；拟订全省新闻出版业经济政策和省管出版物定价管理办法；综合协调局机关政务，承担文秘、机要、文书、档案、资料、宣传、信息、提案、收发、信访、接待、保密、保卫、行政后勤和机关财务工作；协管新闻出版信息化建设工作。负责全省新闻出版政策法规研究、立法建议和普法工作；承办行政复议和其他法规事项。负责新闻出版系统外事外宣工作；负责设立新闻出版单位中外合资企业和中外合作企业的审核报批工作；负责出版物进出口单位及其境外类似机构设立的审核报批工作。负责全省新闻出版业科技发展和科研规划工作。联系省出版工作者协会的工作。①

2. 图书出版管理处

图书出版管理处负责制定全省图书出版单位总量、结构、布局和发展规划；承办图书出版单位的设立、专业分工和主要项目变动的审核报批工作；负责全省图书出版计划的制定和图书品种及书号管理，审批出版单位出版选题计划；负责全省图书出版单位年审年检和图书质量监管；组织对图书的审读，管理图书出版基金；审批省内非出版单位编印的内部资料性图书；组织、指导全省教科书的出版；协管全省教材开发建设工作；负责古籍整理出版规划工作；联系省编辑协会的工作。

3. 报刊管理处

报刊管理处负责制定全省报纸、期刊发展规划；负责全省公开报纸、期刊和报型、刊型内部资料的审核、报批和登记；负责新办报纸、期刊、成立报刊业集团和建立报纸、期刊分支机构的报批工作；负责报纸名称、开版、刊期和期刊开本、刊期等项目变更的审批；审读报纸、期刊并进行质量监管；会同有关部门审批、登记记者站的设立；负责全省报纸、期刊、广播电视及其他新闻单位记者证的核发、管理工作；组织查处报纸、期刊、记者站的违规行为和非法新闻活动；联系全省报业协会和期刊协会的工作。

4. 音像和电子出版物管理处

音像和电子出版物管理处负责制定全省音像制品、电子出版物出版单位总

---

① 各地市版权局、新闻出版局可以参考地市政府的红网。参见湖南新闻出版局、湖南省版权局网页，http://www.hnppa.com/hnppa/index.htm

量、结构、布局、发展规划和管理办法并组织实施；审核报批音像制品、电子出版物复制单位的设立、专业分工及变更等事项；负责全省音像制品、电子出版物出版规划；审批全省电子、音像出版选题计划，调控品种和版号总量；负责全省音像制品、电子出版物出版及复制单位的年审年检和质量监督管理并负责组织审听、审看工作；负责音像制品、电子出版物专项基金的管理；负责进湘复制音像制品和电子出版物的审批；协同查处违禁音像制品、电子出版物及出版、复制单位的违规行为；联系省电子音像协会的工作。

5. 出版物市场管理处(湖南省扫黄办)

出版物市场管理处(湖南省扫黄办)负责拟定全省出版物市场宏观调控政策、规定；制定全省新闻出版发行发展规划、出版物市场管理规定并指导实施；组织、协调出版物市场"扫黄""打非"集中行动和查处大案要案的工作；检查监督全省出版物经营户的经营活动；鉴定、查处、严惩有政治问题、淫秽、色情的非法出版物；审核、报批出版物总发行单位，审批出版物二级批发业务单位；协调和管理教科书发行工作；负责国有、集体、个体书店及出版单位自办发行管理工作；会同有关部门组织、培训出版物发行人员和市场管理人员；管理、协调书报刊和电子出版物的进出口贸易；承担清理整顿省书报刊和音像市场领导小组办公室的日常工作；联系省发行协会的工作。

6. 版权管理处

版权管理处负责制定本省著作权管理办法并组织实施；审核报批和管理全省著作权集体管理、代理机构和仲裁机构并指导其工作；监督管理涉外版权贸易；监督管理作品著作权登记和法定许可使用作品的工作；负责全省版权管理稽查工作，组织查处有重大影响的著作权侵权案件和涉外著作权侵权案件；联系省著作权保护协会的工作。

7. 印刷业管理与科技发展处

印刷业管理与科技发展处负责全省印刷业的监督管理。拟定全省出版物印刷和其他印刷品印刷的政策、规章；负责全省印刷业发展规划的制定和协调管理；拟定全省出版业科研、技术进步、技术监督的有关政策、规章及发展规划；负责印制质量的技术监督和管理的有关工作；负责印刷工价的有关管理工作；负责国家级和省级定点及非定点印刷企业的审核报批及管理工作；组织指导全省印刷企业的年检；负责进湘图书印刷的审批；会同有关处室查处违法违规印刷行为；联系省印刷协会的工作。

8. 人事教育处

人事教育处负责制定新闻出版、著作权管理人才培养、教育培训规划并组织实施；承办全省新闻系列、出版系列专业技术人员职务评审和管理的有关工作；负责全省新闻出版行业工人技师评审和职业技能培训、考核、鉴定的有关工作；

负责干部管理和劳动工资、机构编制、人事档案等工作；负责全省新闻出版社团的审核报批工作。

在长沙、常德、岳阳、湘潭、衡阳、怀化、郴州、永州、张家界、湘西自治州等地州市还建立了地州市新闻出版局和版权局，在县级，还与文化局合属办公，实行"三块牌子，一套人马"，进一步理顺了新闻出版和版权管理体制，确立了相应执法主体，有利于加强各级新闻出版和版权工作，更好地打击侵权盗版和非法出版行为，维护著作权人的合法权利。

【案例分析】

【案例 1 分析】

本案是涉及图形用户界面这一新类型客体能否作为外观设计专利申请对象的专利授权行政案件。法院在本案中明确了图形用户界面可以成为外观设计授权客体的法律依据，以及该类外观设计申请所需满足的条件。法院指出，虽然《专利审查指南》作出了"产品通电后显示的图案属于不授予外观设计专利权的情形"的规定，但图形用户界面能否作为外观设计专利的保护客体，仍应当以专利法第2条第4款的规定为法律依据。以图形用户界面提出外观设计专利申请时，为便于准确确定外观设计的内容，申请人应当在图片、照片或者简要说明中，通过恰当的方式指明哪些部分属于通电后才能显示的图案。本案为今后审理与图形用户界面有关的授权确权类专利行政案件，进一步明晰了审理思路。

【案例 2 分析】

该案是新行政诉讼法实施后，首例国家部委制定的规范性文件的合法性受到司法审查的案件。该案中，北京知识产权法院探索审委会审案在司法界得到广泛赞赏，认为这样不仅是司法改革的大胆尝试，也有助于提高司法权威。法院判决部委规范性文件违法，这有助于促使公权力行使时更加谨慎、守法。

【延伸思考】

（一）会展知识产权保护中行政机关的职能

投诉机构与驻会知识产权保护部门在职能上有差异。如果驻会知识产权保护部门不可以依据《中国出口商品交易会涉嫌侵犯知识产权的投诉及处理办法》简称"办法"受理投诉，而一定要按照传统的处理专利侵权纠纷行政查处的程序，来受理投诉，那么，驻会知识产权保护机构在会展期间进行及时有效的行政执法是不可能的，也与《关于加强广州市会展知识产权保护工作的意见》（以下简称《意见》）的精神不相符。同时，该《意见》也规定会展期间投诉的程序要件不同于传统的专利侵权纠纷行政调处请求，从其出发点来看，无疑是要方便当事人，针对展会的特殊性，简化当事人的办事程序。投诉机构与驻会知识产权保护部门在职能上是有区别的。两者都可以接受投诉，但只有后者才有权"处理会展发生的侵犯知识产权的投诉案件"，在此过程中，前者具有"协助配合"后者的职能。在投诉机构的"投诉"是否就是向驻会知识产权保护部门投诉，对此《意见》没有规定。可以肯定的是，按照《意见》精神，向大会投诉站的投诉，只能由驻会知识产权保护部门进行处理。

（二）行政管理模式的讨论

当发生专利或商标侵权行为时，当事人既可以请求行政管理机关处理，也可以通过法院，以诉讼方式解决纠纷。应该说这一具有中国特色的制度为制止商标与专利侵权行为、切实保护商标专用权与专利权发挥了巨大作用。因此，这一制度一直为我国商标法与专利法所认可。持相反观点的人认为，行政管理机关作为行政诉讼的被告会有诸多弊端，因此，针对理论界争议较大的关于商标行政管理机关、专利管理机关处理侵权纠纷的问题进行了较大的修改。但现行立法对这一制度的规定并不是完美无缺的，还需要进一步完善①。

（三）知识产权行政保护中存在的主要问题

我国知识产权行政保护仍然存在诸多问题②，主要有：

（1）知识产权意识淡薄。我国重视对知识产权保护的宣传教育始于改革开放以后，更多是仓促地应付外部和内部对盗版、假冒等侵权惩处的形式性宣传，缺乏理论上的支持。因此，我国知识产权的立法进程与国民意识的提高存在脱节。在我国，知识产权意识强度自上而下呈依次递减趋势，越到基层，人们的知识产权意识（包括知识产权知识）越差。知识产权意识淡薄给知识产权行政执法造成了严重的观念障碍。

（2）知识产权行政保护多头分散管理。发达国家大多设有独立、统一的商标专利局或工业产权局，而我国是专利、商标、版权实行分开管理。在中央层面，专利、商标、版权的行政执法分别由国家知识产权局、国家工商总局、国家版权局管理，其他各类知识产权也都分散于不同的行政机关管理。这种管理体制形成了自上而下的行政执法的分散局面，不利于有效利用执法资源，不利于树立和提高知识产权管理的效率和权威。

（3）地方知识产权行政管理机关职级混乱、性质混乱。主要表现在：同一级别的知识产权行政管理机关具有不同职级；知识产权行政管理机关有的是行政机关，有的是事业单位。以省级知识产权局为例，我国省级知识产权局分为正厅、

---

① 黄晓林，商标权与专利权的行政与司法保护，http://www.cpo.cn.net/zscqb/lilun/t20030910_19154.htm, 2016-5-6

② 黄英，加强知识产权行政保护之我见，http://www.lndx.gov.cn/text%5C2006-12/2006113093441.htm, 2016-5-6

副厅和正处 3 个职级，其管理模式也分为直属政府和归口科技管理部门或者是科技管理部门内设处。全国 31 个省级知识产权局中有 19 个局是行政单位，仅有 12 个是行政事业单位。知识产权行政管理机关级别低，就会导致调处能力弱。属于事业单位的知识产权管理机关执行行政执法职能必然影响其社会公信力，极大地削弱了知识产权行政保护的权威性和有效性。

第七章 国际知识产权保护

【本章要点】

1. 知识产权国际保护原则
2. 世界贸易组织与国际知识权保护
3. 《与贸易有关的知识产权协议》与国际知识产权保护
4. 世界知识权组织与国际知识产权保护
5. 《保护工业产权巴黎公约》与国际知识产权保护

【案例导入】

【案例1】

　　德国鲁道夫·达斯勒体育用品波马股份有限公司(简称波马公司)诉湖南永州、邵阳两地12家商场侵犯商标专用权纠纷案在永州市中级人民法院开庭。原告波马公司自1978年始在中国注册了"PUMA"商标、"豹图形"商标、"PUMA及豹图形"商标。经市场调查,波马公司认为永州、邵阳两地12家商场销售的部分产品使用了上述商标,这些产品的厂家或销售者并未得到其生产或销售授权。波马公司认为12家商场的行为侵犯了其商标专用权,请求判令被告停止侵权,并要求判令每个被告赔偿损失人民币5万元。成为被告的12家商家为永州、邵阳两地的百货公司、连锁超市,包括红太阳、步步高、新大新等公司。案件开庭后,波马公司及被告最终同意调解。①

_____

① 红网 http://www.sina.com.cn 2008 年 11 月 13 日 16:28.

第一节　WTO 与我国知识产权

一、WTO 与知识产权的关系

（一）知识产权进入 WTO 的历史背景

世界贸易组织（World Trade Organization，简称 WTO），其前身是 1947 年创立的《关税与贸易总协定》（General Agreement on Tariffs and Trade，简称 GATT）。一直以来，GATT 便是主管贸易的"基本大法"，它与其他十多个单项的多边货物贸易协议共同组成阵容庞大的多边货物规则体系，管理着全球范围内的货物贸易。而知识产权被看作民事法律中的问题，一直游离于 GATT 之外。那么是什么原因使知识产权后来与 GATT 结合，直至发展到现今 WTO 多边贸易体系内三大支柱之一呢？其原因归纳起来主要有三个方面：

1. 世界经济全球化的需求

随着世界经济全球化步伐的加快和科学技术（特别是信息通信技术）的快速发展，知识产权与国际贸易之间的关系日趋紧密，知识和技术在国际经济贸易中的比重不断上升，与此相关的国际投资也得到空前发展；同时，技术进步特别是信息通信技术本身的迅速发展大大促进了新市场的开拓以及技术创新和生产方式的转移，工业品生产从原来的传统生产领域竞争优势转变为新的贸易比较优势，在这一过程中，知识产权作为比较优势新的基础，成为在贸易竞争中取胜的重要筹码。正是由于知识产权中潜藏的巨大贸易利益，使得对知识产权的保护受到越来越多的关注和重视，尤其是美国、欧盟等知识产权大国和地区越来越重视国内与国际知识产权保护制度的有效性和有力性。

2. 多边贸易中知识产权争端解决机制的需要

尽管世界知识产权组织在保护知识产权方面发挥着积极作用，但其固有的缺陷和弱点也是明显的，其中最严重的缺陷便是缺乏强制实施和争端解决机制。此外，对于差异颇大的各国知识产权立法与政策措施，缺乏有效的机制加以协调与约束。由于一些国家知识产权保护的缺乏或不力，已造成了一系列的贸易紧张局势，在某些情况下还引起了贸易冲突和贸易报复。这种贸易紧张加速了在多边层次上讨论知识产权与贸易之间关系问题的进度，特别是作为知识产权主要所有者和输出者的发达国家更是希望进一步加强知识产权的多边国际保护。

3. 多边贸易中知识产权保护的需要

GATT 虽然只是掌管贸易的"准国际组织",但其机制独特有效,经过几十年的发展与完善,在确保总协定规则的有效执行及在解决缔约方之间的国际贸易纠纷中发挥了良好的作用。正是这一特点使其被急于进一步有效保护知识产权的发达成员看中,愿意将知识产权嫁接到 GATT 中来①。

总之,随着全球化进程的逐步加快,知识产权中所蕴含的巨大的对外贸易利益使作为知识产权大国的欧美发达国家对知识产权的国际保护产生了更为迫切的要求。尽管由于知识产权占有量的巨大悬殊,发达国家与发展中国家对待知识产权保护的态度有着严重分歧,知识产权还是经过艰难的谈判,最终进入到 GATT 谈判议程中,至 1990 年底,在五大协议基础上最终形成了《与贸易有关的知识产权协议》(*Agreement on Trade-related Aspects of Intellectual Property Right*,简称 TRIPS)。

(二)知识产权在 WTO 中的地位

1. 知识产权贸易成为国际贸易的重要组成部分

目前,知识产权是国际技术贸易的主要客体之一,已成为国际贸易的重要组成部分,专利转让、专利和商标的许可使用权、版权的许可等,已在各国间的贸易中占有一定的比例;含有知识产权的产品在国际贸易中所占的比重越来越大。知识产权贸易的发展,使各个国家都认识到一个国家经济的振兴和发展,不单单取决于该国所拥有的自然资源和金融资本的多少,而更大程度上取决于该国对知识成果的应用和保护程度。因此,知识产权的保护也成为国际贸易中不可回避的问题,侵犯知识产权,将给贸易造成不必要的障碍。1986 年至 1994 年,在乌拉圭回合谈判过程中将知识产权列入了贸易谈判的议题,最终,知识产权贸易成为了 WTO 贸易协定的重要组成部分,这被认为是对 GATT 的重大突破②。

2. 知识产权协议在 WTO 中具有特殊的意义

(1)它与多边货物贸易和服务贸易协议不同,前两个协议是就与贸易政策有关的一般规则和原则达成的协议,并取得了各国自由化的承诺,但并没有寻求各国政策的协调统一;而知识产权协议包括所有成员都必须达到的知识产权保护的最低标准。

(2)知识产权协议要求各成员积极采取行动保护知识产权,这与前两个协议只对成员的政策进行约束是不同的。这证明各成员在多边贸易框架下可以寻求协调统一,即制定最低标准,以影响贸易的政策和管理制度。

---

① 董燕. WTO 对知识产权国际保护规则的发展和演进[J]. 天津工业大学学报,2003(3).

② Roberto Castelo,WIPO 副总干事. 21 世纪知识产权制度的挑战[EB/OL] http://www.cnipr.com/zsyd/xslw/other/t20030918_19533.htm

（3）知识产权协议的形成，对发达国家的利益是显而易见的。例如，美国的药品业、娱乐业和信息产业基本上得到了谈判发起时所期望的结果，因为知识产权协议是一个具有实质性义务且漏洞很少的协议，它确定了保护知识产权的最低标准及实施该标准的义务，建立了一个有效的多边争端解决程序。对发展中国家的影响，有些人曾断定这一协议将使财富从发展中国家流向发达国家，但更多的人认为，知识产权保护与经济发展、国际贸易密切相关，加强保护是大势所趋，发展中国家在克服了短期的困难后，最终将从知识产权的保护中获益。

二、WTO 与知识产权法的关系

（一）WTO 需要知识产权规则①

货物贸易、服务贸易、知识产权贸易是 WTO 的三大支柱贸易。随着国际经济的发展，WTO 取代 GATT，使关税壁垒消解了，而国际间的技术壁垒又随着 PCT（专利合作条约）、《保护工业产权巴黎公约》等国际公约或条约的生成，渐渐消除了，为了维护国际市场的企业核心竞争能力，只有最后一道法律屏障——知识产权的法权地位。要实现世界经济一体化，知识产权制度就是 WTO 中不可缺少的游戏规则。因此，知识产权制度与国际经济一体化有着一种天然的联系。特别是 20 世纪 80 年代以来，知识产权贸易的增长速度超过了实物贸易和服务贸易。WTO 的运行尤其需要知识产权制度的引导和保障。这就是发达国家在中国入世谈判过程中以知识产权作为一个筹码的原因之一。1994 年 4 月 15 日，乌拉圭回合谈判最后签订了《与贸易有关的知识产权协议》，WTO 专门成立知识产权理事会，作为管辖 WTO 该部分的机构。

（二）知识产权制度完善了 WTO 规则

知识产权贸易作为三大贸易支柱之一，具有重要的地位。因此，对知识产权贸易的规制也就成为 WTO 不可缺少的规则。TRIPS 以 WTO 附属文件的方式出现，使 WTO 的规则更加完善。知识产权制度作为对发明创造和识别性成果授予法权加以保护的制度，使知识产权本身具有经济功能、法律功能、文化功能，从而使经济贸易规则凝固为共同的法律规则，同时突破地域的限制而拓展到域外。

三、WTO 与我国知识产权保护的要求

我国知识产权保护制度经过 20 世纪 80 年代初的创立和 90 年代初的改进后，已基本形成体系。随着市场经济的发展，特别是加入 WTO 后，我国的知识产权

---

① http://stwto.shantou.gov.cn/zhuanti/chanquan/zhishi/zhishi.htm

保护必须达到 TRIPS 协议的要求。目前来看,相较于 TRIPS 协议的要求,我国知识产权制度某些方面还存在一些差距,主要体现在:商标的在先使用权问题、驰名商标保护、商标权的限制(如反向侵权的禁止、平行进口的允许);版权的出租权、集体托管、商品化权、半导体集成电路布图保护;专利的司法审查、许诺销售;商号和产地标识性工业产权问题、临时性措施问题等。除此以外,学术界还在研究关于知识产权的侵权归责、权利穷竭、权利竞合与冲突等基础问题。立法部门通过借鉴国际经验、吸收学界的研究成果和考虑社会实践的需要,对我国现行知识产权领域的法律进行了一系列的改革与修订。我国从 1998 年第九届全国人大举行以来,便着手对《专利法》《商标法》和《著作权法》进行修订,并且采取了非常积极而又审慎的态度。最终,《专利法》于 2000 年 12 月修订出台,《著作权法》《商标法》于 2001 年 10 月修订出台。从其修订的内容来看,专利法增加了许诺销售权、司法最终审查、临时保护措施,著作权法增加了集体托管、信息网络传播权、出租权,商标法增加了集体商标、证明商标、驰名商标等,所有这些,基本上都体现了与 TRIPS 协议的一致性。从上述我国知识产权保护新进展的主要内容可以看出,无论是在权利保护的广度和深度,还是保护的内容和方式上,均较前有了明显的提高,从而表明了目前我国知识产权保护水准已经接近时代的前沿,跟上了世界的发展步伐。这种进步集中地表现为,我国传统知识产权的保护在不到二十年的时间里走过了从无到有、从幼稚到成熟的发展过程;而我国新型知识产权的保护水准更是一开始就与国际同步,这在众多法律领域中是绝无仅有的。这种奋起直追的精神以及后来居上的成就得到了国际上的普遍好评。但是应该注意在加强知识产权保护的过程中不能忽视了知识产权的时代性和历史性、国际性和民族性,不能打破权利个性与共性的统一。从近代各国的经验看,一国知识产权保护制度的发展需要有一定的战略和策略,既不能因为迁就历史性和民族性而延缓发展进程,也不可因追逐时代性和国际性而脱离国情,超越个性,否则难免使保护制度陷入困境,要么是实际效果不佳,要么是有损于国家和民族的利益。①

(1)知识产权的保护必须坚持私权与公共利益的平衡原则。知识产权的地域性和时间性特点,决定了对它的保护并不是绝对和永恒的,不能像传统财产权那样永久排他,而是在一定的区域外和时限后可以成为人人皆可享有的物品——即经济学上的"公共物品",最终应成为公共物品而造福于人类。正因如此,我们对知识产权的保护应该注意私权与公共利益的平衡,而不能因为强调其权利保护就忽视公共利益的维护,这一点在日益信息化和私法公法化的今天更为明显。实际上,随着当代社会各种资源利用的效率化、多样化和开放化,文化思潮更迭与技

---

① 赵生祥. WTO 对知识产权国际保护制度的继承和发展[J]. 现代法学, 2000(3)

术更新速度的加快,以及人类对共同利益的关注、对权利垄断的反感,使得再一味强调和固守知识产权的私权属性已显得不合时宜。

(2)新型知识产权的保护不能脱离社会发展的历史水平。对处于发展初期的文化和技术的相关保护不能过严,否则就违背了知识产权保护鼓励新技术、新产品开发,促进社会进步发展的初衷。

(3)不能忽视国情而片面追求知识产权保护的国际水平。我国虽然已加入WTO,但是我们毕竟是一个发展中的国家,对于知识产权的保护水平不可能也不应该过高,否则无异于拔苗助长。针对 TRIPS 协议的要求,我们应基于本国的国情,在制定和修订知识产权法规时,要有选择性和灵活性。

第二节　TRIPS 与我国知识产权

【案例2】《铁达尼克号沉没记》著作权侵权案

(一)基本案情

原告:黄某,住台湾省台北市。被告一:王某。被告二:洪某。被告三:湖南某出版社。

原告黄某于 1997 年 12 月翻译了美国作家华特劳德(Walter Lord)创作的 *A Night to Remember*,译作名称为《铁达尼克号沉没记》,其译作由台湾九歌出版社于 1997 年 12 月出版。其结构包括译序、正文、译著内容的简要记载与跋。1998 年 3 月,被告三湖南某出版社第一次出版了以被告一王某名义著的《泰坦尼克号》。该书由前后两部分组成,前部分第 1 页至第 85 页是泰坦尼克号的电影故事,后部分第 87 页至 250 页系附录,即对原著的译文。同年 5 月,该出版社又出版了以被告二洪某名义翻译的《泰坦尼克号》一书,其出版的内容开本、印数、字数、书号、定价与 3 月出版的由被告一王某著的《泰坦尼克号》完全一致,但结构上稍作了调整。该书结构亦由前后两部分组成,前部分第 1 页至第 164 页系对原著的译文,后部第 165 页至第 249 页系附录(泰坦尼克号电影故事)。原告发现了这两本书后,认为被告抄袭了自己的翻译作品,即与被告三湖南某出版社联系交涉。1998 年 6 月 25 日该出版社回函,承认该书确有抄袭、剽窃的行为,并表示道歉,同时愿意付酬给原告,但双方未达成一致。经对原告译作《铁达尼克号沉没记》及被告三湖南某出版社出版的《泰坦尼克号》进行比较,其《泰坦尼克号》原著译文部分结构与原告所译作品一致,文字除个别词汇和语句外,相同率达 90% 以上。另外,被告三湖南某出版社委托新华书店市场开发部发行《泰坦尼克号》一书

34403 册，每册定价为 16.8 元，约计利润为 173391 元。原告用于诉讼的合理费用为 160539 元。

（二）当事人争议焦点

原告诉称，被告三出版的由被告一与被告二所著的两本书系对其译本的抄袭、剽窃之作。因此请示法院判令：（1）被告立即停止出版发行抄袭作品《泰坦尼克号》一书；（2）在相应的媒体上书面道歉；（3）赔偿经济损失 20 万元；（4）承担本案原告所支付的律师费及诉讼费用。

被告一王某、被告二洪某未作答辩。被告三某出版社辩称：为了争取时间，我社只有 12 天就将被告一的《泰坦尼克号》交会出版，确实不知已有原告的译本。我社已与被告二签订了翻译合同并支付了稿酬。对于译作本身的问题，应由被告一与被告二自行负责，我社的行为并未造成侵权。另外，原告仅有翻译权而无著作权，故我社不应承担责任。

（三）法院处理结果

判决如下：三被告立即停止侵权行为，并对原告在《新闻出版报》上书面道歉。三被告连带赔偿原告的经济损失 189930.11 元。法院认为，原告黄某经自己创造性劳动，将美国作家华特劳德所著 *A Night to Remember* 翻译成中文繁体《铁达尼克号沉没记》，该译作系原告的创作性劳动成果，享有法律赋予的著作人身权和著作财产权。被告三出版的以被告一所著的、被告二名义所译的《泰坦尼克号》书中，其对原文翻译部分直接使用原告译著的内容，达到 90% 以上，远远超过了合理使用的范围，系抄袭他人作品的侵权行为，被告一与被告二应承担侵权责任。被告三湖南某出版社在出版《泰坦尼克号》时，未履行查询权利状况的注意义务，其主观上有过失过错，其行为已给原告造成了损害，对此，被告三应承担损害赔偿责任。被告一、被告二的抄袭作品通过被告三的出版发行行为业以实现，故三被告应共同承担侵权赔偿责任。

一、TRIPS 的含义及其基本原则

（一）TRIPS 的含义

TRIPS 是《与贸易有关的知识产权协议》的简称。该协议是知识产权保护的国际标准。TRIPS 的宗旨是：期望减少国际贸易中的扭曲和障碍，促进对知识产权充分、有效的保护，同时保证知识产权的执法措施与程序不至于变成合法的障碍。TRIPS 协议涉及的知识产权共有以下八个方面：著作权及其相关权利、商标、地理标记、工业品外观设计、专利、集成电路布图设计、对未公开信息的保全和对许可合同中限制竞争行为的控制。同时，对上述知识产权的可获得性、范围及行使标准、施行、获得与维持程序、纠纷的预防及解决等，协议中均作了详细规定，已超出

任何现有的知识产权国际公约,将使知识产权问题与贸易问题密不可分。

(二) TRIPS 的基本原则

TRIPS 协议为贸易有关的知识产权领域确立了一些基本原则,主要包括国民待遇原则、最惠国待遇原则、权利与义务平衡原则、透明度原则和最低保护原则。这些基本原则大多是从 GATT 和已有的国际知识产权保护公约中照搬过来的,如国民待遇、最惠国待遇和透明度原则等,但适用对象和范围有区别;有的则是本协议所强调或新确立的,如权利与义务平衡原则和最低保护原则。这些原则中有的在协议中用专项条款加以明文规定,有的则是隐含于整个协议文本中。TRIPS 协议是 WTO 协议的基本要求,WTO 有多少成员,TRIPS 就有多少成员。截至 2015 年 9 月,WTO 有成员 162 个,意味着 TRIPS 也有 162 个成员。

1. 国民待遇原则

国民待遇是指一国给予另一国国民、企业、产品和船舶等在本国境内享有的待遇"不低于"其给予本国国民、企业、产品和船舶等的待遇。在 TRIPS 协议订立之前,这一原则不仅在 GATT 中早已确立,而且在已有的知识产权国际保护公约中亦已得到确立,不过在 GATT 中,国民待遇是直接给予"产品"的,而在 TRIPS 协议中,则是直接给予"国民"的。在 TRIPS 协议第 3 条第 1 款规定:"在知识产权的保护方面,各成员对其他成员的国民提供的待遇不得低于其给予本国国民的待遇。"

这里所指的知识产权"保护"的含义不仅包括对知识产权的可获得资格、获取、范围、维护和行使产生影响的各项事宜,还包括了对 TRIPS 协议中明确规定的知识产权的利用产生影响的各项事宜。另外,鉴于 WTO 成员中除主权成员外,还包括非主权性质的"单独关税区"成员。TRIPS 协议第 1 条第 3 款专门对有关"国民"的特指含义进行了注释。在 WTO 成员是一个单独关税区的情况下,协议中的"国民"应理解为居住于该关税区内的自然人或法人,或者在该关税区内拥有真实有效之工商企业的自然人或法人。此外,由于协议还涉及四项国际知识产权保护公约,即《巴黎公约》《伯尔尼公约》《罗马公约》和《集成电路知识产权条约》,因此对于已是这些公约成员的各 WTO 成员来说,这里所指的"其他成员的国民"应理解为符合这些公约所规定之保护资格标准的"自然人或法人"。

2. 最惠国待遇原则

与货物贸易中的最惠国待遇一样,TRIPS 协议中的最惠国待遇是指在知识产权保护上,某一成员提供其他国国民的任何利益、优惠、特权或豁免,均应立即无条件地适用于全体其他成员之国民。WTO 把最惠国待遇视为国与国之间经贸关系的重要基石,而在过去的知识产权领域的国际公约中,几乎没有一个知识产权方面的国际公约制定了最惠国待遇条款,这不能不说是一个遗憾。为此,TRIPS 协议在 4 个重要的知识产权国际公约,即《巴黎公约》《伯尔尼公约》《罗马公约》《集成电路的知识产权条约》已有的国民待遇的基础上,将最惠国待遇原则纳入其管辖的知识产权保护范畴内。将最惠国待遇原则引入知识产权领域,这在国际知识产权保护中还是首创,对 WTO 成员间实行非歧视贸易提供了重要的法律基础。这种最惠国待遇与《1994 年关贸总协定》最惠国待遇一样,是无条件的、多边的、永久性的。但是,与适用于货物贸易的最惠国待遇不同,TRIPS 协议的最惠国待遇只适用于各成员之"国民"(自然人与法人)。①

3. 权利与义务平衡原则

与国民待遇和最惠国待遇原则不同,权利与义务平衡原则在 TRIPS 协议中并无专门条款明文规定,而是散见于众多条款中,然而这一原则在该协议中却尤为重要,这是由知识产权保护的特殊性所决定的。就利益关系而言,权利与义务平衡的核心是知识产权持有人的私有利益与作为整体的社会公众利益之间的平衡。就知识产权权利人而言,协议要求各成员在其立法中确保权利人能享有一定期限和范围的专有权,同时也可以在一定条件下限制此类专有权的利用,亦可以为防止权利人滥用权利而采取必要措施。所以,从总体上讲,TRIPS 协议的目的是对符合资格标准的"国民"(自然人或法人)所应享有的知识产权提供更充分有效的保护,同时也对他们所享有的权力施加必要的限制(包括相应的例外规定等),以便为促进社会利益的实现留下足够的法律空间。但必须指出的是,权利与义务平衡原则并不意味着这一协议已经是权利与义务平衡的协议,或者说它已经实现了平衡的目标。这是不正确的,也是与现实不相符的。还必须指出的是,TRIPS 协议在考虑权利与义务的平衡目标时,并没有很好顾及发达成员与发展中成员之间的权利与义务的平衡问题,这也是 TRIPS 协议被认为是一项"不平衡"协议的关键原因所在。

4. 透明度原则

透明度原则也是 GATT 早已确立的一项原则。在其他国际知识产权保护公约中,透明度原则尚未得到明确全面的确立,TRIPS 协议首次将这一原则全面引入知识产权领域,它主要由四大要素组成:公布义务、通知义务、提供咨询义务以及例外。

(1)公布义务。这是指各成员所实施的,与 TRIPS 协议主题(即知识产权的可获得性、范围、获取、执法及防止滥用)有关的法律、条例,以及普遍适用的最终司法判决和行政裁决,都应予以颁布,使各成员政府及权利持有人能够知晓,如果当这样的颁布不大可能时,应以本国语言使公众能够获得。同时在一成员政府或政府机构与另一成员政府或政府代理机构之间生效的与 TRIPS 协议主题有关的各种协议,也应予以颁布。

(2)通知义务。这一义务要求各成员要将有关知识产权的法律和条例通知

① 徐大泰. TRIPS 协议中的国名待遇原则适用对象之分析[J].甘肃教育学院学报,2002(3).

TRIPS 理事会，以便有助于理事会检查协议的执行情况。不过同时也要求理事会"力图最大限度地减轻各成员履行这一义务的负担"。

（3）提供咨询义务。当其他成员提出书面请求时，这一义务要求各成员能够提供有关知识产权的可获得性、范围、获取、执法及防止滥用等方面的法律法规信息。如果某一成员有理由相信知识产权领域中的某项司法判决或行政判决或双边协议影响了其依照 TRIPS 协议所应享有的权利，也可以书面请求获得或者请求对方通知此类司法判决、行政裁决或双边协议的详情。可见，这一条款就权利方面而言，也意味着各成员享有知识产权保护方面的知情权。

（4）透明度原则的例外。WTO 成员在履行透明度原则义务时，如果披露有关的秘密信息会妨害法律的实施、违背公共利益或损害特定的共有或私有企业的合法商业利益，则可以不披露此类秘密信息。必须指出的是，各成员在履行 TRIPS 协议的透明度义务时，却也承担着相应的保密义务，尤其是对于在专利申请中所要求申请人提供的涉及商业秘密的信息，成员政府负有保密责任。这截然相反的两项义务在这一协议中是平行存在的。

5. 最低保护原则

最低保护原则是指 TRIPS 协议对 WTO 各成员所提供的知识产权保护水平设定了一个最低标准。在这一最低标准基础上，只要不违反该协议的规定，各成员可以通过其域内法实施比 TRIPS 协议更高水平的知识产权保护。此外，各成员还可以自主确定实施 TRIPS 协议各项规定的"恰当方式"。应当注意的是，虽然"最低标准"是对 WTO 各成员制定的"最起码"知识产权保护标准，但从 TRIPS 协议所包含的知识产权保护范围、内容等各方面来说，它又普遍高于世界知识产权组织下各项主要公约所规定的保护标准，是一套"高水准"的保护标准。

二、TRIPS 协议的基本内容

在乌拉圭回合谈判中，美国代表于 1987 年 10 月提出，有关知识产权规范的谈判，不能把世界知识产权组织的各项协定和世界版权协定作为唯一的基础，还应通过乌拉圭回合谈判在确立更有效而统一的原则方面达成一致。美国的这一立场得到了欧共体成员方、加拿大、日本、澳大利亚和新西兰等发达国家的支持。多数发展中国家对美国提出的原则立场态度表示不能接受，但出于政治上的考虑，以及从发展本国经济、利用外资、引进技术、改善本国对外经济技术合作的长期利益目标出发，许多发展中国家最终转向支持。1989 年 4 月，GATT 成员方部长们就知识产权谈判达成下列协议：（1）GATT 基本原则和有关的国际知识产权方面的协议或条约的适用性。（2）为与贸易有关的知识产权的适用性、范围及使用确定标准和原则性条款。（3）拟定关于知识产权保护措施有效执行时，应考虑各国的法律制度。（4）关于迅速而有效地防止和解决政府间争端的程序及有关条款(包括 GATT 程序的适用性)。(5)为在最大范围内落实谈判成果而作的过渡安排。1991 年 12 月,发达国家和发展中国家的代表在日内瓦达成了《与贸易有关的知识产权(包括冒牌货贸易)协定(草案)》。该草案经过局部的文字修改后于1994 年 4 月在摩洛哥召开的乌拉圭回合谈判成员方部长级会议上草签,成为乌拉圭回合谈判最后文件的一部分,并于 1995 年 7 月 1 日正式生效。TRIPS 协议共有七个部分,73 个条款。①

(一)TRIPS 的宗旨

TRIPS 协议的宗旨在该协议的前言就已明确了。包括:

(1)需要加强对知识产权实行有效和充分的保护,并确保实施知识产权的措施和程序不会成为贸易障碍;

(2)建立多边框架和规则,处理国际假冒产品贸易问题;

(3)知识产权是私有权利,未经权利人许可的使用,一般构成侵权;

(4)承认各国保护知识产权的公共政策的目标,包括发展目标和技术上的目标;

(5)对最不发达国家成员其国内实施法律和规章方面特别需要最大的灵活性;

(6)通过多边程序解决与贸易有关的知识产权争端。

(二)TRIPS 的目标

TRIPS 协议在序言部分明确提出缔结协定的目的在于:减少对国际贸易的扭曲与阻碍;促进知识产权在国际范围内更充分、有效的保护;确保知识产权的实施及程序不对合法贸易构成壁垒。为了实现上述目标,WTO 成员对于国际贸易中的知识产权保护、TRIPS 协议的理解和履行过程中的一些问题达成了共识,包括:

(1)建立一套解决国际贸易中关于冒牌货贸易的原则、规则和纪律的多边框架。这是乌拉圭回合多边贸易谈判讨论知识产权问题的重要原因,无论发达国家,还是发展中国家都认识到假冒、伪劣商品贸易对正常贸易的阻碍及破坏,及对各国人民健康、安全及经济发展的危害性。

(2)知识产权是私有权。知识产权所有人拥有该知识产权的各种权利,但并非"私人占有权"。这种"私有权"是由各国通过知识产权的立法加以确定的,而不是生来就拥有的。当然这种"私有权"也要受国家法律的限制,并不像一些西方国家规定的"私有权是神圣不可侵犯的"。各国法律都规定在知识产权所有权人不履行某些法律义务时,同样可以取消权利人拥有的权利,或者在特定情况下,

---

① 王火灿 . WTO 与知识产权争端[M].上海:上海人民出版社,2001:136 - 138.

允许其他当事人依法使用某项知识产权。①

（3）承认知识产权保护公共政策目标。公共政策目标其中包括实现发展与技术进步的目标。知识产权的保护是随着社会发展而不断形成、完善和发展的，各国知识产权在不同经济发展阶段所寻求的政策目标是有较大差异的。特别是WTO大多数成员是发展中国家，它们在知识产权立法方面的差异较大，与发达国家相比存在一定的差距。因此，在WTO中制定知识产权国际保护的标准、寻求公共政策的目标时必须要认识到这一点。

（4）特殊照顾、优惠。鉴于最不发达国家财政状况不佳，经济发展的水平较落后的情况，追求知识产权的高标准保护和实施知识产权法律可能对财政产生负担，对其造成不利影响。为此，各成员同意对最不发达国家给予特殊的照顾、优惠，允许其采取更为灵活的办法对知识产权提供保护。

（5）多边程序解决纠纷。通过多边程序达成强有力约束的承诺，以解决WTO成员间可能产生的有关知识产权的摩擦，以缓解各国间的贸易矛盾，促进国际贸易的发展。

（6）良好互信与合作。WTO与世界知识产权组织及其他相关国际组织之间建立起良好的合作与相互支持的关系，从而进一步推动知识产权的国际保护。

（三）TRIPS 保护客体

TRIPS协议是与贸易相关的知识产权协议，因此它具有其自身特点，并且在世贸组织框架协议中具有其特殊的地位。首先，它与多边货物贸易和服务贸易协议不同，前两个协议是就与贸易政策有关的一般规则和原则达成的协议，并取得了各国自由化的承诺，但并没有寻求各国政策的协调统一；而知识产权协议包括所有成员都必须达到的知识产权保护的最低标准。另外，TRIPS协议要求各成员积极采取行动保护知识产权，这与前两个协议只对成员的政策进行约束是不同的。虽然它定名为"与贸易有关的知识产权协议"，但是其包括版权、商标、地理标志、工业设计、专利、集成电路布图、保护商业信息等诸多方面的知识产权保护，应该说是世界范围内知识产权保护领域中涉及面广、保护水平高、制约力强的一个国际公约。简单说来，TRIPS协议关于知识产权的效力、范围及利用标准可以分为：

（1）版权与邻接权。协议要求成员必须遵守《伯尔尼公约》的规定。《伯尔尼公约》是目前世界上保护版权水平最高的国际公约，该公约规定了国民待遇原则、自动保护原则和版权独立性原则。版权保护期限为作者有生之年加50年。

（2）商标。协议规定：任何能够将一企业的商品或服务与其他企业的商品或

---

① 李顺德. TRIPS 与我国知识产权法律制度（上）[J]. 科技成果纵横，2002（1）.

服务区分开的标记或标记组合,均能够构成商标。商标的获得必须经过法定的注册程序。各成员可将"使用在先"作为可注册的依据,但不得将商标的实际使用作为提交注册的条件。商标首期注册及各次续展注册的保护期均不得少于7年,可无限次续展。如果将使用作为保持注册的前提,则只有至少3年连续不使用,商标所有人又未出示妨碍使用的有效理由,方可撤销其注册。①

(3)专利。协议规定对具有新颖性、创造性和实用性的一切技术领域产品或方法的发明可以授予专利,但为保护公共秩序或公德,各成员均可排除某些发明不授予专利。但成员应对植物新品种给予保护,并在世界贸易组织协议生效4年之后进行检查。专利保护期为自提交申请之日起20年以上。专利权包括:制止第三方未经许可制造使用、提供销售或为上述目的进口该专利产品或由该专利方法所直接获得的产品。此外,协议还规定对独立创作的、具有新颖性或原创性的工业品外观设计予以保护,保护期不少于10年。

(4)集成电路的布图设计。其专利人享有进口权和销售权。如果使用人在获得该物时,不知也无合理根据应知有关物品中含有非法复制的布图设计,则不视为非法,但使用人被通知后,应有责任向权利人支付报酬。布图设计保护期为首次付诸商业利用起至少10年,或自布图设计完成之日起15年。

(5)未被披露过的信息。该信息属于商业秘密,未被公开过,因为保密才具有商业价值,合法控制该信息的人,已采取了合理措施保密。各成员在反不正当竞争中,对此提供有效保护。目前世界上没有一个国家制定了综合性的保护商业秘密法,以契约方式保护商业秘密仍是主要做法。

(6)控制限制性竞争。协议指出与知识产权有关的某些妨碍竞争的许可证贸易活动或条件,可能对贸易产生消极影响,并可能阻碍技术的转让与传播。成员方可采取适当措施防止或控制对知识产权滥用的问题,诸如独占性反授条件、强迫性的一揽子许可证。

同时,TRIPS协议还规定了对地理标志的保护,如某商品的特定质量、信誉或其他特征主要与该地理来源相关联。

三、TRIPS 协议与我国知识产权法的区别和联系

(一)中国知识产权法与 TRIPS 协议的主要差距

改革开放以来,我国已经制定、颁布了《中华人民共和国民法通则》《中华人民共和国发明奖励条例》《中华人民共和国自然科学奖励条例》《中华人民共和国商标法》及实施细则、《中华人民共和国著作权法》及实施细则等一系列法律和法

---

① 杨国华.中国加入 WTO 法律问题专论[M].北京:法律出版社,2002:86.

规，已经建立了比较完整的知识产权保护法律体系，在知识产权的立法和执法方面取得了一定成就，为我国在科学技术进步、文化繁荣和经济建设方面作出了重大贡献。但是面对世贸组织 TRIPS 协议要求，我国目前的知识产权法在某些方面仍然存在一些缺陷。从总体看，我国知识产权的立法和执法重点放在了对知识产权的行政管理上，不管是法律还是法规，多数条文属于管理方面的内容，规定的义务性规范多，权利性规范少，对外开放的力度不够大，对知识产权的滥用或侵权行为打击力度不够或没有具体规定，同时由于缺少程序性规定，导致该法的可操作性较差。具体来说，我国知识产权的部分规定还没有完全达到 TRIPS 协议的要求，例如对网络特别是电子商务中著作权的保护；对现有版权的保护；对部分有关知识产权的行政终局决定的司法审查监督程序以及对假冒和盗版行为打击等方面还需要进一步完善和改进。另外，对于商标在先权问题、驰名商标保护问题等都还与 TRIPS 协议的规定存在差距。这些在以后章节中将会详细说明。

（二）TRIPS 协议对于我国知识产权法的完善

TRIPS 协议给 WTO 各成员方的知识产权保护设定了一个最低标准。我国加入WTO，必然受到 TRIPS 协议的规制，因此我国政府在入世协议书中承诺全面履行TRIPS 协议。为履行这个承诺，针对我国现行知识产权相关法律与 TRIPS 协议的差距，先后对几部主要的知识产权保护法律法规进行了相关修改，包括《著作权法》《商标法》《计算机软件保护条例》等，并新制定了《集成电路布图设计保护条例》《植物新品种保护条例》等几部新法规。具体来说，在《著作权法》的修改中，增加了著作权受保护的权利种类，澄清了表演者和制作者的权利，增加了关于财产保全和证据保全的临时措施的规定和关于法律赔偿额的规定，加重了对损害社会公共利益的侵权行为的行政处罚。在《商标法》的修改方面，增加了关于地理标识保护的规定，扩大了可作为商标保护的客体的范围，增加了对驰名商标的保护条款和关于优先权的规定及对商标确权的行政裁决的司法审查规定，同时还加强了对侵权行为的查处力度。专利法方面，分别在 1992 年和 2000 年进行了两次修改。修改后的《专利法》增加了关于许诺销售的规定，完善了授予专利强制许可的条件，增加了关于专利申请人或发明及实用新型和外观设计的专利权人，可针对专利评审委员会的裁决向法院提起诉讼的规定等。对于专利的保护期限，国家知识产权局发布了一项文件，将1992 年前生效的专利的保护期限延长至 20 年。为了使我国知识产权保护水平能符合 TRIPS 协议要求，除了对上述知识产权法律法规进行修订外，有关主管机关还先后针对我国知识产权保护实施中的具体问题颁布了一系列具体办法。例如，国家知识产权局颁布了《强制许可程序规定》，国家版权局颁布了《著作权行政处罚实施办法》，商标局颁布了《驰名商标认定和保护规定》《集体商标、证明商标注册和管理办法》等。另外，诸如海关知识产权保护条例、有关职务发明方面的条例和网络著作权保护方面的条例等一系列有关知识产权保护的法规也已被国务院纳入立法计划，正在修改制定的过程中。①

此外，传统知识、民间文学的知识产权保护，目前正是 WTO、TRIPS 理事会和 WIPO 讨论的热点问题，这些都与我国这样的发展中国家息息相关。结合我国的具体情况和实践基础，有关这方面的谈判成果最终也将体现为国内立法。目前，有关民间文学的立法保护已经在积极调研。总之，在 TRIPS 协议提供的标准和框架下，我国的相关知识产权保护法律法规有了很大发展，这是对我国入世承诺的履行，也是对我国知识产权保护的促进，更是对我国法律制度体系的健全。相信随着我国经济与技术的发展，知识产权法律保护体制也将进一步完善。

第三节　WIPO 与我国知识产权

一、WIPO 的发展概况②

(一)WIPO 的含义

世界知识产权组织((World Intellectual Property Organization，简称 WIPO)是关于知识产权服务、政策、合作与信息的全球论坛，是一个自筹资金的联合国机构，是一个致力于帮助确保知识产权创造者和持有人的权利在全世界范围内受到保护，从而使发明人和作家的创造力得到承认和奖赏的国际组织。直到 2016 年 5 月为止，WIPO 有 188 个成员方。总部设在瑞士日内瓦的世界知识产权组织，是联合国组织系统中的 16 个专门机构之一。它管理着涉及知识产权保护各个方面的 24 项(16 部关于工业产权，7 部关于版权，加上《建立世界知识产权组织公约》)国际条约。这种国际保护起到了鼓励人们进行创造的作用，推动着科学技术向前发展，并丰富着世界文学和艺术宝库。WIPO 还通过为知识产权产品经销提供稳定的环境而润滑着国际贸易的滚滚车轮。在 21 世纪里，知识产权在国际舞台上发挥着重要的作用，世界各地人民均在使用和享有智力创造成果，诸如发明、外观设计、商标、图书、音乐和电影。

(二)WIPO 的历史

WIPO 的根源可追溯到 1883 年《保护工业产权巴黎公约》(简称《巴黎公约》)

---

① 王俊霞. TRIPS 协议与我国知识产权法[J].内蒙古师范大学学报，2002(6).
② 商务部条法司发言人，《入世后中国知识产权制度发展对贸易的促进作用》，《中国与欧洲知识产权保护合作——回顾、现状及展望会议日程》，2003 年 10 月，北京。

的诞生。这是第一部旨在使一国国民的智力创造能在他国得到保护的重要国际条约。这些智力创造的表现形式是工业产权，即发明（专利）、商标和工业品外观设计。它的诞生源于 1873 年在维也纳举办的国际发明展览会上，外国参展人员因害怕其成果被偷走并被在他国进行商业利用而拒绝参加。这时，对知识产权进行国际保护的必要性便突显出来。《巴黎公约》于 1884 年生效，当时有 14 个成员方，成立了国际局来执行行政管理任务，诸如举办成员方会议等。1886 年，随着《保护文学和艺术作品伯尔尼公约》（简称《伯尔尼公约》）的缔结，著作权开始走上了知识产权保护的国际舞台。该公约的宗旨是使其成员方国民的权利能在国际上得到保护，以对其创作作品的使用进行控制并收取报酬。这些创作作品的形式有：长篇小说、短篇小说、诗歌、戏剧；歌曲、歌剧、音乐作品、奏鸣曲；制图、油画、雕塑、建筑作品。同《巴黎公约》一样，《伯尔尼公约》也成立了国际局来执行行政管理任务。1893 年，这两个小的国际局合并，成立了被称之为保护知识产权联合国际局（常用其法文缩略语 BIRPI）的国际组织。这一设在瑞士伯尔尼，当时只有 7 名工作人员的小规模组织，便是今天的世界知识产权组织的前身。WIPO 至今在不断发展扩大，截至 2016 年 4 月，已有 188 个成员方，有来自全世界 86 个国家约 859 名工作人员。WIPO 肩负着在世界范围内保护知识产权的使命。

（三）WIPO 地位

随着知识产权地位变得越来越重要，这一组织的结构和形式也在慢慢发生变化。1960 年，BIRPI 从伯尔尼搬到日内瓦，以便与联合国及该城市中的其他国际组织更加邻近。10 年后，《建立世界知识产权组织公约》生效，经历了机构和行政改革并成立了对成员方负责的秘书处之后，保护知识产权联合国际局变成了世界知识产权组织。1974 年，世界知识产权组织成为联合国组织系统的一个专门机构，标志着其管理知识产权事务的任务得到了联合国会员国的承认。1978 年，世界知识产权组织秘书处搬入位于日内瓦的总部大楼。1996 年，世界知识产权组织同世界贸易组织签订了合作协定，从而扩大了其在全球化贸易管理中的作用，并进一步证明了知识产权的重要性。在大约 120 年的时间里，从《巴黎公约》和《伯尔尼公约》的缔结到后来世界知识产权组织及其前身的不断发展和进行的大量工作，一直秉承着一个愿望——希望通过对智力成果的保护来促进创造发明活动。在这期间，知识产权保护和提供服务的范围在根本上有了迅速的发展和扩大。[①]

---

① WIPO 网站 http://www.wipo.int/cn/about－wipo

二、WIPO 的基本宗旨和内容

(一)WIPO 的宗旨

WIPO 从 1967 年开始发挥其知识产权国际保护的重要作用,主要运行四个国际公约:《巴黎公约》《伯尔尼公约》《马德里协定》和《罗马公约》,涵盖了专利、商标、版权和商业秘密等知识产权的最主要方面。与其他国际组织一样,WIPO也有自己的宗旨和原则。它的宗旨和原则不仅规定于该组织的基本文件——《建立世界知识产权组织公约》的第 3 条中,而且也体现于该公约的"序言"中。综合起来主要有两项:

1. 促进在全世界范围内保护知识产权

通过国家之间的合作并与其他有关国际组织的适当配合,促进在全世界范围内保护知识产权。加强世界知识产权保护,本身并不是目的,而是为鼓励创造性活动,促进全世界科学技术发展与文化繁荣的法律手段。WIPO 基本文件的"序言"与 TRIPS 协议第 7 条都将其目标定义为:"知识产权的保护与权利行使,目的应在于促进技术的革新、技术的转让与技术的传播,以有利于社会及经济福利的方式去促进生产者与技术知识使用者互利,并促进权利与义务的平衡。"国家间在知识产权领域的合作,是建立在主权平等和共同利益基础之上的。应在尊重各国知识产权法律制度的基础上,考虑各国共同利益需要,通过谈判达成保护知识产权的国际条约,并承担由此而产生的国际义务,从而形成在全世界范围内保护知识产权的法律秩序。WIPO 作为国家之间在知识产权领域合作的组织,应该为这种法律秩序的形成、使用"提供框架设计和服务"。要真正做到在全世界范围内保护知识产权,仅仅依靠一个单独的组织或者机构是远远不够的,作为在保护知识产权领域负有专门责任的政府间组织,WIPO 需要与联合国及其一些专门机构一起,就知识产权的国际保护,各类会议的召开和各项制度、决议的制定进行磋商和协调。只有这样,才能做到真正意义上的全世界范围内的知识产权保护。①

2. 保证各联盟的行政合作

"各联盟"是指巴黎联盟、与该联盟有关的各专门联盟、伯尔尼联盟以及由世界知识产权组织担任其行政事务的任何其他旨在促进知识产权保护的国际协定(该组织基本文件第 2 条第 7 款)。1967 年的斯德哥尔摩会议,不仅缔结了《建立世界知识产权组织公约》,同时也修改了各联盟的行政性规定。修改后的各联盟的行政性规定,均把该组织的国际局规定为该联盟的国际局,把国际局的首脑,即该组织的总干事规定为各该联盟的最高行政长官,由此确定了 WIPO 作为各联

① 古祖雪. 国际知识产权法[M]. 北京:法律出版社,2002:132.

盟行政事务的协调与管理中心的法律地位。另一方面，修改后的各联盟的行政性规定，继续保持了各联盟的相对独立性，即他们有自己的活动领域和工作方式，有自己的组织结构及其职能，有相对独立的财务及其规定。因此，WIPO 对各联盟的行政事务进行协调和管理时，必须遵循三个原则：(1)充分尊重各联盟的独立性；(2)有利于各联盟管理的现代化；(3)有利于提高各联盟的工作效率。只有这样，才能保证各联盟之间的行政合作。①

(二)WIPO 的主要内容

WIPO 管理着 23 部条约(其中两部与其他国际组织共管)，并通过其成员方和秘书处执行着丰富多样的工作任务，包括：协调各国知识产权的立法和程序，为工业产权国际申请提供服务，交流知识产权信息，向发展中国家及其他国家提供法律和技术援助，为解决私人知识产权争端提供便利，利用信息技术和因特网作为各成员方存储、查询和使用有价值的知识产权信息的工具。世界知识产权组织促进知识产权保护活动中的一项根本和持久的任务是，逐渐制定和适用国际准则和标准。虽然奠定世界知识产权组织条约体系的基础仍然是《巴黎公约》和《伯尔尼公约》，但后来的谈判在广度和深度上扩展了这两部公约所提供的保护，并包含了技术变革以及人们感兴趣和关注的一些新领域。例如《世界知识产权组织版权条约》(WCT)和《世界知识产权组织表演和录音制品条约》(WPPT)。这两部条约包含了在因特网时代关于版权及其相关权国际保护的基本规则，自 2002 年起生效。目前这一更新条约的工作仍在继续进行。例如，2000 年 12 月在日内瓦举行的一次外交会议上，就对一项保护表演者(演员、音乐家等)防止擅自在音像媒体中使用其表演的新条约的大部分条款，达成了共识。

WIPO 还起着通过协调、简化各项程序，使工业产权登记系统更为简单适用的作用。1994 年的《商标法条约》(TLT)和 2002 年《专利法条约》(PLT)，分别对在各国获得并维持商标和专利的程序进行了合理简化、统一。另外 WIPO 还启动了一项新政策以适应工业产权领域的迅速变化。1999 年通过了关于保护驰名商标的国际建议，2000 年通过了关于商标使用许可的国际建议，2001 年通过了关于在因特网上保护商标的国际建议，这充实完善了传统和旷日持久的以条约为基础的国际法律标准制定的方法。WIPO 随时准备制定新的准则和标准，以跟上技术发展的步伐，符合商业惯例，并对诸如传统知识、民间文学艺术、生物多样性和生物技术等具体问题作出反应。有广泛的国家加入条约并有言行一致的执法，定能使国际环境保持稳定，并能加强人们对知识产权在全世界范围得到尊重的信心，鼓励投资，为经济发展和社会福利作出贡献。

---

① WIPO, Intellectual Property Reading Material, Genenva, 1998, p.6.

（三）我国与 WIPO 签署知识产权合作框架协议

2003 年 5 月 21 日,《中华人民共和国国家知识产权局与世界知识产权组织合作框架协议》在北京签署,国家知识产权局局长王景川和 WIPO 总干事卡米尔·伊德里斯博士共同在协议上签字。该协议宗旨在于加强中国与 WIPO 织在知识产权领域全方位合作与交流的协议,共包括了合作与磋商、合作领域、技术援助、实施、修改、评价、期限与终止、生效八条内容。协议中规定:"缔约双方同意以适当的方式向最不发达国家和发展中国家提供相关知识产权援助。"这表明在知识产权领域的南南合作与交流进一步扩大。

根据这一合作框架协议,我国与世界知识产权组织合作的优先领域包括:与传统知识、遗传资源和民间文艺相关的知识产权问题;国际专利制度议程和改革专利合作条约的进展;保护和促进中小企业的知识产权;专利信息的传播与利用;因特网发展引起的知识产权问题,如电子商务和域名等;信息技术在知识产权保护中的运用;促进版权及其相关权的保护和集体管理,促进商标及其相关标记的知识产权保护;知识产权执法;知识产权领域的人力资源开发。这些优先领域的确定是得合中国国情和目前世界知识产权保护发展现状的。

三、WIPO 在新世纪所面临的挑战

WIPO 是一个帮助和确保知识产权所有人的权利在全世界范围内受到保护,从而使发明人和创作者的创造力得到承认和奖赏的国际组织。中国 1980 年 3 月 3 日递交了《建立世界知识产权组织公约》的加入书,从 1980 年 6 月 3 日起成为 WIPO 的成员方。中国自加入 WIPO 以来,始终与该组织保持着良好的合作关系。那么,进入到 21 世纪,随着经济全球化及世界知识产权保护的不断发展,WIPO 对于未来知识产权保护有何构想和规划,我们应怎样与 WIPO 合作,贯彻其在全世界范围内保护知识产权的宗旨呢? WIPO 总干事卡米尔·伊德里斯在其致辞中指出 WIPO 在今后的工作重点是:如何运用国际知识产权制度利用知识的力量改善人们的经济、社会和文化生活。在当今经济中,衡量一个国家成功与否,越来越多地取决于其所拥有和利用的知识产权多少,而且当今世界联系越来越紧密,发明、创造和艺术作品的价值越来越凸显,尤其是当它们通过使用知识产权制度而变为实际价值时更是如此。因此,新世纪里 WIPO 的目标是通过加强对公众的宣传,让人们更好地认识知识产权的潜力,及其作为一个强有力的手段在建设一个充分发挥人类聪明才智和发明能力以造福全人类的世界中所发挥的作用。

（一）全球化挑战

十年前,描述国家间关系最常用的词是"国际",但现在却趋向于用"全球化"。这一用词上的变化表明世界各国的相互作用在方式上发生了根本的转变。

世界上正经历着从一种基于按领土划分的支离破碎的单位"国家"向另一种无界限的全球化模式转变。建立用以促进全球化发展的法律框架，既是全球化的因又是果。开展全球商务的场所是各不同国家的领土，而这些领土上实行的却是各自为政、不相一致的法规，这显然使全球商务大受掣肘。因此，使各项在全球市场上发挥作用的法规日趋统一，便是任何面向全球化所制定的政策议程中的一项必不可少的内容。这种要求在整个法律体系中均有体现，尤其是在知识产权法领域，因为这一领域对推动现代经济向前发展的工业，例如信息技术业、娱乐业和商务技术业等，具有越来越重要的意义。知识产权和实施知识产权的机制，从性质上讲基本是以领土为依据的。每一个国家所规定的权利范围由该国确定；这些权利的效力及对这些权利的保护，原则上是按照民族国家的领土来界定并以该领土为限的。作为主管和负责制定国际知识产权政策的组织，WIPO 的第一项挑战将是如何调整现有的知识产权制度，以使其协调地在全球范围内运作。

（二）新技术的变革

技术在社会活动的各个方面始终发挥着重要作用。知识产权在许多方面均与技术相互影响，并且总的说来是符合经济和社会环境的。迅猛的技术变化给国际舞台上几乎每一个方面所带来的变革，对知识产权保护制度产生了前所未有的影响，同时也为纯法律保护之外的其他形式的保护提供了新的可能性。技术目前为通信领域提供的可能性，包括一种新的技术语言（计算机语言－数字技术）的采用，使建立一个能确保知识产权保护在运作和管理方面更加确定、安全和清楚的全球法律框架成为当务之急。许多受版权保护的创作，传统上都是以实物进行交换的，但今后将越来越多地通过全球网络以数字形式提供。公共和市场部门的主管单位将对其管理知识产权的方式进行重新设计，以最大限度地从信息技术所带来的效益中获利。同样，生物技术领域尤其是生物工程所涌现出的新可能性，不但提出了伦理上的问题，而且也使人们对保护传统知识以及可脱离其自然环境而被复制、重组和利用的遗传资源的必要性越来越关注。WIPO 正处于这场关于知识产权与新技术的相互作用辩论的中心，因此 WIPO 必须在其中发挥领导作用。

第四节 《保护工业产权巴黎公约》

一、《保护工业产权巴黎公约》的历史渊源

《保护工业产权巴黎公约》（*Paris Convention for the Protection of Industrial*

Property，简称《巴黎公约》），于 1883 年 3 月 20 日在巴黎签订，1884 年 7 月 7 日生效。巴黎公约的调整对象即保护范围是工业产权，包括发明专利权、实用新型、工业品外观设计、商标权、服务标记、厂商名称、货物标记或原产地名称以及制止不正当竞争等。《巴黎公约》的基本目的是保证一成员方的工业产权在所有其他成员方都得到保护，该公约与《保护文学与艺术作品伯尔尼公约》一起构成了全世界范围内保护经济"硬实力"和文化"软实力"的两个"基本法"。1984 年 12 月 19 日，中国政府向世界知识产权组织递交了《保护工业产权巴黎公约》加入书。1985 年 3 月 19 日中国成为该公约成员方，我国政府在加入书中声明：中华人民共和国不受公约第 28 条第 1 款约束（即把有关争议提交国际法院解决）。《巴黎公约》作为一个世界范围内形成的工业产权的框架已有一个多世纪。自《巴黎公约》生效以来，为完善工业产权制度，曾经多次修订。截至 2016 年 5 月，《巴黎公约》的成员方已达到 175 个国家。

二、《保护工业产权巴黎公约》的基本原则

《巴黎公约》规定了各成员方应遵守的共同原则，该原则也是对各成员方国内法提供保护的最低要求，这些原则构成了成员方共同的游戏规则。

（一）国民待遇原则

国民待遇有两种含义：一是在工业产权的保护上，《巴黎公约》成员方必须在法律上给予其他公约中成员方的国民以本国国民的同样待遇（公约第 2 条）。二是非成员方的国民，只要他在某一个成员方内有住所或者有真实和有效的从事工商业活动的营业所，也应享有同该成员方国民相同的待遇（公约第 3 条）。国民待遇中的"国民"，包括自然人和法人。自然人的国民，是根据一国的国籍法所承认的享有该国国籍的人。对于具有双重或多重国籍的人来说，只要其中一国是《巴黎公约》成员方，这个人就符合国民的条件。关于法人，按照我国规定必须是符合"法人登记条例"条件的经济组织，能对外独立承担民事责任。一般说来，各国法律都不会对法人授以国籍，但只要被法律承认的具有民事权利能力和行为能力的社会组织，都可以作为法人而享有国民待遇。具体来说，成员方国有企业或按照成员方的公法产生的其他法人应认为是有关成员方的国民。对于公约成员方国民来说，则不能要求他们也必须在成员方有住所或营业所。这个国民待遇规定是按照《巴黎公约》建立的国际保护制度的基础之一，它不仅保证外国人受到保护，而且保护他们不会受到任何歧视。这也是缔结《巴黎公约》的重要目的。对非成员方国民在成员方的"住所"，一般并不要求是法律认可的住所，但必须是较长期的住所，且是能够进行实际联系的住所。对"营业所"的要求是实际从事工商业活动的住所。根据《巴黎公约》第 2 条第 1 款的规定，国民待遇原则还用于各成员方

依自己国内法律给予本国国民的各种待遇。此处的"国内法律"不仅包括成文法而且包括法院判例，以及工业产权管理部门在行政管理上的惯例。按照成员方私法产生的法人通常也被认为是该国的国民，如果它们在另外一个成员方有实际上的总部，那么它们也可以被认为是总部所在地国家的国民。国民待遇原则适用于各国法律授予其国民的一切利益，这也意味着，一个特定的成员方的法律正如它适用于该国的国民一样，也必须适用于其他成员方的国民。国家法律适用于另外一个成员方的国民，并不妨碍他行使《巴黎公约》特别规定的于他更为有利的权利。

(二)优先权原则

申请人在一个成员方内首次提出工业产权的申请后，又在特定的时间内(发明和实用新型为 12 个月，外观设计和商标为 6 个月)又将同一发明创造向其他成员方提申请，可以将其首次的申请日作为有效的申请日，即后一申请可享受首次申请日的优先权(见公约第 4 条)。确定优先权日，使申请人不必要在国内或国外就同一发明提出所有申请，他赢得了 6 个月或 12 个月时间来考虑在哪些国家请求保护。《巴黎公约》的优先权原则，并不是对一切工业产权都适用。根据公约第 4 条，适用优先权的仅仅是发明专利、实用新型专利、工业品外观设计专利与用于商品上的注册商标。我国 1993 年修改的《商标法》第 4 条将服务商标归于商标法保护范围，对商标所有规定都适用于服务商标，故在中国国内服务商标可享有优先权。优先权日必须是在《巴黎公约》成员方的国家中，第一次提交工业产权申请案时才能确立。如果申请案提交的国家不是《巴黎公约》成员方，那么这个优先权就不成立。同时优先权作为一种权利，可以连同专利申请案、商标注册申请案或连同专利权、商标权等一同转让。只要有关优先权的期限尚未届满，申请案或有关专有权合法受让方同样享有优先权。但此优先权必须是在权利要求书中另附一份"优先权请求书"并附有关的证明文件，包括就自己的发明或商标、在哪一个成员方、第一次递交的日期、申请号等，有的国家还要有第一次申请案的复印件。

(三)专利、商标独立原则

专利独立是指在巴黎联盟国家的国民向本联盟各国申请的专利，与其他国家(不论是否是本联盟的成员方)就同一发明所取得的专利是互相独立的。这也就是说，某一成员方给某项发明授予专利权，其他成员方没有义务也授予专利，但这并不影响他在另一国已经取得的专利权的行使，即一国批准的专利对其他国家没有约束力。所谓商标独立是指同一商标在不同国家所受的保护具有独立性。由于商标的申请和注册条件是由各国国内法律决定，同一商标可能在一国取得商标而在另一国则被驳回。在本联盟的任何国家都不得以未在原属国申请、注册或续展为理由而对提出的注册申请予以拒绝。这也就是说，在本联盟一个国家正式注册的商标，与在联盟其他国家注册的商标（包括在原属国注册的商标）应认为是互相独立的。

(四)强制许可原则

为了防止专利权人滥用法律所赋予的专有权利，没有正当理由不实施或不充分实施自己的专利，各联盟国都有权采取立法措施规定可以授予强制许可，向申请实施发明的人颁发强制许可证（公约第 5 条）。强制许可的具体条件是：自专利申请满 4 年或自授权满 3 年，专利权人没有实施或没有充分实施其专利权。但在此届满之前，任何联盟成员方不能以不实施为理由颁发强制许可证或取消其专利权。只在该期限届满后才可以强制许可，且强制许可不是独占性的，除与利用该许可的部分企业或商誉一起转让外，不得转让。

(五)临时性保护原则

公约第 11 条即关于临时性保护的具体内容是：公约各成员方必须依据本国申请，对任何一个成员方举办的经官方承认的国际展览会展出的展品，可以申请专利的发明、实用新型或外观设计以及可以申请注册的商标，给予临时保护。临时保护期，对于发明、实用新型一般为 12 个月；对商标、外观设计是 6 个月。在保护期内，不允许展品以外的第三方以展品申请工业产权。如果展品所有人在临时保护期内申请了专利或商标注册，则申请案的优先权日就不是从第一次提出申请案时起算，而是从展品公开展出之日起算。临时性保护有两个条件：一是展览会必须是国际性的。二是展览会必须是官方承认的，并且临时保护的展品所有人必须取得举办国际展览会的那个成员方的有关当局的书面证明，即包括公开展出的日期和是否确属展览会展出的物品。只有符合条件的展品，才能受到临性保护。

三、《保护工业产权巴黎公约》的基本内容

现行的《巴黎公约》是指 1967 年的斯德哥尔摩文本，共 30 条，按其结构可分为两方面内容，即实体性法律条款（第 1 条至第 12 条）和行政性法律条款（第 13 条至第 30 条），下面将有所偏重地加以介绍。

(一)《巴黎公约》实体性法律条款

《巴黎公约》实体性法律条款主要规定了保护工业产权的范围和《巴黎公约》的最主要的原则，这些原则也是对于成员方国内法提出的最低要求。工业产权保护首先是对工业产权的界定（该公约第 1 条）。此处的工业是一个广义的概念，不仅包括狭义的与农业相对的工业，还包括农业、商业、采掘业等一切产业部门。工业产品不仅仅局限于工业上的制成品，还包括一切天然产品。例如酒类、谷物、烟叶、矿泉水、啤酒、花卉等。工业产权的保护对象是专利、商标、实用新

型、外观设计、服务标记、厂商名称、货源标记或原产地名称,以及制止不正当竞争。对于专利,还包括巴黎联盟国家的法律所承认的各种工业专利,如输入专利、改进专利、增补专利和增补证书等。

(二)《巴黎公约》行政性法律条款

行政性法律条款规定了巴黎联盟的组织机构、争议解决的途径,加入和退出公约的手续等。

1. 巴黎联盟的机构及职能

参加《巴黎公约》的国家组成了保护工业产权联盟。建立了联盟,也就规定了成员方之间的权利与义务,也建立了执行某些任务的必要机构。联盟有三个行政机构,即本联盟大会、执行委员会以及以 WIPO 总干事为首的国际局。联盟大会是联盟的主要领导机构,具有决策支配权。执行委员会是此联盟小的领导机构,由大会成员方的1/4组成,由大会选举,并适当考虑地理分布,任期为二次通常会议之间的期间。其职责是处理大会两次通常会议之间的期间必须予以执行以及大会不便执行的所有职责。该执行委员会各成员方应各有一名代表,该代表可以由若干副代表、顾问和专家辅助。每一成员方有一票表决权。执行委员会半数为法定人数,一名代表仅能代表一个国家,并以一个国家的名义投票。国际局是联盟的行政机构,它执行联盟的一切行政任务。它为联盟各机构提供秘书处,它的首脑即 WIPO 的总干事是联盟的最高行政长官。国际局汇集有关工业产权的情报并予以公布;依请求向联盟任何一个国家提供有关保护工业产权问题的情报、出版月刊。国际局可以就修订会议的筹备工作与政府间组织和政府间国际组织协商。

2. 加入或退出公约的手续

根据公约第20条至24条规定,加入公约有两种情况:一是本联盟国家的加入,二是本联盟以外的国家加入。本联盟任何国家在本议定书签字者,可以加入本议定书。在加入书中,加盟国可以申明其批准或不批准的条款,若加入书中没有指定生效日期,则在总干事就补交发出通知之日起3个月后发生效力。加入书或批准书中已声明生效的,那么生效自该国指定的日期发生效力。本联盟以外的国家加入《巴黎公约》,在向 WIPO 总干事递交加入书后实现。退出《巴黎公约》的手续(公约第26条)具体程序是:任何成员方可以通知 WIPO 总干事而退出公约。该项退出也包括退出本公约以前的一切议定书。退出仅对通知退出的国家发生效力。本公约对联盟的其他国家仍完全有效。退出的效力自总干事收到退出通知之日起一年后发生,不过公约规定,任何国家在成为联盟成员方之日起5年届满之前,不得行使退出权利。

3. 争议的解决途径

当联盟中有两个或两个以上国家就公约解释或适用有争议,并用谈判的方式不能解决时,可以将争议提交国际法院,也可以采用其他方式如国际仲裁来解决争议。解决争议过程中,WIPO 对公约中的歧义不表任何态度。加入公约的任何一个国家也可以在加入时申明自己可以不受国际法院约束。我国加入《巴黎公约》时曾对此条加以保留。

【案例分析】

【案例 1 分析】

法院对被控侵权产品使用的商标与原告的商标依法进行了比对,认定被控商标与原告商标完全相同或高度近似,12 家被告的销售行为构成商标侵权。该侵权系列案件为涉外知识产权案件,由于侵权行为明显,被告积极与原告协商并快速解决了纠纷。该批案件的审结,依法打击了售假的侵权行为,净化了商业市场环境。

【案例 2 分析】

案例 2 核心是如何认定相同题材的作品的侵权。根据《著作权法》第 2 条的规定,作品是指文学、艺术和科学领域里,具有独创性并能以某种有形形式复制的智力创作成果。作品的核心要素是具有独创性。即使是利用相同的素材创作,因个人的文学手法和写作技巧各有不同,作品必然会有不同的表现形式,而非相同或近似。因此,衡量一部作品是否抄袭、剽窃,主要看该作品是否具有独创性,即智力成果是否由作者独立创作完成。创作的内容可以相同,但因融入作者的独创性,其表现形式必然不同。本案中,被告一与被告二的抄袭、剽窃行为,出版社的行为均构成侵权。《最高人民法院关于审理著作权民事纠纷案件适用法律若干问题的解释》第 19 条,出版者应对其出版有合法授权承担举证责任,举证不能,依据《著作权法》第 46 条、第 47 条的规定承担法律责任。根据该解释第 20 条规定,出版者对其出版行为的授权、稿件来源和署名、所编辑出版物的内容等未尽合理注意义务的,依照《著作权法》第 48 条规定承担赔偿责任。本案中,被告三很显然对出版物的内容未尽合理注意(如查询权利状况)之义务,因此应承担侵权赔偿之责任。

【延伸思考】

知识产权的国际保护是知识产权在国际间一系列矛盾、冲突协调后的结果。通过互惠、双边、多边多种国际合作方式才能保护知识产权。随着科学技术的发展、国际经济的一体化、国际贸易一体化发展,知识产权国际保护日益发展。中国的国际知识产权保护发展迅速,正逐步与国际接轨。

第八章　知识产权战略及其实施

【本章要点】

1. 知识产权战略的概念与内容
2. 企业知识产权战略的概念与内容
3. 企业专利战略
4. 企业商标战略
5. 企业版权战略

【案例导入】

丰田诉吉利汽车商标侵权及不正当竞争案

原告(日本)丰田自动车株式会社(以下简称丰田株式会社)与被告浙江吉利汽车有限公司(以下简称吉利公司)、北京亚辰伟业汽车销售中心(简称亚辰伟业中心)侵犯商标权及不正当竞争纠纷案中,丰田株式会社提出六项诉讼请求:(1)请求认定第一被告(浙江吉利汽车有限公司)使用美日汽车美日图形商标、"TOYOTA"商标和"丰田"商标的行为构成商标侵权;(2)请求认定第二被告(北京联创汽车贸易有限责任公司)、第三被告(北京亚辰伟业汽车销售中心)销售带有美日图形商标汽车及在广告宣传中使用"丰田"商标和"TOYOTA"商标的行为构成商标侵权;(3)请求认定第一、第二、第三被告的上述行为同时构成不正当竞争行为;(4)请求认定丰田的丰田图形商标、"TOYOTA"商标和"丰田"商标均为驰名商标;(5)请求判令第一、第二、第三被告立即停止侵犯丰田图形注册商标、"丰田"注册商标和"TOYOTA"注册商标专用权及不正当竞争的行为;(6)请求判令三被告赔偿丰田人民币 1392 万元,并支付丰田为制止三被告侵权行为所支出的合理开支 15 万元,上述两项共计人民币 1407 万元,三被告需对上述款项承担连带责任。

原告丰田株式会社提出的被告吉利公司、亚辰伟业中心的涉案行为构成对其注册商标专用权的侵犯及不正当竞争的诉讼主张不能成立。其要求被告吉利公司、亚辰伟业公司承担停止侵权行为、赔偿经济损失法律责任的诉讼请求，缺乏事实与法律依据，法院不予支持。其认定涉案注册商标为驰名商标的诉讼请求，因缺乏必要性，法院亦不予支持。依照《中华人民共和国商标法》第52条第(1)项、第(5)项，《中华人民共和国商标法实施条例》第50条，《中华人民共和国反不正当竞争法》第2条第2款、第9条第1款，《最高人民法院关于审理商标民事纠纷案件适用法律若干问题的解释》第1条、第9条第2款、第10条、第22条的规定，判决如下：驳回(日本)丰田自动车株式会社的诉讼请求。案件受理费80360元，由(日本)丰田自动车株式会社负担(已交纳)。如不服本判决，(日本)丰田自动车株式会社可在判决书送达之日起30日内，浙江吉利汽车有限公司、北京亚辰伟业汽车销售中心可在判决书送达之日起15日内，向本院递交上诉状，并按对方当事人的人数提出副本，上诉于北京市高级人民法院。

第一节　知识产权战略概述

一、知识产权战略的定义及其特点

知识产权战略是一个国家(地区)、行业、企业有效运用知识产权制度，为充分维护自身的合法权益，获得和保持竞争力并遏制对手，谋求最佳的经济利益进行的全局性谋划和采取的重要策略和手段，它是现代知识管理的一种主要形式，也是人们在知识经济时代求得生存和发展的具体行动。知识产权战略具有如下主要特点：

(1)宏观性。知识产权战略将全面提高创新能力和竞争能力，它是一种中、长期发展目标，在宏观层次上把握发展方向。

(2)经济性。知识产权战略将与经济发展战略更加紧密地结合，对经济发展的贡献份额将越来越大。

(3)知识管理性。知识管理是对知识的产出、传播、分配和共享进行有效管理的机制。知识产权战略基于其自身的特点，使得它将成为知识管理的一项重要内容。

(4)高度保密性。知识产权战略事关一国、一行业、一企业的经济安全与商业秘密，因此，其具有保密性的特点。

二、知识产权战略的实施背景

制定和实施知识产权战略，对建立现代企业制度，促进企业结构调整，优化配置资源，推动企业技术进步，防止无形资产流失，提高企业的竞争能力，提升国家的综合实力具有极为重要的作用。现代企业必须拥有现代化资源，而知识产权则是企业现代化资源的集中体现。企业市场经济的主题，也是利用知识产权资源，实施知识产权战略的主战场。知识产权从法律角度来说，它是对企业的科技成果拥有的一种法权；从经济的角度来说，它是一种重要的无形资产；从市场的角度来说，它还是一种强有力的竞争手段。无论是专利、商标、版权、计算机软件，还是商业秘密，说到底是关于科技成果和无形的知识财富归谁所有、如何利用以及如何分享利益的问题。知识产权的这种属性决定了其在企业的生产和经营中是不可缺少的现代化资源。对于企业知识产权战略这一新兴课题的研究与实践而言，企业专利战略是其策源领域中相对较为成熟的组成部分。在现代社会化大生产的条件下，企业的技术基础始终处于革命性的发展变化过程之中。在现有的法律保护与激励手段中，专利权的取得、维持与保护是企业技术竞争能力得到最为安全持久、可靠有效保护的基础性设施。专利权本质上是一种产权激励，它使得技术性资源得到法定权利的确认与界定，在专利权的实施运行实践中所逐渐形成的专利战略则为这种产权激励提供了企业能力所及范围内的最为充分的空间。一般而言，专利战略是制定者为了自身的长远利益和发展，运用专利制度提供的法律保护，在技术竞争和市场竞争中谋求最大经济利益，并保持自己技术优势的整体性战略观念与谋略战术的集成总和。专利战略的根本作用和依据在于，它以技术的产权激励为基础，有效地将技术创新的产权激励、市场激励、政策激励与企业激励四种主要激励源组织集成于一体，形成动态立体的兼顾进攻与防御双重功能的管理模式。

（一）涉外知识产权纠纷缘由透视

中国的许多产品，比如家电产品，向来以"物美价廉"享誉国际市场，但在竞争对手面前，中国产品的优势与劣势同样明显：虽然成本低、价格便宜、质量也不错，但技术研发力弱、核心技术大多靠进口。为了对付中国企业的"价格战"，国外厂商自然要打"技术牌"，而收取专利费正是其以技术占领市场的战略体现。

国外厂商的用意是"司马昭之心，路人皆知"。国外厂商在"专利费"问题上"后发制人"，这是一种进入中国市场的策略，正如业界人士质疑的那样："国内企业从一开始生产的 DVD 的核心硬件、软件都是从国外的这些巨头们手中进口，为什么他们当时不在这些核心技术中加入专利费，而要等到中国企业把这个产业做起来后才开始出手。"当中国企业引进生产线和技术准备生产时,外国企业并没有提出专利方面的要求,等到中国企业历经辛苦将市场培育起来后,再以知识产权保护的手段迫使我们退出市场,这就是"欲擒故纵"的战术。DVD 专利事件就说明这一点:组建于 1999 年的 6 家 DVD 跨国大企业最初并没有对中国企业提出警告,等 3 年后中国 DVD 市场渐渐成熟后,他们却突然翻出"旧账"并从中国出口的 DVD 中收取高达 30 亿元的专利费。中国经济的发展速度越来越快,对跨国企业来说中国市场越来越重要,而中国的民族企业将是他们进军中国市场最大的绊脚石。于是,各跨国企业甚至各国政府都积极制定措施,通过保护本企业、本国的知识产权来保护企业,从而保护本国的经济。如 2002 年美国商标专利局专门制定了一个工作计划,以通过用知识产权保护来推动整个美国的经济和美国在全球的经济战略;同年,日本也专门成立以小泉首相为首,设在政府内阁里的知识产权战略保护部,并在中国专门设立了北京调查处,对中国所有企业展开调查,看看哪些企业有侵害日本知识产权的行为,因为中国的家电、摩托、汽车等行业已经对日本产生了巨大的冲击。在 20 世纪 80 年代,中国能见到的摩托车都是日本五十铃、雅马哈之类,而现在国内几乎见不到日本的摩托车,并且中国的摩托车已占领了东南亚近 80% 的市场。

有了摩托车行业的前车之鉴,日本绝对不会坐视中国的家电、汽车等行业的冲击。此次丰田诉吉利就是想通过知识产权诉讼达到限制中国汽车企业的发展,打垮中国的民族品牌,占领中国市场的目的。因为中国经济型轿车市场上的竞争者,无论是与丰田有关的夏利、威驰,还是吉利的优利欧、美人豹、豪情、美日汽车,总体而言,其价格都远低于国外产品。这种压力,令丰田不可忽视。采取与丰田行为类似的还有,其于 2003 年 1 月向国内最大电信设备制造商华为公司提出控告,认为华为公司抄袭并侵犯其多项专利等。甚至美国的花旗银行也有此举嫌疑:因为花旗银行在中国申请了 19 项专利,已经有 2 项得到了批准。如果今后花旗银行要起诉,国内银行肯定要吃亏。这一切都反映了跨国公司或是从专利、或是从商标等知识产权方面向中国企业发出挑战,其知识产权战略对我国企业不能不说是一个巨大的压力与挑战。

(二)国内知识产权战略体系建构

面对激烈的国际竞争和严峻的知识产权挑战,知识产权战略已经成为国家发展战略的重要组成部分。目前,我国知识产权法律体系已经基本建立,下一步的主要任务是贯彻落实。由于我国知识产权工作起步比较晚,从国家到企业都缺乏一个系统的知识产权战略思路。因此,迫切需要尽快分层次建立全社会的知识产权战略体系:国家知识产权战略、行业知识产权战略和企业知识产权战略。

1. 国家知识产权战略以制度和政策为主

国家知识产权战略目标是解决全局性、制度性和政策性问题,为企业创造良好的制度和市场环境，提供相应的服务。国家知识产权战略应以增强国家整体竞争力为目标，配合国家技术发展战略，以专利战略为龙头，建立与发展阶段相适应的保护制度，制定配套政策体系，把知识产权管理落实到技术、经济、贸易管理等各项工作中，培养全民知识产权意识，提高企业运用、管理和保护知识产权的能力。

2. 行业知识产权战略以实现行业内企业的共同利益为目标

行业知识产权战略是行业企业的联合行动战略，解决影响行业竞争能力和企业共同关心的重大问题，实现共同利益。其主要任务是组织本行业企业自觉遵守知识产权规则，联合应对知识产权的国际竞争，提高行业整体竞争力。

3. 企业知识产权战略以提高企业竞争力为目标

企业知识产权战略以提高自身竞争力为目标，在国家法律约束下，运用知识产权制度规则，实现企业利益最大化。企业知识产权战略的重点是建立企业知识产权管理制度，把知识产权管理融入企业科研和经营管理之中。根据企业竞争战略和市场需求，创造、保护和利用知识产权，提高企业竞争力。

三、知识产权战略的层次与基本内容

依照战略制定主体的不同，知识产权战略可分为国家和地方、行业、企业等三个不同层面或层次的战略。

(一)宏观层面的知识产权战略

在国家和地方的层面上，实施知识产权战略以完善法律制度和市场环境，提高全社会知识产权创造、管理、实施和保护能力为核心，从改善、加强政府知识产权管理职能、提高公共服务水平入手，以解决全局性、体制性和政策性问题为重点，促进经济社会全面、协调、可持续发展。实施国家和地方知识产权战略，应着重解决如下问题：一是以增强综合实力、培养核心竞争力为目标，完善知识产权法律体系，健全与现阶段生产力发展水平和发展需要相适应的知识产权保护制度，建立激励发明创造的工作机制。二是健全实施知识产权战略的组织体系和协调机制，明确中央各部门、地方政府和各部门在实施知识产权战略过程中的职责，建立政府部门之间、部门与企(事)业单位之间的沟通渠道，为实施知识产权战略提供组织保障。三是编制国家和地方知识产权战略大纲，明确阶段目标、重点任务和实施重点领域，加强对各级知识产权管理部门，以及行业和企业的宏观指导。四是制定知识产权专门人才培养计划。五是建立完善的政策支撑体系与资金保障机制。

(二)行业层面的知识产权战略

在行业层面上，实施知识产权战略，以加快行业整体发展为目标，促进联合开发能支撑行业可持续发展的具有自主知识产权的核心技术与配套技术,努力形成自己的技术标准,有效防范和突破他人的技术壁垒,提高行业的整体竞争力。主要内容:一是制定行业内必须共同遵守的保护知识产权的行为准则,建立行业内有关知识产权保护的组织、协调和监督机制,避免行业内的恶性竞争,提高对涉外知识产权纠纷的应对能力;二是制定和完善鼓励开发可支撑行业发展的共性技术、核心技术和配套技术的政策体系,提高全行业运用知识产权制度的能力和自主知识产权的产出能力;三是构建知识产权信息传播和服务体系。

(三)企业层面的知识产权战略

在企业层面上,实施知识产权战略,以提高企业核心竞争力为目标,通过不断提高运用知识产权制度的能力与水平,大幅度提升企业创造、管理、实施和保护知识产权的能力与水平,实现企业的可持续发展和利益最大化。主要工作内容:一是建立企业内部知识产权管理制度;二是建立激励发明创造和实施知识产权的运行机制;三是大力培养创造性人才和知识产权专门管理人才。

国家和地方、行业和企业知识产权战略构成了全社会的知识产权战略体系。国家和地方的知识产权战略既以企业和行业战略为基础,又对行业和企业战略起指导作用。企业是知识产权战略的主体,企业战略以国家战略和市场需求为支撑。行业知识产权战略是企业为共同利益形成的战略,是国家和地方战略和企业战略之间的桥梁和过渡。国家和地方战略不能代替企业战略,具体发展哪些专利技术应由企业根据市场来决策。一些关系国家安全和行业整体竞争优势的共性专利技术开发,应纳入国家和地方战略,给予重点支持。

(四)知识产权强国建设步伐

知识产权强国的建设正在逐步加快。国务院 2015 年 12 月 18 日下发《关于新形势下加快知识产权强国建设的若干意见》(国发〔2015〕71 号),提出了从总体要求、机制改革、强化程序与实体保护、拓展海外渠道、完善保障机制等七个方面共三十二项建议措施。

1. 总体要求

总体要求包括指导思想、基本原则和主要目标三方面内容。

(1)指导思想。全面贯彻党的十八大和十八届全会精神,按照"四个全面"战略布局和党中央、国务院决策部署,深入实施国家知识产权战略,深化知识产权重点领域改革,有效促进知识产权创造运用,实行更加严格的知识产权保护,优化知识产权公共服务,促进新技术、新产业、新业态蓬勃发展,提升产业国际化发展水平,保障和激励大众创业、万众创新,为实施创新驱动发展战略提供有力支撑,为推动经济保持中高速增长、迈向中高端水平,实现"两个一百年"奋斗目标和中华民族伟大复兴的中国梦奠定更加坚实的基础。

（2）基本原则。坚持四大原则即战略引领原则、改革创新原则、市场主导原则和统筹兼顾原则。坚持战略引领即按照创新驱动发展战略和"一带一路"等战略部署，推动提升知识产权创造、运用、保护、管理和服务能力，深化知识产权战略实施，提升知识产权质量，实现从大向强、从多向优的转变，实施新一轮高水平对外开放，促进经济持续健康发展。坚持改革创新即加快完善中国特色知识产权制度，改革创新体制机制，破除制约知识产权事业发展的障碍，着力推进创新改革试验，强化分配制度的知识价值导向，充分发挥知识产权制度在激励创新、促进创新成果合理分享方面的关键作用，推动企业提质增效、产业转型升级。坚持市场主导即发挥市场配置创新资源的决定性作用，强化企业创新主体地位和主导作用，促进创新要素合理流动和高效配置，促进大众创业、万众创新①。

（3）主要目标。到 2020 年，在知识产权重要领域和关键环节改革上取得重大成果，知识产权授权确权和执法保护体系进一步完善，基本形成权界清晰、分工合理、责权一致、运转高效、法治保障的知识产权体制机制，知识产权创造、运用、保护、管理和服务能力大幅提升，创新创业环境进一步优化，逐步形成产业参与国际竞争的知识产权新优势，基本实现知识产权治理体系和治理能力现代化，建成一批知识产权强省、强市，知识产权大国地位得到全方位巩固，为建成具有中国特色、世界先进水平的知识产权强国奠定坚实基础②。

2. 机制改革

有四大措施来推进知识产权管理改革。（1）研究完善知识产权管理体制。完善国家知识产权战略实施工作部际联席会议制度，由国务院领导同志担任召集人。积极研究探索知识产权管理体制机制改革。（2）改善知识产权服务业及社会组织管理。放宽知识产权服务业准入标准，促进服务业优质高效发展，加快建设知识产权服务业集聚区。扩大专利代理领域开放，放宽对专利代理机构股东或合伙人的条件限制。探索开展知识产权服务行业协会组织"一业多会"试点。完善执业信息披露制度，及时公开知识产权代理机构和从业人员信用评价等相关信息。（3）建立重大经济活动知识产权评议制度。研究制定知识产权评议政策，完善知识产权评议工作指南，规范评议范围和程序。围绕国家重大产业规划、高技术领域重大投资项目等开展知识产权评议，建立国家科技计划知识产权目标评估制度，积极探索重大科技活动知识产权评议试点，建立重点领域知识产权评议报告发布制度，提高创新效率，降低产业发展风险。（4）建立以知识产权为重要内

---

① 加快简政放权、放管结合、优化服务，加强知识产权政策支持、公共服务和市场监管，着力构建公平公正、开放透明的知识产权法治环境和市场环境，坚持统筹兼顾即统筹国际、国内创新资源，形成若干知识产权领先发展区域，培育我国知识产权优势。

② 加强全球开放创新协作，积极参与、推动知识产权国际规则制定和完善，构建公平合理国际经济秩序，为市场主体参与国际竞争创造有利条件，实现优进优出和互利共赢。

容的创新驱动发展评价制度。完善发展评价体系,将知识产权产品逐步纳入国民经济核算的范围中去,将知识产权指标纳入国民经济和社会发展规划。发布年度知识产权发展状况报告。在对党政领导班子和领导干部进行综合考核评价时,注重鼓励发明创造、保护知识产权、加强转化运用、营造良好环境等方面的情况和成效。

3. 实行严格的知识产权保护

通过五大措施来实现严格的知识产权保护。(1)加大知识产权侵权行为惩治力度。推动知识产权保护法治化,发挥司法保护的主导作用,完善行政执法和司法保护两条途径优势互补、有机衔接的知识产权保护模式。提高知识产权侵权法定赔偿上限,针对情节严重的恶意侵权行为实施惩罚性赔偿并由侵权人承担实际发生的合理开支。进一步推进侵犯知识产权行政处罚案件信息公开。加强海关知识产权执法保护。加大国际展会、电子商务等领域知识产权执法力度,构建更有国际竞争力的开放的创新环境。(2)加大对知识产权犯罪打击力度。依法严厉打击侵犯知识产权犯罪行为,重点打击链条式、产业化知识产权犯罪网络。进一步加强知识产权行政执法与刑事司法衔接,加大涉嫌犯罪案件移交工作力度。完善涉外知识产权执法机制,加强刑事执法国际合作,加强对涉外知识产权犯罪案件侦办力度。(3)建立健全知识产权保护预警防范机制。将故意侵犯知识产权行为的情况纳入企业和个人信用记录。推动完善商业秘密保护的法律法规,加强人才交流和技术合作中的商业秘密保护。开展知识产权保护社会满意度调查。建立收集假冒产品来源地相关信息的工作机制,发布年度中国海关知识产权保护状况报告。加强大型专业化市场知识产权管理和保护工作。发挥行业组织在知识产权保护中的积极作用。(4)加强新业态新领域创新成果的知识产权保护。完善植物新品种、生物遗传资源及其相关传统知识、数据库保护和国防知识产权等相关法律制度。适时做好地理标志立法工作。研究完善商业模式知识产权保护制度和实用艺术品外观设计专利保护制度。(5)规制知识产权滥用行为。完善规制知识产权滥用行为的法律制度,制定相关反垄断执法指南。完善知识产权反垄断监管机制,依法查处滥用知识产权排除和限制竞争等垄断行为。完善标准必要专利的公平、合理、无歧视许可政策和停止侵权适用规则。

4. 促进知识产权创造运用

通过程序和实体等七大措施来促进知识产权创造和运用。(1)完善知识产权审查和注册机制。建立计算机软件著作权快速登记通道。优化专利和商标的审查流程与方式,实现知识产权在线登记、电子申请和无纸化审批。完善知识产权审查协作机制,建立重点优势产业专利申请的集中审查制度,建立健全涉及产业安全的专利审查工作机制。(2)完善职务发明制度。鼓励和引导企事业单位依法建立健全发明报告、权属划分、奖励报酬、纠纷解决等职务发明管理制度。探索完善创新成果收益分配制度①。(3)推动专利许可制度改革。强化专利以许可方式对外扩散。研究建立专利当然许可制度，鼓励更多专利权人对社会公开许可专利。完善专利强制许可启动、审批和实施程序。鼓励高等院校、科研院所等事业单位通过无偿许可专利的方式，支持单位员工和大学生创新创业。(4)加强知识产权交易平台建设。构建知识产权运营服务体系，加快建设全国知识产权运营公共服务平台②。在全面创新改革试验区域引导天使投资、风险投资、私募基金加强对高技术领域的投资。推动高等院校、科研院所建立健全知识产权转移转化机构。(5)培育知识产权密集型产业。探索制定知识产权密集型产业目录和发展规划。运用股权投资基金等市场化方式，引导社会资金投入知识产权密集型产业。(6)提升知识产权附加值和国际影响力。实施专利质量提升工程，培育一批核心专利。加大轻工、纺织、服装等产业的外观设计专利保护力度。加强对非物质文化遗产、民间文艺、传统知识的开发利用，推进文化创意、设计服务与相关产业融合发展。支持企业运用知识产权进行海外股权投资。积极参与国际标准制定，推动有知识产权的创新技术转化为标准③。保护和传承中华老字号，大力推动中医药、中华传统餐饮、工艺美术等企业"走出去"。(7)加强知识产权信息开放利用。推进专利数据信息资源开放共享，增强大数据运用能力。建立财政资助项目形成的知识产权信息披露制度。加快落实上市企业知识产权信息披露制度。规范知识产权信息采集程序和内容。完善知识产权许可的信息备案和公告制度。

5. 加强重点产业知识产权海外布局和风险防控

建议采用规划、渠道、预警、风险防控、法律援助五大措施来加强知识产权海外布局与控制风险。(1)加强重点产业知识产权海外布局规划。加大创新成果标准化和专利化工作力度，推动形成标准研制与专利布局有效衔接机制。研究制定标准必要专利布局指南。编制发布相关国家和地区专利申请实务指引。(2)拓展海外知识产权布局渠道。推动企业、科研机构、高等院校等联合开展海外专利布局工作。鼓励企业建立专利收储基金。加强企业知识产权布局指导，在产业园区和重点企业探索设立知识产权布局设计中心。分类制定知识产权跨国许可与转

---

① 提高骨干团队、主要发明人收益比重，保障职务发明人的合法权益。按照相关政策规定，鼓励国有企业赋予下属科研院所知识产权处置和收益分配权。

② 知识产权投资是指知识产权人依法将专利权、商标权或著作权等知识产权资产评估作价，作为对公司（企业）的非货币、非实物出资，以获得所对应的公司（企业）股权的行为。知识产权投资属于非货币、非实物出资，因此，必须比照实物投资，依法将知识产权资产评估作价后出资。知识产权投资的前提：应具有投资理念与思路、风险意识、依法评估、签订合同、交易登记等。创新知识产权投融资产品，探索知识产权证券化，完善知识产权信用担保机制，推动发展投贷联动、投保联动、投债联动等新模式。支持探索知识产权创造与运营的众筹、众包模式，促进"互联网＋知识产权"融合发展。

③ 支持研究机构和社会组织制定品牌评价国际标准，建立品牌价值评价体系。支持企业建立品牌管理体系，鼓励企业收购海外知名品牌。

让指南，编制发布知识产权许可合同范本。（3）完善海外知识产权风险预警体系。建立健全知识产权管理与服务等标准体系。支持行业协会、专业机构跟踪发布重点产业知识产权信息和竞争动态。制定完善与知识产权相关的贸易调查应对与风险防控国别指南。完善海外知识产权信息服务平台①。（4）提升海外知识产权风险防控能力。研究完善技术进出口管理相关制度，优化简化技术进出口审批流程。完善财政资助科技计划项目形成的知识产权对外转让和独占许可管理制度。制定并推行知识产权尽职调查规范。支持法律服务机构为企业提供全方位、高品质知识产权法律服务。探索以公证方式保管知识产权证据、证明材料。推动企业建立知识产权分析评议机制，重点针对人才引进、国际参展、产品和技术进出口等活动开展知识产权风险评估，提高企业应对知识产权国际纠纷能力。（5）加强海外知识产权维权援助。制定实施应对海外产业重大知识产权纠纷的政策。研究我驻国际组织、主要国家和地区外交机构中涉知识产权事务的人力配备。发布海外和涉外知识产权服务和维权援助机构名录，推动形成海外知识产权服务网络。

6. 提升知识产权对外合作水平

通过构建国际规则、合作机制、法援力度、海外渠道四大措施提升知识产权对外合作水平。具体而言：（1）推动构建更加公平合理的国际知识产权规则。积极参与联合国框架下的发展议程，推动《TRIPS 协定与公共健康多哈宣言》的落实和《视听表演北京条约》的生效，推动知识产权国际规则向普惠包容、平衡有效的方向发展②。（2）加强知识产权对外合作机制建设。加强与世界知识产权组织、世界贸易组织及相关国际组织的合作交流。深化同主要国家知识产权、经贸、海关等部门的合作，巩固与传统合作伙伴的友好关系。推动相关国际组织在我国设立知识产权仲裁和调解分中心。加强国内外知名地理标志产品的保护合作，促进地理标志产品的国际化发展。积极推动区域全面经济伙伴关系和亚太经济合作组织框架下的知识产权合作，探索建立"一带一路"沿线国家和地区知识产权合作机制。（3）加大对发展中国家知识产权援助力度。支持和援助发展中国家知识产权能力建设，鼓励向部分最不发达国家优惠许可其发展急需的专利技术。加强面向发展中国家的知识产权学历教育和短期培训。（4）拓宽知识产权公共外交渠道。拓宽企业参与国际和区域性知识产权规则制修订的途径。推动国内服务机构、产业联盟等加强与国外相关组织的合作交流。

7. 加强组织实施和政策保障

建议通过从组织领导、金融支持、人才队伍和宣传引导等措施加强实施和保

---

① 发布相关国家和地区知识产权制度环境等信息。建立完善企业海外知识产权问题及案件信息提交机制，加强对重大知识产权案件的跟踪研究，及时发布风险提示。

② 参与《专利合作条约》《保护广播组织条约》《生物多样性公约》等规则修订的国际谈判，推进加入《工业品外观设计国际注册海牙协定》和《马拉喀什条约》进程。

障。具体而言：(1)加强组织领导。各地区、各有关部门要高度重视，加强组织领导，结合实际制定实施方案和配套政策，推动各项措施有效落实。(2)加大财税和金融支持力度。运用财政资金引导和促进科技成果产权化、知识产权产业化。落实研究开发费用税前加计扣除政策，对符合条件的知识产权费用按规定实行加计扣除。制定专利收费减缴办法，合理降低专利申请和维持费用。积极推进知识产权海外侵权责任保险工作。(3)加强知识产权专业人才队伍建设。加强知识产权相关学科建设，完善产学研联合培养模式，在管理学和经济学中增设知识产权专业，加强知识产权专业学位教育。加大对各类创新人才的知识产权培训力度。鼓励我国知识产权人才获得海外相应资格证书。鼓励各地引进高端知识产权人才，并参照有关人才引进计划给予相关待遇。(4)加强宣传引导。各地区、各有关部门要加强知识产权文化建设，加大宣传力度，广泛开展知识产权普及型教育，加强知识产权公益宣传和咨询服务，提高全社会的知识产权意识、使尊重知识，崇尚创新、诚信守法理念深入人心，为加快建设知识产权强国营造良好氛围。

(五)国家知识产权战略有序推进

为推动国家知识产权战略深入实施，按照《深入实施国家知识产权战略行动计划(2014—2020年)》部署，明确2015年战略实施重点任务和工作措施，制定国家知识产权战略实施推进计划①。计划包括5个部分，共80项措施。

1. 强化保护

强化知识产权保护，鼓励创新创造，共有18项措施。具体包括：将侵犯知识产权行政处罚案件信息公开情况纳入打击侵权假冒工作统计通报范围并加强考核；探索开展信用档案信息及其采集、处理和评价等知识产权保护相关信用标准研制工作；推动各地及时公布假冒专利和专利侵权案件信息。出台专利信用体系建设工作方案，明确专利侵权、假冒专利及专利代理失信等信用信息的采集规则和使用方式；公布权利人申请扣留侵权嫌疑货物担保、收发货人反向担保、依申请扣留侵权嫌疑货物、依职权扣留侵权嫌疑货物、知识产权案件调查及认定、行政处罚、货物处置等7项知识产权海关保护权力清单。试点开展违法企业属地通报制度，曝光违法企业名单，及时通报所在地政府。开展知识产权执法维权"护航"专项行动、红盾网剑专项行动、网络侵权盗版"剑网2015"专项行动。健全电子商务领域专利执法维权机制、建立健全大型展会知识产权执法维权工作机制、完成国家版权监管平台年度建设任务，建立正版软件管理系统，在货物生产、加工、转运中加强知识产权监管、重点打击危害群众健康安全、妨碍创新驱动发展的制售假冒伪劣名牌产品犯罪行为。重点查办一批情节严重、影响恶劣的侵权假

---

① 国家知识产权战略实施工作部际联席会议办公室，http://www.nipso.cn/onews.asp? id=25510 2015/4/9 22：32：58

冒犯罪案件，大力查办与侵权假冒犯罪有关的职务犯罪。制定检察机关办理包括侵权假冒在内的刑事案件审查逮捕指引和公诉部门准确把握经济犯罪政策法律界限的指导意见①。

2. 鼓励运用

促进知识产权创造运用、支撑产业转型升级，共有 15 项措施。具体包括：在移动通信、集成电路、新能源汽车等重点行业，支持行业组织、产业联盟、专业机构等联合开展产业专利信息分析、专利布局与运营服务；出台专利联盟建设指南，引导行业协会组建专利联盟，推动科研院所与企业建立专利运用协同体；完成专利导航试点项目实施指南；在北京启动建设知识产权运营公共服务平台，在西安、珠海建设军民专利技术融合和知识产权金融创新特色试点平台，在部分试点省份以股权投资方式支持一批专利运营机构，在信息技术等重点领域推动建立专利运营公司；扩大中央企业专利运营试点范围；开展全国及各省（自治区、直辖市）知识产权密集型产业统计研究；开展全国知识产权服务业统计调查；支持银行等机构广泛参与知识产权金融服务，鼓励商业银行开发知识产权融资服务产品；支持知识产权评估、交易、担保、法律、信息服务等服务机构进入市场②。

3. 加强服务

加强知识产权管理和服务，促进创新成果转移转化，共有 17 项措施，具体包括：中央财政科技计划（专项、基金等）全过程管理中纳入知识产权管理、做好中央级事业单位的科技成果使用、处置和收益管理改革试点工作、推动地方开展重大产业规划、政府重大投资活动等工作的分析评议、推进知识产权管理、传统知识保护和管理、组织知识管理等领域的标准化工作，全面推行《企业知识产权管理规范》③国家标准，加强知识产权管理体系认证机构能力建设、制定高校和科研院所知识产权管理标准、启动知识产权区域布局工作，推动开展区域知识产权资源分析工作、完善知识产权价值评估标准和评估方法，加快专利价值分析标准化建设，开展专利价值分析试点工作、制定完善科研项目知识产权全过程管理的政策措施，构建科研项目知识产权全过程管理评价指标体系、加强专利申请质量监

---

① 加强知识产权行政执法与刑事司法衔接信息共享平台建设，发布《最高人民法院关于修改〈关于审理专利纠纷案件适用法律问题的若干规定〉的决定》《最高人民法院关于审理侵害专利权纠纷案件应用法律若干问题的解释（二）》《最高人民法院关于审理知识产权与竞争纠纷行为保全案件适用法律若干问题的解释》《最高人民法院关于审理商标授权确权行政案件若干问题的规定》《最高人民法院关于审理商标民事纠纷案件适用法律若干问题的解释》。

② 具体包括：建立完善专利权质押动态管理系统，鼓励担保机构、投资机构为中小企业专利权质押融资提供服务。推动开展专利执行保险、侵犯专利权责任保险、知识产权综合责任保险等险种业务等。

③ 《企业知识产权管理规范》由马维野、雷筱云起草，国家知识产权局起草制定，国家质量监督检验检疫总局、国家标准化管理委员会批准颁布，2013 年 3 月 1 日起实施，是我国首部企业知识产权管理国家标准。

测，编制专利申请质量监测报告，加大低质量专利申请查处力度、优化商标审查体系，完善商标审查标准，建立健全便捷高效的商标审查协作机制等。

4. 拓展合作

拓展知识产权交流合作，推动国际竞争力提升，有 10 项措施，具体包括：积极参与世界知识产权组织、世界贸易组织、国际植物新品种保护联盟、亚太经济合作组织相关活动，拓展与美国、英国、加拿大、澳大利亚、新西兰、日本、韩国、东盟和欧盟等国家和地区的知识产权合作，发挥中美、中欧知识产权工作组等双边政府对话机制作用，服务中美战略经济对话、中美商贸联委会、中欧领导人峰会等重大双边活动。落实中美、中欧知识产权合作项目、进一步推动与有关国家和地区知识产权部门在专利、商标和版权等领域的交流与合作、加强驻外使领馆知识产权工作力度，跟踪研究有关国家的知识产权法规政策，加强知识产权涉外信息交流，做好涉外知识产权应对、推动出台进口贸易知识产权境内保护的部门规章、加强海外知识产权维权援助机制建设、推动建设海外知识产权信息服务平台、引导优秀服务机构与外向型企业对接、与境外执法部门在通报线索、协查取证、司法协助等多层面加强合作，组织开展在侦重大涉外案件跨境联合执法行动等。

5. 加大支持

加大支持力度，提高知识产权战略实施保障水平，共有 17 项措施，具体包括：通过国家科技成果转化引导基金对符合条件的科技成果转化贷款给予风险补偿；引导鼓励地方政府建立小微企业信贷风险补偿基金，对知识产权质押贷款提供重点支持；开展全国规模以上工业企业专利活动与经济效益统计监测工作，开展国民经济核算体系中专利价值核算研究工作；完善知识产权领域专业技术人才评价办法；引导高校开设知识产权相关领域辅修课程，鼓励和支持高校自主设置知识产权本科专业。建设国家知识产权人才培养基地和知识产权宣传教育示范学校，建设知识产权协同创新中心；开展百千万知识产权人才工程，建设面向社会公开的国家知识产权人才库。做好国家知识产权培训基地和中小微企业知识产权培训基地工作；结合国际舆论关切，大力宣传我国推进知识产权战略实施的政策措施，展示我国加强知识产权保护的坚定决心和取得的成效，充分反映我国知识产权领域对外交流合作成果；加强完善顶层设计。①

---

① 推进修订《专利代理条例》，研究制定《职务发明条例》；推进《专利法》第四次修改；推动《生物遗传资源获取管理条例》和《人类遗传资源管理条例》立法进程。实施《加强生物遗传资源管理国家工作方案（2014—2020 年）》；制定工业和信息化领域落实《深入实施国家知识产权战略行动计划（2014—2020年）》的实施意见；发布国防科技工业落实《深入实施国家知识产权战略行动计划（2014—2020 年）》的若干意见，建立国防科技工业知识产权平台。出台《关于加强文化系统知识产权工作的指导意见》；发布《关于进一步加强卫生和计划生育领域知识产权工作指导意见》；积极推进《中华人民共和国知识产权海关保护条例》及相关规章修订工作等。

四、美国、日本国家知识产权战略借鉴

(一)美国国家知识产权战略简介

发达国家在知识产权保护上纷纷制定国家战略,将知识产权的保护强化到极点。美国在这一战略领域行动最早,在 200 多年前的华盛顿时代和 100 多年前的林肯时代都推行过重视专利的政策。到 20 世纪 70 年代,美国更重视知识产权,1980 年里根总统上台后,便制定了著名的"propertent",即重视知识产权的国家政策;1982 年设立了专利诉讼法庭;1985 年提出了"杨格报告";1988 年制定了"一揽子贸易法"。这些政策的出台有效地营造了一片知识经济的沃土,使微软等知识企业茁壮成长。2002 年,美国专利商标局发布了《21 世纪专利战略发展纲要》,以知识产权为手段建立对全球经济的快速反应机制。

1. 美国知识产权战略的特点

美国为了维护和巩固其在市场竞争中的优势,实施了以进攻性知识产权战略为主的多种知识产权战略,主要特点有:

(1)通过制定各种法律,促进技术创新和技术转移,提高产业竞争能力,1980 年美国出台了《柏杜法案》明确规定:大学、非营利机构和中小企业对联邦资助形成的发明拥有所有权。1980 年出台的《技术创新法》,强化了要建立相关机构(如国家实验室开发应用办公室),促进技术的扩散。1986 年出台的《联邦技术转移法》规定了实验室转移技术的任务,允许职务发明人提取不低于 15% 的专利收入,从而鼓励发明、鼓励创造,从技术源头上加大了产权激励的强度,为知识产权战略的实施提供了良好环境。

(2)把专利制度和贸易战略结合起来,保护美国的国外市场。专利本身就是一种无形财富,专利贸易更是现代财富的主要形式之一。1988 年美国修订了《综合贸易法》,追加了"特殊 301 条款"(又称超级 301 条款),主要用于对不遵守美国知识产权规定的国家实行贸易制裁,以保证美国专利权人在国外的利益。将贸易与知识产权制度和知识产权战略结合,成为一种当今国际趋势,TRIPS 协议就是这种战略的必然结果。

(3)利用公平竞争政策保护国内市场。1994 年美国根据乌拉圭回合协议修正了《关税法》第 337 条"关于不公平的规定",授权国际贸易委员会(ITC)管理国外侵犯美国专利法、商标法、著作权法的案件,阻止外国侵权产品进入美国市场。

2. 美国面向 21 世纪的知识产权战略

为了保持美国在世界上头号强国的地位,美国专利局制定了面向 21 世纪的知识产权战略。战略目标就是建立保持美国发明人在全球竞争优势所需要的专利商标制度,将专利商标局(USPTO)发展为以质量为核心,对市场变化反应灵敏的

市场驱动型知识产权机构。① 战略步骤是：

(1)加强员工培训，改革工作流程，提供人才队伍素质；

(2)改进服务，加强与申请人沟通，以市场为导向，提供客户满意的产品和服务；

(3)加强与欧洲、日本和其他国家知识产权组织的合作与联系，推动知识产权制度全球一体化；

(4)发展电子政务，实施专利和商标申请处理的自动化；

(5)通过立法进行收费制度调整，提高专利费用。

(二)日本国家知识产权战略简介

在重视知识产权方面，日本认为与美国相比自己落后了 20 年，特别是知识经济的落后造成经济长期低迷，不得不促使其认真考虑加强知识产权保护，谋求经济复苏的国家战略。2002 年 1 月，小泉纯一郎在施政方针演说中表明了设立知识产权战略会议的主张；同年 6 月，知识产权战略会议制定了日本的"知识产权战略大纲"；2002 年秋季制定出"知识产权基本法"提交国会，开始实施国家知识产权战略。

1. 日本知识产权战略大纲的主要内容

日本的这一战略大纲旨在把研究开发的成果、电影动画数字信息等这些知识资源作为一种财产，以此推动知识经济，从而激活长期低迷的日本经济，增强日本经济的世界竞争力。日本知识产权战略大纲的主要内容有：

(1)在 2003 年国会召开前整理好"知识产权基本法案"，以便向国会提交；

(2)设立知识产权战略本部，制定知识产权战略计划，以扩大知识产权的创造、保护、利用环境为国家目标；

(3)知识产权立国的重点在于加强取得"世界专利"，在实质上增强"专利法庭"的功能，下功夫对付盗版，加强对企业秘密的保护，让大学走出"象牙塔"，培养知识产权的专门人才。

(4)对大学的发明者实行奖励制度，对从业人员的发明制度进行修订，制定专利审查计划，加强对企业秘密的保护，实现专利法庭的功能，制定防止伪造品流入的制度。

2. 日本知识产权战略的特点

日本是知识产权战略最成功的国家，也是依靠知识产权战略迅速崛起的国家，它实施的"不管播种，只管收获"的摘桃式战略形成了自身的知识产权战略特点：

---

① 详见：http://www.uspto.gov.

（1）日本高度重视知识产权战略。日本政府将知识产权战略视为立国之本、发展之根、创新之源，从而上升到国家战略。2003 年 2 月 25 日，日本政府内阁会议决定增设知识产权部，由首相任部长，副部长由内阁长官、科学技术大臣、文部科学大臣、经济产业大臣担任，大公司的总裁、著名大学的专家和律师等参与，形成了一个知识产权战略团队。

（2）适时调整知识产权战略。日本根据国际经济形势的变化，适时调整国家的知识产权战略。20 世纪 50 年代到 70 年代，日本实施构筑小型专利防卫网的专利战略，使欧洲的基础性关键技术在其专利网中失灵。20 世纪 70 年代到 80 年代，日本的专利战略转向技术创新，向自主专利战略过渡。20 世纪 90 年代，日本加大基础研究投入，采取促进原创技术的专利战略，增强了新技术领域的竞争力。

3. 日本面向 21 世纪的知识产权战略

日本面向 21 世纪的知识产权战略主要包括四大支柱战略和七大措施。四大支柱战略就是创造、保护、应用知识产权战略和人才培养战略。七大措施就是《知识产权战略推进计划》的具体内容。

第二节　企业知识产权战略概述

一、企业知识产权战略的概念

企业知识产权战略就是从本企业长远发展出发，充分运用知识产权保护制度，在以技术创新、知识创新为主导的现代市场竞争与合作中谋求最佳经济效益的战略思想和战术行为的集成。在知识产权的管理创新方面，知识产权战略与知识产权所有之间是双向互动的良性促进关系。一方面，知识产权战略运用适时得当，可使产权及时受到法律的有效保护；另一方面，依法保护的知识产权所有的多寡反过来会影响知识产权战略的运作成效。我国企业往往偏重知识产权的静态归属与拥有，而忽视其动态利用与优化，且缺乏知识产权战略的实战经验，这一现象亟需改变。政府在对企业知识产权战略的构建予以有利扶助和促导的同时，还应确立"国家级"和"产业级"知识产权战略并付诸实施，与"企业级"运作相呼应，达到高位调控、多项反馈、动态整合、立体保护、总体协同的战略运行状态，以取得最佳绩效，在国际知识产权竞争中赢得优势。

企业知识产权战略包括专利发展战略、商标战略、版权战略、商业秘密保护战略等。这些战略就是充分运用专利、商标、版权、反不正当竞争等知识产权法律武器，争创技术含量高、市场竞争力强、经济效益好的名牌产品，保护自身知识产权不受侵害，同时也避免被其他企业牵入知识产权纠纷之中。不同的企业有不同的发展战略，上述各种知识产权战略必须与本企业发展战略相符合才能发挥整体效益，使发展战略与知识产权战略融为一体。例如商业企业应重视对商标、名牌的保护和对假冒伪劣商品的打击；制造企业应重视商标、技术秘密、专利的保护。同时，还要注意知识产权保护的方法和技巧，如企业的产品配方、制造工艺、技术诀窍适宜采取技术秘密进行保护。

二、企业知识产权战略的特点

（一）法律性

（1）知识产权与智力成果不能等同，它具有依法确认的特点。不仅如此，确权后的知识产权的利用、管理、保护都受到法律规范，企业知识产权战略的每一步利用都必须符合法律规范的特别行为规则。

（2）法律规范，特别是知识产权法律规范对实现企业知识产权战略目标又具有可靠的保障作用。可以说，企业知识产权资源的开发利用与优化配置，是有效的知识产权法律保护和知识产权战略性运用的共同结果，两者缺一不可。

（二）保密性

企业知识产权战略与企业经营战略直接相关，是企业整体发展战略的组成部分。企业知识权战略的实施涉及企业经济和科技情报分析、市场预测、新产品动向以及经营者在某一阶段经营战略意图等，如果被企业竞争对手掌握，将对自己造成极为不利的影响。因此，企业知识产权战略这些涉及带有商业秘密性质的内容宜加以保密，故企业知识产权战略具有保密性的特点。

（三）时间性和地域性

这一特点是由知识产权的时间性和地域性特点所决定的。以时间性而论，与某一知识产权战略相应的知识产权期限届满或因故提前终止，相关的知识产权战略就应及时调整；就地域性而论，企业在制定、实施知识产权战略时应考虑到知识产权的权利产生地。这一点对于企业实施国际知识产权战略、开拓国际市场是非常重要的。近些年来我国许多著名品牌在国外屡遭"抢注"，蒙受巨大损失，就是反面例子。

（四）整体的非独立性

企业知识产权战略属于企业经营发展战略的一部分，其目标的实施与企业其他战略往往是相互包含、相互交错的，单独运用难以收到满意的效果。以企业知识产权战略中的商标战略为例，它与企业市场营销战略、广告宣传战略、市场竞争战略、企业形象战略紧密相关。不过，整体上的非独立性并不排斥企业知识产权战略的相对独立性。企业知识产权战略有其自身的发展规律。

三、企业知识产权战略的内容

（一）制定知识产权战略的支撑体系

管理好知识产权的意义远比取得知识产权大得多，但它往往容易被企业忽视。没有开发的知识产权是没有价值的。因此，无论从个人、企业，还是国家来说，制定知识产权保护策略是非常重要的。最基本的知识产权保护策略至少应包括四项政策：

（1）获取知识产权政策。企业要考虑最好的保障措施；要尽早保护已有的权利；要把取得保护知识产权视为一项投资；要评估在知识产权保护方面的投入和收益，并制定合理预算。

（2）开发知识产权政策。开发方式多种多样，包括对产权保护产品和服务实行商业化；签订使用许可证合同或特许协议；向其他公司出售知识产权；利用知识产权去获取其他公司的技术或者资金投入，创建合资企业。

（3）监护知识产权政策。即通过经常查询专利和商标数据库来了解最新技术发展；确定新的产权许可证使用伙伴或提供者；寻找新的市场机会；掌握竞争者的活动动态；判断可能的侵权和如何处理侵权。

（4）加强知识产权法制政策，即避免产权纠纷和损失的政策。

（二）确定知识产权战略的核心内容与措施

知识产权保护的核心内容与措施是及时地申报并获取对本企业发明的专利、商标和工业设计的保护权。只有获得这种保护后，企业才能获得对自己发明产品的 20 年专有权，才能防止其他商业竞争者窃用此项专利发明，从市场取得相对垄断的高额投资回报，并增加商业谈判的实力，使企业有良好的经营实力和形象。否则，企业的发明就有可能被别的企业申请专利保护，并有可能用来获取市场利益或使原发明者反遭侵权诉讼。如果没有专利保护，企业的技术转让、许可证贸易都缺乏保障。

（三）要及时制定版权保护战略

随着信息形式和媒体传播技术的不断发展，版权已不限于纸质印刷品，大型企业也好，中小企业也好，都必须保护信息状态的知识：版权保护广泛涉及制造、录制、出版、传播、发行或者零售艺术、音乐或文学作品；公司拥有的网址、介绍小册子、简介录像带，在报纸、杂志、电台、电视和网上所进行的广告宣传；公司拥有或使用别人的计算机软件；下载、复制、使用或销售网上的信息产品。

(四)确立知识产权是无形资产的财产意识和价值意思

一个企业的资产大体可以分为两类：一是有形资产，如建筑物、机械设备、金融财产和基础设施；二是无形资产，如人力资源、技术诀窍、创新的主意和思路、商业品牌、设计和其他一切富有发明和创新特点的无形成果。20 世纪 90 年代以来，随着信息技术革命和知识经济的发展，无形资产在越来越多的情形和市场交易中变得比有形资产更具有价值。体现一个企业强大和富有竞争力的标志已不再简单是大量的设备、庞大的厂房和人数众多的工人队伍，而是先进的软件、创新的思想和技术、先进的管理等，后者是企业的主要收入来源。因此，企业要注意保护下列无形资产：①创新产品和生产工艺；②文化、艺术、文学作品、计算机软件、数据；③创造性设计；④显著的标志、信号设计；⑤微电子芯片；⑥产品商品的命名；⑦商业秘密。

(五)重视保护商业秘密

任何可以为企业提供竞争优势且采取了保密措施的商业信息和技术信息都可以被视为商业秘密。如果未经授权而使用他人的商业秘密信息，则可能成为侵犯他人商业秘密的不正当行为。商业秘密所包括的内容很广，不同国家、不同公司所确定的内容都很难相同，主要包括：销售方式、推广方法、顾客档案信息、广告策略、供应商或用户名单、制造过程和工艺等。商业秘密与专利不同，它是一种不经注册，没有可履行的保护程式，也没有限定保护时间的自我保护。这种自我保护的含义是：首先考虑商业秘密是否已具备申请专利的条件；第二要确保只有少数人员知晓和掌握这一秘密并负有保护责任；第三，要考虑与职工签订雇佣保密协议，甚至在离职后特定时间内的保密协议；第四，解除机密时，要与商业伙伴签署协调协议。

四、制定企业知识产权战略的主要方法

(一)及时参阅并掌握"专利信息"

它是专利局定期出版的专利文献中的技术和法律信息。它对企业的研究、开发以及市场经营有很多好处：避免耗资重复进行已有成果的研究；审定和估价拟要获取许可证和将要转让的技术；确定可以替代的技术；帮助掌握本行业中最新技术进展；从已授权专利中寻找解决自己技术问题的信息；寻找进一步创新的点子与灵感；确定商业伙伴；确定供应商或材料来源；监控竞争者的活动；确定自己的市场，避免本企业可能发生的侵权；分析和估计自己的发明是否具有申请专利的条件；对与自己的专利冲突的专利提出异议和申诉等。

(二)建立知识产权战略的合法性路径

通过授予许可证或取得他人的许可证来保护和增加企业的商业利益，避免侵

犯别人的产权。开创一项新的业务，扩充现有业务或者改进自己产品和服务的质量时，如想成功地把握市场新局面，那就必须通过实施营业许可证协议来实现。这种协议大体分为：①技术转让或使用许可证协议；②商标商业许可证授予和特许协议；③版权执照协议。通过与商贸伙伴和竞争者签订这三类协议，可以保证合法使用别人已经通过"专利、实用新型和商业秘密"保护的技术，进入或扩展一个新的业务市场，可以协调好合资公司各方的合法责任与义务；可以确保商标、工业设计的恢复利用和扩充利用范围；可以合法制造、发行、推销其他以及实行产权保护的文学艺术作品。

（三）拓展知识产权战略视野，及时申请知识产权的国外保护

我国企业正在冲出国门，走向国际市场。而知识产权的保护是有国界的。因此计划开拓国外市场的所有企业都必须知道，只在国内申请知识产权保护是得不到国外保护的，除非及时申请该国或该地区的知识产权保护。一般来讲，申请国外的专利保护只享有 12 个月的申请优惠保护期；商标和工业设计只有 6 个月的申请优惠保护期；而版权则取决于该国是否是《伯尔尼公约》成员方，或者 WTO 和 TRIPS 协议的成员方，如果是，则能自动取得保护。在申请国外知识产权保护时，要注意一些地区和国家实现了联合，简化了申请者逐国分别申请的手续，即申请一次便获得多国或该地区保护。如欧洲专利局、非洲知识产权局和工业产权局就承认这类申请。与此同时，还要注意通过一些国际组织或国际协议系统一次申请多国的知识产权"国际保护"。这包括通过专利合作条约系统申请的"发明专利国际保护"，通过《马德里协议》申请的"商标国际保护"，通过《海牙协议》申请的"工业品外观设计国际保护"。

（四）借助外力拓展自己优势

与国外企业与个人合作，或者独立居住在国外的中国企业和个人，如果有了创新和发明，须及时在国外申请知识产权保护。

五、企业知识产权战略的制定步骤

企业知识产权战略制定步骤是指为达到一定的战略目的而采取的有计划的行动次序。任何有计划的战略行动都必然是有步骤的行动，前一个步骤为后一个步骤创造条件，使整个战略计划得以实现。采取恰当的战略步骤，是实施正确的战争指导的必要条件。有的战略步骤与战略目的表里一致，例如为达到战略进攻的目的，采取集结军力的步骤。而有的战略步骤则是一种假象，将真实目的隐藏着，例如声东击西谋略的运用。有的战略步骤表面上是被动的，但却是争取主动的必要前提，例如在强敌进攻面前实行有计划的战略退却，是为了集结军力待机破敌。知识产权战略要按照一定的步骤实施，具体步骤包括：

1. 制定研究课题阶段的调查

表 8 - 1　制定研究课题阶段知识产权调查项目表

知识产权调查项目	现有技术调查			法律状态调查	同行专利调查	监视调查
	技术动向调查	专利性调查	公知情况调查			
为掌握有关领域技术动向的调查	○					
为掌握有关领域中其他公司技术水品的调查	○					
为防止重复研究的调查	○					
预测未来技术的调查	○					
为发现会成为障碍的专利与预测	○		○	○	○	○

　　(1)现有技术(2009 年 10 月 1 日以前施行的《专利法》称为"已有的技术")必须具有三性:①公知性,公开方式包括出版物公开、使用公开和以其他方式公开三种;②时效性,公开时间必须在被审申请的申请日(有优先权的,指优先权日)以前;③实用性,"能够制造或者使用"和能够产生"积极效果"。公开时间在被审申请的申请日以前,没有实用性的公知方案,不是现有技术。

　　(2)专利性就是专利申请要获得授权需要满足形式条件和实质条件。形式条件主要指专利申请文件应当以专利法及其实施细则规定的格式,并依照法定程序履行各种必要的手续。实质条件主要指授予专利权的发明和实用新型应当具备新颖性、创造性和实用性。

　　(3)专利法律状态主要依据的就是专利登记簿。专利登记簿是发明、实用新型和外观设计专利申请授予专利权后,专利局记录其法律状态及其有关事项的文件。专利登记簿上记载的事项具有法律效力。专利登记簿中记载下列事项:①专利权的授予;②专利权的转让和继承;③专利权的撤销和无效宣告;④专利权的终止;⑤专利权的恢复;⑥专利实施的强制许可;⑦专利权人的姓名或名称、国籍和地址变更。任何人经国务院专利行政部门同意后,均可以查阅或者复制专利登记簿中的有关内容,并请求国务院专利行政部门出具专利登记簿副本,从而向公众提供了一条可以随时了解专利权的法律状态的途径,为更好地利用专利技术提供了方便。

2. 研究开发阶段的调查

表 8 - 2　研究开发阶段专利调查项目表

专利调查项目	现有技术调查			法律状态	同行专利调查	监视调查
	技术动向调查	专利性调查	公知情况调查			
为掌握其他公司的开发状态进行的调查	○					○
为使本公司的技术实现权利化进行的调查		○				
为掌握其他公司申请专利的审查过程和研究防止其他公司专利权利化的调查		○			○	○
为发现易引起是非的专利和制定对策的调查			○	○	○	○

　　(1)企业专利保护对策是指企业对突然出现的专利争端及时作出反应,对可能发生的专利争端提前发布警告,以维护企业利益和最大限度地减少损失。企业建立专利保护应急和预警机制是企业实施专利战略的重要组成部分。企业专利应急和预警机制的建立需要完善的专利信息资源和有经验的专业技术人员和法律人员作基础。将专利信息资源、人才资源集中使用,成立国家与省、自治区和直辖市专利应急和预警机构为国内企业提供咨询服务是适合中国国情的做法。另外,政府应鼓励和吸引专利中介机构进入企业,帮助企业提高专利应急和预警能力,并制定相应的规定。

　　(2)企业专利对策具体内容。主要有:第一,了解竞争对手在做什么?①从专利数据库中检索竞争对手专利技术发展信息,包括专利申请、撤回、专利授权、终止和无效情况;②从非专利数据库中检索竞争对手技术研发信息,包括企业出版物、会议资料、项目发布、招投标、融资、广告、合作、访问等。第二,对自主专利权的产生、专利技术的利用和保护的措施,特别是对自主专利权受到侵害时的反应:①制定技术研发的策略(研发首创发明还是改进发明,由企业的技术能力决定);②决定专利申请的时间、公开的内容、保护范围和地域;③重视专利审查意见的答复和保护范围的调整;④确定专利申请授权后的实施、许可和转让方案;⑤完善专利权的保护(通过防御与进攻策略实施)。第三,专利权和技术秘密的管理。

　　(3)专利权和技术秘密的管理。专利权和技术秘密的管理至少包括以下各项：①对专利技术的实施许可与生产许可的规定；②对专利申请、专利权的转让规定；③对企业职工发明创造的申请权和专利权归属的规定，以及对发明人奖励的规定，以防止技术的转移；④制定防止商业秘密（包括技术秘密）泄露的规定；⑤启动临时措施与边境措施的时机选择；⑥政府奖励的申报，包括文件的准备和数据统计，并要防止商业秘密泄露。

3. 产品化阶段的调查

表 8 - 3　产品化阶段专利调查项目表

专利调查项目	现有技术调查			法律状态调查	同行专利调查	监视调查
	技术动向调查	专利性调查	公知情况调查			
与最终实现产品化有关的专利调查			○	○	○	○
有关购买零部件的调查	○		○	○	○	○
为使本公司技术权利化的调查		○				
为掌握其他公司开发状况的调查	○					

（1）专利战略，就是与专利相联系的法律、科技、经济原则的结合，用于指导科技、经济领域的竞争，以谋求最大的利益。专利战略是企业面对激烈变化、严峻挑战的环境，主动地利用专利制度提供的法律保护及其种种方便条件有效地保护自己，并充分利用专利情报信息，研究分析竞争对手状况，推进专利技术开发、控制独占市场；为取得专利竞争优势，为求得长期生存和不断发展而进行总体性谋划。专利战略就是企业的决策者、企业的知识产权部门对企业在知识产权专利未来发展的全局性进行筹划和安排。

（2）技术权利化就是通过法定路径将符合特定条件的特定技术，履行特定程序后获得特定的权利的活动和过程。获得权利的技术可以转让、许可。由于转让技术的权利化程度和性质的不同，技术转让又可分为四种基本类型：①专利权转让。专利权转让是指专利人作为让与方，将其发明创造专利的所有权或持有权移交给受让方的技术转让形式。②专利申请权转让。专利申请权转让是指让与方将其特定的发明创造申请专利的权利移交给受让方的技术转让形式。③专利实施许可。专利实施许可是指专利权人作为让与方，许可受让方在约定的范围内实施专利的技术转让形式。④非专利技术转让。非专利技术（技术秘密）转让是指让与方将其拥有的非专利技术成果提供给受让方，明确相互之间非专利技术成果的使用权、转让权的技术转让形式。

4. 销售阶段的调查

表 8 - 4　销售阶段专利调查项目表

专利调查项目	现有技术调查			法律状态调查	同行专利调查	监视调查
	技术动向调查	专利性调查	公知情况调查			
为发现其他公司易引起是非的专利和制定对策的调查	○		○	○	○	○
为制定对付其他公司警告的策略进行的调查	○		○	○	○	

（1）被诉侵犯专利权预警应对策略。在企业被控侵犯专利权时，企业应认真应对，具体措施包括：①由有经验的专业技术人员和法律人员及专利代理人制作是否侵权的技术判定报告；②合理利用司法或者专利法、行政规则；③利用无效请求进行反诉；④利用交叉许可与原告商谈合作意向；⑤启动快速反应程序，充分利用外部资源。

（2）专利警示及其应对。①近期警告提示（被诉侵权的前兆）；②提前发布警告（在研究竞争对手可寻找有专利技术跟踪的中介咨询的情况后随时报告企业决策层）；③作为被告对策方案的制定；④作为原告对策方案的制定，包括警告的时间、选择行政还是司法途径、请求处理或起诉的时间、诉前证据保全、边境措施等。

第三节　企业专利战略

一、企业专利战略的概念

对专利战略的科学界定，既是专利战略研究的基础，也是制定和实施专利战略的前提。关于什么是专利战略，迄今为止国内外尚未形成共识。

（一）国外几种专利战略概念的界定

日本和美国对专利战略的研究和运用得较早而且很成功。日本经济学教授斋藤优认为："专利战略就是如何有目的地有效利用专利制度的方针。"①

日本专利工作者高桥明夫认为"专利战略是根据企业方针进行的战略性专利活动，从战略进行进攻和防卫，充分发挥专利的各种作用"②。美国书刊中则很少见到关于专利战略的内容。关于专利战略的定义，代表性的则有美学者理纳德·玻克维兹的观点："专利战略是保证你能保持已获竞争优势的工具"③。

(二)国内几种专利战略概念的界定

国内对专利战略的研究相对于其他知识产权战略要成熟些。关于专利战略定义，主要有以下代表性的看法：

(1)专利战略是"从本单位的发展出发，运用专利这一武器，在技术竞争和市场竞争中谋求最佳经济效益，并能保持自己技术优势的谋略"④。

(2)专利战略是"企业面对激烈变化、严峻挑战的环境，主动地利用专利制度提供的法律保护及其种种方便条件，有效地保护自己；并充分利用专利情报信息，研究分析竞争对手情况，推进专利技术开发，控制专利技术市场以取得专利竞争的优势，为求长期生存和不断发展而进行的总体性谋划"⑤。

(3)专利战略是"运用专利手段寻求市场竞争有利地位的战略"⑥。

(4)专利战略是"与专利相联系的法律、科技、经济原则的结合，用于指导在经济与科技领域的竞争，以谋求最大利益，与专利相联系的法律、科技、经济原则的具体运用，可用于指导判断具体的各个专利战略实施方案以实现专利战略的目标"⑦。

(5)专利战略是"通过专利制度把握科技与经济的发展趋势，及时制定高速科技经济发展战略⑧，灵活运用专利这一有力武器，积极采取战略防御和主动出击相结合的方式在充满激烈竞争的国际市场上争得自己的优势地位，从而迅速而直接地发展本国经济"⑨。

上述关于战略的定义各有其优点和特色，但从界定概念的要求看又各有其不足之处。有的表述过于冗长，有的虽然简洁，但有循环论证之嫌，这是赋予定义时的忌讳。综合上述定义，由于专利战略是由专利制度所派生的，其制定与实施

---

① [日]斋藤优. 发明专利经济学[M]. 谢樊正，等，译. 北京：专利文献出版社，1990.
② [日]高桥明夫著，日立的专利管理[M]. 魏启学，译. 北京：专利文献出版社，1990：14.
③ Leonard Berkowiitz, Getting the most from your patents, Mrxwells, 1989：5
④ 林莉. 专利战略的制定与实施[N]. 中国专利报，1998 年 8 月 5 日第 2 版.
⑤ 孙书玲. 企业专利战略的基本构型及其实施[J]. 情报业务研究，1993(2).
⑥ 戚昌文，邵洋. 市场竞争与专利战略[M]. 北京：华中理工大学出版社，1995(2).
⑦ 郑寿亭. 企业专利管理与战略[M]. 北京：专利文献出版社，1991(23).
⑧ 陆新明. 专利战略定义研究[J]. 知识产权，1996(5).
⑨ 林莉. 专利战略的制定与实施[N]. 国专利报，1998 年 8 月 5 日第 2 版.

旨在独占市场，获得、维持、扩大市场竞争优势，因此，专利战略的定义可界定为：专利战略是为获得与保持市场竞争优势，运用专利制度提供的专利保护手段和专利信息，谋求获取最佳经济效益的总体性谋划。至于企业专利战略的概念只要将上述概念主体适用于企业即可得知。

二、企业专利战略的目标

企业专利战略的目标是指企业在一定的时期内关于专利战略的奋斗目标，是企业专利战略预期达到的总要求。专利的独占性决定了企业专利战略具有竞争战略的性质，而竞争战略的目标是针对决定产生竞争的各种影响力而建立一个有利可图和持久的地位，企业专利战略也莫不如此。专利本身是联系技术与市场的一个重要环节，企业之间角逐的"战场"就是市场。企业之间的竞争表现为市场竞争，市场竞争表现为技术的竞争，技术的竞争表现为专利的竞争。这样一来，企业专利战略的目标无非就是围绕市场的竞争争得有利地位。其中，占据市场竞争优势是企业专利战略的终极目标。这点可从以下几方面加以理解：

（1）专利的本义是具有独占权的公开技术。通过独占市场谋求最佳经济利益是企业申请、获得专利的重要目的。

（2）专利战略是一种竞争战略，这种竞争是在市场上最终体现出来的。竞争本身也不是目的，竞争的结果最终体现在市场占有份额上。因此，企业专利战略总是与市场竞争、市场占有份额息息相关。

（3）实践中衡量一个企业专利战略是否成功最重要的指标就是是否取得了高超竞争优势，是否占领了市场。

三、企业专利战略的步骤

企业专利战略对不同的企业来说，由于其经营目标、技术和经济实力不同，其内容是不同的。即使是同一企业在不同阶段，专利战略制定的内容也各有特色。不过总的来讲，企业专利战略的制定仍有一些基本的思路和程序。其步骤包括专利战略课题的选定、前期准备工作、专利战略目标的确定、专利战略方案的拟定与决策等内容。

（一）企业专利战略的立项

确定企业专利战略的课题，既可以是针对较长时期的宏观层次的企业专利总战略，也可以是针对某一特定时期或某一成不变特定产品的专项专利战略。课题可以由企业专利管理部门或主管人员向企业各部门征集，也可以委托相关机构或人员完成，如果是后者，一般要订立委托协议书，注明有关事项。选定课题时极为重要的一点是有明确的目的，一个好的专利战略能使企业获得相当多的研究开发成果。

(二)前期准备工作

前期准备工作是制定企业专利战略的基础性工作，其工作成效直接影响到企业专利战略制定的质量。前期准备工作主要包括以下内容：

1. 确定企业专利战略的班子

企业专利战略与企业经营战略、科技战略、品牌战略具有千丝万缕的联系。因此，确定企业专利战略制定的组成人员时，不能局限于某一方面的人员。无论是企业管理人员、专利工作人员还是技术人员或企业主管领导，单独制定都会有各自的缺陷，比较可取的做法是上述人员的组合。这样制定出来的专利战略在技术、经济、法律方面有机组合，具有较强的可操作性。特别值得一提的是，在组成人员中不能缺乏主管领导的参与，因为这关系到制定的专利战略是否会受到企业领导层重视的问题，如果他们不重视专利战略，专利战略制定得再好也无济于事。

2. 资金的准备

企业专利战略的制定要有一定的资金作为物质基础，例如委托研究、资料收集、市场调查与分析等都需要资金。

3. 进行专利调查与市场调查，收集有关资料

专利与市场调查旨在了解与企业相关的情况及其发展动态。确定为企业专利战略的课题应从专利、市场两方面开展调查，进行调查分析，整理调查结果，同时应广泛收集与专利战略相关的市场情报、专利情报、企业现状（如企业所处经济地位）等资料，以便为下一阶段企业专利战略目标的确定打下良好的基础。

(三)企业专利战略目标的确定

企业专利战略目标的失误往往会导致满盘皆输的后果，这是一个关键性的步骤。战略目标的确定是建立在翔实的市场、专利、企业自身实力等情况分析之上的，并以明确的经营目标和研究目标为基础。

1. 企业实力等综合情况分析

战略目标的实现建立在知己知彼的基础之上。企业专利战略的制定者首先应对自己的情况有十分清楚的认识。制定者应弄清自身的经济实力、科技实力、在同行竞争者中所处的地位以及竞争市场的格局与发展动态。为此，企业专利战略制定者应对本企业的经营方针、规模、技术研究和应用能力、市场状况、资源配置、行业状况与产业政策、资源存量、技术和市场发展前景作出调查分析，以明确与专利战略实施紧密相关的经营目标。

2. 专利情报分析

专利情报利用、加工、分析在企业制定专利战略中具有十分重要的作用。专利情报主要是指专利文献，它具有信息量大、内容广泛、新颖性、创造性、实用性、法律性等特点。专利情报的利用与分析贯穿于企业经营全过程。在确定企业经营决策、确定新产品研究开发项目、取得专利权的保护上，专利情报都起着十分重要的作用。从系统的角度看，这一系列活动总体上构成了企业专利情报战略，成为企业专利战略的一揽子战略。同时，对专利情报的分析和利用，可以了解、弄清对企业专利战略的制定、实施极有价值的信息、资料、事实。在企业实施不同阶段、不同类型的专利战略时也是如此。以企业制定专利产品开发战略为例，该战略的制定首先要了解一系列关于竞争对手、产品、技术、市场等方面的信息和数据。例如：未来产品市场发展趋势，竞争对手市场专利战略，专利技术过去、现在的状况及未来发展趋势，剩余市场的空间等。通过专利情报分析，可以掌握许多信息：（1）产品从申请专利到上市有一段时间间隔，从这一时间间隔可以推知未来新产品的发展趋势。（2）通过统计竞争对手有关技术或产品的专利分布数，结合其市场占有率的情况，将市场占有率与专利分布数进行比较，可以看出竞争对手专利战略意图。通过统计竞争对手的同族专利，可以推测出哪些竞争对手有非常重要的发明及市场范围。例如，某企业基本专利少而同族专利多，这说明该企业实行的是以少数拳头专利产品占领市场的专利战略。（3）利用数理统计方法，了解同行企业拥有专利最多的几家，这几家企业就是值得注意的竞争对手。了解上述情况，企业就可以保证专利产品开发战略选题的正确性。因为企业可以了解到相关专业的国内外技术现状和水平，透视该技术或产品发展趋势，从而确定待开发的新产品是否具有市场竞争力，是否符合需要，以避免投入开发的盲目性。

（四）企业专利战略方案的选择

企业专利战略目标确定以后，通过全面、周密的分析和比较，可根据专利战略目标，综合专利情报分析所掌握的情况确定最佳的专利战略方案。这一阶段包括专利战略方案的拟定、专利技术开发策略、专利申请战略决策、专利的实施及对其他企业妨碍本企业的专利采取的策略、方案最终确定等程序。可以说，企业专利战略的实质内容都将体现在企业专利战略方案上。

第四节　企业商标战略

一、企业商标战略的概念

企业商标战略是制定者为了本身的长远利益和发展，运用商标制度提供的法律保护，在非技术性因素竞争和市场竞争中谋求最大经济利益，并保持自己非技术性竞争能力优势的整体性战略观念与战术谋略的集成总和体。商标战略是现代企业的一种基本战略，它主要通过对商标的精心选择和培育来提高其知名度，使其有效地传达企业形象和产品质量，借以实现企业产品占领市场的目标。商标战略的实施需要转化为一系列具体的战术行为，即商标战略包括设计、注册、宣传、商标使用和维护以及商标管理等内容。

另外，与商标战略密切相关的另一个概念——商标策略，也值得一提。从广义上讲，商标策略也就是商标战略。从狭义的角度看，商标策略是企业为实现商标战略的目标、任务而运用的具体手段与方法，也就是对商标进行战略性运用的"战术"。商标策略的具体内容主要是：企业通过正确地设计和使用商标，利用商标保护手段促进产品质量的提高，树立良好形象，赢得消费者的信任，拓展商品销售市场，在市场竞争中获得利润的最大化。

二、企业商标战略的目标

企业商标战略目标是指企业在一定时期内关于商标战略的奋斗目标，即企业商标战略预期达到的总要求。企业商标战略从我国商标战略层次上讲属于微观层次，它受到属于宏观层次的国家商标战略的制约和指导。因此，了解一个国家商标战略的战略目标，对于正确构建企业商标战略目标是很有必要的。

国家商标战略的制定有利于企业在较高起点上制定商标战略，确定商标战略目标。企业商标战略目标，可以分为近期目标与长远目标两类。就近期目标而言，商标战略目标是运用商标保护手段，树立商标形象和企业形象，使商标赢得消费者的认可和青睐，扩大产品的销售市场。就长远目标而言，企业商标战略目标则是创立驰名商标，进而实现企业商标战略与国家商标战略的统一。这是因为，国家商标战略的实施最终依托企业才能实现。比较一下前面阐述过的企业专利战略目标，我们可以发现它们的终极目标是一致的，即取得市场竞争优势。从这里我们也可以看出，企业专利战略与商标战略的实施对于企业的发展具有殊途同归的效果，这从侧面也体现了知识产权战略作为一种竞争战略的特色。

三、企业商标战略的步骤

专利战略与商标战略构成了激励企业技术创新的知识产权战略的核心内容。企业商标战略的制定程序、内容与专利战略有较多的相似之处，因此这里只作简要分析。主要包括以下内容：

（一）企业商标战略的立项

立项，即确定企业商标战略的课题。它可以是企业商标总战略，也可以是企业某一方面的商标战略，如企业新产品开发和利用中的商标战略、商标注册战略等。

（二）企业商标战略的事前准备工作

1. 确定组成人员

企业商标战略与专利战略最大的不同之处是，它与本企业的技术研究、开发、科技战略没有直接的联系，而与市场营销具有十分密切的联系。因此，制定企业商标战略的人员，除主管企业生产经营的领导外，还主要包括企业经营管理人员、产品推销人员、法律事务部人员等。当然，如是专利商标战略的结合运用，则应考虑企业的技术人员、专利管理人员等。

2. 筹措必要资金

资金是商标战略的制定实施的物质基础，在企业商标战略实施前应筹措好必要的资金。

3. 进行商标调查与市场情况调查

商标调查与市场调查可以为企业制定商标战略提供重要的决策依据。商标调查的主要内容包括：①本企业不同时期及现在不同产品的商标注册、使用情况；②企业商标的信誉度；③同类商品国内注册情况；④同类商品竞争对手商标状况、知名度高低；⑤同类商品有无驰名或者著名商标；⑥商标在本企业中受重视的情况等。

市场调查主要应弄清以下事项：①本企业产品在市场上的竞争力、市场占有率；②其他竞争对手同类产品市场销售情况、经营战略意图；③本企业产品在市场上所处的地位；④消费者对本企业产品的市场评价等。

（三）确定企业商标战略目标

为确定企业商标战略目标，企业应做好以下两项工作：

1. 企业现状综合分析

涉及确定企业商标战略目标方面的企业现状综合分析应包括以下内容：①企

业性质、生产经营方针和规模；②企业经济实力；③企业产品销售市场及产品市场竞争力；④企业资源配置状况；⑤企业在同行中所处的地位；⑥企业研究、开发新产品的能力和现状；⑦企业商标工作和商标管理状况；⑧企业市场发展前景等。

2. 市场情况和商标文献分析

企业前期准备工作中的市场调查、商标调查是为这一步工作服务的，通过这步分析，就能使商标战略的制定符合本企业的实际。

(四)企业商标战略方案的选择

企业确定商标战略目标以后，在市场调查、商标调查以及综合分析论证的基础上，就要根据商标战略目标所确定的方向，拟定商标战略方案，然后从中选出最佳的方案。这一阶段包括的内容主要有：商标战略方案的拟定、商标品牌化决策、商标的利用与管理，以及对其他企业商标采取的对策等。商标战略方案的最后选择，主要应考虑方案的可行性、适应性、科学性。

(五)企业商标战略的实施

企业商标战略制定后，接下来就是如何有效实施了。企业在实施过程中应特别重视市场情况的变化，要根据市场情况的变化及时对商标战略实施计划进行调整，但不应轻易改变商标战略的格局。

第五节　企业版权战略

一、企业版权战略概述

版权战略就是运用相关策略，提高竞争力，谋求最大版权利益的谋划。对于企业来说，版权战略是企业经营发展战略的重要组成部分。在技术研究与开发方面，运用版权战略可使自己的技术成果得到有效保护；在经营方面，可以有力对抗竞争对手，增强竞争力。因而，面临市场经济和知识经济的严峻形势，企业积极制定版权发展战略具有十分重要的现实意义。

二、企业版权战略的目标和价值

(一)版权既是存量资产又是资产发育胚芽

企业的版权作品类型繁多，包括工程设计、产品图纸、工作文件、设计文件、计算机软件、技术论文、各类自制技术标准以及其他文字作品、音像作品、图形作品等，涉及的专业、部门繁多，其中很大一部分是利用企业的物质技术条件并由企业承担责任的职务作品。这些作品，代表企业的技术优势和技术权益，是企业重要的无形资产。从某种意义上讲，版权同其他技术成果一样，记录和代表的都是过去的、已经完成的东西，客观上是一种存量资产。搞好企业版权工作就是要盘活这样的存量资产，这也是企业在激烈的市场竞争中求生存、求发展的必备条件。同时，版权作品同技术成果一样，具有再生、增值特性，企业应充分发挥和挖掘版权作品的价值和潜能，规范并推动产品图纸等版权作品的转让、许可等版权经营活动，将无形资产转化为有形资产或货币形态，培育企业新的经济增长点。

（二）版权保护是企业参与市场竞争，保持竞争优势的需要

企业的发展必须依靠资产和知识的积累，有形资产、无形资产的共同作用才能增值。因此，在抓有形资产积累的同时，还要抓以知识为核心的无形资产的积累。企业的版权是企业长期以来在科研、开发中投入大量人力、物力和财力而产生和积累的效益与权益的特殊形式——无形资产，是企业知识产权的重要组成部分。以往，由于版权法律意识淡薄，企业没有重视知识产权保护，使得企业技术图纸、标准等版权作品以各种形式流失，被其他企业非法使用，在激烈的市场竞争条件下失去了竞争的优势，造成了不可估量的损失。现在，在市场经济规则下，企业为了自身的合法权益，不得不采取有效措施，保证企业无形资产的安全与增值，保护自身优势，使之立于不败之地。版权作为一种无形资产对企业的生存与发展有着重要的作用。

（三）版权保护是企业强化内部管理的有效措施

企业通过规范版权管理，使版权既能得到有效保护，又有利于生产、经营、产品开发等各项活动，促进企业经济效益的提高，实现维权增效作用。企业版权的形成过程，是与企业经营生产过程同步的，或者说实施企业版权维护管理过程本身也是加强企业管理的过程，二者相辅相成，互为补充。我们往往重视有形资产的流失而忽视无形资产的流失，任何资产流失都表明企业管理有漏洞或脱节，而版权保护正是为了保护企业完整的产权理念，它是企业管理的有效组成部分。

三、企业版权战略的步骤

企业必须结合自身的实际情况和发展目标，组织管理、技术、法律等方面人员组成版权发展战略研究小组，进行版权战略的研究与制定。

（一）企业对自身实际情况进行综合分析

企业通过对版权作品进行清理登记，摸清企业的版权作品种类、数量、创作

形式、权利归属等情况，全面掌握企业的版权资产情况，并对各种作品做出准确界定，达到充分利用版权资源、防止版权流失、实现有效管理的根本目的。

(二)相应的版权战略的制定

企业采取何种版权战略方式取决于企业自身的技术经济实力和企业的发展需求。对于具有较强经济实力、技术上处于领先优势的企业，通常采用进攻型版权战略，即利用与版权相关的法律、技术、经济手段，积极主动地开展版权保护工作，维护企业的版权权益，维护在市场竞争中的优势地位。对于经济实力较弱、技术上不具有竞争优势的企业，通常采用防御型版权战略。对发生的版权流失、版权侵权事件采取措施，堵住漏洞，维护企业的合法权益。

当然，大多数情况下，进攻中蕴含着防御；防御中又包含着进攻，两者互为一体，在实际运作中交叉运用，并且随着变化而相互转化。

(三)与市场经济相适应的现代化版权管理体系的建立

1. 运行机制

健全的企业版权运行机制，应是横向协调、纵向统一的。横向协调，指的是企业版权工作机构与其他各业务部门是平等关系，在版权业务方面对它们有监督与指导职能；纵向统一，指的是企业版权工作要统一领导、统一部署、统一规划、统一标准、统一规范。建立、健全企业版权工作运行机制，能为企业的版权工作打下良好的基础，从根本上保证企业版权的安全与完整，及时有效地反馈版权各种信息，提高企业版权整体管理效率和水平。

2. 激励机制

企业激励机制是企业管理者所采取的激励措施与激励效果之间的内在联系。它是企业运行机制的内在动力。对于企业版权管理而言，激励是两方面的，一是激励人才培育，二是激励技术创新。在企业版权工作中，调动人的积极因素，除了应有经济方面的激励外，还应有责任、权利、成就、创造等方面的激励，使得企业的每位员工深刻体验到版权与自己的切身利益息息相关，这样积极性才能充分调动起来，得到有效发挥，达到激励的目的。

3. 约束机制

企业约束机制主要是指企业内部各构成要素及经营机制，为适应市场经济的需要，在谋求自身经济效益所进行的调节、控制过程中，对自身行为产生的有关限制，企业版权约束机制是在维护企业合法权益，发挥其经济和社会效益的基础上而对版权工作进行的调节、控制。企业版权的约束机制包括以下要素：(1)集中统一要素。企业版权是企业宝贵的无形资产，代表着企业的整体利益，因而企业版权必须实现集中统一管理。(2)法律要素。版权作为知识产权的一个组成部分，是依法对其智力劳动成果享有的权利。这些权利未经许可，不能非法占有或使用，否则就要承担相应的法律责任。在我国已经加入 WTO 的经济背景下，我们的企业版权工作更要致力于管理创新，将版权工作纳入企业中长期规划，进而推进企业无形资产体系的建设，营造出知识产权保护的法制环境，使版权工作更好地为企业服务。

【案例分析】

丰田诉吉利就是想通过知识产权诉讼达到限制中国汽车企业的发展，打垮中国的民族品牌，占领中国市场的目的。因为中国经济型轿车市场上的竞争者，无论是与丰田有关的夏利、威驰，还是吉利的优利欧、美人豹、豪情、美日汽车，总体而言，其价格都远低于国外产品。这种压力，令丰田不可忽视。这一案件要得到商标评审委员会的评审结果至少得两年，因为现在摆在国家商标局里的类似案件实在太多了，根据原来的《中华人民共和国商标法》规定：当事人对商标评审委员会的裁决不服的，可以自收到通知之日起 30 天内向人民法院起诉。也就是说丰田必须要等两年后商标评审委员会的最终裁决后才能诉讼。但是根据最新通过的商标法规定，有所列侵犯注册商标专用权行为之一，引起纠纷的，当事人协商解决；不愿协商或者协商不成的，商标注册人或者利害关系人可以向人民法院起诉。由此可见，丰田直接向人民法院进行诉讼有了法律依据。

后 记

　　知识产权是企业命运之系、立足之本、发展之根、创新之源，是一种自身闭合的产权激励系统。在关税壁垒、技术壁垒逐步让位于法律壁垒的新常态下，知识产权作为一种战略性资源，是一个国家科技实力的象征，是一个企业核心竞争能力的标志，是立足于市场的重要资源。小发明大市场，保护知识产权兴旺，不保护知识产权衰落。知识产权法作为重要的市场杠杆之一，已是我们生活中的重要规则，并在多年的市场培植下逐步升华为一种新的价值观念。知识产权法保护的客体是一种"信息"，它依附于一定的载体之上，并不断被复制，在市场上实现它们的价值。此种信息主要来源于人类的智力创造性劳动，是人类智力创造的一种知识财产和相关的精神权益。知识产权此种知识财产和精神财富在法律上的体现，是国家法律赋予智力创造主体并保障其创造的知识财产和相关权益不受侵犯的一种专有民事权利。它是一种绝对权或对世权，任何人都有不侵犯他人知识产权的义务，否则要承担相应的民事、行政、刑事等法律责任。只有给人类的智慧之火不断添加知识产权之油，智慧之火才能越烧越旺，人类社会才能不断发展。正像世界知识产权组织前总干事阿帕德·鲍格胥博士在 WIPO 日内瓦总部大楼大厅圆顶的题词，"人类的聪明才智是一切艺术成果和发明成果的源泉。这些成果是人们美好生活的保证。国家的职责就是要保证坚持不懈地保护艺术和发明。"

　　摆在读者面前的这部《知识产权法》，是笔者三十几年的思考、总结与归纳，通过构建一种知识产权观念和价值，为权利人提供一种保护路径。作为教材采用通说，文中借鉴了一些同行的观点和思想，鉴于篇幅，无法一一列举，只能在此一并致谢！也许在城中住的时间太长，对外界信息的感知渐渐麻木与冷漠，如同一只在温水中的青蛙，对渐渐升温的水缺乏应有的危机感，待意识到该从充满杀机的温水中跳出来时，已无能为力，青蛙变成了田鸡，是冷漠与麻木使它成为嗜爱田鸡肉的食客们口中的大餐。倘若青蛙面对的是一盆沸水，哪怕是最为短暂的一瞬，它也不会停留，求生的本能激励它发挥潜力，使出最强的力量拼命一击——打破生命的锁链，纵身消失属于它的田野……在即将结束本书时，给读者最真诚的一句话是：

天下没有不沉的船，也没有不破的企业，只有永恒的追求与超越！

2016 年 7 月在长沙岳麓山下

参考文献

1. 郑成思. 知识产权法[M]. 北京:法律出版社,1997.

2. 吴汉东. 知识产权法[M]. 北京:中国政法大学出版社,1999.

3. 世界知识产权组织. 知识产权纵横谈[M]. 北京:世界知识出版社,1992.

4. 刘春田. 知识产权法学教程[M]. 北京:中国人民大学出版社,1995.

5. 汤宗舜. 专利法教程[M]. 北京:法律出版社,1986.

6. 专利文献出版社. 知识产权法规全书[M]. 北京:专利文献出版社,1998.

7. 马原. 知识产权法分解集成[M]. 北京:人民法院出版社,2000.

8. 郑成思. 知识产权法文丛(1-4卷),北京:中国政法大学出版社,1999.

9. 郑成思. 知识产权研究(1-9卷),北京:中国方正出版社,1996-2002.

10. 尼尔·巴雷特. 数字化犯罪[M]. 沈阳:辽宁教育出版社,1998.

11. Peter Drahos. A Philosophy of Intellectual Property[M]. Dartmouth Publishing Company Limited, 1996.

12. 阿瑟·R. 米勒. 知识产权法概要[M]. 北京:中国社会科学出版社,1998.

13. 博登浩森. 保护工业产权巴黎公约解说[M]. 汤宗舜,等,译. 北京:专利文献出版社,1984.

14. Ewan Mckendrick. Contract Law[M]. 北京:法律出版社,2003.

15. 郑成思. 版权法[M]. 北京:人民大学出版社,1990.

16. 吴汉东,刘剑文. 知识产权法学[M]. 北京:北京大学出版社,2002.

17. 郑成思. 知识产权法教程[M]. 北京:法律出版社,1993.

18. Alastair Mullis,Ken Oliphant. Torts[M]. 北京:法律出版社,2003.

19. 陈智伦. 知识产权的国际保护[M]. 成都:成都科技大学出版社,1992.

20. 张平. 知识产权法详论[M]. 北京:北京大学出版社,1994.

21. Priscllia Sarton. Conveyancing[M]. 北京:法律出版社,2003.

22. 梁慧星. 民法总论[M]. 北京:法律出版社,1996.

23. 严永和. 论传统知识的知识产权的保护[M]. 北京:法律出版社,2006.

24. 谢铭洋. 智慧财产权之概念与法律体系[J]. 法学论丛,(24)

25. 中山信弘. 多媒体与著作权[M]. 张玉瑞,译. 北京:专利文献出版社,1997.

26. 韦之. 著作权法原理[M]. 北京:北京大学出版社,1998.

27. 丁文召. 知识产权纠纷与处理实用全书[M]. 北京：专利文献出版社,1999.

28. 曾世雄. 民法总则之现在与未来[M]. 北京:中国政法大学出版社,2001.

29. 王利明. 民法[M]. 北京:中国人民大学出版社,2000.

30. 保罗·爱德华·盖勒. 版权的历史与未来:文化与版权的关系//郑成思. 知识产权文丛(第6卷)[M]. 北京:中国方正出版社,2001.

31. 周林,李明山. 中国版权史研究文献[M]. 北京:中国方正出版社,1999.

32. 苏力. 阅读秩序[M]. 济南:山东教育出版社,1999.

33. 安守廉. 知识产权还是思想控制:对中国古代法的文化透视//梁治平. 法律的文化解释[M]. 北京:生活·读书·新知三联书店,1998.

34. 黄宗智. 民事审判与民间调解[M]. 北京:中国社会科学出版社,1998.

35. Edward J. Kionka. Torts[M]. 北京:法律出版社,1999.

36. 郑成思. WTO知识产权协议逐条讲解[M]. 北京:中国方正出版社,2001.

37. 薛虹. 因特网上的版权及有关权保护//郑成思. 知识产权文丛:第一卷[C]. 北京:中国政法大学出版社,1999.

38. 林毅夫. 制度、技术与中国的农业发展[M]. 上海:上海三联书店,上海人民出版社,1994.

39. 刘茂林. 知识产权法的经济分析[M]. 北京:法律出版社,1996.

40. 孟玉. 人身权的民法保护[M]. 北京:北京大学出版社,1998.

41. 杨立新. 人身权法论[M]. 北京:中国检察出版社,1996.

42. 王利明. 人格权法[M]. 北京:法律出版社,1997.

43. 龙显铭. 私法上人格权之保护[M]. 北京:中华书局,1948.

44. D. 福克纳, C. 鲍曼. 竞争战略[M]. 北京:中信出版社,1997.

45. 曾世雄. 民法总则之现在与未来[M]. 北京:中国政法大学出版社,2001.

46. 王玉杰,等. WTO法律规则与中国知识产权保护[M]. 上海:上海财经大学出版社,2000.

47. 威廉·兰德斯,理查德·波斯纳. 知识产权法的经济结构[M]. 北京:北京大学出版社,2005.

48. 菲彻尔. 版权法与因特网[M]. 北京:中国大百科全书出版社,2008.

49. 彭学龙. 商标法的符号学分析[M]. 北京:法律出版社,2007.

50. 尹新天. 专利权的保护(第2版)[M]. 北京:知识产权出版社,2005.

51. 孔祥俊. 商标与反不正当竞争法原理和判例[M]. 北京:法律出版社,2009.

52. 吴汉东. 知识产权基本问题研究[M]. 北京:中国人民大学出版社,2009.

53. 郑成思. 知识产权论[M]. 北京:法律出版社,2003.

54. 曹新明. 中国知识产权法典化研究[M]. 北京:中国政法大学出版社,2005.

55. 李琛. 论知识产权的体系化[M]. 北京:北京大学出版社,2005.

56. 冯晓青. 知识产权法哲学[M]. 北京:中国人民公安大学出版社,2003.

57. 王泽鉴. 民法学说与判例研究(八卷)[M]. 北京:中国政法大学出版社,2005.

58. 周枏. 罗马法原论(上、下册)[M]. 北京:商务印书馆,1994.

59. 王利明. 民法典体系研究[M]. 北京:中国人民大学出版社,2008.

60. 董安生. 民事法律行为[M]. 北京:中国人民大学出版社,2002.

61. 谢怀拭. 外国民商法精要(增补版)[M]. 北京:法律出版社,2006.

62. 罗伯特·霍恩,海因·科茨,汉斯·莱塞. 德国民商法导论[M]. 北京:中国大百科全书出版社,1996.

63. 王利明. 物权法论(修订二版)[M]. 北京:中国政法大学出版社,2008.

64. 张新宝. 侵权责任法原理[M]. 北京:中国人民大学出版社,2005.

65. 任先行,周林彬. 比较商法导论[M]. 北京:北京大学出版社,2000.

66. 克雷斯蒂安·冯·巴尔. 欧洲比较侵权行为法[M]. 张新宝,等,译. 北京:法律出版社,2004.

67. 耶赛克,魏根特. 德国刑法教科书(总论)[M]. 北京:中国法制出版社,2009.

68. 斯特法尼. 法国刑法总论精义[M]. 北京:中国政法大学出版社,1998.

69. 大冢仁. 犯罪论的基本问题[M]. 北京:中国政法大学出版社,1993.

70. 克罗斯,等. 英国刑法导论[M]. 北京:中国人民大学出版社,1991.

71. 张明楷. 外国刑法纲要[M]. 北京:清华大学出版社,2007.

72. 小野清一郎. 犯罪构成要件理论[M]. 北京:中国人民公安大学出版社,2004.

73. 马克昌. 近代西方刑法学说史略[M]. 北京:中国检察出版社,2004.

74. 储槐植. 美国刑法[M]. 北京:北京大学出版社,2005.

75. 李贵方. 自由刑比较研究[M]. 长春:吉林人民出版社,1992.

76. 甘雨沛. 比较刑法学大全[M]. 北京:北京大学出版社,1997.

77. 史密斯,霍根. 英国刑法[M]. 李贵方,等,译. 北京:法律出版社,2001.

78. 西原春夫. 犯罪实行行为论[M]. 戴波,译. 北京:北京大学出版社,2006.

79. 张智辉. 国际刑法通论[M]. 北京:中国政法大学出版社,2009.

80. 黄风,凌岩,王秀梅. 国际刑法学[M]. 北京:中国人民公安大学出版社,2007.

81. 贾宇. 国际刑法学[M]. 北京:中国政法大学出版社,2004.

82. 赵秉志. 新编国际刑法学[M]. 北京:中国人民大学出版社,2004.

83. 施奈德. 犯罪学[M]. 吴鑫涛,马君玉,译. 北京:中国人民公安大学出版社,1990.

84. 维特,等. 犯罪学导论[M]. 北京:知识出版社,1992.

85. 龙勃罗梭. 犯罪人论[M]. 黄风,译. 北京:中国法制出版社,2005.

86. 菲利. 犯罪社会学[M]. 北京:中国人民公安大学出版社,1990.

87. 陶鑫良,程永顺,张平. 域名与知识产权保护[M]. 北京:知识产权出版社,2001.

88. 周林. 知识产权案件的审理与裁判[M]. 北京:中国人民公安大学出版社,2002.